美国政府与

庚子事变研究

（1899—1901）

刘芳◎著

知识产权出版社

全国百佳图书出版单位

——北京——

图书在版编目（CIP）数据

美国政府与庚子事变研究：1899—1901/刘芳著．—北京：知识产权出版社，2020.10
ISBN 978 - 7 - 5130 - 6315 - 9

Ⅰ.①美… Ⅱ.①刘… Ⅲ.①中美关系—国际关系史—研究—清代②义和团运动—研究
Ⅳ.①D829.712②K256.707

中国版本图书馆 CIP 数据核字（2019）第 121035 号

责任编辑：贺小霞　　　　　　　　　　　　　责任校对：潘凤越
封面设计：刘　伟　　　　　　　　　　　　　责任印制：孙婷婷

美国政府与庚子事变研究（1899—1901）

刘　芳　著

出版发行：	知识产权出版社 有限责任公司	网　　址：	http://www.ipph.cn	
社　　址：	北京市海淀区气象路 50 号院	邮　　编：	100081	
责编电话：	010 - 82000860 转 8129	责编邮箱：	2006HeXiaoXia@ sina. com	
发行电话：	010 - 82000860 转 8101/8102	发行传真：	010 - 82000893/82005070/82000270	
印　　刷：	北京九州迅驰传媒文化有限公司	经　　销：	各大网上书店、新华书店及相关专业书店	
开　　本：	720mm×1000mm　1/16	印　　张：	21.5	
版　　次：	2020 年 10 月第 1 版	印　　次：	2020 年 10 月第 1 次印刷	
字　　数：	400 千字	定　　价：	69.00 元	

ISBN 978-7-5130-6315-9

序

刘芳的著作《美国政府与庚子事变研究（1899—1901）》拟出版，作为曾经的师生和现在的同行，确也有些话要讲，当年她因学习优异，由北京师范大学直接保送北京大学历史学系攻读硕士研究生，随后又直接攻读博士学位，可以说是相识多年，相知较深。此作之成，实在难得，几多寒暑，反复打磨；几多辛苦，精雕细刻；几多喜悦，思有所得。序者才疏学浅，对刘芳著作的优长不能道万一。窃以为，至少有如下值得特别寓目之处。

看点一，史料厚实。傅斯年在那篇非常有名的《历史语言研究所工作之旨趣》中极而言之："近代的历史学只是史料学"，并就作为"史料学"的历史学提出三项"进步"要旨：能直接研究材料；能扩张材料；能扩充研究工具。此著努力践行于是，为了扩张直接研究材料（一手资料），刘芳曾先后赴台湾大学和美国加州大学洛杉矶分校较长时期访学，足迹所至除中国大陆和台港澳外，还远涉美国东西海岸各大学术机构，广泛收罗中、英、日文的已刊、未刊案册、资料汇编、私人著述、报刊杂志、地方史志、时论今论，等等，包括中国第一历史档案馆、国家图书馆古籍馆、北京大学历史学系图书馆、台北"中央研究院"近代史研究所、台北"故宫博物院"、美国国家档案馆、美国国会图书馆、哈佛大学霍顿图书馆、英国国家档案局的有关藏档等。作者在搜集资料上下了很大功夫，揭出了许多以往未见或稀见的原始材料，使得全著建立在厚重扎实的史料基础上，并根据新史料架构新篇章，引出见解，推翻陈说，得出信而有征的新论，争取言而有据的信史。

看点二，分析正确。既有家国情怀，也持客观立场；纵览国际时局，不忘国人初心；所论紧扣义和团事件前后的短短几年，时间不长，却是震惊中外的重大国际事件频发，适处世纪之交中外关系翻天覆地的大世变，中美关系在此间经历了划时期的转折，自此步入新阶段。作者以其女性学人专有的细腻，貌似小题，实则大作，开口不大，堂奥五彩，见微知著，下足了绣花功夫，编织了此间中美两个大国交错复杂的关系网络，其时其间，其人其事，有点有面，有史迹有故事，有令人信服的微观考订，有娓娓道来的逸闻趣谈，有深入分析的研究要点，有阔大叙事的宏观结论。某些关键节点，不厌其烦，层层递进，条分缕析，乍一看来，似为冗笔赘言，仔细玩味，自有作者的良苦营造和致意再三，譬如对义和团运动期间中美两国交往的内容、原因、方式、结果的全面评价；对美国"门户开放"政策的提出及实施过程的深入研判；对美国在华形象于庚子期间被重塑改造及世界经贸中多边主义的辨析；对国际视野下美国在华影响于此间有了决定性的增强使得中美关系成为国际关系中不容忽略要素的论说；对清政府的因应，清朝中央与地方、官绅商民交互影响的复杂、动态的历史面貌的研判等等，需要读者细心体会用心阅看。

看点三，比较研究。中外关系之研究，犹如法官判案，必须审读原告与被告两造的案卷，必须参阅双方或多方的材料，进行比较甄别，得出正理。首先是史料上的比照，此著广涉中方的清朝军机处、宫中、总理衙门、外务部、各地方当局的档案，以及外方的美国国务院、陆军部、海军部、驻华使领馆的原档，兼及英国政府的外交档案；除了上列机构外，还有人物，涉及中方的张之洞、李鸿章、袁世凯、伍廷芳等人的文件与外方的海约翰档（John Hay Papers）、鲁特档（Root Papers）、里德家族档（Reid Family Papers）、柔克义档（Rockhill Papers）、麦金莱档（McKinley Papers）等重要参与者的个人文档。以往中外关系史的研究存在着一个普遍现象，即各国学者习惯于从己方记载发论，论述方各说各话。这种不同领域研究者各自为阵的状况，为中外关系史的研究留下了若干双方都未涉足开发的"中间地带"，即通用各方资料对照研究双边及多边的交往互动。著作以此立意，既有中国内部情况的比较，如清朝中央与地方外交的二元纠缠，地方督抚将朝廷外出，自行与列强议结"东南互保"，形成中央言战，地方谈和，北方抗敌，南方拒战的怪诞时局，这是有清一朝地方与中央外交并立乃至对立的顶点；而美国第二次"门户开放"照会对此格局加以扶持，则从法理上给了这种国家外交二元化的奇特现象以别有用心的支持。更多的是中外之间的比较，如中美双方在各自国民中的形象问题。美国在华形象于庚子事变前后的改观，一改此前"熟悉的陌生人"的模糊形象，肇因于美国对华外交独立性的显现和中方对美寄望的增强。义和团运动也大大提升了中国在美国民众当中的曝光度，使得美国人对"中国印象"的熟悉度陡然增强，执政党、在野党、商界、外交界、乃至民众都不约而同地对中国表示出空前的关注。八国联军战争中，美国经常自外于列强，以调停者的角色出现；战后对《辛丑条约》的处理与"保全中国"的政策，都使中国国内舆论对美国"拉近了关系"。

看点四，新见频出。文著充满了"问题意识"，提出问题，善于解答，出新出彩处多有，试举两例：一是关于美国独立对华政策的形成问题，美国在19世纪末业已成为世界首屈一指的经济强国，与此相应，也一反建国后逐步形成的本土地缘递进性扩张战略，开始跨越洲际跨越大洋的跳跃性扩张战略，越来越将目光投注太平洋彼岸，远东战略雏形显露，此乃美国国策的某种变迁。不过，该战略的基本点仍是经贸立国，美国对中国利权的侵占更多地瞩目于商业利益。转折正在此期发生，中美关系由此成为国际关系中重要的或是变量或是稳定的要素，进而开启未来时代中美乃至中外交往的新范式。二是关于门户开放政策的再评价问题，门户开放是美国政府提出的第一项有别于列强的独立的对华政策，此策与前时的最大不同在于，以往美国对华政策多属追随他国，"门户开放"政策则试图引领他国。在实施过程中，体现出美国对商业利益的看重和对中国行政实体的维护两大特征。鉴于美国此时的国势——经贸强国与军事弱国的并存，门户开放政策在美国国内获得了热烈反响和共和党与民主党的一致好评。"门户开放"是根据中国当时所处的"弱政府""无政府"状态界定的政策，客观上给了中国维护完整及地方治安以支持。"门户开放"是美国在华长期奉行的基本政策，即中国大门对外开放，列强在华商贸平等利益最惠，寻求保持中国的完整性等。"门户开放"政策的重要性在于它引进了另一种模式，其后，这种模式支配性地影响了20世纪上半期的中美关系乃至整个中外关系，追根溯源，这是转折的源头，变化的开端。

总之，书是好书，是勤勉与用功之作，是立论正确与分析在理之著。修成能够传世的良史是撰史者的不懈追求，能否臻此境界，读者自可评判。序者敢说的是，此书或成为续后研究上个世纪之交中美关系的学人们难以绕越而必须的参考。

郭卫东

于北京大学人文学苑

目 录

绪　论

一、选题旨趣

19 世纪 20 世纪之交，不论对中国或美国，还是对中美关系而言，都是十分关键的转折时期。

中国自 1895 年甲午战争惜败于日本，继又陷入列强争夺势力范围的"瓜分"狂潮，戊戌政变后慈禧太后在对内收束权力的同时，对外政策愈加保守，最终爆发了轰轰烈烈的义和团运动，中国以震惊世界的方式拉开了 20 世纪的序幕。随之而来的八国联军侵华战争和《辛丑条约》极大地加深了清政府的统治危机，1901 年在中外合力下清政府推出"新政"改革，清朝历史进入救亡经营的最后十年。

同时期的美国，南北战争结束后的 30 年是其发展的黄金时代。19 世纪 90 年代，美国一跃成为世界第一的工业强国，工业产值两倍于英国，相当于整个欧洲的半数。❶ 美国的国民生产总值在 19 世纪的最后 30 年间，由不到 100 亿美元，迅猛增长到 350 亿美元。❷ 与此同时，长期推动陆上扩张的西进运动宣告结束，横跨大西洋和太平洋的美国领土都被占领，伴随着国力的不断上升，美国的对外政策也发生了重大转变，开始走上海外扩张的道路，1898 年兼并夏威夷，占领西萨摩亚，并在与西班牙的战争中获取关岛、威克岛和菲律宾。

对菲律宾等地的占领，是美国向太平洋西岸发展的重要步骤，是其"进入亚洲"的标志性环节，表明其愈来愈看重在亚太地区的扩张，也让美国在离中国大陆的不远处建立了"前哨阵地"。与此同时，中美贸易在 19 世纪末连年持续增长。自 1895 年至 1899 年 5 年间，美国的对华贸易总额就翻了一番，尤其是美国向中国输出商品的价值增速惊人，从五百万美元激增到两亿多美元。❸ 美国驻华

---

❶ 美英德法 1894 年的工业产值分别为 9498，4263，3357 和 2900（单位：百万美元）。齐洪等编著：《世界主要资本主义国家工业化过程简述》，北京：统计出版社，1955 年，第 55 页。

❷ Ben J. Wattenberg（ed.），*The Statistical History of the United States*，*from Colonial Times to the Present*，New York：Basic Books，1976，p. 231.

❸ 上海通商海关造册处编译：《光绪二十一年通商各关华洋贸易总册》，铅印本，1896 年，第 15 页。上海通商海关造册处编译：《光绪二十五年通商各关华洋贸易总册》，铅印本，1900 年，第 17 页。

公使田贝（Denby）不由得赞叹道："美国与中国的贸易前景是光明的""太平洋水域注定要比大西洋水域承担更多的商业"。❶ 而此时列强用政治贷款、外交和军事实力在中国大肆划分势力范围，此种业已在非洲和亚洲部分地区完成了的帝国主义入侵格局正开始在中国重演。美国的对华外交也在酝酿着变化。

此前，地理上，美国身处与旧大陆遥远隔绝的西半球。历史上，开国元勋华盛顿等人的遗训，都自然地促成了美国在对外事务上独善其身、不事外务的观念。美国在国际事务中长期维持着与世界交好、不与一国结盟的形象，孤立主义作为其外交的基本准则，亦体现在美国早期的对华交往中。正是从 19 世纪的最末几年开始，美国一改以往遗世孤立的对外政策，从英国等的"依附者"转而寻求成为国际事务的"主导者"，积极向世界发出"美国之音"，并优先在远东事务中提出"美国主张"。1899 年 9 月 6 日和 1900 年 7 月 3 日，美国国务卿海约翰（John Hay）向列强正式提出美国对华外交的新原则——门户开放，实现了美国对华政策由少有作为到主动出击的重大转变，美国也开始从原本列强中的配角转身成为对华关系的主角。

"门户开放"政策的提出对 20 世纪中美关系的重要性毋庸赘言，甚至有关中美"特殊关系"的讨论亦由此开始。然而，就在美国提出"门户开放"政策几个月后，中国却爆发了轰轰烈烈的义和团运动，陷入战争泥淖，庚子事变、辛丑议和、商约谈判等重大变故接踵而至，可以说美国还未来得及践行"门户开放"，就遭此逆向事变，是挑战抑或机遇？在中外强力对抗的情况下，中美之间是否也是完全敌对？中美关系是否随着整体中外关系的逆转发生相应变化？美国是坚持"门户开放"政策还是另作安排？中美如何交往互动、关注点何在？与其他列强间的联系与斗争又如何？对当时的国际关系与中外政局又产生了怎样的影响？事变后的结果如何，中美关系的走向又因此有了哪些变化？

本书分别以清政府和美国政府为重点关注对象，旨在探讨义和团运动期间，中美双方的对策、交往、互动，主要在官方层面，兼顾民间层面。

"门户开放"使中美关系在世纪之交酝酿着改变，而恰逢庚子事变，中国的情势亦发生重大转折，外加多国势力的介入，多重变奏之下，中美双方何去何从，这正是研究本论题的复杂与有趣之处。历史始终不会按照人们的设想只沿单一轨道行进，而历史研究者更应该以开阔的视野与胸襟接纳多元素、多角度、多线索的纷繁复杂。本书以庚子事变介入"门户开放"以及中美所谓"特殊关系"开端的论述，希望会对以往的中美关系史、中外关系史研究有所补正。而以美国角度重新审视义和团运动期间的各种事件，亦能在多个方面丰富庚子事变研究的内容，同样令人期待。

---

❶ 阎广耀、方生选译：《美国对华政策文件选编：从鸦片战争到第一次世界大战》，北京：人民出版社，1990 年，第 402 - 405 页。

二、研究综述

（一）19 世纪末 20 世纪初中美关系的研究

如果说马士写成于 20 世纪初的《中华帝国对外关系史》❶ 并没有重点着眼于中美关系，但作为美国人，他在书中少量论及美国的部分对后世论者不可谓没有启发。20 世纪中后期，美国学界涌现了大量研究美国对华政策的成果，其中有部分在不同程度上涉及 1900 年前后的中美关系。以下略作梳理。

一是研究美国外交或中美关系的通史及综合性著作。费正清（John King Fairbank）的《美国与中国》❷、乔治·凯南（George Kennan）的《美国外交（1900—1950）》❸、孔华润（Warren I. Cohen）的《美国对中国的反应：中美关系的历史剖析》❹、格里斯沃尔德（A. Whitney Griswold）的《美国的远东政策》❺、威廉·阿普尔曼·威廉斯（William Appleman Williams）的《美国外交的悲剧》❻、保罗·瓦格（Paul A. Varg）的《一个神话的形成：美国与中国（1887—1912）》❼、入江昭（Akira Iriye）的《跨越太平洋：美国与东亚关系史内幕》❽ 和《从民族主义到国际主义：1914 年之前的美国外交政策》❾、韩德（Michael H. Hunt）的《中美特殊关系的形成：1914 年前的美国与中国》❿、蒋相泽（Arnold Xiangze Jiang）的《美国与中国》⓫。除了独著外，还有一些由多位学者

❶　Hosea Ballon Morse, *The International Relations of the Chinese Empire*, London：Longmans, 1918.［美］马士：《中华帝国对外关系史》，张汇文等译，上海：上海书店出版社，2006 年。

❷　John King Fairbank, *The United States and China*, Cambridge, Mass.：Harvard Univ. Press, 1948.［美］费正清：《美国与中国》，孙瑞芹、陈泽宪译，北京：商务印书馆，1973 年。

❸　George Kennan, *American Diplomacy*, 1900—1950, New York：New American Library, 1951.

❹　Warren I. Cohen, *American's Response to China：A History of Sino-American Relations*, New York：Columbia University Press, 1990.［美］孔华润：《美国对中国的反应：中美关系的历史剖析》，张静尔译，上海：复旦大学出版社，1997 年。

❺　A. Whitney Griswold, *The Far Eastern Policy of the United States*, New Haven：Yale University Press, 1938.

❻　William Appleman Williams, *The Tragedy of American Diplomacy*, Cleveland：World Pub., 1959.

❼　Paul A. Varg, *The Making of a Myth：The United States and China*, 1887—1912, East Lansing：Michigan State University Press, 1968.

❽　Akira Iriye, *Across the Pacific：An Inner History of American-East Asian Relations*, New York：Harcourt, Brace & World, 1967.

❾　Akira Iriye, *From Nationalism to Internationalism：US Foreign Policy to* 1914, London：Routledge & K. Paul, 1977.

❿　Michael H. Hunt, *The Making of a Special Relationship：the United States and China to* 1914, New York：Columbia University Press, 1983.［美］韩德：《中美特殊关系的形成：1914 年前的美国和中国》，项立岭、林勇军译，上海：复旦大学出版社，1993 年。

⓫　Arnold Xiangze Jiang, *The United States and China*, Chicago：The University of Chicago Press, 1988.

合作的综合性大部头著作，如孔华润主编的《剑桥美国对外关系史》（上）❶ 第二卷"美国人对机会的寻求（1865—1913）"、欧内斯特·梅、小詹姆斯·汤姆逊主编的《美中关系史论》❷ 第四章"追求帝国"（杨曼琳执笔），均涉及世纪之交的中美关系。

二是专题性的研究著作。泰勒·丹涅特（Tayler Dennett）的《美国人在东亚：十九世纪美国对中国、日本和朝鲜政策的批判的研究》❸、小查尔斯·坎贝尔（Charles S. Campbell）的《特殊的商业利益和门户开放政策》❹、托马斯·麦克密克（Thomas J. Mc Cormick）的《中国市场：1893—1901 年美国对非正式帝国的追求》❺、杨曼琳（Marilyn Young）的《帝国的修辞：美国对华政策（1895—1901）》❻、韩德（Michael H. Hunt）的《疆防和门户开放：中美关系中的满洲（1895—1911）》❼、威廉·布雷斯特德（William Reynolds Braisted）的《太平洋上的美国海军（1897—1909）》❽。

三是有关该时期中美重要的政治人物、外交官、军人的传记或著作。泰勒·丹涅特（Tayler Dennett）的《海约翰：从诗到政治》❾、肯顿·克莱梅（Kenton J. Clymer）的《海约翰：外交绅士》❿、保罗·瓦格（Paul A. Varg）的《门户开放外交家：柔克义传记》⓫、威廉·卡特（William H. Carter）的《沙飞将军的一生》⓬。

---

❶ Warren I. Cohen（ed.）, *The Cambridge History of American Foreign Relations*, Cambridge：Cambridge University Press, 1993. ［美］孔华润主编：《剑桥美国对外关系史》，王琛等译，北京：新华出版社，2004 年。

❷ Ernest R. May and James C. Thonmson Jr.（eds.）, *American - East Asian Relations*, *A Survey*, Cambridge：Harvard University Press, 1972. ［美］欧内斯特·梅、小詹姆斯·汤姆逊主编：《美中关系史论》，齐文敏等译，北京：中国社会科学出版社，1991 年。

❸ Tayler Dennett, *Americans in Eastern Asia：a Critical Study of the Policy of the United States with Reference to China, Japan and Korea in the 19th Century*, New York：The Macmillan Company, 1941. ［美］泰勒·丹涅特：《美国人在东亚：十九世纪美国对中国、日本和朝鲜政策的批判的研究》，姚曾廙译，北京：商务印书馆，1959 年。

❹ Charles S. Campbell, *Special Business Interests and the Open Door Policy*, New Haven：Yale University Press, 1951.

❺ Thomas J. Mc Cormick, *China Market：America's Quest for Informal Empire*, 1893—1901, Chicago：Quadrangle Books, 1967.

❻ Marilyn Young, *The Rhetoric of Empire：American China Policy*, 1895—1901, Cambridge：Harvard University Press, 1968.

❼ Michael H. Hunt, *Frontier Defense and the Open Door：Manchuria in Chinese - American Relations*, 1895—1911, New Haven：Yale University Press, 1973.

❽ William Reynolds Braisted, *The United States Navy in the Pacific*, 1897—1909, Austin：University of Texas Press, 1958.

❾ Tyler Dennett, *John Hay：From Poetry to Politics*, New York：Dodd, Mead & Company, 1933.

❿ Kenton J. Clymer, *John Hay：The Gentlemen as Diplomat*, Michigan：University of Michigan Press, 1975.

⓫ Paul A. Varg, *Open Door Diplomat：The Life of W. W. Rockhill*, Urbana：The University of Illinois Press, 1952.

⓬ William H. Carter, *The Life of Lieutenant General Chaffee*, Chicago：The University of Chicago press, 1917.

　　四是专题论文。较重要的有保罗·瓦格（Paul A. Varg）的《柔克义与门户开放照会》❶、雷蒙德·艾斯特斯（Raymond A. Esthus）的《变化中的门户开放概念（1899—1910）》❷。

　　除了美国学者的论著，一些苏联学者的研究也值得关注，如福森科❸与戈列里克❹的著述，体现了苏联学者对美国早期对华政策的关注，并且他们多持批判态度。

　　总的看来，西方学者对 19 世纪末 20 世纪初的中美关系已经作了广泛而深入的研究，内容和角度有以下几个主要方面：其一是从帝国的视角，虽然美国的部分学者在本国历史的研究中一直有意无意地回避使用"帝国"的概念，而更倾向于强调美国的"例外"（exceptional），但外交史学家却是最早承认并使用"帝国"角度来进行研究的，尤其是 1898 年美西战争后的海外扩张，包括 19、20 世纪之交美国在中国的行动，都是"美利坚帝国"形成过程中的关键部分，而同时期在美国国内兴起的"反帝国主义"浪潮也是学者们讨论的对象。从"帝国"角度的论述多对美国的这段帝国历史抱持批判的态度。美国"新左派"史学的旗帜性人物、"威斯康星学派"的奠基人威廉·阿普尔曼·威廉斯在《美国外交的悲剧》中就将美国自建国伊始视为"非正式的帝国"（informal empire），海外经济扩张是"帝国"的一种表现形式。托马斯·J. 麦考密克的《中国市场：1893—1901 年美国对非正式帝国的追求》亦是从经济角度解读美国的对外政策，以美国对中国市场的追逐为例解释美国对非正式帝国的追求。杨曼琳在《帝国的修辞：美国对华政策（1895—1901）》中指出，中国市场的繁荣、中美之间的友好关系等，都是美国政府为了更好地说服公众美国正在获得前所未有的世界权力而故意采用的修辞。❺ 其二是强调中美之间所谓的"特殊关系"（special relationship），用来说明美国的"无私""善行"和"保护中国"，1899 年门户开放政策的提出被视为此种"特殊关系"形成的开端。保罗·瓦格的《一个神话的形成：美国与中国（1887—1912）》就以"神话"来描述中美之间的这种友好感情，并梳理了这种感情形成的过程。韩德的《中美特殊关系的形成：1914 年前的美国与中国》虽然也着眼于 20 世纪前 10 年中美之间友谊的奠基，指出美国人扮演的

　　❶ Paul A. Varg, William Rockhill and the Open Door Notes, *The Journal of Modern History*, Vol. 24, No. 4（Dec. , 1952）, pp. 375 – 380.

　　❷ Raymond A. Esthus, The Changing Concept of the Open Door, 1899—1910, *Mississippi Valley Historical Review*, Vol. 46, No. 3（Dec. , 1959）, pp. 435 – 454.

　　❸ ［苏］福森科：《瓜分中国的斗争和美国的门户开放政策》，杨诗浩译，北京：生活·读书·新知三联书店，1958 年。

　　❹ ［苏］戈列里克：《1898—1903 年美国对满洲的政策与"门户开放"主义》，高鸿志译，哈尔滨：黑龙江教育出版社，1991 年。

　　❺ Marilyn Young, *The Rhetoric of Empire*：*American China Policy*, 1895—1901, Cambridge：Harvard University Press, 1968, pp. 12 – 13.

仁慈角色、中国人的感激，以及中美接触中的相互善意，但全书的基调却是在批判所谓的"特殊关系"实际上是一种假象和幻想，双方根本没必要以"恩人"自居或对对方抱有不切实际的想象。其三是从门户开放政策的角度，专门研究该项政策提出并落实的过程。小查尔斯·坎贝尔的《特殊的商业利益和门户开放政策》着重考察了美国的商业利益如何使美国政府采纳"门户开放"的两项原则：平等的商业机会与维护中国的领土。保罗·瓦格的文章《柔克义与门户开放照会》意在分析柔克义在门户开放照会提出时的重要作用；雷蒙德·艾斯特斯的论文《变化中的门户开放概念（1899—1910）》则探讨了门户开放政策在海约翰的继任者处经过的几次调整。

与国外学界相比，中国学界对中美关系的研究经过了一个较大的转变过程。20世纪50年代，在大量分国别批判帝国主义的论著中，以批判美帝者最多，据统计总数约达30种。❶ 其中，较有代表性的有刘大年的《美国侵华史》❷、丁名楠等著的《帝国主义侵华史》第二卷❸。20世纪80年代后，对美国的评价趋于客观，极大地推动了中美关系史的研究，杰出成果不断出现，涉及19世纪末20世纪初中美关系的综合性著作，有杨生茂主编的《美国外交政策史1775—1989》❹、项立岭的《中美关系史全编》❺ 等。陶文钊的研究一直偏重于1911年以后，而他在《中美关系史》❻《中美关系史话》❼ 等通史性的著作中也曾简明扼要地概括出各阶段中美关系的特征。以上，均对本文研究有重要的启发作用。

专题研究中，中国学界对此时期中美关系的考察主要集中在两个方面：

一是美国的对华政策。台湾地区学者万异的论文考察了美国从"无外交政策"到提出门户开放政策的过程❽；熊志勇的文章总结了美国在华的三种对外策略，即与其他列强合作、推进自由贸易原则、运用软实力树立良好形象❾。

二是门户开放。有学者从《150年中美关系史论著目录：1823—1990》❿ 中辑录出截至1990年关于门户开放问题的研究，已出版各类专著近80本，发表文

❶ 蒋大椿：《20世纪中国马克思主义史学》，载于罗志田主编：《20世纪的中国学术与社会·史学卷》上册，济南：山东人民出版社，2001年，第261页。

❷ 刘大年：《美国侵华史》，北京：人民出版社，1951年。

❸ 丁名楠等：《帝国主义侵华史》第二卷，北京：人民出版社，1973年。

❹ 杨生茂主编：《美国外交政策史（1775—1989）》，北京：人民出版社，1991年。

❺ 项立岭：《中美关系史全编》，上海：华东师范大学出版社，2002年。

❻ 陶文钊、何兴强：《中美关系史》，北京：中国社会科学出版社，2009年。

❼ 陶文钊：《中美关系史话》，北京：社会科学文献出版社，2011年。

❽ 万异：《1898年至1901年美国在华之政策》，载于中华文化复兴运动推行委员会编：《中国近代现代史论集14·清季对外交涉（一）英美法德》，台北：台湾商务印书馆，1986年，第187-240页。

❾ 熊志勇：《美国崛起过程中的对外策略——以近代美国在华活动为例》，《美国研究》2006年第2期。

❿ 汪熙、[日]田尻利主编：《150年中美关系史论著目录：1823—1990》，上海：复旦大学出版社，2005年。

章达百余篇，仅中国史学界就出版有 8 本论著，发表论文 40 余篇。❶ 其中如牛大勇的文章《英国对华门户开放政策的缘起》❷ 是国内学者较早专论英国对美国"门户开放"政策影响的论作。

诸多研究，出发点与立论点多从美国视角，相对忽视中国方面的主体性。这里再要特别指出的是台湾地区学者张忠栋的论文，以中国方面为主体研究"门户开放"政策。❸ 以及杨玉圣的著作，对晚清以来中国人的美国观的演变轨迹作了认真的梳理和总结，虽然并没有在 1900 年前后着墨太多，但仍不失为以中国视角研究美国的良作。❹

（二）义和团运动期间中外关系的研究

对义和团运动的研究一直是晚清史的重要课题。义和团运动兴起于外侮日亟之际，由而引出中国与列强的战争，结果是战败后的中国被迫向各国出让了更多权益。因此，义和团运动也是一个国际性的事件，对该时期中外关系的研究是义和团研究的重要组成部分。20 世纪 80 年代初期以前，中国学界有多篇文章讨论义和团运动期间列强在中国的政策和行动，包括有宋昇❺、童恩正❻、胡滨❼、张玉芬❽、崔丕❾等人的杰作。20 世纪 90 年代以后，研究更加深入、论述更加具体。李德征、苏位智、刘天路的著作《八国联军侵华史》对八国联军侵华战争的来龙去脉作了仔细梳理，尤其使用了大量史料分析各国在侵华期间的合作与争斗。❿ 李宏生的文章则另辟蹊径地着眼于国际社会对中国义和团运动的同情和声援。⓫

中国学界还注意作分国别研究。诸如对美国在义和团时期的行状作为，有多篇论文论及。除了丁名楠、张振鹍的《从义和团运动看美帝国主义的侵略本

---

❶　傅德华、傅骏：《百年来"门户开放"政策研究概述》，《安徽大学学报》（哲学社会科学版）2001 年第 1 期。

❷　牛大勇：《英国对华门户开放政策的缘起》，《历史研究》1990 年第 4 期。

❸　张忠栋：《门户开放政策在中国的反应（1899—1906）》，载于中华文化复兴运动推行委员会编：《中国近代现代史论集 14·清季对外交涉（一）英美法德》，台北：台湾商务印书馆，1986 年，第 305 - 332 页。

❹　杨玉圣：《中国人的美国观——一个历史的考察》，上海：复旦大学出版社，1996 年。

❺　宋昇：《义和团运动时期帝国主义列强在中国的侵略争夺》，《历史教学问题》1958 年第 11 期。

❻　童恩正：《帝国主义在镇压义和团运动中的矛盾与合作》，《四川大学学报》（社会科学版）1960 年第 2 期。

❼　胡滨：《义和团运动期间帝国主义列强在华的矛盾和斗争》，《山东师院学报》（哲学社会科学版）1980 年第 5 期。

❽　张玉芬：《论义和团运动期间帝国主义的对华政策》，《辽宁师院学报》1983 年第 4 期。

❾　崔丕：《义和团运动前后帝国主义列强侵华政策的再认识》，《东北师大学报》1985 年第 6 期。

❿　李德征、苏位智、刘天路：《八国联军侵华史》，济南：山东大学出版社，1990 年。

⓫　李宏生：《义和团运动与国际公正舆论》，《山东师院学报》（哲学社会科学版）1992 年第 1 期。

性》● 和朱活的《揭露美帝国主义在义和团运动期间的血腥罪行》❷ 两文是从批判帝国主义的角度外，另有四篇论文是探讨义和团运动时期美国的对华政策，虽然行文各有不同，但四篇文章几乎都对美国在庚子事变、辛丑议和，乃至商约谈判中的整体对华政策有概括性的总结。夏保成指出了美国既关心在华利益，又不愿过深卷入中国事务的心理。❸ 韩国学者金希教分析了门户开放的本质及美国对中国市场的渴求，认为列强的争夺刺激了美国的对华扩张。❹ 王晓青指出 1898 年至 1901 年间是美国对华政策承上启下的转变时期，美国提出的门户开放政策以及在义和团运动期间的活动具有私利性。❺ 刘天路侧重研判了传教士对美国政府对华政策的影响。❻ 中国台湾地区学者张忠栋探讨了庚子事变期间中国对美国的观感变化。❼ 戴海斌是近年来此时段研究中的活跃学者，其文章《庚子事变时期中美关系若干问题补正》可以说是对张忠栋观点的扩展和补充，指出美国在此期间扮演了比较特殊的角色，刘坤一、盛宣怀、余联沅等地方官员对美国极具好感，当外交要冲的李鸿章却"弃美就俄"。❽

近年来，随着社会文化史研究的兴盛，学界也逐渐重视从文化史的角度切入。顾长声分析了美国文豪马克·吐温对美国传教士与联军暴行的抨击。❾ 姚斌考察了义和团在美国的形象问题。❿ 刘青则以个案视角研究 19 世纪末 20 世纪初美国的"帝国构建"（empire building）。⓫

此外，另有若干重要国别的考察。

英国方面，有刘志义的文章⓬等，还有几篇学位论文，意在探讨义和团运动期间英国的对华政策和驻华公使，诸如刘怡君的《论义和团运动前后英国在华外

● 丁名楠、张振鹍：《从义和团运动看美帝国主义的侵略本性》，载于中国科学院山东分院历史研究所编：《义和团运动六十周年纪念论文集》，北京：中华书局，1961 年，第 19－29 页。

❷ 朱活：《揭露美帝国主义在义和团运动期间的血腥罪行》，载于中国科学院山东分院历史研究所编：《义和团运动六十周年纪念论文集》，北京：中华书局，1961 年，第 49－58 页。

❸ 夏保成：《义和团与美国对华政策》，《吉林大学社会科学学报》1992 年第 3 期。

❹ 金希教：《义和团运动与美国对华政策》，《近代史研究》1988 年第 4 期。

❺ 王晓青：《义和团运动时期美国对华政策新探》，《历史教学》1993 年第 2 期。

❻ 刘天路：《传教士与义和团时期美国对华政策》，载于黎仁凯等编：《义和团运动·华北社会·直隶总督》，保定：河北大学出版社，1997 年，第 213－221 页。

❼ 张忠栋：《庚子拳变时期中国对美国的看法》，载于中华文化复兴运动推行委员会主编：《中国近代现代史论集 13·庚子拳乱》，台北：台湾商务印书馆，1986 年，第 291－303 页。

❽ 戴海斌：《庚子事变时期中美关系若干问题补正》，《史学月刊》2011 年第 9 期。

❾ 顾长声：《马克·吐温、美国传教士与义和团》，载于汪熙主编：《中美关系史论丛》，上海：复旦大学出版社，1985 年，第 285－297 页。

❿ 姚斌：《"拳民形象"在美国——义和团的跨国影响》，北京大学博士学位论文，2008 年。

⓫ 刘青：《"教导中国"：美国对义和团运动的反应与帝国文化》，北京大学博士学位论文，2010 年。

⓬ 刘志义：《论义和团时期英国的对华政策》，《东岳论丛》1994 年第 3 期。

交政策的转变》❶、张茜茜的《1899—1901 年英国对华政策》❷、肖平的《萨道义与 1900—1906 年的英国对华政策》❸ 和边文锋的《英国驻华公使萨道义与〈辛丑条约〉谈判》❹。

法国方面，葛夫平利用难得的法文外交档案，分析了法国在庚子事变和辛丑议和中的政策与外交上扮演的角色。❺ 另有邵兴国的硕士论文等。❻

德国方面，丁名楠简单梳理了德国对中国的侵略和掠夺，以及德国人民对中国人民斗争的同情。❼

俄国方面，李节传指出 1900 年俄国从其东西方外交总战略出发，对义和团运动实行有限干涉政策，不谋求联军的领导权，但直到当年 7 月 4 日以前，俄军几乎都站在镇压义和团运动的最前哨，侵占天津之后，俄国才真正实施了它有限干涉的政策。❽ 徐万民则别开生面地着眼于 1900 年中俄东北之战，从开战时机、战时指导、终战决策等方面进行了深入探研。❾ 张丽从不同角度考察了此时的中俄关系：《维特与义和团运动时期俄国对华政策》❿《维特与库罗帕特金对华政策之争——以义和团运动时期为中心》⓫《论义和团运动时期维特的满洲政策》⓬ 等。

日本方面，王魁喜通过研究日本的实际侵华意图，揭露了日本所谓"别无他意"的真相。⓭ 李炜以义和团运动时期日本各大报刊的相关报道为切入点，发现在短短的几个月内，日本对义和团的态度从轻视转为重视，对西方列强的态度从低调转为高调，对清政府的态度从蔑视转为保全，但不变的都是背后的侵华野心。⓮ 戴海斌重点考察了日本外交官小田切万寿之助在东南互保、战时交涉、战

---

❶ 刘怡君：《论义和团运动前后英国在华外交政策的转变》，东北师范大学硕士毕业论文，2006 年。

❷ 张茜茜：《1899—1901 年英国对华政策》，安徽大学硕士毕业论文，2014 年。

❸ 肖平：《萨道义与 1900—1906 年的英国对华政策》，河北师范大学硕士毕业论文，2012 年。

❹ 边文锋：《英国驻华公使萨道义与〈辛丑条约〉谈判》，北京大学博士学位论文，2012 年。

❺ 葛夫平：《论义和团运动时期的法国对华外交》，《近代史研究》2002 年第 2 期。

❻ 邵兴国：《法国与义和团运动》，西南交通大学硕士毕业论文，2007 年。

❼ 丁名楠：《德国与义和团运动》，《近代史研究》1990 年第 6 期。

❽ 李节传：《俄国对义和团的初期政策》，《河北师范大学学报》（社会科学版）1988 年第 4 期。

❾ 徐万民：《庚子中俄东北之战反思录》，载于关贵海、栾景河主编：《中俄关系的历史与现实》第二辑，北京：社会科学文献出版社，2009 年，第 245 – 256 页。

❿ 张丽：《维特与义和团运动时期俄国对华政策》，载于关贵海、栾景河主编：《中俄关系的历史与现实》第二辑，第 230 – 244 页。

⓫ 张丽：《维特与库罗帕特金对华政策之争——以义和团运动时期为中心》，《社会科学》2014 年第 6 期。

⓬ 张丽：《论义和团运动时期维特的满洲政策》，《文史哲》2015 年第 2 期。

⓭ 王魁喜：《义和团运动时期日本的侵华政策》，《东北师大学报》1987 年第 2 期。

⓮ 李炜：《论义和团运动时期日本态度的变迁——以日本报刊舆论为中心》，《东岳论丛》2013 年第 7 期。

后和议等问题上发挥的重要影响。❶

除了单一国别的研究，有学者还注意到了列强之间的矛盾争夺，如李节传❷与陈景彦❸分别探讨了英俄关系和日俄关系。

相比中国学界，国外学界对义和团运动时期中外关系的探讨，似乎更方便使用外文史料，尤其是各国的外交档案。旅欧学者相蓝欣花了9年时间，搜罗英、美、法、德、意、日、俄各国的原始外交档案，写就《义和团战争的起源：跨国研究》一书，指出由于中外双方在交流方面的误解和一系列由此引起的非常事件导致了战争的爆发。❹ 安德鲁·托马斯（Andrew Thomas）的博士论文《义和团运动的外交》❺ 和约翰·凯利（John S. Kelly）的著作《被遗忘的会议：北京谈判（1900—1901）》❻ 也是利用各国档案，分别对庚子事变以及辛丑议和期间的多国外交展开讨论。

各国学者也往往就其本国的对华政策进行研究。比如，英国方面，不可不提英国学者杨国伦（Leonard Kenneth Young）的杰出著作，他探讨了英国对华政策的重大转折，即从积极参与对中国势力范围的划分到放弃"光荣孤立"、建立"英日同盟"，全书叙事详明。❼ 美国学者何伟亚（James Hevia）则将义和团运动的历史纳入19世纪英国殖民主义的历史之中，探讨帝国主义/殖民主义在中国的文化进入，通过武器的暴力和语言的暴力，将中国规训进新的白人世界的权力关系之中。❽ 日本方面，小林一美的著作致力于研究日本同义和团运动的关系，该书于1986年初版，2008年又增补了五篇新近论文，由于作者毕生致力于战争史的研究，全书的亮点亦在对日本军事行动的分析。❾

美国学界对义和团运动时期中美关系的一些具体论题也有过专题探讨。莉迪亚·努斯鲍姆（Lydia R. Nussbaum）在《从家长主义到帝国主义：美国与义

---

❶ 戴海斌：《义和团事变中的日本在华外交官——以驻上海代理总领事小田切万寿之助为例》，《抗日战争研究》2013年第3期。

❷ 李节传：《俄国对义和团运动的政策与英俄关系》，《史学月刊》1986年第3期。

❸ 陈景彦：《义和团运动时日俄两国对中国的侵略》，《东北亚论坛》2006年第4期。

❹ Lanxin Xiang, *the Origins of the Boxer War: a Multinational Study*, Routledge, 2002. 相蓝欣：《义和团战争的起源：跨国研究》，上海：华东师范大学出版社，2003年。

❺ Andrew Thomas, *The Diplomacy of the Boxer Uprising*, the University of Wisconsin, Ph. D. thesis, 1971.

❻ John S. Kelly, *A Forgotten Conference: the Negotiations at Peking*, 1900—1901, Genève: Librairie E. Droz, 1963.

❼ Leonard Kenneth Young, *British Policy in China*, 1895—1902, Oxford: Oxford University Press, 1970. ［英］杨国伦：《英国对华政策（1895—1902）》，刘存宽、张俊义译，北京：中国社会科学出版社，1991年。

❽ James Hevia, *English Lessons: The Pedagogy of Imperialism in Nineteenth-Century China*, Duke University Press, 2003. ［美］何伟亚：《英国的课业：19世纪中国的帝国主义教程》，刘天路、邓红风译，北京：社会科学文献出版社，2007年。

❾ ［日］小林一美：《義和団戦争と明治国家》，東京：汲古書院，2008年。

和团运动》认为，义和团运动的爆发，让美国被迫在家长般的保护者和新兴的帝国主义国家两个角色中进行选择。❶ 保罗·瓦格（Paul A. Varg）分析了柔克义在辛丑议和中发挥的作用。❷ 韩德（Michael H. Hunt）《被遗忘的占领：北京（1900—1901）》关注的是美军在占领北京期间的遭遇以及采取的对策。❸ 从韩德文章的题目就可以看出美国学界对于这段历史，尤其是其中诸多具体问题的忽视。

近年来中国学者的探究努力不可忽视，尤其注意清政府内部的分化以及其外交举措随时间、对象的改变。戴海斌的博士论文《东南督抚与庚子事变》全面深入考察了与"东南互保"相关的史实，尤其注意描述和分析张之洞、刘坤一等东南督抚在中外交涉中扮演的角色和作用。❹ 在该博士课题的基础上，他此后发表的多篇文章，如《"东南互保"之另面——1900 年英军登陆上海事件考释》《庚子事变时期张之洞的对日交涉》《外国驻沪领事与"东南互保"——侧重英、日、美三国》《〈辛丑条约〉议定过程中的一个关节问题——从"惩董"交涉看清政府内部多种力量的互动》《庚子年李鸿章北上史实补正——兼及李鸿章与日本的关系》等❺，都是选取清政府内部的某个人物或群体对外具体交涉史实、或者清政府内部多方力量的博弈进行考察，深化了对清政府的对外交涉活动的认识。此外，崔树菊❻和鲍庆干的❼文章也用同一视角作了有益探索。

（三）简要评论

从上述梳理可以看出，学术先进们对 19 世纪末 20 世纪初的中美关系作了多侧面的研究，取得了丰硕成果。但也存在着一些缺漏，是本文可以努力的方向。

首先，既有研究偏重对美国对华政策的泛化分析，缺乏对具体史实的考察。这在美国学界的研究中表现尤为突出，正如丹涅特在《美国人在东亚》中所坦

---

❶ Lydia R. Nussbaum, From Paternalism to Imperialism：The U. S. and the Boxer Rebellion, *Discoveries*, (Fall 2002)：Cornell.

❷ Paul A. Varg, William Rockhill's influence on the Boxer Negotiations, *Pacific Historical Review*, Vol. 18, No. 3, (1949), pp. 369 –380.

❸ Michael H. Hunt, The Forgotten Occupation：Peking, 1900—1901, *Pacific Historical Review*, Vol. 48, No. 4 (Nov. , 1979), pp. 501 –529.

❹ 戴海斌：《东南督抚与庚子事变》，北京大学博士学位论文，2009 年。

❺ 戴海斌：《"东南互保"之另面——1900 年英军登陆上海事件考释》，《史林》2010 年第 4 期。戴海斌：《庚子事变时期张之洞的对日交涉》，《历史研究》2010 年第 4 期。戴海斌：《外国驻沪领事与"东南互保"——侧重英、日、美三国》，《史林》2011 年第 4 期。戴海斌：《〈辛丑条约〉议定过程中的一个关节问题——从"惩董"交涉看清政府内部多种力量的互动》，《北方民族大学学报》（哲学社会科学版）2012 年第 1 期。戴海斌：《庚子年李鸿章北上史实补正——兼及李鸿章与日本的关系》，《福建论坛》2012 年第 3 期。

❻ 崔树菊：《中俄谈判中的杨儒和李鸿章》，《历史教学》1982 年第 8 期。

❼ 鲍庆干：《中俄东三省交收谈判（1900—1901）》，华东师范大学硕士学位论文，2012 年。

承，该书的"观点是站在华盛顿方面，而不是站在东京或北京方面的"❶，美国学者的讨论多从本国视角出发，偏重分析美国对华政策的形成与演变，而相对忽视美国政府对中国国内发生的一些重大事件的态度、反应，以及美国驻华公使、领事、侨民等与中国朝野各界的交往互动。这就容易造成一种假象，即几乎所有美国的对华政策，都是美国政府在其国内商人、媒体等的影响下自主采取的，跟中国的具体国情没有什么关系。

其次，虽然有著述探讨了义和团运动期间的中美关系，但多数研究存在着一方面将清政府形象固化，较少关心其内部的变化；另一面又往往将外部反应的原因径直导向清政府，给它赋予太多的解释余地；另外，除了清朝中央政府外，对此时发展到顶点的清朝地方外交等问题，也还有深入研究的空间。

最后，探讨该时段中美关系大多选取某个侧面或角度进行，试图达到"管中窥豹"的效果，但将这些成果结合起来，往往有自相矛盾之处。研究者的主观选择性太强，对史料、史实、史论有意识择取从而造成认识偏差；多关注表面现象，而忽视了政策与实行的内在逻辑。这固然跟该时期中美关系的复杂性与多变性有很大关系，但研究者若不能总揽全局，则难免会犯下以偏概全的错误。

因此，拨开由于政治或历史原因造成的重重迷雾，回归对原初全面史实的不懈探查，是本书作者孜孜以求的。通过对1899—1903年间中美关系的全面考察，还原出实情实状，从而作成信史。作者在努力探讨此问题时，不仅注意中美双方各自的内部变化，也仔细分析具体的交往互动过程，并且将考察对象置于更广阔的国际背景当中。

三、写作思路

根据既有研究存在的可填补之处，本书侧重在三个方面努力：

第一，努力开拓"中间地带"。近年来，随着学界风尚的转移，研究者更多地去关注抽象的观念层面，而对具体的外交史实缺乏兴趣。❷ 美国学者柯文在《历史三调：作为事件、经历和神话的义和团》中指出了认识历史的三条不同途径❸，学者与读者更多地被吸引到第二与第三调上，作为最本初的第一调反而失落，对于历史事件本身的来龙去脉，仍有许多不明朗之处，第一调尚处待定，何谈第二、第三调。以往的研究还存在着一个严重的问题，即各国学者习惯于从己

---

❶ ［美］泰勒·丹涅特：《美国人在东亚》，姚曾廙译，第1页。

❷ 日本学者川岛真曾引用东大教授佐藤慎一的话说："中国外交史是绝学，做这门研究的就像珍稀动物大熊猫"，说明中国外交史研究在学界的濒危处境。参见［日］川岛真：《中国近代外交的形成》，田建华译，北京：北京大学出版社，2012年，第561页。

❸ ［美］柯文：《历史三调：作为事件、经历和神话的义和团》，杜继东译，南京：江苏人民出版社，2000年。

方记载和立场发论，论述各方各说各话，对对方的研究了解有限。这种不同领域研究者各自为阵的状况，为中外关系史的研究留下了大片未涉足开发的"中间地带"，即利用中美双方的档案记载对照研究中美各自政府、外交官、商人、传教士等具体交往、互动的过程。将美国视角与中国视角结合起来，开拓中美关系史研究的"中间地带"，不仅能避免以往研究各方的各自表述，以及结论自相矛盾的情况，而且能在深入细致的对比研究中，发现许多交往的细节和内幕，双方的交涉渠道有哪些，有哪些人参与，信息传播的路径是怎样，甚至双方由于翻译、电报传递缓慢或其他因素造成的误解，或者双方的互相猜忌、对对方策略的想象等，都能由此浮现，能够推动研究的细化和深化。既要分析美国政策的提出、实行、成效，更要注重以往研究者所忽视了的中国方面的观感与应对，乃至在有些事件上中方主动的有意为之，着重中美政府之间的互动，而随着此种相互作用推动事态的发展变化，乃至中美关系的走向。美国的对华政策是一个层面，中国的反应是另一个层面，美国中央政府的决策是一个层面，美国在华外交官的执行与否是另一个层面，清政府内部亦是如此这般的多层面，既有重合交叉，也有脱节离榫，既有中央与地方，也有官绅民之间的交互影响，形成各个层面上的复杂多变性。

第二，加强对外交档案的挖掘利用，尤其是尚未被使用过的档案。虽然近年来公布的外交档案数量惊人，但相较未刊布的巨量档案秘册仍是相形见绌；虽然研究者亲身到访各国档案馆查阅的条件更加便利，但利用程度和研究成果仍是远远不够。谨以笔者在美国国家档案馆的查档经历而言，虽然查阅的都为美国政府允许对外公布的，但有大量的美国驻华领事馆、部分驻华公使馆的原始存档都属于长期未开封状态，说明近 30 年来笔者是第一位造访这批档案的人。可见数量庞大的外交档案相形之下利用率极低。除了美国的档案，对中国档案的利用亦不能忽视，这些档案分存于大陆与台湾地区，有重复也有分别，须仔细搜寻并比对使用，笔者在这方面也做了一些工作；且除了总署与外务部之外，督抚、道台等地方官员对外交事务的深度介入，也让其个人档案成为重要的外交史料。笔者力图在挖掘利用上述相关档案资料的过程中建构本书的史料基础。

第三，借鉴和利用国际国内外交史研究的新视角、新方法。义和团运动期间的中美关系，既属于近代中美关系的一个关键节点，也属于义和团运动时期中外关系的重要组成部分，因此在研究中，既要注意同前后阶段中美关系的连贯与对比，也要注意同期其他国家的相互联系与影响。将两国关系置于更广阔的国际视野下进行研究并非特别新鲜的提法，但要真正做到并非易事。被费正清誉为"非同寻常的天才史学家"的入江昭对 20 世纪国际关系史研究的创举有许多值得借鉴，尤其是从多国视角分析错综复杂的国际关系，以及从文化层次上把握国际关系。本书除在利用传统政治外交史考证、比照的方法考察中美具体的外交事件外，也利用全球史的方法作多国视角的分析，庚子年间有八国联军侵华，《辛丑条约》与11个国家对订，简直就是一场小型的世界大战和多国谈判，各国之间的关系错综交织；而在非外交官参与的领域则从社会、文化和基层民间的角度入手，既重视官方的交往，也涉及非官方的往来，力图展现一个更立体、更真实的中美关系。

要而言之，本书的宗旨在于：力图广泛利用美国国务院、陆军部、海军部、驻华公使馆、驻华领事馆的原档，中国总理衙门、外务部的档案，以及海约翰、柔克义、麦金莱、张之洞、李鸿章、袁世凯、伍廷芳等中美重要参与者的私人文件，兼及其他国家的外交档案，深入、全面地研究义和团运动期间这一中美关系重要转折期两国交往的内容、原因、方式、结果，若能对先前研究进行某些补正、细化、深化，以至能够对近代中美关系史、晚清外交史研究有所推进，则予愿也足。

本书的时间断限大致自1899年至1901年。历来的研究，多将义和团自兴起至1901年条约缔结作为一个完整的过程来看，统称为"义和团运动"或"义和团事件"。由于清廷与列强的加入并成为当事的主角，有些研究者认为以"义和团"命名不足以涵盖历史的复杂面貌，更倾向于使用"庚子事变"，以客观强调清廷与联军的中心地位。[1] 此外，还有"义和团战争"[2] "辛丑议和"等多个范围、涵盖不同的表述，研究者均根据各自需要挑选使用。笔者认为，若仍沿用"义和团"，易使人过多关注民众运动本身，而相对忽略了作为本文主体的清政府与列强；而若仅以干支纪年的"庚子"做这一事件的代称，也可能让人误以为时间范围仅限于1900年这一年。因此折中考量，为表明书中权重在由内乱而外患、当事主角发生位移之后，故而采用"庚子事变"，但为不仅局限于庚子一年，起自1899年前后义和团在山东兴起[3]后引起美国注意（同年美国单独提出门户开放政策），而下限至《辛丑条约》缔结完成的1901年。

按照时间顺序论述，除绪论和结论外，共分为4章。

第一章论述义和团运动的爆发以及美国政府的反应。尤其围绕分析美国驻华公使康格加入北京公使团的联合照会行动，该行动受到美国政府的高度关注，国务院远东事务顾问柔克义以国务卿海约翰的名义向其寄送重要指示，传达并要求康格按照美国政府新定的"门户开放"政策解决当前和未来的中国问题。但康

---

[1] 自清廷对义和团公开表示肯定开始，义和团事件的性质已经发生了质的变化：从民间的地方性动乱，转变成了当朝政府与列强之间的外交事务。参见郭道平：《庚子事变的书写与记忆》，北京大学博士学位论文，2011年。戴海斌：《东南督抚与庚子事变》，北京大学博士学位论文，2009年。

[2] "义和团战争"主要是相蓝欣在其著作《义和团战争的起源》中使用，而国内研究多仍依据惯例使用"八国联军侵华战争"的表述。

[3] 义和团运动究竟爆发于何时、何地？不论在事起当时还是后世研究，都是众说纷纭。有说是起于山东曹州府某县，或山东冠县，还有说是来自寿张、沂州、平原等。本研究不以义和团为研究主体，亦无意考证探讨这一具体论题。

格同华盛顿方面在对中国形势的判断、是否应该派兵等问题上存在较大的意见分歧，最终，美国政府派兵加入八国联军。

第二章讨论战时的中美交涉与互动。叙述了美军在参与八国联军侵华战争中的行动与作用，从大沽未开炮，到参与天津之战，再到敦促加速进军北京。探讨了美国在"东南互保"中的作用，着重分析美方人士同刘坤一、张之洞等东南督抚的关系，第二次"门户开放"照会同"东南互保"的密切联系；还考察在庚子围攻使馆事件中，美国被清政府寄予的调停厚望，以及中美官员为救援公使、阻止联军入京所做的配合与努力；并探讨了面对英军登陆上海、日军登陆厦门、俄军占领东三省等各国试图攫取土地、破坏"门户开放"宣言的行为，美国的反应与举措，以期探析美国在华贯彻门户开放政策的决心和程度。

第三章考察京城陷落到中外议和期间，中美两国为走向议和做出的努力与有限互动。叙述了联军攻入北京后，美军分别在天津和北京参与的军事统治与管理，重点探讨美军同管理辖区内中国官绅的调处，以及美军同联军统帅、其他联军的关系；研判了列强在战后的各自考量与角逐，尤其着重探讨美国为促成和谈的各项作为；兼及美国传教士、商人团体等对未来议和的意见与影响。

第四章分析美国在议和阶段的对华政策以及中国的因应。特别围绕惩凶和赔款问题，讨论了美国的立场、态度以及发挥的作用，还分析了美国总统、国务院同驻华谈判代表之间的歧见，以及清政府官员与美方的互动；考察了美国同中国各地方政府交涉地方赔款的事宜，理清地方赔款同总赔款的联系与区别；还探讨了在禁运军火、占领据点、拆毁炮台、使馆防御、改革总理衙门等其他议和问题中美国的立场与行动。

四、资料介绍

(一) 外文史料

1. 美国相关史料

乾嘉考据，讲究信而有征，近人治史，重视第一手资料。美国国家档案馆的相关藏档是本研究的核心史料之一。外交部分，根据这些档案的保存与公布形式，可以分成两类。一类已被制成缩微胶卷，包括：（1）美国国务院给美国驻华公使的训令（Diplomatic instructions of the Department of State，China），1843—1906，M77；（2）美国驻华公使给美国国务院的报告（Despatches from U. S. Ministers to China），1843—1906，M92；（3）美国国务院给中国驻美国大使馆的照会（Notes to the Chinese Legation in the US from the Department of State），1868—1906，M99；（4）中国驻美国大使馆给美国国务院的照会（Notes from the Chinese Legation in the US to the Department of State），1868—1906，M98；（5）美国驻中国领事给美国国务院的报告（Consular Despatches from China to the Department of

State），1790—1906。

　　另一类是保存于马里兰的美国国家档案馆二馆的文本档案，本研究使用的主要是其中的第 84 类（Record Group 84）驻外机构的档案（Records of the Foreign Service Posts of the Department of State），即原本由各驻外机构分别保存的档案。包括：（1）公使馆档案（Records of Diplomatic Posts）中的美国驻华公使馆的档案（Legation Archives，China），1843—1948。其中除了驻华公使馆本身的各项记录、同美国国务院、驻华领事馆、中国政府的来往函电外，还有三卷是针对义和团运动索赔的（Boxer Indemnity Claims），有一卷是关于中美商约的（Treaty）；（2）领事馆档案（Records of Consular Posts），1790—1949。跟公使馆档案一样，驻华各领事馆的档案内，除了其本身的各项记录、同美国国务院、驻华公使馆、中国当地官员的来往函电外，还有一些对特殊事件的记载，如美国驻上海总领事馆的档案中有三卷商约委员会（Treaty Commission）的档案，是研究 1902—1903年中美商约谈判的重要史料。

　　军事部分，主要使用了美国国家档案馆藏的第 45 类（Record Group 45）美国海军部亚洲海军基地的档案（U. S. Department of Navy Archives，United States Naval Forces，Asiatic Station）；第 80 类（Record Group 80）美国海军部档案（Department of Navy Archives）；第 395 类（Record Group 395）美国陆军部海外行动档案（Records of U. S. Army Overseas Operations and Commands），等等。

　　除了官方档案，本研究还使用了一些美方重要政治人物的档案，包括保存在美国国会图书馆（Library of U. S. Congress）的麦金莱档案（McKinley Papers）、海约翰档案（John Hay Papers）、鲁特档案（Root Papers）、摩尔档案（Moore Papers），以及保存于哈佛大学霍顿图书馆（Houghton Library）的柔克义档案（Rockhill Papers）。

　　在未刊史料之外，还有一些已刊史料可以直接利用。最基本的是美国政府出版局出版的《美国外交文件》（Papers Relating to the Foreign Relations of the United States，以下简称 FRUS），每年一本。重大事件可补充以美国国会出版的参议院文书（Senate Document）、众议院报告（House of Representatives Report）。关于美中关系还有一套文献集——《美国外交与政府文件：美国与中国》（American Diplomatic and Public Papers：the United States and China），其中第三辑《甲午战争到日俄战争》与本研究有关❶；关于美国在华军事行动的也有两套文献集，《关于美西战争的通信：包括在菲律宾的叛乱和在中国的远征》（Correspondence relating to the war with Spain：Including the Insurrection in the Philippine Islands and

---

❶ Jules Davids（ed.），*American Diplomatic and Public Papers：the United States and China*，series III，the Sino – Japanese War to the Russo – Japanese War，1894—1905，Washington，Del.：Scholarly Resources，1981.

the China Relief Expedition）❶ 以及 1900 年和 1901 年的《陆军部年度报告》（An-
nual Reports of the War Department）❷。《美国总统文件汇编》（A Compilation of the
Messages and Papers of the Presidents） 及其补充汇编（A Supplement to A Compila-
tion of the Messages and Papers of the Presidents）❸ 中属于麦金莱总统的部分、《罗
斯福书信集》（The Letters of Theodore Roosevelt）❹、《柔克义报告》（Affairs in
China：Report of William W. Rockhill, Late Commissioner to China, with Accompan-
ying Documents）❺、《海约翰的生平与书信》（The Life and Letters of John Hay）❻
等个人的文献集，以及一些亲历者的日记、回忆录等个人记录也有较高的利用价
值，如美军副总指挥官威尔逊将军的《旧旗帜之下：关于南北战争、美西战争和
义和团战争的回忆》❼、第十四步兵团团长达格特（A. S. Daggett）上校的《在中
国救援远征中的美军》❽。此外，《纽约时报》（New York Times） 等报纸杂志也
是重要的参考资料。

　　在这些史料中，有学者曾选取其中的小部分翻译成中文，包括《1901 年美
国对华外交档案——有关义和团运动暨辛丑条约谈判的文件》❾《美国对华政策
文件选编：从鸦片战争到第一次世界大战（1842—1918）》❿，也可以与英文史料
对比参照。

　　2. 其他国家史料

　　除了美国之外，其他国家的外交档案等也是侧面反映该时期中美关系以及研
究当时国际关系的重要参考文献。

---

❶　*Correspondence relating to the war with Spain：Including the Insurrection in the Philippine Islands and the
China Relief Expedition*，April 15，1898 to July 30，1902，Washington，D. C.：Center of Military History，1993.

❷　United States. War Dept. ，*Annual Reports of the War Department*，1900，Washington：G. P. O. ，1900.
United States. War Dept. ，*Annual Reports of the War Department*，1901，Washington：G. P. O. ，1901.

❸　James D. Richardson（ed. ），*A Compilation of the Messages and Papers of the Presidents*，New York：Bu-
reau of National Literature，1901. James D. Richardson（ed. ），*A Supplement to A Compilation of the Messages and
Papers of the Presidents*，New York：Bureau of National Literature，1904.

❹　Theodore Roosevelt，*The Letters of Theodore Roosevelt*，Cambridge，Mass. ：Harvard University Press，
1954.

❺　William Rockhill，*Affairs in China：Report of William W. Rockhill, Late Commissioner to China，with Ac-
companying Documents*，China：s. n.，1941.

❻　William Roscoe Thayer，*The Life and Letters of John Hay*，New York：Houghton Mifflin Company，1915.

❼　James Harrison Wilson，*Under the Old Flag：Recollections of Military Operations in the War for the Union*，
the Spanish War，*the Boxer Rebellion*，New York：D. Appleton and Company，1912.

❽　A. S. Daggett，*American in the China Relief Expedition*，Kansas City：Hudson – Kimberly Publishing
Company，1903.

❾　天津社会科学院历史研究所编：《1901 年美国对华外交档案——有关义和团运动暨辛丑条约谈判
的文件》，刘心显、刘海岩译，济南：齐鲁书社，1984 年。

❿　阎广耀、方生选译：《美国对华政策文件选编：从鸦片战争到第一次世界大战（1842—1918）》，
北京：人民出版社，1990 年。

首先是国内已经译介的部分，包括《红档杂志有关中国交涉史料选译》❶、《1900—1901 年俄国在华军事行动资料》（全三册）❷、《德国外交文件有关中国交涉史料选译》❸、《英国蓝皮书有关义和团运动资料选译》❹。其中，俄国与德国的部分尤其为不懂俄文、德文的笔者提供了方便。

除了已译介部分，外文原始史料的绝大部分并未被翻译引介入国内，但因外国外交官的报告、工作日志等极其详细，政府、议会、外交部的档案也往往保存完整，故有极大利用价值。

英国方面编有一套《英国外交文献集》（British documents on foreign affairs：reports and papers from the Foreign Office Confidential Print，Part I，From the mid-nineteenth century to the First World War，Series E，Asia，1860—1914）❺，选编自"英国外交部机要文书"（British Foreign Office Confidential Print，以下简称 F. O. C. P），其第一部分为"十九世纪中期至第一次世界大战"，关于亚洲的 E 系列中与中国相关的第二十四册，是研究义和团运动期间中外关系的重要史料。此外，还有《中国第 3 号：关于在中国的起义运动的通信》（China No. 3 (1900)：Correspondence Respecting the Insurrectionary Movement in China）❻、《中国第 4 号：来自驻华公使关于北京事件的报告》（China No. 4 (1900)：Reports from Her Majesty's Minister in China Respecting Events at Peking）❼、《中国第 1 号：关于中国动乱的通信》（China No. 1 (1901)，Correspondence respecting the Disturbances in China）❽、《中国第 6 号：关于中国动乱的补充通信》（China No. 6 (1901)：Further correspondence respecting the disturbances in China）❾、《关于战争起源的英国档案》（British Documents on the Origins of the War，1898—1914）❿ 等

---

❶ 《红档杂志有关中国交涉史料选译》，张蓉初译，北京：生活·读书·新知三联书店，1957 年。

❷ 吉林省社会科学院历史研究所编：《1900—1901 年俄国在华军事行动资料》，董果良译，济南：齐鲁书社，1982 年。

❸ 《德国外交文件有关中国交涉史料选译》，孙瑞琴译，北京：商务印书馆，1960 年。

❹ 《英国蓝皮书有关义和团运动资料选译》，胡滨译，丁名楠、余绳武校，北京：中华书局，1980 年。

❺ Ian Nish (ed.), *British documents on foreign affairs：reports and papers from the Foreign Office Confidential Print*，Part I，From the mid-nineteenth century to the First World War，Series E，Asia，1860—1914，University Publications of America，1989—1994.

❻ *China No. 3 (1900)：Correspondence Respecting the Insurrectionary Movement in China*，London：H. M. Stationery Office，1900.

❼ *China No. 4 (1900)：Reports from Her Majesty's Minister in China Respecting Events at Peking*，London：H. M. Stationery Office，1900.

❽ *China No. 1 (1901)，Correspondence respecting the Disturbances in China (in continuation of China No. 3，1900)*，London：H. M. Stationery Office，1901.

❾ *China No. 6 (1901)：Further correspondence respecting the disturbances in China*，London：H. M. Stationery Office，1901.

❿ G. P. Gooch and Harold Temperley (eds.), *British Documents on the Origins of the War*，1898—1914，London：Majesty's Stationery Office，1927.

文献集。笔者也曾到英国国家档案馆（The National Archives）访得英国外交部（Foreign Office，F. O.）档案 F. O. 17、F. O. 881，英国陆军部（War Office，W. O.）档案 W. O. 32 等，均是关于清末中英关系的内容，亦能从中看出各国在中国问题上的各种立场等，有重要的史料价值。

法国的外交基本史料为《法国外交文书》（Documents Diplomatiques Français（1871—1914），Paris：Imprimerie Nationale，1929—1959，以下简称 DDF），其中第一辑（1e Serie）第十六册中有许多关于 1900 年中国义和团运动的记载。

日本外务省编纂的《日本外交文书》是研究日本外交的基本史料，其中第三十三卷"别册北清事变"的上、中、下三卷内容均与义和团运动相关。亚洲历史资料中心（JACAR，National Archives Japan）上也有诸多日本政府、军事行动等的重要档案、史料，可以补充外交文书，对深入了解日本对华策略有重要意义。

3. 教会、八国联军等相关资料

各国在华传教差会的档案也极其丰富，其中，尤以美国传教士创办并发行的《教务杂志》（The Chinese Recorder and Missionary Journal）为代表，是研究该时期美国传教士的重要史料。

八国联军方面，如《八国联军在天津》（天津社会科学院历史研究所编，许逸凡等译，齐鲁书社 1980 年）、《京津蒙难记——八国联军侵华纪实》（北京市政协文史资料研究委员会天津市政协文史资料研究委员会编，中国文史出版社 1990 年）、《天津英租界工部局史料选编》（天津市档案馆编，天津古籍出版社 2012 年）等具体对联军攻打、占领期间的史料记载汇编，也值得注意。

此外，还有大量各国当事人的私人文集、日记、回忆等❶，因数量过大，此不赘述。

（二）中文史料

1. 未刊档案

清宫档案现分藏于北京、台北等地，中国第一历史档案馆馆藏军机处全宗内的《录副奏折》与《电寄谕旨档》等未刊部分，与台北"故宫博物院"馆藏《宫中档奏折》《筹办夷务始末记·光绪朝》（草写本，未能修讫）、《近代中国条约及附图》，以及台湾地区"中央研究院"近代史研究所档案馆藏《总理各国事务衙门档案》《外务部档案》，笔者有幸能查阅到与本研究直接关联的两地档案，并将其合一研读。

此外，国家图书馆古籍馆藏宋廷模著的《京师日记录要》、周馥辑的《办理商约文牍》，以及北京大学历史学系图书馆藏的《义和团时期山东地方档案》《义和团档案史料》《山东教案文件数件》《张曾㪚任广西布政使时抄存庚子事变

---

❶　如［日］服部宇之吉：《北京篝城日记》，东京：自刊，1939 年。

东南各省督抚及山陕等处电报共二十七张》等也是重要的补充史料。

2. 已刊档案及文献史料集等

官方文献除《清实录》（中华书局 1987 年）、《光绪朝东华录》（朱寿朋编，中华书局 1958 年）外，第一历史档案馆所编颇丰：《光绪宣统两朝上谕档》（广西师范大学出版社 1996 年）、《清代军机处电报档汇编》（中国人民大学出版社 2005 年）、《义和团档案史料》（国家档案局明清档案馆编，中华书局 1959 年）、《义和团档案史料续编》（中华书局 1990 年）、《庚子事变清宫档案汇编》（中国人民大学出版社 2003 年）。外交档案主要有《清季外交史料》（王彦威纂辑，书目文献出版社 1987 年）、《清光绪朝中日交涉史料》（故宫博物院编印，1932 年）、《清宣统朝中日交涉史料》（故宫博物院编，1933 年）、《中美关系史料·光绪朝》（台湾“中央研究院”近代史研究所 1968 年）、《中美往来照会集（1846—1931）》（广西师范大学出版社编，广西师范大学出版社 2006 年）、《清季外交因应函电资料》（吴伦霓霞、王尔敏编，香港中文大学中国文化研究所与台湾“中央研究院”近代史研究所 1993 年）。清宫与外交档案是研究中央与地方政治、外交决策的核心史料。

几种大型的综合史料集，如《戊戌变法》（四册，翦伯赞等编，上海人民出版社 1961 年）、《义和团》（四册，翦伯赞等编，上海人民出版社 2000 年）、《义和团运动史料丛编》（两辑，北京大学历史系中国近现代史教研室编，中华书局 1964 年）、《义和团史料》（上下册，中国社会科学院近代史研究所、近代史资料编辑组编，中国社会科学出版社 1982 年）、《义和团运动文献资料汇编》（六册，山东大学出版社 2012 年）、《庚子记事》（中国社会科学院近代史研究所《近代史资料》编译室主编，知识产权出版社 2013 年），以及教案类综合史料如《教务教案档》（七辑，台湾“中央研究院”近代史研究所 1981 年）、《清末教案》（五册，中国第一历史档案馆、福建师范大学历史系合编，中华书局 1998 年），收录繁杂，也有较高的参考价值。此外，地方性的史料集如《山东义和团案卷》（中国社会科学院近代研究所近代史资料编辑室编，齐鲁书社 1980 年）、《四川教案与义和拳档案》（四川省档案馆编，四川人民出版社 1985 年），对于研究该地区的中美外交事务十分有用。

参与中美外交相关人物的文集、档案等也是研究他们外交活动最基本的史料，除已刊出、被研究者利用方便的《张之洞全集》（苑书义等主编，河北人民出版社 1998 年；赵德馨主编，武汉出版社 2008 年）、《李文忠公全集》（吴汝纶编，文海出版社 1980 年）、《李鸿章全集》（顾廷龙、戴逸主编，安徽教育出版社 2008 年）、《刘坤一遗集》（中国科学院历史研究所第三所主编，中华书局 1959 年）、《愚斋存稿》（近代中国史料丛刊续编第十三辑，文海出版社 1975 年）、《义和团运动——盛宣怀档案资料选辑之七》（陈旭麓、顾廷龙、汪熙主编，上海人民出版社 2001 年)、《荣禄存札》(杜春和等编，齐鲁书社 1986 年)、《袁世凯奏议》(天津图书馆、天津社会科学院历史研究所编，天津古籍出版社 1987 年)、《袁世凯全集》(骆宝善、刘路生主编，河南大学出版社，2014 年)、《望岩堂奏稿》(陈璧，近代中国史料丛刊第十辑，文海出版社 1967 年) 外，中国社科院近代史所编《近代史所藏清代名人稿本抄本》(第一辑) (大象出版社 2011 年) 补充有荣禄、绰哈布、李盛铎等多位人物史料，第二辑 (大象出版社 2014 年) 为张之洞专辑，都有较高的利用价值。时任驻美公使伍廷芳的文集《伍廷芳集》(丁贤俊、喻作凤编，中华书局 1993 年) 自然也十分重要。此外，驻英、法、俄等其他国家公使的资料同样值得参考，如《杨儒庚辛存稿》(中国社会科学院近代史资料编辑组编，中国社会科学出版 1980 年)、《庚子海外纪事》(吕海寰撰，近代中国史料丛刊第五辑，文海出版社 1967 年)、《李盛铎电稿》(杜春和整理，《近代史资料》第 50 号，1982 年第 4 期)。还有海关档案，如《中国海关密档——赫德、金登干函电汇编》(中国第二历史档案馆和中国社会科学院近代史研究所编，陈霞飞主编，中华书局 1990—1996 年)，皆可利用。

其他时人文集、日记或记载，如刘禺生的《世载堂杂忆》(中华书局 1960 年)、黄濬的《花随人圣庵摭忆》(中华书局 2008 年)、王闿运的《湘绮楼日记》(上海商务印书馆铅印本 1927 年)、恽毓鼎的《恽毓鼎澄斋日记》(浙江古籍出版社 2004 年)、《王文韶日记》(袁英光、胡逢祥整理，中华书局 1989 年)、《那桐日记》(北京市档案馆编，新华出版社 2006 年)、《拳匪纪事》(佐原笃介、浙西沤隐辑，近代中国史料丛刊第八十三辑，文海出版社 1972 年)、夏仁虎《枝巢四述·旧京琐记》(辽宁教育出版社 1998 年)、《西巡回銮始末记》(台湾学生书局 1973 年) 等，也有一定的参考价值。

3. 地方文史资料

义和团运动期间的中美关系往往会涉及许多中国地方的外交事务，有些地方文史资料或档案选编都是很好的参考来源，包括《天津租界》(天津市政协文史资料研究委员会编，天津人民出版社 1986 年)、《天津租界档案选编》(天津档案馆、南开大学分校档案系编，天津人民出版社 1992 年)、《厦门文史资料》(中国人民政治协商会议福建省厦门市委员会文史资料研究委员会编，中国人民政治协商会议福建省厦门市委员会文史资料研究委员会 1963 年) 等。

4. 报纸杂志

新闻舆论也是了解该时期中美交往、国内国际环境的重要来源，如《申报》《万国公报》《知新报》《中外日报》《清议报》等，有些报纸关注全国范围内的大事，有些主要关注地区内部的重大事件，都在不同程度上有利用价值。

总之，只有将外文史料与中文史料对照、排比、分析，才有可能更真实地还原历史。

第一章 义和团兴起与美国对华外交

1998 年《时代周刊》在评选"20 世纪的里程碑"事件时，将"义和团运动"列为 20 世纪的头件大事。❶ 形象地说明义和团运动发生在中国，却也深刻地影响了世界，美国亦然。时光逝去百年，遥隔数代人，世人沉甸甸的印象却难以磨灭。义和团运动爆发之时，恰是美国开始推行"门户开放"政策之际。而这场中国近代历史上最大规模的拒外运动，又转过来对"门户开放"形成巨大冲击。

小引 19 世纪末的美国与中国

1861—1865 年南北战争结束后，以第二次工业革命为契机，美国的经济发展突飞猛进。至 19 世纪结束时，美国不仅仍旧保有农业强国的地位，而且一跃成为世界第一的经济强国，成为最发达的资本主义国家。

1860 年以前，攫取大片领土与向西移民是美国经济生活的两个重要因素。南北战争后，统一、联合的国家将西进运动推向高潮，美国成为世界上最大的农产品输出国。农业的作用仍很重要，但同工业相比已是稍显逊色了。19 世纪 80 年代，美国的工业比重开始超过农业，据统计，1884 年，美国的工业比重上升到 53.4%，农业比重下降到 46.4%。工业化的完成，乃是美国历史上最具根本意义的事件。❷

工业的壮大，拉动整个国民经济向前发展。1870 年，美国和英国的国内生产总值（GDP）相差无几，均接近 1 万亿美元，至 1899 年，英国的 GDP 约为 1.77 万亿美元，美国的 GDP 则已猛增至 3.04 万亿美元。❸ 美国的国民生产总值（GNP）亦不断增加，在 19 世纪的最后短短 30 年间就翻了近两番（表 1 - 1）。美国经济后来居上，在世界上的地位极大提高，1860 年，美国的工业产值只占排界第四位，到 20 世纪 90 年代，已跃居世界首位，美国成为全球头号工业强国。对比 19 世纪后期美、英、德、法、日五国的工业生产占全世界总产值的比

---

❶ Milestones of the Century, *Time*, April 13, 1998.
❷ 张友伦等：《美国工业革命》，天津：天津人民出版社，1981 年，第 158 页。李剑鸣：《大转折的年代——美国进步主义运动研究》，天津：天津教育出版社，1992 年，第 12 - 13 页。
❸ ［英］麦迪森：《世界经济二百年回顾》，李德伟、盖建玲译，北京：改革出版社，1997 年，第 126 页。

重（表1－2）可以看出，1880年美、英的工业生产总额基本持平，此后美国的比重不断增加，英、法的比重持续下降，至1890年美国一国之力已占到世界工业生产总额的近三成，比重超过英、法之和，之后这项优势仍在扩大；日本尚且微不足道。其中，美国钢、铁、煤等几种重要产品的产量均跃居世界首位，工业技术水平迅速提高，许多新兴产业，如电力、汽车、化学等行业同样处于世界领先地位，银行里总的资金和存储额也位列世界第一。

表1－1　美国国民生产总值与国民生产净值

（以1929年的美元价格计算，单位：十亿美元，取五年内的平均值）

年份	1872—1876	1877—1881	1882—1886	1887—1891	1892—1896	1897—1901
国民生产总值❶	11.2	16.1	20.7	24.0	28.3	35.4
国民生产净值❷	10.1	14.6	18.7	21.3	24.9	31.4

（资料来源：Ben J. Wattenberg（ed.），*The Statistical History of the United States*，*from Colonial Times to the Present*，p.231.）

表1－2　美、英、德、法、日五国工业生产占全世界总产值比重❸

（以全世界工业生产总额为100统计）

国别	1880年	1890年	1900年
美国	28	31	31

---

❶　国民生产总值（Gross National Product，以下简称GNP）是指一个国家（地区）所有常驻机构单位在一定时期内（年或季）收入初次分配的最终成果。

❷　国民生产净值（Net National Product，以下简称NNP），指一个国家的全部国民在一定时期内，国民经济各部门生产的最终产品和劳务价值的净值。

❸　各主要生产资料产量如下：

美、英、德、法、日五国钢产量（单位：千吨）

国别	1880年	1890年	1900年
美国	1267	4345	10351
英国	1310	3640	4980
德国	624	2162	6646
法国	390	683	1565
日本	—	—	—

美、英、德、法、日五国生铁产量（单位：千吨）

国别	1880年	1890年	1900年
美国	3896	9350	14011
英国	7870	8030	9100
德国	2729	4659	8521
法国	1725	2602	4238
日本	16	19	23

美、英、德、法、日五国原煤产量（单位：百万吨）

国别	1890年	1900年
美国	143	245
英国	185	229
德国	89	150
法国	26	33
日本	3	7

注：世界经济研究室. 主要资本主义国家经济统计集［M］.北京：世界知识出版社，1962：3.

续表

国别	1880 年	1890 年	1900 年
英国	28	22	18
德国	13	14	16
法国	9	8	7
日本	—	—	1

（资料来源：世界经济研究室．主要资本主义国家经济统计集［M］．北京：世界知识出版社，1962：2．）

经济快速增长与生产极度旺盛，超过国内的消费能力，推动了美国的对外贸易迅速膨胀。[1] 19 世纪末，美国对外进出口贸易的数额均持续增长，其中美国对外输出商品的贸易额增幅尤其显著，从 1886 年的 7.52 亿美元猛增到 1900 年的 14.99 亿美元，美国的出超幅度亦逐年扩大（表 1－3）。

表 1－3　19 世纪末美国对外进出口贸易总额（单位：百万美元）

年份	出口	进口	出超（＋）或入超（－）
1886 年	752	674	＋78
1887 年	752	752	0
1888 年	742	783	－41
1889 年	839	774	＋65
1890 年	910	823	＋87
1891 年	993	881	＋112
1892 年	1113	897	＋216
1893 年	997	911	＋86
1894 年	1020	741	＋279
1895 年	921	789	＋133
1896 年	1056	842	＋214
1897 年	1153	880	＋273
1898 年	1302	767	＋535
1899 年	1321	817	＋504
1900 年	1499	930	＋507

（资料来源：Ben J. Wattenberg (ed.), *The Statistical History of the United States, from Colonial Times to the Present*, p. 885.）

政治上，由于共和党刚刚成立就领导北方取得内战胜利，内战后至 1900 年，

---

[1]　由于民众购买力远低于生产力，生产过剩使美国在 1870 年至 1897 年间发生过三次大规模的经济危机。

除了民主党人格罗弗·克利夫兰（Stephen Cleveland）担任总统的 8 年外，都是共和党人担任总统职务。共和党在绝大部分时间内亦是参、众两院的多数党。一方面证明了林肯的遗产是很好的政治资本，另一方面也因为共和党的政策从根本上有利于美国工业资本主义的发展，工商业不仅生产规模扩大，高度整合，而且同政治亲密结盟，共和党为工商业界提供政治便利，不断扩张的大公司、大企业又反过来支持共和党。1896 年，共和党人麦金莱（William McKinley）❶ 当选美国总统，同时国会两院也都为共和党控制。

粗略说来，19 世纪末的美国，疆域辽阔，资源丰富，已跨入工业时代，并依靠强大的科技实力，在第二次工业革命中独占鳌头，为美国成为 20 世纪的世界强国奠定了雄厚的物质基础。与此同时，生产过剩使美国对海外市场的需求日益迫切，国内的政治稳定则让这种需求从政策层面得到推动与实践变为可能。美国政府将在获取海外市场上采取行动，中国成为首要目标。

19 世纪末的中国，甲午战败本只是近代遭遇的又一次失利，但对方是邻邦小国，对清朝打击之大犹如当头棒喝，举国上下意识到非"变"不可。甲午之巨创甫至，欧洲列强再纷至沓来，以外交高压与武力威慑手段，争相划分租借地或"势力范围"、提供贷款、投资办厂、修筑铁路、开采矿山等，中国被逼至濒临"瓜分"的危险境地。国难空前、内忧外患之际，官员士绅拍案而起，在内外臣工的积极建言下，1898 年光绪皇帝率而变法，然而"求治太急，转为流弊"，帝后关系急转直下，慈禧太后发动戊戌政变，收束权力，排除异己，导致守旧势力大肆反扑，朝政渐为满洲权贵全面把持。端郡王载漪迅速崛起，守旧派还多集结在军机大臣刚毅和大学士徐桐的周围，礼部尚书启秀、刑部尚书赵舒翘分别为其门生与部下。以两江总督刘坤一、湖广总督张之洞（简称"江楚二督"）为首的地方督抚颇左右为难，思虑扭转清廷的极端保守倾向，与中央歧见微露，庚子年南北朝野之间的权力分化初见端倪。

政变后，慈禧太后谋划废除光绪，另立新君，朝臣多三缄其口，刘坤一却挺身直谏，奏称："国家不幸，遭此大变，经权之说须慎，中外之口宜防。现在谣诼纷腾，人情危惧，强邻环视，难免借起兵端。"❷ 试图以外强干预劝谏慈禧，

---

❶ 麦金莱（1843—1901），1897—1901 年间美国总统。生于俄亥俄州，曾在农村任教，内战时参军，战后学习法律，成为律师。1876—1891 年为国会议员，主张保护关税，1890 年国会通过以他名字命名的关税法案。1891 年、1893 年连任俄亥俄州州长。1896 年当选总统，1900 年连任，执政期间，他采取提高关税和稳定货币的政策，使经济繁荣，国家富强，工人收入增加，被称为"繁荣的先驱"和"工人的最佳友人"。对外，他发动美西战争，夺取多块西班牙属地。1901 年 9 月 6 日在出席布法罗泛美博览会时，被一名无政府主义者射伤，8 天后去世。

❷《寄总署》，光绪二十四年八月二十八日，中国科学院历史研究所第三所主编：《刘坤一遗集》第 3 册，北京：中华书局，1959 年，第 1415 页。

继续维护光绪皇帝。李鸿章亦以"各国驻京使臣，首先抗议"为理由，表达对废立之不以为然。❶ 列强于此时表现出来的对光绪健康状况的强烈关注，正是最好佐证，慈禧虽暂且不敢轻举妄动，但对列强悬于头上之"紧箍咒"的愠怒日深。1900 年 1 月 24 日，清廷下诏，立"溥儁承继穆宗毅皇帝之子"，史称"己亥建储"，可见慈禧最后实施的是既未给光绪立嗣，也没有遽废其帝位的一种折中方案。❷

慈禧太后蓄意实行废立，屡遭多方梗阻，尤恨外人干预；溥儁之父载漪亦愠愤各国公使不对立大阿哥行庆贺礼仪。恰逢义和团在北方各地兴起，载漪等人极力怂恿慈禧利用义和团对抗列强。

本小引仅为交代事起前中美两国之大致背景，清廷对义和团的剿抚意见如何深受"建储"影响，本章下文将逐层展开，美国对华之渐趋重视及互动亦将在随后的"门户开放"叙述中详细讨论。

第一节　康格与公使团联合照会

一、义和团在山东

义和团运动是甲午战后帝国主义侵略加深、民族危机深重的产物，表现为反洋教的斗争形式。义和团起源于山东，鲁西平原历史上就是宗教结社和民间拳会密布的地区，这些团体为山东的反教会斗争提供了现成的组织形式。参加者多是处于社会底层的农民和小手工业者。教会势力的猖獗，导致民教冲突在这个时期空前激化。自 1898—1899 年赵三多、朱红灯等人领导的反洋教斗争兴起，义和团运动首先在山东省的许多州县迅猛发展起来，除了组织架构、民族矛盾、社会经济等因素外，还同山东当局处理教案的政策有客观联系。❸

先后接任山东巡抚的李秉衡、张汝梅和毓贤三人均以维护封建权力为基点，以"调和民教"为手段，以不出乱子为目的，主张"持平办理"。他们想要制止传教士干预政务，但在咄咄逼人的外强侵略下，所谓"持平办理"，实际上还是持而不平，困难重重的情况下又寻求举办团练，剿抚兼施，遭致教会更加不满，

---

❶ 陈夔龙、白文贵：《梦蕉亭杂记·蕉窗话扇》，太原：山西古籍出版社，1996 年，第 52 页。

❷ 关于戊戌政变后的帝后之争，以及期间列强对清朝帝位的干预，详细参见郭卫东：《戊戌政变后废帝与反废帝的斗争》，《史学月刊》1990 年第 6 期；郭卫东：《晚清时期列强对清朝帝位的干预》，《历史教学》1992 年第 4 期。

❸ 义和团的起源及地方社会经济环境分析参见［美］周锡瑞：《义和团运动的起源》，张俊义、王栋译，南京：江苏人民出版社，1998 年。山东省的民教冲突参见路遥、程歗：《义和团运动史研究》，济南：齐鲁书社，1998 年，第 64 - 90 页。

民教冲突不断激化，三人也先后在外国压力下被清廷解职。❶ 前二人均因德使海靖出面施压，毓贤❷则是在美国公使康格（Edwin Conger）的敦促下被调离。

出于政党轮换和选举换届的需要，美国驻外公使、领事等往往不是职业外交家。1898 年，担任美国驻华公使长达十三年之久的田贝即将卸任，继任者的最佳人选非柔克义（W. W. Rockhill）莫属，因他熟悉东方事务，并曾在北京的驻华使馆工作过❸。但美国总统麦金莱拒绝任命身为民主党人的柔克义，而是选派一位坚定的共和党人康格担任这一职务。

康格是军人出身，曾参加过南北战争，官至陆军少校，有很强的国家荣誉感，受命时担任的是驻巴西公使，不了解中国。抵达北京后，面对各国抢占"势力范围"的狂潮，康格也极力主张仿效，在中国获取土地。1898 年 11 月，康格敦促美国"无论是通过谈判还是实际占领"，"至少拥有或控制一个口岸，在那里我们可以充分行使我们的权利、发挥我们的影响"。❶ 4 个月后，康格的要求升级并明确，他将目光锁定尚未被租借出去的直隶，列出欧洲国家获取势力范围的操作程序，建议美国可如法炮制，为此还首先应该占领某些大沽附近不那么著名的口岸。❺ 当列强向中方抢夺利益时，康格不甘落后，但由于缺乏中国经验，他往往效仿他国公使，并在同他们发生利益冲突时，更倾向于协调一致。1899 年底北京公使团内部曾经有过一场激烈争论，关于在一国的租借地或"势力范围"

---

❶ 路遥、程歠认为，李秉衡、毓贤虽然被教士、教民视为"仇洋"官吏，但不能说他们就是绝对的排外主义者。参见路遥、程歠：《义和团运动史研究》，第 91－94 页。美国学者周锡瑞亦批驳了似乎被日本学者佐佐木正哉完全接受的传教士对毓贤的指控，即认为毓贤是义和团运动的幕后支持者，而指出毓贤坚信，必须制止中国官吏对传教士要求的屈服，既然中国教民在外国传教士的支持下享有某种特权，清政府就应该给中国村民更多的机会，团结起来保卫自身。义和团需要的正是这种机会。参见〔美〕周锡瑞：《传教士、教民与义和团运动；宗教伪装下的帝国主义》，《义和团研究会会刊》1983 年第 2 期。

❷ 毓贤以捐班入仕，任山东曹州知府，以善治匪盗而得到提升，累官至布政使，之后虽有短期调往湖南，但很快被调回山东，升任巡抚，先后在山东为官二十余年。按理说，毓贤于山东的社会民情相当熟悉，担任巡抚自是轻车熟路，但此时因对待义和团之态度、行动与主张护教的美国公使康格"结下梁子"，康格在此后更是多次插手清廷对毓贤的各种褒奖、任命，甚至最终的处置。有关时人与后世对毓贤的不同评价，还可参见《不同"记忆"中的毓贤》，杨原：《诗书继世长：叶赫颜札氏家庭口述历史》，北京：北京出版社，2014 年，第 57－67 页。

❸ 柔克义（1854—1914），1871 年毕业于法国陆军学校，在巴黎求学期间，受其哲学教师勒南的影响，对东方的语言和文化产生了浓厚的兴趣。1884 年任美国驻华使馆二等参赞，1885—1888 年任头等参赞。1886—1887 年兼驻朝鲜汉城代办。1888—1889 年及 1891—1892 年曾两次率领考察队到蒙古和西藏调查。1893 年回美，就职于国务院，1894 年升任第三助理国务卿，1896 年任第一助理国务卿。1905 年担任驻华公使。1909 年调任驻俄国公使，后又任驻土耳其公使。1914 年被袁世凯聘为私人顾问，来华途中死于檀香山。

❶ Conger to Hay, November 3, 1898, *Despatches from U. S. Ministers to China*, 1843—1906, M92, R105, National Archives of the United States.

❺ Conger to Hay, March 1, 1899, *Despatches from U. S. Ministers to China*, 1843—1906, M92, R106, National Archives of the United States.

内，其他列强是否还拥有领事裁判权。康格非但无视美国国内对此类问题的密切关注，反而基于对西方文明的推崇断定说"这些领土实际上已经被管理方式与我们类似的人所控制，似乎没有充分的理由再宣称继续在这些外国占领或租借的土地上行使我们的管辖权"。这相当于直接宣称放弃美国的特权，美国国务院从而面临难题，即万一在别国租借地内发生需要维护美国利益的情况，美国将通过何种方式实施保护。为此，美国政府被迫寻求其他的途径，既试图从海关方面，也命令驻英、德、俄等国公使向各国政府接洽，以获得美国领事得以继续在这些租借地上行使领事职权的许可。❶

由于出生于美国西部一个虔诚的新教家庭，康格还对保护传教士有着特别的热情。作为崛起中的新教占主导地位的国家，美国在19世纪后半叶的传教活动发展迅速，世界范围内美国传教士人数仅次于英国。在中国亦是如此，1895年51个在华新教差会中美国占19个，2427个传教士中有936个美国人，463个传道站（stations）中美国占149个，1965个传道点（out stations）中美国有845个。❷同时，法国的护教权地位在下降，美国逐渐上升为对在华传教活动保护的有力国家。

1899年底康格出面要求更换毓贤，主要也是受在山东的美国传教士影响。是年11月，美国公使馆开始大量收到美国传教士的控诉，既有直接来自山东教会的，也有美国驻芝罘领事代报的，显示德州、济南等地有义和团或大刀会活动，他们烧毁教堂、抢掠教民，起初由美公使馆发函请总理衙门指示山东巡抚按条约保护受威胁地区美国人的生命财产，逮捕肇乱人员。❸11月25日，美使康格开始直接介入其中，因为传教士查平（F. M. Chapin）向其电称，山东临清周边四县正受到义和团威胁，但当地官员拒绝保护传教士与教民。官员的态度震惊了康格，这正佐证了他刚接获的一个骇人情报，即此前地方军队镇压了一批义和团，但山东巡抚毓贤非但没有奖励指挥官员，反而逮捕并试图严惩他。❹

康格所指实为平原事件，缘起于1899年9、10月间，山东西北部平原县内李庄教民李金榜与团民首领李长水不睦，李长水组织团民抢劫了李金榜等几家教民。李金榜向该县呈控，署县令蒋楷派该县勇役逮捕了六名拳民，并会同恩县马队前往弹压。李长水向茌平一带的义和团领袖朱红灯求助，朱红灯、本明和尚率茌平、高唐等地的团民支援，10月11日击退了蒋楷率领的清军，并乘胜攻打恩

---

❶ Hay to Conger, February 3; Hay to Conger, May 22, Instructions, 1900, *Diplomatic Posts*：0217*Legation Archives*，RG84，National Archives of the United States.

❷ ［苏］福森科：《瓜分中国的斗争和美国的门户开放政策》，杨诗浩译，第87页。

❸ Mr. Squiers to the Tsungli Yamen, November 11, 1899; Mr. Squiers to the Tsungli Yamen, November 16, 1899, *Papers Relating to the Foreign Relations of the United States*，1900，p. 78.

❹ Mr. Conger to Tsungli Yamen, November 25, 1899, *Papers Relating to the Foreign Relations of the United States*，1900，pp. 78 - 79.

县教堂。蒋楷向巡抚请兵弹压，10 月 18 日济南府知府与营官袁世敦率清军于森罗殿击毙团民 20 余人。❶ 山东境内传教势力以德国圣言会与美国长老会为主，平原境内又仅美、法两教，康格视县令蒋楷弹压团民为保护教民之理所当然，不料毓贤却将蒋楷即行革职，永不叙用，袁世敦亦一并撤职。毓贤作此决断，既因其开导解散团民的思想使然，也受来自清廷的压力❷，康格则据此认为巡抚的态度无疑是对义和团的纵容，应该对事态蔓延负责，积怨由此产生。虽然在康格的一再敦促下，总理衙门电令毓贤弹压保护，毓贤亦回复解释，称因地方官员误伤平民才获罪，还试图指控当地教民闹事，美国公使却并不买账。因为有关临清、高唐、庞庄等地危情的电报仍如雪片般飞入美国使馆，美国传教士声称他们和教民的生命受到威胁，而当地官员拒绝保护，军队也无所作为，美国驻天津领事还报告说，直隶总督在其请求下已多次致电山东巡抚，但毓贤非但不采取行动，而且不承认保护外人为其职责。❸ 康格开始倾向于接受传教士们的建议撤换山东巡抚。❹

　　12 月 1 日美国传教士史密斯（Arthur Smith）的一则电报真正促使康格下定决心，电报内容显示，义和团已经迅速波及山东、直隶的二十余州县，而且提出了屠杀教民、灭绝洋人的目标，济南、临清等地的美国人均感绝望。❺ 义和团传播之速，口号之骇人，让康格深感事态严重。外加 12 月 4 日芝罘领事法勒（John Fowler）接连发电报告济南周边的动乱仍在增加，巡抚仍不作为❻，促使康

---

❶ 《平原县会禀》，光绪二十五年八月二十八日到（1899 年 10 月 2 日）；《平原县禀》，光绪二十五年九月初十日到（1899 年 10 月 14 日）；《平原县禀》，光绪二十五年九月十二日到（1899 年 10 月 16 日）；《济南府禀》，光绪二十五年十一月初一日到（1899 年 12 月 8 日），中国社会科学院近代研究所近代史资料编辑室编：《山东义和团案卷》，济南：齐鲁书社，1980 年，第 5 - 6、11、12、19 - 20 页。

❷ 毓贤总以调和民教、对团民以开导解散为核心办事原则，本就既不主张亦不支持蒋楷"草率"使用武力。又接清廷上谕，有御史王绰上奏闻平原县令不察虚实，纵兵开枪，恐激起民变，毓贤即命济南知府赴平原县调查，后得报称，蒋楷抓捕六人均属情尚可原，已饬令予以保释，又再得报清军弹压时曾误伤一平民老人与一道士。毓贤大怒，遂将蒋楷、袁世敦撤职。清廷亦严肃斥责此事，加码将二人一并革职。参见《济南府禀》，光绪二十五年九月十九日到（1899 年 10 月 23 日），《山东义和团案卷》，第 13 - 14 页。《御史王绰折》，光绪二十五年十月初一日；《军机处寄山东巡抚毓贤上谕》，光绪二十五年十月初一日；《山东巡抚毓贤折》，光绪二十五年十月初六日；《军机处寄山东巡抚毓贤上谕》，光绪二十五年十月十八日，《义和团档案史料》上册，第 33 - 37 页。

❸ Mr. Ragsdale to Mr. Conger（Telegram），November 25，1899；Mr. Conger to the Tsungli Yamen，November 26，1899；Mr. Conger to the Tsungli Yamen，November 27，1899，*Papers Relating to the Foreign Relations of the United States*，1900，pp. 79 - 80.

❹ Mr. Fowler to Mr. Conger（Telegram），November 27，1899，*Papers Relating to the Foreign Relations of the United States*，1900，p. 80.

❺ Mr. Conger to the Tsungli Yamen，December 2，1899，*Papers Relating to the Foreign Relations of the United States*，1900，p. 81.

❻ Mr. Fowler to Mr. Conger（Telegram），December 4，1899；Mr. Fowler to Mr. Conger（Telegram），December 4，1899，*Papers Relating to the Foreign Relations of the United States*，1900，p. 82.

格于当日夜访总理衙门，提出"如果毓贤不愿或不能控制动乱，保护外国人，应该将其马上撤换"，他甚至不点名地说出了推荐袁世凯的意思："如果缺乏足够武力，可把天津训练有素的军队调去协助。"次日，他再以照会的形式重申了更换鲁抚的建议。❶ 康格看来，山东作为京畿邻省，没理由说其无力扑灭义和团，属意袁世凯是因为看重他的军事实力，亦从侧面反映了康格的军人思维。

美使反复施压让清朝当政者左右为难，平原事件中朝廷先是申饬毓贤"包庇"袁世敦，意在指责他"剿"团过火，后又寄谕批评他"固执成见"，对义和团"意存偏袒"，"剿"得不够，终在康格的最后威胁与警告下于 1899 年 12 月 6 日谕命毓贤回京陛见，以工部右侍郎袁世凯署山东巡抚。❷

康格于护教上的敏感、尽心为他赢得了许多传教士的赞许。❸ 他本人为其建言奏效十分得意，对袁世凯更是推崇备至，称他是一位能干勇敢的人，和外国人交游甚繁，"相信只要皇上给予适当的谕旨，骚乱即会停止，秩序即可恢复"。❹ 袁世凯上任 6 天后，山东肥城发生了英国传教士卜克斯被害的案件。袁世凯迅速反应，并鉴于清政府已发布谕旨悔过、命令严惩罪犯，康格认为卜克斯事件至少让清朝统治者意识到了事态的严重性，义和团将很快被镇压下去。❺

二、公使团联合照会

康格的乐观没有维持多久，1900 年 1 月 11 日《京报》上刊登了一则上谕，内容一改 1 月 4 日上谕要求地方当局迅即平息民众抗教拒外的群体活动，而是命令地方文武在镇压拳民时要分清良莠，首次就拳民问题重申了几十年前曾国藩的处理原则，即"只问其为匪与否，肇衅与否，不论其会不会，教不教也"。❻ 德国公使克林德（Baron Ketteler）得知后不满，迅速向总署提出书面抗议。美国公使康格和英国公使窦纳乐（Claude MacDonald）虽然也认为 11 日上谕比以往的立场有所退步，但仍相信袁世凯有能力在短期内扑灭"反叛"。❼ 直到 1 月底，英、法、美和德四国公使相继收到许多来自山东和南直隶的报告，都显示拳民的数量

---

❶ Mr. Conger to the Tsungli Yamen, December 5, 1899, *Papers Relating to the Foreign Relations of the United States*, 1900, p. 84.

❷ 《山东巡抚毓贤折》，光绪二十五年十一月初四日，《义和团档案史料》上册，第 38 页。

❸ Lindbeck, John M. H., *American Missionaries and the Policies of the United States in China*, 1898—1901, Yale University, Ph. D. thesis, 1948, p. 82, No. 127.

❹ Mr. Conger to Mr. Hay, December 7, 1899, *Papers Relating to the Foreign Relations of the United States*, 1900, pp. 77 – 78.

❺ Mr. Conger to Mr. Hay, January 6, *Papers Relating to the Foreign Relations of the United States*, 1900, pp. 86 – 87.

❻ 《上谕》，光绪二十五年十二月十一日，《义和团档案史料》上册，第 56 页。

❼ Mr. Conger to Mr. Hay, January 15, *Papers Relating to the Foreign Relations of the United States*, 1900, p. 88.

非但未减，还与日剧增。四国公使聚集开会，追根溯源，爬梳到极有可能是因为 1 月 11 日的清廷谕旨鼓舞了义和团、大刀会的士气。法国公使毕盛（Stephan Pichon）率先提出建立联盟，其他公使同意合作，联合起草了照会，内称朝廷上谕实是对拳民的嘉许，请清政府再明降谕旨，指明义和团与大刀会名目，饬令将其"剪除净尽"。❶ 1 月 27 日总理衙门收到这份由四国公使分别递送的同文照会，显示出外强的不满正在走向联合。

美使康格不仅参与了联合照会，而且还收到消息说慈禧太后在 16 日赏给毓贤"福"字，相当气愤。总署解释说在新年时授予高官"福""寿"字是朝廷的习惯，并不代表什么特别之意。康格依旧难以满意，因为 1899 年毓贤正是在他本人的坚持下被撤职，如今西太后的举动无疑是故意挑衅和有意侮辱。为此，康格特意致电美国国务院报告此事，提出"似乎可以建议英国、法国、德国和美国的战船适时地出现在中国海岸，以便强调我们的要求，逼迫中国人妥协"。他认为能够教训清朝执政者最有效的方式唯有展现军事实力。❷ 1 月 27 日四国公使的照会中并没有提及军事威慑，康格是第一个建议本国政府采取"炮舰政策"者。

他的建议着实震惊了远在华盛顿的美国政府。海约翰认为康格似乎有点头脑发热，立即向他指出，"尽管美国公民受到威胁，但至今还没有受到个人和财产损失"，在还没有发生任何事实冲突的情况下就使用武力，是非常不合适的。海约翰指示康格应该让袁世凯继续发挥作用，美国公使唯一要做的是监督今后清政府究竟给袁世凯下达了什么样的命令。❸ 国务卿基于戊戌年间的出兵经验谨慎对待康格提出的军事请求，国务院远东事务顾问柔克义则对于康格先斩后奏加入各国公使联合照会的行动十分担忧，为此写了长信，于 3 月 22 日由海约翰签署以国务院指示的形式发给康格。信中严肃地谈道：对于联合照会的内容，国务院不反对，并希望康格继续跟进。但对于其形式，国务院认为美国公使应该使用单独照会的形式，而不是与列强联合，国务院倾向于自己单独行动，而不是与人合作。理由是这样做对中美关系更加有利。❹ 柔克义的信件既是美国长期奉行的"孤立主义"的传统再现，也反映出其对中国时局的担忧，似乎预见联合照会将会对美国在华利益产生负面影响，更加容易激怒中国人，使得已经动荡的局势愈

---

❶ 康格致总署照会：《山东直隶境闹教之事匪党妄想为国家所许于交涉大有危险请先行奏明降上谕指明义和拳大刀会名目饬令剪除净尽并声明凡入该会之人为律例所禁由》，光绪二十五年十二月三十日（1900 年 1 月 27 日），《总理各国事务衙门档案》，台湾"中央研究院"近代史研究所藏，档案号：01 - 12 - 013 - 02 - 006。

❷ Mr. Conger to Mr. Hay，January 29，*Papers Relating to the Foreign Relations of the United States*，1900，pp. 93 - 94.

❸ Hay to Conger，February 1，Instructions，1900，*Diplomatic Posts*：0217 *Legation Archives*，RG84，National Archives of the United States.

❹ Mr. Hay to Mr. Conger，March 22，No. 246，*Papers Relating to the Foreign Relations of the United States*，1900，p. 111.

发不可控。

第一次联合照会发出后，四国公使等待了近一个月都没有收到清政府的任何回复。期间康格还就美国传教士自山东发来的电报之事单独照会总理衙门，试探清政府是否已接受各国公使的请求，也没有回音。❶ 这一现象，同以往清廷往往有求必应、息事宁人的态度相比，实在反常。其背后的复杂原因，仍跟"己亥建储"有着千丝万缕的联系。总理衙门收到四国公使联合照会的时间恰是建储上谕（1月24日）颁布后的第三天，联合照会的形式说明列强已经在某种程度上达成共识、统一行动，虽然照会内容是反对半个月前颁布的上谕，但可以想象，清朝统治者在这个时候突然收到这样一封联合照会，很容易联想到列强在戊戌年间对谋废设计的破坏，因而对列强是否在表达对"己亥建储"的某种抗议抱有深深的疑虑。外加公使们自作主张不对清廷的建储决定表示外交祝贺，更加肯定了慈禧、载漪等人对列强有打算恢复光绪亲政的猜测，以为对建储"各国阻之，乃极恨外人，思伺时报此仇"❷。

事实上，各国政府虽然普遍对持开明态度的光绪较有好感，但随着慈禧训政已成定局，列强并不愿在自身利益受到损害之前，主动挑起同清朝当权者的冲突。他们普遍将"己亥建储"视为中国的内政。在北京的各国公使事先并没有得到有关建储的通报，康格不仅将1月24日慈禧为建储决定召开的御前会议误认为与义和团骚乱有关，建储后，他也仅向美国政府例行报告了清廷决定任命溥儁为继承人。❸ 美国政府则从中国驻美公使伍廷芳处得知慈禧太后将继续掌权，中国也不会改变其国际和国内政策❹，就不再关心这个问题，对康格也没有任何针对这个决策的具体指示，即使在此后收到美国驻上海领事古纳（John Goodnow）的报告说建储在上海和湖北的官场引起动静时❺，美国政府仍旧不愿过分干涉。此时各外国政府之间完全没有互相商量，更别提合作反对清廷策划的新储君。但中外误解却因各国公使擅自决定的联合照会而激化，误会一旦产生，双方之间又缺乏有效的沟通和信任，再加上义和团的声势愈来愈大，清廷对义和团的态度愈来愈犹豫彷徨，中外心理战也愈演愈烈，呈现出误解的叠加效应。

2月21日，四国公使因按捺不住给总理衙门呈送了第二封联合照会，催促

---

❶ 康格致总署照会：《接本国教士自东庞庄来电拳匪在夏津恩县等处仍恣肆傲慢查西正月二十七日曾照会贵署未接照复想必允如所请由》，光绪二十六年一月初七日（1900年2月6日），《总理各国事务衙门档案》，台湾"中央研究院"近代史研究所藏，档案号：01–14–001–01–003。

❷ 胡寄尘编：《清季野史》，长沙：岳麓书社，1985年，第59页。

❸ Mr. Conger to Mr. Hay, January 24; January 25, *Papers Relating to the Foreign Relations of the United States*, 1900, p. 91.

❹ China to Have New Emperor Kwang Su Issues an Edict Appointing a New Ruler for the Chinese Empire, *Columbus Daily Enquirer*, January 26, 1900.

❺ Goodnow to Hill, January 30, 1900, *Despatches from U. S. Consuls in Shanghai, China*, July 5 1899 – July 31 1900, M112, R46, National Archives of the United States.

对一个月前的联合照会及早回复。❶康格此举等于是对此前美国国务院不得与其他列强采取联合行动的违令不遵，也是自行而为。公使们终于在 25 日收到总理衙门的回复，称总署已于 20 日上奏，奉有谕旨命令直隶总督和山东巡抚出示晓谕，严行禁止义和团。❷公使们认为这并没有满足他们的要求，又开了一次会议，意大利公使也加入，五人一致决定再向总理衙门发送联合照会重申前议。3月 1 日，总理衙门转来直隶总督的告示，以显示所言非虚。公使们认为虽然告示中包含的上谕内容有利于中外关系的改善，但没有明确提到大刀会，也没有公布到《京报》上广而告之。因此 3 月 2 日，五位公使在拜访总理衙门的时候，按照原定计划向总署大臣当面递交了第三封联合照会，不仅再次请求发布上谕，而且加称谕旨应该被发布在《京报》上，并一定要提及义和团与大刀会的名目。❸这则联合照会的语气比此前的要严厉，甚至在最后威胁说若清政府不答应此请，则各国公使将诉诸本国政府。在 3 月 7 日的回复中，庆亲王和总署大臣极力向公使们解释，廷寄由于是针对各省，实际比明发上谕更为郑重，且各督抚的出示晓谕也比刊发在《京报》上传播更广。❹这种对外使不懂中国文书体制的暗喻反而激发了公使们愈加的不信任并对中国政府不愿就范的原因猜测。3 月 9 日，公使们再次召开会议，他们认为清政府不提大刀会是因为前山东巡抚毓贤跟那个组织有直接联系甚至共谋，不想在《京报》上公布谕旨是担心在民众面前没有回旋余地。会议上，公使们还一致同意若总理衙门不能满足要求，则每个国家将派出两三艘战船，以迫使清政府妥协；若清政府仍不让步，作为最后手段，则由各国派军直接进入北京保护使馆。❺五国公使对清廷不配合原因的分析显然有所偏颇，既没有意识到联合照会可能会被清廷误解为与列强反对建储相关，更没有注意到列强的施压还引起慈禧以及一众支持废立的朝中重臣排外心理的反弹。清政府一再拖延、拒不下发那道上谕，正是这种排外心理的外在表象，但外国公使们并不知晓，他们只关心要求是否得到满足，康格就声称他确信满足公使们的要求才是

❶　康格致总署照会：《前经照请奏请明降谕旨剪除义和拳会匪等因请即示复由》，光绪二十六年一月二十二日（1900 年 2 月 21 日），《总理各国事务衙门档案》，台湾"中央研究院"近代史研究所藏，档案号：01 - 14 - 001 - 01 - 008。

❷　总署致法、英、德、意、美公使：《照复法英德义各使严禁东省拳会一事已恭录谕旨咨行直东等省由》，光绪二十六年一月二十六日（1900 年 2 月 25 日），《总理各国事务衙门档案》，台湾"中央研究院"近代史研究所藏，档案号：01 - 14 - 001 - 01 - 014。

❸　康格致总署照会：《山东匪党闹教一事请奏请明降上谕指明义和拳大刀会名目饬令剪除声明例禁并载入京报由》，光绪二十六年二月二日（1900 年 3 月 2 日），《总理各国事务衙门档案》，台湾"中央研究院"近代史研究所藏，档案号：01 - 14 - 001 - 01 - 018。

❹　总署致英、德、意、法、美公使照会：《照会英法德义国公使直东拳会一事已有廷寄饬下该督府出示严禁碍难补行刊入京报由》，光绪二十六年二月七日（1900 年 3 月 7 日），《总理各国事务衙门档案》，台湾"中央研究院"近代史研究所藏，档案号：01 - 14 - 001 - 01 - 024。

❺　Mr. Conger to Mr. Hay, March 10, *Papers Relating to the Foreign Relations of the United States*, 1900, p. 103.

最重要的，因此在双方渐趋"强硬"的拉锯中，列强率先提出军事威胁也就不足为奇了。3 月 10 日，五国公使再次向总理衙门呈递了坚持立场的联合照会，并暗示采取其他办法保护本国侨民的可能性。❶

与此同时，清政府任命毓贤为山西巡抚的消息更加剧了本已十分紧张的中外关系。康格马上给总理衙门发去抗议，反对清廷对毓贤的任何任命，"断不容其再行掌理凡有教会交涉省份之事务"。❷ 在向海约翰报告此事时，康格再次强调了由于毓贤深得慈禧太后欢心，除非使用武力，否则无法对他实施惩罚。❸ 德国、英国公使也对这项任命进行了抗议，但都没能改变清朝统治者的决定。其间总理衙门也试图寻求保护外国人的办法，3 月 8 日照会各国公使，请求按照山东巡抚袁世凯的建议，由公使通知各本国公民在进入中国内地时，必须赴各地方官府呈验护照，以便地方官员随时护送保护。❹ 这本是一个非常时期有可能行之有效的办法，但公使们此时已倾向于武力威胁，不愿做出任何妥协，并认为此项规定约束了外人的行动且违反条约规定，遂以"报到呈验知照与约不符"为由断然拒绝。❺

第二节　柔克义的"门户开放"指示

收到康格关于 1900 年 1 月 27 日四国公使第一封联合照会的报告后，美国国务院曾迅速反应，试图限制康格的行动，海约翰否定了他的军事请求，柔克义反对联合照会的形式。柔克义单独给康格写了一封长信，于信中首次向驻华公使阐述了"门户开放"的设想，这是义和团运动爆发后，美国政府的关键指示，也是美国在华外交官首次正面接受"门户开放"的告知训令，意义不容小觑。

一、第一次"门户开放"照会

"门户开放"指示源于第一次"门户开放"照会。政策出台时，虽然义和团

---

❶ 康格致总署照会：《拟禁义和拳等匪一案谆请明降谕旨如不得允回文即电本国设法保护在华英人性命财产由》，光绪二十六年二月十日（1900 年 3 月 10 日），《总理各国事务衙门档案》，台湾"中央研究院"近代史研究所藏，档案号：01 - 14 - 001 - 01 - 026。

❷ 康格致总署照会：《前山东巡抚毓贤在东省办事不守条约若仍于教会交涉省分为大吏本大臣不能照允由》，光绪二十六年二月六日（1900 年 3 月 6 日），《总理各国事务衙门档案》，台湾"中央研究院"近代史研究所藏，档案号：01 - 14 - 001 - 01 - 023。

❸ Mr. Conger to Mr. Hay, March 10, *Papers Relating to the Foreign Relations of the United States*, 1900, p. 108.

❹ 《游历洋人请饬其经过州县赴官呈验护照护送》，光绪二十六年二月八日（1900 年 3 月 8 日），广西师范大学出版社编：《中美往来照会集（1846—1931）》第九册，桂林：广西师范大学出版社，2006 年，第 23 - 24 页。

❺ 《所请游历人呈验请护一节不便办到》，光绪二十六年二月十六日（1900 年 3 月 16 日），《中美往来照会集》第九册，第 28 页。

已开始在山东萌动，美政府却丝毫不将其放在眼里，甚至未知会清政府，门户开放政策的确定，根本上来自美国自身经济的扩张与对海外市场的强烈需求，中国以其众多的人口、广阔的领土受到青睐。

19 世纪末，伴随着美国制造业与对外贸易的大发展，美国的对华贸易额激增，尤以 1895—1899 年这 5 年间，美国对华输出商品的总价值从不足 510 万海关两，增加到超过 2228 万海关两，翻了两番（表 1 - 4）。其中，棉织品和煤油是美国向中国输出商品的大宗，光这两项的销售额在 19 世纪最后 10 年间也从 300 万美元猛增至 1400 万美元。❶

表 1 - 4 中国自各主要国家进口贸易货价总数（单位：海关两）

国别 年份	英国	美国	欧洲（除英、俄）	俄国	日本（包括台湾）
1895	33 960 060	5 093 182	7 552 099	1 902 192	17 195 038
1896	44 571 387	11 929 853	9 431 985	2 229 129	17 390 123
1897	40 015 587	12 440 302	8 565 807	3 442 449	22 564 284
1898	34 962 474	17 163 312	9 397 792	1 754 088	27 376 063
1899	40 161 115	22 288 745	10 172 398	3 522 404	35 896 745

除了贸易额的绝对增长，美国对华贸易的扩张，还体现在它于中国对外贸易中的比重增加、地位提高。19 世纪末 10 年，美国的对华进、出口贸易占中国所有对外贸易的比重，都有显著提升，可见美国的对华贸易增速远超其他国家。相较之下，原本在对华贸易中占垄断地位的英国的比重却在持续下降，美、英两国的差距在缩小。与此同时，中国由原本对美的贸易出超国，变为入超国，说明美国商品在巨量地涌入中国市场（表 1 - 5）。

表 1 - 5 中国向各主要国家出口贸易货价总数（单位：海关两）

国别 年份	英国	美国	欧洲（除英、俄）	俄国	日本（包括台湾）
1895	10 570 897	15 383 402	21 172 378	15 602 641	14 821 642
1896	11 282 049	11 123 599	18 077 532	14 906 594	11 378 854
1897	12 945 229	17 828 406	25 878 118	16 410 439	16 626 738
1898	10 715 952	11 986 771	25 929 114	17 798 207	16 092 778
1899	13 962 547	21 685 715	36 763 506	18 556 992	17 251 144

---

❶ Paul A. Varg, The Myth of the China Market, 1890—1914, *The American Historical Review*, Vol. 73, No. 3, (Feb., 1968), pp. 742 - 758.

表 1-6　中国与各主要国家往来贸易货价总数（单位：海关两）

国别 年份	英国	美国	欧洲（除英、俄）	俄国	日本（包括台湾）
1895	44 530 957	20 476 584	28 724 477	17 504 833	32 016 680
1896	55 853 436	23 053 452	27 509 517	17 135 723	28 768 977
1897	52 960 816	30 268 708	34 443 925	19 852 888	39 191 022
1898	45 678 426	29 150 083	35 326 906	19 552 295	43 468 841
1899	54 123 662	43 974 460	46 935 904	22 079 396	53 147 889

（资料来源及说明：表 1-4、表 1-5、表 1-6 均整理自：光绪二十一年通商各关华洋贸易总册 [M]. 上海：上海通商海关造册处，1896：15；光绪二十二年通商各关华洋贸易总册 [M]. 上海：上海通商海关造册处，1897：14；光绪二十三年通商各关华洋贸易总册 [M]. 上海：上海通商海关造册处，1898：13-14；光绪二十四年通商各关华洋贸易总册 [M]. 上海：上海通商海关造册处，1899：14-15；光绪二十五年通商各关华洋贸易总册 [M]. 上海：上海通商海关造册处，1900：17. 另：表中日本含台湾特指马关条约割出去的台湾）

表 1-7　中国进口贸易价值中各国所占的比重

年份	香港	日本及中国台湾	美国	英国	德国	法国	俄国及苏联	其他
1891—1893	51.2	4.7	4.5	20.4	—	—	0.6	18.6
1901—1903	41.6	12.5	8.5	15.9	—	—	0.8	20.7

（资料来源：严中平，等编. 中国近代经济史统计资料选辑 [M]. 北京：科学出版社，1955：65.）

表 1-8　中国出口贸易价值中各国所占的比重

年份	香港	日本及中国台湾	美国	英国	德国	法国	俄国及苏联	其他
1891—1893	39.3	7.2	9.8	11.3	—	—	8.6	23.8
1901—1903	40.8	12.5	10.2	4.8	—	—	5.5	26.2

（资料来源：严中平，等编. 中国近代经济史统计资料选辑 [M]. 北京：科学出版社，1955：66.）

表 1-9　中国对各国贸易的出（＋）入（－）超

年份	香港	日本及中国台湾	美国	英国	德国	法国	俄国及苏联	其他
1891—1893	-48	+2	+7	-27			+13	-2
1901—1903	-76	-22	-10	-63			+13	-20

（资料来源：严中平，等. 中国近代经济史统计资料选辑 [M]. 北京：科学出版社，1955：66.）

注：（表 1-7 ~ 1-9）香港和台湾指清朝的香港和台湾，1842 年香港被划为英国殖民地，1895 年台湾被划为日本殖民地。

　　中国市场在美国外贸经济中愈发重要，甚至已成为美国棉纺织品的最大市场。美国在华商贸利益的扩张必然波及他国在华既得利益，而此时列强在华势力范围的瓜分也必然导致美国与其他列强的利益冲突，这是新起帝国与老牌殖民国之间的博弈，是进入者与势力范围占有者之间的抗衡，美国人感到他们的拓展势头受到遏止，比如在美货重要倾销地的长江中下游地区，美国遭到英国的围堵；在华北，美国遭到俄国和德国的排挤；在珠三角，遭到法国和英国的挤兑；甚至在闽浙地区，遭到日本、意大利等国的排斥。拥有巨额在华利益并深知美国对华商业有远大前途的美国工商业界焦急万分，并对政府当前应对中国形势采取的观望态度十分不满。❶ 1898 年 1 月，美国在华商人团体在纽约开会决定成立"美国在华利益委员会"，向纽约商会提交了一份请愿书，敦促商会游说政府关注中国态势，保障美国利益。1898 年 2 月 3 日，纽约商会向麦金莱总统递交了一份备忘录，声称欧洲列强在华关系的重大变化已经影响到美国的贸易权益，而随着中国市场的进一步开发，美国的对华贸易量将大幅增长，因此恳请美国政府采取"恰当有力的措施"，保护美国公民的人身安全和商业利益。❷ 1898 年 6 月，"美国在华利益委员会"改组成为"美国亚洲协会"（The American Asiatic Association），并迅速扩张。"美国亚洲协会"为一永久性维护商人利益的组织，成员包括纽约市长、纽约商会会长及各著名企业的巨头等。他们积极鼓动美国政府采取更加有力的对华政策。❸ 美国的舆论媒体也对商人们的言论进行了大肆宣传与支持。

美国经济生产的飞速增长，对华贸易的膨胀扩张，乃至商人利益集团的强力施压，都指向中国市场的重要价值，美国政府务必采取行动维护在华商业利益。外加美国刚于 1898 年 8 月占领菲律宾，由此美国决策者们开始将目光投向太平洋和远东，菲律宾恰好成为美国对华行动的重要跳板。一方面，美国是世界头号经济强国，急需开拓海外市场消化国内的过剩生产；另一方面，美国当时的军事力量却相形见绌。打败西班牙只是一场"辉煌的小战争"，虽然取得胜利却也暴露了美军的诸多缺陷：一是美国独特的军事制度决定了联邦军队的人数受到严格限制，虽辅以国民警卫队作为后备力量，但不仅人数仍远低于欧洲国家，而且作战能力也比不上常备军❹，19 世纪末期，俄国拥有常备军约 75 万，法国约 60

---

❶ 商人们对时任美国国务卿的约翰·谢尔曼（John Sherman）尤其不满。谢尔曼是反扩张主义的代表，他在公开讲话与接受采访时宣称，即使中国被瓜分，在他看来美国的商业利益也不会有什么影响。商人们认为谢尔曼的观点是"奇怪的和危险的"。参见 Clarence Cary, China's Complications and American Trade, *Forum*, 25：25（1898）.

由于谢尔曼受到工商业界的诟病，海约翰在 1898 年 9 月接任国务卿后转而采取较为强硬的远东政策。

❷ New York Chamber of Commerce to McKinley, February 3, 1898, *McKinley Papers*, Library of U. S. Congress.

❸ Journal of the American Asiatic Association, 1：8（Aug. 1898），19（Oct. 31, 1898）. 转引自 Marilyn Young, *The Rhetoric of Empire*：American China Policy, 1895—1901, p. 109.

❹ 依照传统，美国在和平时期只保持人数不多的联邦军队，由联邦政府直接控制；国民警卫队是内战后由民兵组织发展而来，由各州政府领导，成为正规军的后备力量和地方治安的主力，战时联邦临时征调国民警卫队扩充军力。内战后，美国陆、海军分别在厄普顿和马汉等人的提倡下开展了一系列的军事改革，但直到 19 世纪末，美国还远不是一个军事大国，还无力同英、法、德等欧洲国家进行军事对抗。美国军事上的诸多根本性变革乃至军事力量的大发展则是在二十世纪初第一次大战前完成的。参见［美］米利特、马斯洛斯基：《美国军事史》，军事科学院外国军事研究部译，北京：军事科学出版社，1989 年，第 234 – 270、303 – 326 页。

万，德国约 50 万，而美军（包括联邦军队和国民警卫队）仅有 10 多万❶；二是海军经过几十年发展至 1898 年虽已拥有 4 艘一级战列舰、2 艘二级战列舰、2 艘重装甲洋舰以及 10 多艘装甲巡洋舰，但仍与英、法、德等欧洲军事强国存在差距，海军力量仍不足以支撑美国的海外扩张，"19 世纪 90 年代末期，大不列颠驻守亚洲的战舰比麦金莱所有舰队的一流战舰还要多"。❷ 因此，美国既因军事实力薄弱无法抗衡其他在华列强，遂转而寻求以经济、和平手段维持中国市场的完整与开放。

"门户开放"（Open Door）原则并非完全新创，它在经济上表现为各侵略国"机会均等"和"利益均沾"。这项政策首先被列强运用于非洲的刚果，却没有阻止刚果沦为比利时的殖民地。而首先提出将"门户开放"运用于中国的是英国，1898 年 3 月 1 日英国国会下院通过一项决议："保持中国的领土独立，对于英国的商业和影响是至关紧要的。"外务副大臣就此提出英国对华政策三原则：(1) 维持中国的完整和独立；(2) 自由贸易；(3) 保持条约权利。❸ 英国曾试图在对华执行门户开放政策上鼓吹英美联盟，但遭到美国的拒绝。时任美国驻英大使的海约翰（John Hay）知道"门户开放"本质上同美国的利益一致，但美国参议院不会同意与英结盟，故而在他 1898 年 9 月回国担任国务卿之后，一直在努力寻求由美国在不结盟的情况下促成"门户开放"的办法。从中也可看出，回国后的海约翰旋即提出"门户开放"实质是深受英国影响，相当内容脱胎于此，堪称门户开放政策的"美国修订版"。❹ 当然，美方拒绝与英方联盟，拒绝英国方案，拒绝共同发声，表现出了强烈的"不随从"的独立意识，对于业已成为世界首屈一指的经济大国，谋求在国际社会中的主导地位，也是势之必然，

---

❶ 查阅 19 世纪末美国军事实力的数据时，发现以往中英文论著对该时段美军人数的描述差距甚大，从几万到十几万甚至到将近三十万不等。事实上，美军人数在 19 世纪最后几十年一直维持在 4 万人左右，到 1897 年还只有 43656 人；1898 年由于美西战争，美军大量征兵，人数骤增到 235785 人；1899 年又回落到 100166 人，此后几年基本维持在 10 万人头，不超过 13 万。因此，若要论 19 世纪末的美军人数，须得具体到年份与时段。详细数据参见 Ben J. Wattenberg（ed.），*The Statistical History of the United States*，*from Colonial Times to the Present*，p. 1141.

❷ ［美］孔华润主编：《剑桥美国对外关系史》上册，王琛等译，第 415 页。

❸ 1877 年，欧洲强国为了调解竞争刚果的矛盾，英、法、德、俄等 14 国 1884 年至 1885 年在柏林开会，达成《一般议定书》，规定各国在刚果盆地享有商业和航行的平等自由，禁止一切差别税收，"任何国家不得在上述地域行使主权，或在该地域保持商业上的独占或优越"，"缔约国以及此后之加入国，相约尊重该土地及领水的中立"。在刚果沦为比利时殖民地后，门户开放的各项规定仍然有效地实行着。详见牛大勇：《英国对华门户开放政策的缘起》，《历史研究》1990 年第 4 期。

❹ 海约翰（1838—1905），青年时代追随林肯，任其私人秘书。林肯遇刺后，步入外交界，先后担任美国驻巴黎、维也纳、马德里的外交官，1878 年被委任为第一助理国务卿，1881 年届满离任，被认为是当时最熟悉欧洲政治情形的美国人之一。1898 年 8 月 13 日，时任美国驻英公使的海约翰受聘为国务卿，9 月 3 日就任，此后担任此职至 1905 年。期间他参加结束美西战争的谈判，力主美国占领菲律宾。1901 年与英国谈判使美国取得开凿巴拿马运河的权利，1903 年策动巴拿马脱离哥伦比亚独立，由美国开凿巴拿马运河。

追随附和的时代渐行渐远，世界新霸主的形象塑造工程开始动工。

"门户开放"在经济上反对一国特权，主张各国平等、开放市场，恰又是与美国以往在华坚持的"最惠国待遇"原则一脉相承。早在鸦片战争与中英《南京条约》签订时，美国政府就要求美国人在贸易方面享有同英国一样的便利和优惠，并坚持将该原则写入中美《望厦条约》第二条，成为往后几十年美国享有对华特权的基础。❶ 门户开放政策正是继续坚持并扩大了"最惠国待遇"。

1898 年 9 月，"门户开放"一词首次出现在美国的官方文件中。美国总统麦金莱在给同西班牙议和的美国代表的训令中说，美国"绝不在东方寻求一点非共同的利益"，"既然只为我们自己要求门户开放，我们也准备以门户开放施诸别人"。❷ 这表明，美国定下了将在远东实行门户开放政策的基调。美国政府在决定提出门户开放政策后，委托柔克义起草致各列强的照会。由于国务卿海约翰从来没有去过中国，对中国的情况不甚了解，就将时任希腊公使的好友柔克义召回华盛顿担任远东事务顾问，据俄国驻纽约代办观察称，柔克义享有白宫的"无限信任"，并且如果没有他参与，有关中国的问题一个也不能决定得了。❸ 柔克义在起草照会期间，不仅同"美国亚洲协会"等商人团体保持着密切的联系，倾听他们的意见，而且还与长期任职中国海关的英国朋友贺璧理（Alfred Hippisley）往来频繁。柔克义以贺璧理的备忘录为基础，1899 年 8 月 28 日草拟了关于美国对外宣布门户开放政策的备忘录，海约翰只对备忘录稍作修改，形成第一次"门户开放"照会的最终版本。

1899 年 9 月 6 日，海约翰给美国驻英、德、俄三国公使发出指示，由公使向各

---

❶ 鸦片战争时，在广州海域指挥美国海军的克尔尼（Lawrence Kearny）准将就曾照会两广总督祁贡，要求美国人在贸易方面享受同英国一样的特权。1842 年中英《南京条约》签订后，中方代表伊里布奏称，英国使臣璞鼎查表示，只要中国允准各国前往福建和江浙各处通商，英国"断不阻止以求专利"，伊里布看来"其意已暗有邀约各国同来商贩之见"。为防各国"德在英国，怨在中国"，伊里布同另一清朝谈判代表耆英一致认为"莫若因势利导，一视同仁"，获道光帝准许。1843 年，美国国务卿韦伯斯特（Deniel Webster）在给赴华谈判中美条约的外交特使顾盛（Caleb Cushing）的指示中，还特别强调"你要以果断的言辞和正面的态度表示，如果中国给任何其他国家国民的优惠和商业上的便利比给美国人更多的话，美国政府不会与中国皇帝保持友好和尊敬"。参见 Kearny to Ke, October 8, 1842, 29th Congress 1st Session, *Senate Document*, No. 139, Washington：Archives of the Congress of the U. S. A, p. 21. 《伊里布又奏美法要求通商俟与璞鼎查妥商并酌加洋货内货税则片》；《耆英又奏美利坚等国必欲在闽浙通商似可准其一并议定税则片》；《廷寄》，文庆等编：《筹办夷务始末》道光朝第 5 册，北京：中华书局，1964 年，第 2530 - 2531、2537 - 2538、2539 页。Instruction of Sec. Webster to Minister Cushing, May 3, 1843, 29th Congress 2nd Session, *Senate Document*, No. 138, Washington：Archives of the Congress of the U. S. A, p. 5.

❷ ［美］泰勒·丹涅特：《美国人在东亚》，姚曾廙译，第 525 页。

❸ ［苏］福森科：《瓜分中国的斗争和美国的门户开放政策》，杨诗浩译，第 147 页。柔克义被调回华盛顿后，出任国务院美洲司司长，他曾经在外交界和国务院差不多连续服务达十四年之久，其中在北京与汉城分别工作了三年与几个月，还以旅游和研究工作充实了对亚洲事务的知识。海约翰将柔克义视为美国两位最优秀的外交家之一，对他极为仰仗。参见［美］泰勒·丹涅特：《美国人在东亚》，姚曾廙译，第 536 页。

驻在国外交部转达"门户开放"照会，敦促各国同意门户开放三原则：（1）一国在其"势力范围"或租借地内不得干涉任何通商口岸或其他国家的既得利益；（2）中国现行的条约税则适用于各国在华的势力范围，中国政府有权征收关税；（3）一国在其"势力范围"内不得向其他国家的商人征收比向该国商人更高的港口税或铁路运输费用。美国从驻英、德、俄三国开始，是因为考虑到，英国一贯持有贸易均等的主张，德国刚刚辟胶州为自由港，沙皇也在不久前颁行开放大连港的敕令，如此这般，都让美国决策者们认为，从这三个国家入手，更容易首先获得支持。❶ 然而事情的进展并不顺利。

首先，英国的回复没有想象中的热情。虽然英国最先倡导"门户开放"，但在寻求英美结盟失败后，英国的对华政策渐渐偏离了这个方向，因为势力范围难以轻易消除，英国不愿放松攫取独占权益，甚至在势力范围的争夺中夺取了利益最多和最富庶的地区，如在长江流域从事铁路特许权生意，租借九龙和威海卫，与俄国互认势力范围等。英国事实上采取的是一半的门户开放政策和一半的势力范围政策，对别人是要求门户开放，对自己是固守势力范围，因此它在1898年3月后就没有再敦促美国共倡"门户开放"。美国1899年9月的照会像是对英国1898年3月照会的迟到回应，但此时于英国方面已时过境迁。英国外相索尔兹伯里（Salisbury）向美国公使抗议道："租借土地"（leased land）一词必然包含了九龙和威海卫，这是英国所不能接受的。俄国的反应最冷淡，由于美俄两国在中国北部的贸易竞争，他们甚至猜想"门户开放"政策是针对俄国的，因而以美国照会的措辞含糊为借口，不愿意签订任何有约束力的条约。德国也持观望态度。

初试不利，美国再择对象，于1899年11月13日、17日和21日又向日本、意大利和法国发出类似内容的照会，询问三国是否愿意加入。❷ 12月26日日本率先赞同，但条件是其他国家都接受。❸ 意大利第一个无条件完全赞成美国提议，因为它没有在中国占有势力范围。❹ 法国和德国不愿卷入新的国际纠纷，也表示同意"门户开放"。❺ 对英国，美国又私下表示可以将九龙等排除在外，此

---

❶ Mr. Hay to Mr. White, Sep. 6；Mr. Hay to Mr. Choate, Sep. 6；Mr. Hay to Mr. Tower, Sep. 6, *Papers relating to the foreign relations of the United States*, 1899, Washington：U. S. Government Printing Office, pp. 129 – 130, 131 – 133, 140 – 141.

❷ Mr. Hay to Mr. Buck, November 13；Mr. Hay to Mr. Draper, November 17；Mr. Hay to Mr. Vignaud, No 664, Sept. 6, *Papers relating to the foreign relations of the United States*, 1899, pp. 139, 136, 128.

❸ Viscount Aoki to Mr. Buck, December 26, *Papers relating to the foreign relations of the United States*, 1899, p. 139.

❹ Visconti Venosta to Mr. Draper, Rome, January 7, *Papers relating to the foreign relations of the United States*, 1899, p. 136.

❺ Mr. Delcassé to Mr. Porter, December 6, 1899；Mr. Jackson to Mr. Hay, December 4, 1899, *Papers relating to the foreign relations of the United States*, 1899, pp. 128, 130.

项保证打消了英人疑虑，英国也同意加入。[1] 在多国加入的情状下，俄国不愿孤立于外，且忤逆美国，最终也勉强发出了含混的回复，特别强调俄国的赞同是为了“增强和巩固两国的友谊”。[2]

第一次“门户开放”照会虽然挑战了“势力范围”，但并没有完全否认，它追求的在中国完全的商业和贸易平等，不包括投资平等以及保存中国的领土和主权。[3] 这个照会相当于对各国对华政策的一个试探，虽然有波折，但经过美方的积极联系，1900 年 3 月 20 日，海约翰命令美国驻这六国公使通知各国政府，美国视他们的同意为“最终的和确定的”，至此，第一次“门户开放”照会的目的基本达成。

二、中国方面的反应

虽然是对华政策，但门户开放政策从设想到提出，甚至到列强就接受与否进行权衡博弈的时候，包括美国在内，没有任何一个国家认为有必要告知或咨询清政府的意见。毕竟是对华政策，外国忽略中国，中国却不可能没有反应。清朝朝野各界对“门户开放”的观感，恰能反映庚子事变前夕中美关系的状况。

（一）驻美公使伍廷芳

最早察觉到美国新动向的是驻美公使伍廷芳[4]。伍廷芳 1842 年出生于英属新加坡，少年求学于香港，后赴英国自费学习法律，英文流利，时人有论者谓“渡美求学最先，博士之名最早者，当推伍廷芳”[5]，虽言不符实，却是世人观感。伍廷芳还是第一个取得外国律师资格的中国人。此后，他以通晓通商、律例、万

---

[1] Choate to Hay, Nov. 1, 1899; Hay to Choate, November 13, 1899, *John Hay Papers*, Library of U. S. Congress.

[2] Count Mouravieff to Mr. Tower, December 18 - 30, *Papers relating to the foreign relations of the United States*, 1899, pp. 141 - 142.

[3] John Hay to William Rockhill, Feb. 10, 1900, *William Woodville Rockhill Papers*, 1826—1941, Houghton Library, Harvard University.

[4] 伍廷芳（1842—1922），字文爵，号秩庸，广东新会人。出生于南洋，三岁归国。1874 年自费留学英国林肯法学院，曾受时任驻英公使郭嵩焘的举荐。学成后考得律师资格，是第一个取得英国律师资格的中国人。回香港担任律师，后受聘为香港法官兼立法局议员。1882 年入李鸿章幕府。1896 年清政府任命其为驻美国、西班牙、秘鲁公使。1902 年回国，先后任修订法律大臣、会办商务大臣、外务部右侍郎、刑部右侍郎等。1907 年他再度出使美国、墨西哥、秘鲁、古巴，两年后回国，寓居上海。辛亥军兴，宣布赞成共和，与陈其美等发起组织“共和统一会”。南北议和期间，被推为南方军政府代表；南京临时政府成立后，被孙中山任命为司法总长。1916 年任段祺瑞内阁外交总长。1917 年，参加孙中山领导的护法运动，任广州军政府的外交部部长兼财政部长，并曾一度因孙中山的离职而代行非常大总统之职。1922 年 6 月病逝于广州。参见《保荐伍廷芳折》，光绪三年五月十二日，梁小进主编：《郭嵩焘全集》第 4 册，长沙：岳麓书社，2012 年，第 813 - 814 页。丁贤俊、喻作凤：《伍廷芳评传》，北京：人民出版社，2005 年，第 15 - 25 页。

[5] 陈灨一：《睇向斋秘录（附二种）》，北京：中华书局，2007 年，第 131 - 132 页。

国公法，受到清朝洋务官吏的重视。1882 年入李鸿章幕，备外交顾问，受李鸿章重用，在被派出使前积累了较为丰富的办理洋务经验，甲午战败后还有赴日议和的经历。

1896 年冬，伍廷芳受命出使美国、秘鲁、西班牙，常驻美国。他给美国以突出的地位，认为可以凭借给美国提供贸易的机会对抗俄、法等国的入侵。❶ 由于美国是列强当中有实力却尚未占据在华租借地或势力范围的国家，1898—1899 年两年期间，伍廷芳反复向华盛顿政府确认美国是否也有从中"分一杯羹"的想法。

伍廷芳的担忧并非多余。第一次"门户开放"照会发布以前，美国决策者们虽已定下对华"门户开放"的基调，海约翰 1899 年 3 月在给《纽约太阳报》（New York Sun）编辑保罗·丹纳（Paul Dana）的信件中宣称"我们反对瓜分中国，我们不想公众认为美国政府参与了现在正在进行的对中国的抢夺"❷，面对中国公使的询问，海氏也重申了不会从中国攫取口岸的观点。❸ 然而与此同时，在美国官员内部还是展开了是否有可能在中国占领一块土地的激烈讨论。除了前述驻华公使康格建议拥有一个口岸、租借直隶地区外，各地的领事们也蠢蠢欲动。其中，驻镇江领事寻求在中国沿海建立一个加煤站的建议不仅在国务院，而且在海军部广泛讨论，甚至获得了海军部设备局长布拉福德（Bradford）等要员的热烈赞同。❹ 美国政府内部的"路线之争"让伍廷芳很是忧虑，此时美国商人团体与舆论对开放中国市场的强烈渴望则让他看到了希望。

1899 年 4 月 8 日，伍廷芳在美国政治社会学院（The American Academy of Political and Social Science）发表了题为《中国与西方的关系》（China's Relations with the West）的演讲。在演讲中正式提出维持开放是中国的既定政策，"中国欢迎所有国家的人来到它的海岸。它的港口是开放的，对各国一律平等看待……中国人愿意与所有外国人贸易，也想得到各国同等的对待。中国希望和平——不愿被干涉和被无理地索求骚扰"。❺ 这篇演讲词后被收录在 1899 年美国财政部统计局的报告中，发表时间又早于第一次"门户开放"照会几个月。香港地区学者张云樵认为"伍氏讲词与海氏宣言大同小异，可能是巧合，但也不能说全无一些关

---

❶ ［美］韩德：《中美特殊关系的形成：1914 年前的美国与中国》，项立岭、林勇军译，第 200 页。

❷ Hay to Paul Dana, March 16, 1899, *John Hay Papers*, Library of U. S. Congress.

❸ United States and China; Effect of the Decision Not to Take a Port There. Wu Ting – fang Sees Mr. Hay The Imperial Minister Says the Chinese Will Observe and Appreciate America's Good Will, *New York Times*, March 8, 1899.

❹ R. B. Bradford, Coaling Stations for the Navy, *Forum*, 26：732 – 747 (February 1899).

❺ Wu Ting – fang, China's Relations with the West, Address at the annual session of the American Academy of Political and Social Sciences, April 8, 1899, *Annals of the American Academy of Political and Social Science*, Annal of Suppl. Vol. XIII, pp. 168 – 176.

系"❶，评论公允。还有学者根据民国外交官傅秉常的回忆与伍廷芳 1911 年在给庆亲王的信中叙及"维时廷芳驻美，首不奉诏，商请美国布告列强，保全中国领土，是以得免瓜分之祸"，进一步推断伍廷芳对于美国"门户开放"政策的促成，"与有功焉"❷。但这两个论据是有问题的。首先，细读伍廷芳信的内容，可明确他叙述的事情都是在 1900 年八国联军侵华战争期间发生的，并非 1899 年美国提出第一次"门户开放"照会之前；其次，傅秉常说在伍廷芳保存文件中阅及其与海约翰的往来函件，笔者对照美国国家档案馆所藏的外交档案与海约翰的私人档案，发现伍廷芳与海约翰就"门户开放"密切联系的时间基本都是在 1900 年以后，此之前海约翰并没有针对此政策征询过伍廷芳的意见，也没有专门告知过他；否则，在得知"门户开放"照会的消息时，伍廷芳就不会那样震惊。

1899 年 11 月，美国政府向各国发送"门户开放"照会的消息开始被美国国内媒体泄露，各种流言满天飞，甚至有传闻说如果各国反对"门户开放"照会，美国将在中国取得租借地。作为驻美公使的伍廷芳密切关切林林总总的传说，因为当时中国人认为，美国是最后一个没有在华采行"瓜分"的强国，若美国转变立场同意占领土地，中国的命运将愈发险恶。伍廷芳十分担心美国对华政策的转向——放弃门户开放，支持"瓜分"政策。他为此特别拜谒了海约翰，请求美国政府支持中国反对各国的瓜分。海约翰一贯在领土问题上特别谨慎，他拒绝做出这样的保证，其实美方并非在考虑即时逆转政策，而是为"无法预测的"未来留有退路，不公开宣称彻底放弃美国对华的领土要求。❸ 由于没有得到想要的答复，伍廷芳颇为焦虑，开始诉诸媒体希望给美国政府一些舆论压力。

美国首先照会列强，而不是预先告知中国关于"门户开放"内容的做法，是对中国的忽略乃至无视，甚至称为蔑视也无不可，对此将最直接当事国搁置一边的怠慢做法，伍廷芳等颇为恼火，将其视为类乎强盗间的私下分赃谈判。❹ 他愤愤不平地抗议道："一个关于中国的文件将被正式签订而中国没有参与其中？不能忽视的是中国是一个主权国家，当要签署关于其利益和领土的协议时，这个主权国家必须要发出自己的声音。我不相信任何伟大的和自重的列强将支持这样的一个计划"。"就好像你的邻居们聚集在一起，商量如何占有你的房子。一个从前门，一个从边门，其他的占据不同的房间。所有这些都没有询问过你这个房

---

❶ 张云樵：《伍廷芳与清末政治改革》，台北：联经出版事业公司，1987 年，第 343 页。

❷ 丁贤俊、喻作凤：《伍廷芳评传》，第 164 页。

❸ Hay to Paul Dana, March 16, 1899；Hay to Wu Ting－fang, November 11, 1899, *John Hay Papers*, Library of U. S. Congress. Declined to Interfere China Wanted America's Help to Stop Europe's Inroads, *Fort Worth Morning Register*, November 9, 1899.

❹ Wu Ting－fang on China, *New York Times*, November 27, 1899.

子的主人。这样的情况对个人来说是很奇怪的，对于国家来说也同样奇怪。"❶
他在 1900 年 1 月 14 日奏报朝廷，他曾为此多次前往美国国务院，"讽以微词，
责以大义"，并一再请求美方给予正式官方文牍作为报备中国政府的凭证，终得
美国来文声明不欲侵占中国土地。伍廷芳获此私下保证（美方无意公开），即向
清廷报告说：

> 臣叠次辩论，实恐其别有要索。不过欲借词探察以便预设方略，隐阻其
> 谋，不意其翕然听从。且各国复文未到之先，与我文状为据，此节尤见推
> 情，殊出意料之外。当经面陈谢悃，并具函答复在案。此美国现在谋议，重
> 在保全商利，尚无损碍中国之实在情形也。❷

言下之意，既有美国政府凭证在手，可见其确无觊觎中国领土之心，对美国的担
忧概可以稍减。伍廷芳赞许美方"独能深明大义，力顾邦交"！并认为这或可成
为争取美国帮助中国的良机，遂在 1—2 月间于各种场合大力宣传中美互助的主
张，极力向美国的商人和政治家鼓吹，中国是个有着 4 亿人口的巨大市场，对于
外国人平等对待，欢迎"门户开放"，因为贸易对双方都是有利的，中美可以建
立更友好的关系。他还强调，在华推行"门户开放"，不仅需要中方的配合，更
需要美国对中国的平等相待，他呼吁美国国会修改排华法案，吁请前往中国的美
国人理解和公正对待中国人。❸

随后 2 月 22 日在宾夕法尼亚大学的一次演讲中，伍廷芳发展了他的观点。
他开篇就强调了中美两国的关系是最友好和热忱的，因为美国的政策不是在华侵
占领土，而是发展贸易和商业，并且美国因占有菲律宾而成为中国的近邻，双边
的关系尤显重要。伍廷芳还提出了对于维持这种"最好的关系"的个人建议，
包括美国人增强对中国人的理解，改变美国在华的领事裁判权等。他甚至建议美
国将在美洲的"门罗主义"推广到亚洲，慷慨陈词道：

> 门罗总统发布其对外国入侵美洲大陆的警告，得到所有国家的默认。为
> 什么？因为这是在公正和自我保护原则上的。这不是一个新的主义，而是对
> 华盛顿奠定的原则的自由解释。因此，最近美国政府由能干的国务卿提出的

---

❶ The Division of China: Washington Interested in Alleged Plans of Foreign Powers. To Parcel out the Empire America Will Have No Part in It. Chinese Minister Says the Proposition Cannot Be Serious, *New York Times*, November 27, 1899.

❷ 《奏美国现在谋议情形附陈政见折》，一八九九年十二月十四日（1900 年 1 月 14 日），丁贤俊、喻作凤编：《伍廷芳集》，第 65 – 66 页。

❸ American – Asiatic Dinner: Wu Ting – fang, Chinese Minister, Guest of the Association. Opportunities China Offers Says Americans, However, Must Treat His Countrymen Fairly to Get Their Patronage, *New York Times*, January 27, 1900; Silk Association Dines: Minister Wu Ting Fang Denounces Partition of China. Declares Before Organization of Which He Is a Guest that Far East Is Not Understood, *New York Times*, February 9, 1900. China Wants Only Justice. Minister Wu Ting Fang Tells of Exactions of the Powers, *Kansas City Star*, February 9, 1900.

要各国承认在中国"门户开放"不是背离，而是对美国传统历史的延续。问题是现在美国是否应该将门罗主义推广到亚洲。……门罗主义是美国政府的既定政策，这项中立的逻辑应该被运用到美国拥有土地的一切地方。这项政策不是自私的，而是如我已经说过的，是建立在公正和自我保护上的，如果坚持实施，它将会极大地维持其实施地区的和平。❶

由此可见，中国公使对于美国"门户开放"的态度已从最初的不解转变为接受、欢迎，甚至试图加以利用。

伍廷芳在美国各处的演说受到欢迎，引起反响，美国人认为他对事情的判断代表了中国政府的判断。他在演说时总是穿着丝制的传统东方服饰，被美国人称赞为"聪明的外交官"和"能干的国家利益代表"。❷ 曾任美国国防部长助理的梅可将（George O. Meiklejohn）甚至热忱地表示美国应该支持伍氏入主清王朝。❸

（二）清政府与国内舆论

由于美国政府始终没有将"门户开放"政策正式通告清政府，更别提在照会发布前探询清政府的意见。甚至当驻美使臣伍廷芳提出强烈抗议的时候，美国舆论还普遍认为中国无权抗议，因为中国已经无力维持自己独立完整的主权，况且中国关闭的贸易大门是在外国武力的胁迫下才打开的。❹ 美国人还认为此策虽然是为美国利益服务，但对中国亦有利惠。柔克义索性指出中国唯一要做的事情就是严格履行条约义务。他在给友人的信中如是说道："美国坚持在中国的均势。我真诚地希望我们好好利用它，不仅是为了我们的贸易，而且是为了增强北京政府，使得它没有理由逃脱它对条约的义务。我们已经保证暂时帮助维持中国的完整性，但中方也必须履行所应承担的国际责任。"❺ 而且，美国政府希望通过联合各国共同促进清政府的行政改革，以使其更好地履行条约义务。❻ 美国政府决策者们似乎相信他们为保全大清帝国做出了贡献，大清帝国也当相应地欢迎美国的对华政策。

1900 年年初，清政府从伍廷芳的奏折中辗转获悉美国"门户开放"照会的

---

❶　United States and China: Chinese Minister Suggests Extension of Monroe Doctrine. His Tribute to Washington Indicates Measures This Country Should Adopt with Regard to the Philippines and the Orient, *New York Times*, February 23, 1900.

❷　A Hint from Wu Ting – Fang, *Evening News*, March 2, 1900.

❸　Topics of the Times, *New York Times*, July 10, 1900.

❹　Wu Ting – fang on China, *New York Times*, November 27, 1899. The Chinese Minister's Error, *Philadelphia Inquirer*, November 28, 1899.

❺　Rockhill to Edwin Denby, January 13, 1900, *Rockhill Papers*, Houghton Library, Harvard University.

❻　Mr. Hay to Mr. Choate, September 6, 1899, *Papers relating to the foreign relations of the United States*, 1899, p. 132.

大概，由于已得到海约翰不欲侵占中国土地的保证，且在伍廷芳看来"所有美国谋议目前安谧"，因不是正规的国与国之间的外交渠道获得的正式文告，清政府便没有下达什么特别指示，也没有对门户开放作出任何回应。1900 年 5 月 14 日，美国政府才通过驻北京公使康格正式通知中国政府"门户开放"事宜，并向总理衙门提交了与英、法、德、俄、意、日六国的所有来往文册。❶ 此举姗姗来迟，恰逢时局骤变，此时的清廷正就剿、抚规模日大的义和团，以及如何御外等问题发生激烈争论，无暇顾及此事。直到几个月后中外交战，清政府内部的有些人才注意到美国这项政策的"利用价值"。

中国国内舆论方面，有媒体在"门户开放"照会发布前就敏锐地捕捉到了美国政府的新动向。1899 年 6 月 18 日，《申报》报道了美国亚洲协会会员向其政府献策，欲合谋英国联合各国"将中国全地尽成通商口岸"。❷ 两日后，《申报》刊载了长篇评论，针对瓜分危机和美国舆论，提出通商之事"与其请自他人，不如自行开辟"，建议中国政府先行声明"嗣后中国口岸准许各国通商，即不得再有要挟"，以保存中国主权，吁请谋国者亟起图之。❸ 可见在美国正式提出"门户开放"政策以前，不论在美国，还是中国，都有将中国全面开放通商的议论，《申报》的建议颇为大胆，立足点仍是中国的自主性，与此前清廷自开商埠的想法一脉相承。1900 年 1 月获得照会消息后，《申报》又率先报道了美国已经提出"门户开放"的倡议并获多国同意。❹《万国公报》同时多方寻访中外报章，认为美国政府虽然不愿直接承诺不"瓜分"中国，但仅其请求各国明确立文开放中国通商的举措，就是"虽未允华请，而以自保者保华，已觉不允而允矣"。❺ 当得知海约翰无侵占中国土地之心的申明后，《万国公报》大力称赞这是美国"保华"的实证，夸奖美国总统麦金莱和国务卿海约翰"敢率众而出承万国之权利"，二人之名将会永留青史。❻ 此外，还有《清议报》《湖北商务报》《济南报》等多家报纸都报道了美国倡议"门户开放"之事，多数却并不看好，尖锐指出"美国断不愿中国之瓜分，此无他，恐不利于其在华之商务也"，认为若中国的领土要倚靠他人才能保全自立的话还谓何主权，并以此抗议。❼

---

❶《接外部寄到拟在中国开通各国来往通商门户文册一件照送查收》，1900 年 5 月 14 日，《中美往来照会集》第九册，第 48 页。

❷《美人献策》，《申报》1899 年 6 月 18 日，第 9401 号。

❸《论中国宜推广通商口岸以缘外人觊觎》，《申报》1899 年 6 月 20 日，第 9403 号。

❹《美人倡议》，《申报》1900 年 1 月 9 日，第 9606 号。

❺《美定匡华之策》，《万国公报》1900 年 1 月，第 133 册。

❻《美人志大言大》《美国保华实证》《美君相名留青史纪略》，《万国公报》1900 年 4 月第 136 册，1900 年 4 月第 136 册，1900 年 6 月第 138 册。

❼《地球大事记：美国开放中国门户政策》，《清议报》1900 年第 47 期，第 3058 - 3059 页；《美保商局》《美保商利》，《湖北商务报》1900 年第 35 期，第 18 页，45 期，第 21 页。《美主保全要闻》，《济南报》1900 年第 1 - 17 期，第 85 页。

此种差别，盖源于《万国公报》为外国教会在华创办，此时的主办者为美国人林乐知，他时常利用报纸传播"拯救中国"的理念，此次当然不会放弃这个为美国正面宣传的好机会。而其他的中国报刊集体展现的是中国人的普遍观感，即对于美国政府抛出的橄榄枝，多数中国人仍是迟疑和怀疑的态度，不仅因为美国政府在这项涉及中国主权的关键问题上没有主动同中国沟通，还因为此时的中美关系实际上不太融洽，因为美国将排华法案扩大到了它新占领的夏威夷和菲律宾地区，引起了华人的极大不满。驻美公使伍廷芳与总理衙门磋商，援引 1894 年的中美禁工条约于 1899—1900 年期间反复向美国政府提出抗议，美国均置之不理。[1] 排华法案虽然针对的是海外华人，但还是极大地影响了中国政府与国内华人对美国的观感，这种对华人明显的敌视行为，势必会造成中国人对"门户开放"政策的猜忌，伍廷芳在欢迎"门户开放"政策的同时，就不忘提醒美国人平等对待中国人，以免影响华人社会对此政策的负面观感。

三、"门户开放"指示

1900 年 3 月 22 日，美国驻华公使康格收到美国国务院的训令，署名为海约翰，实际是柔克义执笔。这份冗长的文书行文啰唆，表达晦涩。它的产生直接来源于中国义和团运动的形势以及康格参与的公使团联合照会。

柔克义不仅明确要求康格最好采取单独行动，而且不厌其烦地向美国公使宣讲"门户开放"的政策逻辑，还首次命令康格向清政府传达门户开放政策：利用"一切机会告诉总理衙门，美国政府获得了各个在中国拥有租借土地或势力范围的国家对在上述地区贸易自由的保证，维护了中国的主权，列强也保证不干预中国的完整性"。在告诉了中国此项保证之后，柔克义提醒康格让中国政府注意其在镇压排外运动和惩罚失职官员上的义务。[2] 配合此项指示，康格在 3 月 26 日还收到美国国务院送来的各国对"门户开放"的保证宣言，奉命将此呈递中国政府。[3] 这是 1899 年"门户开放"照会之后，美国政府第一次完整地向其在华外交官阐述如何在门户开放政策下处理中国问题，这与柔克义本人此后试图向美

---

[1]　Mr. Wu to Mr. Hay, January 25; Mr. Hay to Mr. Wu, October 5; Mr. Wu to Mr. Hay, November 7; Mr. Wu to Mr. Hay, December 1, *Papers relating to the foreign relations of the United States*, 1899, pp. 195 – 196, 187 – 189, 189 – 194, 196 – 197. Wu Ting – fang to John Hay, May 7, 1900, *Notes from the Chinese Legation in the United States to the Department of State*, Jan. 1, 1898 – Dec. 31, 1901, M98, R4, National Archives of the United States.

[2]　Mr. Hay to Mr. Conger, March 22, No. 246, *Papers Relating to the Foreign Relations of the United States*, 1900, p. 111.

[3]　Hay to Conger, March 26, Instructions, 1900, *Diplomatic Posts*：0217*Legation Archives*, RG84, National Archives of the United States.

国民众宣传的内容如出一辙。柔克义在美国发文：美国通过美西战争在亚洲占领土地后，还要采取对中国的拯救行动，因此"门户开放"需要被接受，"门户开放"不应局限于商业范围，还力图消减对中国的"瓜分"威胁，以维护北京政权的完整性。同时，中国政府负有责任，即维持秩序，保护在华外人，履行条约规定，方能免除列强群体性地入侵。还夸大其词地呼吁"所有盼望中国好的人都希望他不要放弃这个美国提供的好机会"❶。从中可见柔克义对"门户开放"政策的设计已超越了原本的商业自由领域，包含了维护中国完整性的内容，而且超出了原本只在列强内部商讨的范围，加入了要求中国承付责任的言辞。说白了，就是美国可以帮助中国维持领土和主权的完整，但前提是中国必须按照美国的设计来做。

1900 年 3 月 22 日的指示同半年前的第一次"门户开放"照会相比，有两点补充：一是增加了维护"中国的完整性"（the integrity of the Chinese Empire）的表述；二是添入了对中国的责任要求。柔克义试图通过门户开放政策，构建一种在中美友善关系基础上的列强之间相互牵制的新的均势环境。但他忽略了某些重要问题，即美方设计的关键点是中国对美国的信任，这需要有一个成功的说服者，而时任驻华公使的康格却难担此重任。再有，柔克义本人对中国形势的预判过于乐观，远在华盛顿的他以为一切都在掌控之中，他对康格做出的形势判断及其报告中引用的传教士的消息深表怀疑，认为不能仅仅依靠这些报告判断是非。❷ 尽管有许多关于时局的报告，柔克义仍旧相信义和团危机很快会被消除，只要说服中国政府出手镇压，就能轻而易举地成功。❸ 但他没有想到若是中国政府不想如此，情况又将如何？

在接到国务院要求其单独行动的指示后，康格重新开始有意识地就义和团的骚乱向总理衙门提出单独抗议，总理衙门针对其中某些抗议内容亦会单独给出回复。康格先于 5 月 4 日向总理衙门转递了各国对门户开放宣言的副本，又在 5 月 9 日抗议京城出现义和团的照会中重申了美国对中国的"善意"：

> 本国与中国邦交素密，常有体谅中国之心，现又有可见确证。诸大国于中国所租之地，本国兹由文致彼各大国请其于所租处仍允随便通商来往，不失中国主权，惟在开通商务门户，均经各该国文复允许，是以各有约国之意不欲别有干预，俾中国得以完全。各大国又言，以上所云系各国均有相同之意，以后于中国之事定必一律办理，其中所定最要一意，系定欲使中国政府遵守条约保护通商事务与洋人及教师教民，此系中国早已允行之事，必能有

---

❶ Rockhill, United States and the Future of China, *Forum*, 27：324 – 331（May 1900）.

❷ Mr. Hay to Mr. Conger, March 22, No. 246, *Papers Relating to the Foreign Relations of the United States*, 1900, p. 111.

❸ Rockhill to Hay, June 1, 1900, *Rockhill Papers*, Houghton Library, Harvard University.

成，否则势难成就，并恐欧洲各国不就仍行再贪中国地土转致以后瓜分十八省内地各省必将大乱，中国何以完全？❶

康格不忘向总理衙门强调这是美国政府的意思，言辞虽然动人，无奈这个照会出现的时机很是不好。因为这时在北京的各国公使已经开始采用军事高压政策，对于列强武力上的震慑与威胁，清政府本就恼火，还加上怀疑列强意欲联合推翻建储，故对公使团的要求时常阳奉阴违。此时面对美国政府声称的"保全中国"，既有疑惑，又无暇顾及。

第三节　美国的派兵决定

早在1900年1月29日康格给国务卿海约翰的报告中就提出军事威慑的建议，遭到海约翰的严词拒绝。时值义和团迅速扩延，3月9日，康格以保护美国传教士为由，向海约翰再次建议派军舰到中国北部海域，同时他还告诉海约翰别国公使也都已经向各自政府发送了类似电报。❷ 鉴此，海约翰同意由海军部派出舰船。但海约翰在美国应该单独行动的问题上与柔克义的意见出奇地一致，这很大程度上缘于美国外交中不与他国结盟的传统，多数美国人对于美国与其他国家的联盟或共同行动特别谨慎。海约翰在给康格的命令中尤其强调所派舰船只是为了"单独保护在中国的美国公民和财产"。❸ 可见美国政府同意出动炮舰的目的是保护侨民，而非军事威胁。

美国战舰"威灵号"（Wheeling）于4月7日到达大沽。与"威灵号"同时到来的，还有英国、法国和意大利的战舰，另外在胶州湾有两艘德国战舰。❹ 近畿战云密布，事态一触即发。在派兵问题上，各国政府的态度大致相似，在突然接到北京公使的派舰请求时大为震惊，但鉴于对中国实情不甚了解，以及其他各国均同意派兵，也就陆续同意了公使们的请求。

4月份，山东义和团的声势逐渐平息，卜克斯案也得到了足够赔偿，种种迹象都在表明局势似乎在好转。总理衙门虽然在4月7日的回复中再次拒绝了五

---

❶ 康格致总署照会：《拳匪滋事情形屡报本国咨再照请设法革除并照约保护洋人及教士教民由》，光绪二十六年四月十一日（1900年5月9日），《总理各国事务衙门档案》，台湾"中央研究院"近代史研究所藏，档案号：01-14-001-02-007。

❷ Mr. Conger to Mr. Hay（Telegram），March 9, 1900, *Papers Relating to the Foreign Relations of the United States*, 1900, p. 102.

❸ Mr. Hay to Mr. Conger, March 15, *Papers Relating to the Foreign Relations of the United States*, 1900, p. 108.

❹ Mr. Conger to Mr. Hay, May 3, 1900, No. 367, *Papers Relating to the Foreign Relations of the United States*, 1900, p. 119.

国公使的有关请求❶，但 4 月 15 日的《京报》上全文刊登了直隶总督裕禄的奏折，奏折最后附有清廷给裕禄的关于镇压义和团的命令。康格认为"中国政府最后以他们的方式满足了五位公使在联合照会中的要求"。❷ 因此，公使们决定不再逼迫总理衙门一定要将谕旨全文载入《京报》，但不忘提醒清政府若事后有任何意外，责任都在中方。❸ 长达两个多月的外交僵局似有缓和。各国公使们认为这是由于外国战舰到来产生的威慑作用，康格据此加码要求美方应有一两艘军舰常驻中国。❹ 然而，局势的缓和是暂时的，中外很快再陷外交僵局，更大规模和强度的武力介入旋被提上日程。

随着山东剿拳行动的开展，公使们曾认为骚乱即将过去，但随后发现，义和团已在直隶京津有了蓬勃发展，危险反而更近了。康格虽然遵照指示在 5 月初向清政府正式传达了门户开放政策，但在越来越近的危险面前，康格本人对于门户开放政策是否真能影响清政府保护美国的利益或镇压义和团持十分怀疑的态度，因此，在形势变糟的情况下，他更倾向于此前判断，随即向美国海军寻求军事援助。由于此前到达大沽的"威灵号"接到国务院的命令于 5 月初前往上海，临行前该舰舰长告诉康格若需援救，可以直接同美国海军亚洲舰队司令坎卜夫（Louis Kempff）少将联系。❺ 因此，康格于 5 月中旬直接发电报给在日本横滨的坎卜夫："形势危急。请求速派军舰至大沽保护。"❻ 在得知"纽瓦克号"（Newark）已从横滨出发正在来大沽的路上时，康格再次信心满满地期待"炮舰政策"会让"最坏的时候过去"。❼ 他还试图重新加入公使团的联合行动。针对美国国务院之前要求其单独行动的命令，康格在 5 月 8 日给海约翰的报告中进行了辩解：

> 关于与其他公使采用同一照会，我承认在任何情况下这都不是最明智、

---

❶ 总署致英、法、德、美、意公使照会：《照会英法德美义国公使义和拳大刀会一案仍难再明降谕旨惟当再咨直东督抚饬属加易保护洋人由》，光绪二十六年三月八日（1900 年 4 月 7 日），《总理各国事务衙门档案》，台湾"中央研究院"近代史研究所藏，档案号：01 - 14 - 001 - 01 - 042。

❷ Mr. Conger to Mr. Hay, April 16, *Papers Relating to the Foreign Relations of the United States*, 1900, p. 118.

❸ 康格致总署照会：《拟禁义和拳等匪不再请将谕旨载报嗣侯倘有意外仔肩全在贵国由》，光绪二十六年三月十三日（1900 年 4 月 12 日），《总理各国事务衙门档案》，台湾"中央研究院"近代史研究所藏，档案号：01 - 14 - 001 - 01 - 050。

❹ Mr. Conger to Mr. Hay, April 12, *Papers Relating to the Foreign Relations of the United States*, 1900, p. 114.

❺ Mr. Conger to Mr. Hay, May 3, *Papers Relating to the Foreign Relations of the United States*, 1900, pp. 119 - 120.

❻ Mr. Conger to Rear Admiral Kempff, May 18, 1900, *American diplomatic and public papers*: *The United States and China*, series III, the Sino - Japanese War to the Russo - Japanese War 1894—1905, Volume 5 Boxer Uprising, p. 42.

❼ Mr. Conger to Mr. Hay (Telegram), May 21, *Papers Relating to the Foreign Relations of the United States*, 1900, p. 127.

最有效的方法。但在危险即将到来，传教士都要求我们联合行动，而且其他公使都催促的情况下，因此我不能让我本人或我国政府在危险真正到来的时候遭受指控，说我方应为拒绝参加联合行动造成的危险局势负全部的责任，所以我赞成了联合照会的做法。❶

这个解释颇具说服力，实际上任何国家都不愿意，也不能允许己方受到康格所说的那种指控，联合行动在其他各国都没有遭到反对，美国很难置之度外，如果那样做，必然遭到孤立甚至被边缘化。而康格的报告与其说是对之前行为的解释，不如说是为了更好地"绑架"美国政府，以获得继续参加联合行动的许可。随着义和团在近畿活动的愈演愈烈，联合行动再次被公使们提上议事日程。

法国公使毕盛5月份刚结束休假回到北京，就接二连三收到樊国梁主教令人惊骇的报告。毕盛将这些报告转给其他公使，并以此为基础于5月20日在法国使馆召开了全体公使的联席会议。❷ 公使们一致同意针对现在紧张的局势采取联合外交行动，遂由当时的公使团团长、西班牙公使葛络干（B. J. Cologan）代表全体公使向总理衙门递交了照会，其中提出六项要求，包括有捉拿练习拳会或印刷张贴恫吓外洋揭帖的人，惩罚为"拳匪"提供场地的业主和看管之人，惩罚弹压不力的官员，以及将以上各条张贴出示于直隶和北方各省等。❸ 这些要求明显比之前的联合照会都要详细具体，甚至可以说是在勒令清政府如何行事。5月26日总理衙门又接到葛络干的第二份照会，声称公使团再次开会，要清政府将前照会中的请求以上谕形式发布。❹

此前4—5月，清廷上谕虽明曰缉捕义和团，却又游移，命令地方官员必须"查明实在滋事拳匪，指名拿办"，不得"任意株连，借端讹索，波及无辜"。❺ 以致义和团在直隶各地迅速扩散。外国公使们在举行联席会议以前，俄国与日本公使由于少有传教利益，一直游离于公使联盟之外。俄国公使格尔思（M. N. Giers）不仅刻意回避同其他国家的公使合作，而且密切关注其他公使的行动，与总理衙门保持秘密的联系。格尔思将义和团逼近京畿，公使们"咸有戒心"

---

❶ Mr. Conger to Mr. Hay, May 8, *Papers Relating to the Foreign Relations of the United States*, 1900, p. 120.

❷ *Documents Diplomatiques Français*, Series 1, Vol. 16, Paris: Imprinerie nationale, 1959, pp. 233 – 236.

❸ 葛络干致总署：《禁止义和团事现各国大臣议有数条请照允速复由》，光绪二十六年四月二十三日（1900年5月21日），《总理各国事务衙门档案》，台湾"中央研究院"近代史研究所藏，档案号：01 – 14 – 001 – 02 – 018。

❹ 葛络干致总署：《各国大臣会议请将二十三日去照各节达知并将现请谕旨发抄由》，光绪二十六年四月二十八日（1900年5月26日），《总理各国事务衙门档案》，台湾"中央研究院"近代史研究所藏，档案号：01 – 14 – 001 – 02 – 033。

❺ 《军机大臣字寄直隶总督裕》，光绪二十六年四月二十四日，中国第一历史档案馆编：《光绪宣统两朝上谕档》第二十六册，桂林：广西师范大学出版社，1996年，第103 – 104页。

之事密告总署，总理衙门即发电命令直隶总督裕禄"严密查办，免滋事端"。❶
此次全体公使召开联席会议，格尔思深感事态严重，再次会见总理衙门翻译官联
芳，告以各国公使有派兵来京之说。奕劻率总署诸大臣随即将此事上奏，配合以
各公使的照会口气，驻俄使臣杨儒发回的电报，清廷意识到列强有派兵的可
能。❷ 为避免这种情况发生，总理衙门将京师五城张贴的告示转递给公使以作为
满足其请求的凭据。❸ 外加此时发生的杨福同分统被团民杀害的消息，清廷遂于
5 月 29 日颁布上谕，斥拳民"与乱民何异"，命地方文武迅速"严拿首要，解散
胁从"，并对各教堂教民地方实力保护。❹ 这则上谕实际也是对全体公使联合照
会的正面回应，即以此示满足公使们的要求。

然而，从 5 月 26 日的联席会议公使们一致同意用武力对清政府施压以来，
公使团已经按捺不住了。法国公使毕盛积极主张调兵入京❺，5 月 28 日在还没有
等到清政府的正式回复时，他就已经擅自调动法国卫队进京。美国公使康格也在
5 月 26 日联席会议后致电国务卿，询问在其他列强一致的情况下，是否可以向
海军上将请求派兵保卫使馆。当日即获国务院的许可。❻ 此时既然法国公使已经
行动，没有人愿意被落在后面，谁都不愿意北京的使馆卫队中没有自己国家士兵
的身影，公使们亦步亦趋，以北京附近的铁路桥与车站被团民焚毁为借口，纷纷
申请调兵进京。公使团长葛络干通知总理衙门说：德、英、奥、美、法、意、
日、俄八国已经决定马上派遣军队到北京。❼

公使们又于 29、30 日集体前往总理衙门，试图施压强迫中国官员同意各国
的派兵行动，遭到拒绝。❽ 此时各国在天津的领事也已经接到公使的通知，前往

---

❶ 《总理各国事务衙门致直隶总督裕禄电报》，光绪二十六年三月十七日，《义和团档案史料》上册，
第 79 页。

❷ 《总理各国事务奕劻等折》，光绪二十六年四月二十四日，《义和团档案史料》上册，第 97－98 页。

❸ 总署致葛络干：《议定章程并五城所出六言告示并附查照与各国驻京大臣之意吻合由》，光绪二十
六年四月二十九日（1900 年 5 月 27 日），《总理各国事务衙门档案》，台湾"中央研究院"近代史研究所
藏，档案号：01－14－001－02－036。

❹ 《上谕》，光绪二十六年五月初二日，《光绪宣统两朝上谕档》第二十六册，第 110－111 页。

❺ *Documents Diplomatiques Français*，Series 1，Vol. 16，pp. 233－236.

❻ Mr. Conger to Mr. Hay（Telegram），May 26；Mr. Hill to Mr. Conger（Telegram），May 26，*Papers Rela-
ting to the Foreign Relations of the United States*，1900，pp. 131，132.

❼ The Dean of the Diplomatic Corps to the Tsungli Yamen，May 28，1900，*American diplomatic and public
papers：The United States and China*，series III，the Sino－Japanese War to the Russo－Japanese War 1894—
1905，Vol. 5，p. 51.

❽ 总署致葛络干：《照复日葛使各国调兵自卫一事请暂从缓由》，光绪二十六年五月三日（1900 年 5
月 30 日），《总理各国事务衙门档案》，台湾"中央研究院"近代史研究所藏，档案号：01－14－002－
01－014。Memorandum of an interview between the Ministers of Great Britain，Russia，France and the Unites
States，and Messrs Hsu Ying－I，Hsu Ching－cheng，Yuan Chang，Liao Shou－heng and Lien Yuan，Ministers
of the Tsungli Yamen，on the 30th of May，1900，*American diplomatic and public papers：The United States and
China*，series III，the Sino－Japanese War to the Russo－Japanese War 1894—1905，Vol. 5，p. 55.

直隶总督衙门协商，并限次日凌晨 6 点前回复。5 月 31 日凌晨 2 点，总理衙门通知公使团同意使馆卫队进驻北京❶，并致电裕禄允许使馆卫队由火车运送，但人数不可过多❷。当日，法、俄、英、美、意、日六国的卫队首先搭乘火车，当天下午到达北京，据行前铁路局查点具体的人数为：英国军官 3 人，士兵 72 人；美国军官 7 人，士兵 56 人；意大利军官 3 人，士兵 39 人；日本军官 2 人，士兵 24 人；法国军官 3 人，士兵 72 人；俄国军官 4 人，士兵 71 人；共计军官 22 人，士兵 334 人。❸ 后续还有 50 名德国士兵和 30 名奥匈帝国士兵分别于 6 月 1 日和 2 日陆续到达北京。❹ 公使们对于外国卫兵的到来十分兴奋，早早就到车站准备迎接。56 名美国海军士兵带着一挺速射机枪走在队伍的前面，美国公使康格对此非常得意，在给国务院的报告中大力称赞坎卜夫海军少将"行动迅速，是我们的骄傲"，请海约翰向海军部表达他的感激之情，而且认为这些外国卫队的到来"极大地稳定了北京的局势"。❺

　　使馆卫队入京，表面上看来只是根据现实情况而采取的一项既定行动，事实上这个举措对于当时的中外形势有着至关重要的影响。列强方面，各国政府都不明白中国局势的症结所在，对于派兵实际为何目的也不甚了然，而公使们是在坚信骚乱很快会被清政府镇压的情况下制订的这个计划，只是将其作为"万一"的最后情况列出，而一旦真的卫队入京了，没有一个公使知道之后应该怎么做，大家都只能密切观察北京的义和团动态与其他列强的动作以保持"稳定"与"均势"，此时各国公使均取得政府授予的便宜行事的权利，公使们为此绑定在了一起，这意味着列强的对华政策实际上陷入了某种失控与自行做主的状态。清政府方面，不论是总理衙门反复劝阻，还是按照公使团要求又是张贴告示，又是发布上谕，都没能阻挡卫队入京，而外国士兵的到来无疑是在向清政府宣告它没有能力控制和维持京师的秩序，遑论全中国。在中外缺乏有效沟通的情况下，很难不让清朝统治者担忧列强调兵进入天子脚下，使清廷在国际社会中脸面尽失——无力保护驻华使节，在臣民面前颜面受损——无力拒止外兵入京城，也使

❶ ［美］萨拉·康格：《北京信札：特别是关于慈禧太后和中国妇女》，沈春蕾等译，南京：南京出版社，2006 年，第 80 页。

❷ 《总理各国事务衙门致直隶总督裕禄电报》，五月初四日巳时加急，《义和团档案史料》上册，第 110 页。

❸ 《北洋大臣裕禄为查明各国洋兵上车实在数目并均带枪械事致总理各国事务衙门电》，光绪二十六年五月初四日，中国第一历史档案馆编：《庚子事变清宫档案汇编》第 1 册，北京：中国人民大学出版社，2003 年，第 55 页。

❹ 《北洋大臣裕禄为德兵明日到津照案准乘火车赴京事致总理各国事务衙门电》，光绪二十六年五月初四日；《北洋大臣裕禄为奥国兵三十余名欲乘火车进京亦应准照办事致总理各国事务衙门电》，光绪二十六年五月初六日，《庚子事变清宫档案汇编》第 1 册，第 55、61 页。

❺ Mr. Conger to Mr. Hay（Telegram），June 1；Mr. Conger to Mr. Hay，June 2，*Papers Relating to the Foreign Relations of the United States*，1900，pp. 132，133.

得清政府直接面临愈发增加的外军威胁。公使们没有想到正是这个行动将清政府向抚拳的道路上狠狠地推了一把。

6月3日清廷颁布上谕，一反常态地称赞拳民为"朝廷赤子"，命令荣禄和裕禄"不得孟浪从事"，禁止"派队剿办，激成变端"。❶ 这等于是明确了义和团"合法化"的身份。6日命令刚毅前往近畿查探义和团情形，再次肯定其"朝廷赤子"身份，"无论其会不会，但论其匪不匪"。❷ 受此鼓励，义和团在直隶京津更加活跃。公使们也逐渐意识到中国政府与军队的转向，康格向国务院报告中国军队已经停止进剿义和团，并在6月4日的报告中发出了外国使节很可能被围困在北京的猜测❸。5日，康格向海约翰请求派更多的舰船到大沽。6日，美国国务院和海军部联合授权康格可以采取任何措施保护公使馆和美国的在华利益。❹ 虽然第一时间满足了康格的护使请求，海约翰不忘提醒美国公使，在保护美国利益的时候要尽量单独行动。❺ 几日后这个指示被更加详细化了：

> 我们在中国没有政策，除了保护美国的利益，尤其是美国公民和使馆。不能做任何可能使我们未来的行动与此指示不符的事情。我们不能有盟友。❻

可见美国对于与其他列强的联合军事行动仍是十分谨慎。因为这样的军事行动很有可能让美国卷入一场受制于他国的战争之中，加剧与中国敌对。美国此时正身陷于镇压菲律宾反叛的泥淖之中，海约翰不希望美国的对华行动如在菲律宾的一样麻烦，这可能会成为反对党派的政治武器；另外，前往中国的军队大多从菲律宾就近调出，使得那里本就紧张的军事力量更加吃紧。此间，华盛顿方面的意见出现两歧，国务院收紧了对康格的管束，规定驻华公使的重要活动和决策必须先行请示，不得擅自做主。❼ 而海军部则授以康格享有独自调动来华军队保护美国利益的权力。

6月10日，清廷发布上谕，以围绕洋兵进京态度暧昧不明为由罢免了总理

---

❶ 《军机大臣字寄大学士荣、直隶总督裕》，光绪二十六年五月初七日，《光绪宣统两朝上谕档》第二十六册，第116－117页。

❷ 《军机大臣字寄协办大学士吏部尚书刚》，光绪二十六年五月初十日，《光绪宣统两朝上谕档》第二十六册，第119页。

❸ Mr. Conger to Secretary of State（Telegram），June 4，*Papers Relating to the Foreign Relations of the United States*，1900，p. 141.

❹ Mr. Hay to Mr. Conger（Telegram），June 6，*Papers Relating to the Foreign Relations of the United States*，1900，p. 142.

❺ Mr. Hay to Mr. Conger（Telegram），June 8，Instructions，1900，*Diplomatic Posts*：0217*Legation Archives*，RG84，National Archives of the United States.

❻ Mr. Hay to Mr. Conger（Telegram），June 10，*Papers Relating to the Foreign Relations of the United States*，1900，p. 143.

❼ Mr. Conger to Mr. Hay（Telegram），June 9，Instructions，1900，*Diplomatic Posts*：0217*Legation Archives*，RG84，National Archives of the United States.

衙门大臣廖寿恒，任命支持义和团全力御外的大阿哥之父端郡王载漪同庆王并列为总理衙门首席大臣，并派多名满大臣入主总署。❶ 慈禧太后以此表达了对此前总署与各国接触中过于妥协立场的不满，预示着在对外事务趋于强硬的决心。❷作为对外交涉窗口的总署功用急剧丧失，京津之间的铁路线被切断。康格等多国公使急令在华海军增派更多军队到北京。

6月9日，英国海军上将西摩（E. H. Seymour）收到英国公使窦纳乐从北京发来的电报，说"情势万分严重，除非设法立刻向北京进军，怕要来不及了"。❸同时，美国海军少将坎卜夫也收到美国公使康格类似的电报："铁路交通一定要打开，可能的话，向北京移动军队。"❹ 当日，各国海军将领们在英国旗舰上匆忙地举行了军事会议。坎卜夫在5月30日已到达天津，麦卡拉（B. H. McCalla）上校曾在5月31日率领使馆卫队从天津到达北京，又于6月2日返回大沽。麦卡拉代表美国在那次领事和司令官的联席会议上表示，若各国不能尽速达成一致前往北京，他将率兵自行前往，显示出美军的挑头作用。起初法国和俄国指挥官反对派遣远征军重开铁路，但在英、美军官的坚持下，法、俄也表同意。❺ 列强达成一致，几个小时之内从停泊在大沽口外的八个国家的战舰与巡洋舰上，集合了约2000人的军队，由军阶最高的英国海军上将西摩担任司令，一直比较活跃的美军麦卡拉上校为副司令。这支堪称"八国联军"雏形的队伍组成是：915名英军，450名德军，112名俄军，100名法军，112名美军，54名日军，40名意军，25名奥军。加上6月11日增援的200名俄军和58名法军，12日又有300名俄军，使西摩联军的总兵力增至2300余人。❻ 10日凌晨，西摩在没有得到伦敦赞同的情况下，就率领这支队伍在塘沽登陆，乘坐火车前往天津租界，并从那儿继续搭乘火车前往北京。当时，与北京的铁路虽已中断了9日，有消息称从天

❶ 《上谕》，光绪二十六年五月十四日，《光绪宣统两朝上谕档》第二十六册，第122页。

❷ 载漪难忘此前各国公使不来祝贺"大阿哥"的切齿之恨，任命后亦不愿按照惯例拜访各国使臣，根本不愿与外人接触。其排外立场在日本人服部看来亦是很透彻："支那政府多年来在外交上信任庆亲王，而以端郡王为外务首席表明对外政策转变为强硬的态度。"［日］服部宇之吉：《北京篭城日記》，东京：自刊，1939年，第37页。

❸ MacDonald to Salisbury, June 10, 1900, *China No. 4*（1900）：*Reports from Her Majesty's Minister in China Respecting Events at Peking*, London：H. M. Stationery Office, 1900, p. 1.

❹ Mr. Conger to Mr. Hay, June 11, No. 391, *Papers Relating to the Foreign Relations of the United States*, 1900, p. 144.

❺ James W. Ragsdale to Conger, June 12, 1900, No. 88, Letters Sent to the United States Legation, December 24, 1897 to May 1, 1902, pp. 124 – 126, *Records of Consular Post*：Tientsin, RG84, National Archives of the United States. Consul Carles to the Marquess of Salisbury（Telegram）, June 10, 1900, No. 104, *China No. 3*（1900）：*Correspondence Respecting the Insurrectionary Movement in China*, London：H. M. Stationery Office, 1900, p. 45.

❻ Letter No. 384 from Commander – in – Chief on the China Station, June 27, 1900, *W. O. 32/6145*, pp. 3 – 4.

津到杨村的线路未遭破坏，西摩联军以为很快就能到达北京，故而没有携带足够的口粮与弹药，导致在遭到义和团与清军的袭击时陷入被动，同外界失去联系，最后返回天津。这次军事行动的失利，康格等多有指责，认为该部队可以舍弃火车而选择徒步进入北京❶，马士则将其归结为一个海军军人难以胜任陆上指挥❷，西摩联军的失败在西方人看来不可思议，带来的最直接的后果是在各国外交部、驻北京公使、驻天津领事方面都引起了恐慌。几乎与此同时，各外国政府又失去了同北京公使的联系，海约翰只能无力地向康格发送他收不到的电报，询问他是否需要更多的军队❸。外交行动能够发挥作用的范围急剧缩小，军事力量被寄予了更高的期望，唯鉴于西摩联军的教训，需要组建更大规模的"八国联军"，左右局势走向的权力最终落到了军人身上，"炮舰政策"再次被祭出。

小　结

光绪二十六年的庚子事变导源于山东、直隶的义和团运动，引发八国联军侵华战争、辛丑议和，乃至商约谈判等接连后果。义和团运动爆发前的美国，世界第一经济、工业强国的地位刚刚确立，亟需扩充海外市场，一改以往追随他国的对华政策，公开宣布对华实行"门户开放"；那时的中国，戊戌政变后的肃杀、保守气氛仍未散去，废立风波更增加了慈禧及朝中守旧势力的"仇外"情绪。这些看似毫不相干的事件皆因一场来自民间的磅礴运动交汇在了一起。

义和团以反洋教形式初起山东，美国驻华公使康格为了保教，多次出面要求山东当局派兵镇压，在成效不大的情况下，甚至公然干涉清廷用人之权，施压更换巡抚。清朝当权者虽然满足美使要求，以袁世凯取代毓贤，但并未将其撤职，命他"回京陛见"实是加以恩宠，赐予"福"字，另委重任，反映了慈禧等人对外强干预的不满，阳奉阴违，乃至意图突破限制亦由此开始。1900 年年初的多次北京公使团联合照会则将清政府内部的这种不满推向极致，慈禧等人怀疑列强联合反对建储，迟迟不愿"就范"，在反复拉锯中外国公使逐渐失去耐心，军事威胁被提上议程。

由义和团兴起至列强派兵，皆由外国驻京公使主持推动，各国政府皆是茫然，美国政府也不例外。而且此时美国还有另外一层含义，它刚于 1899 年 9 月对外宣布门户开放政策，不愿中外陷入战争泥淖，既直接中断中外商贸，又以动荡局面增加列强"瓜分"中国的机会。1900 年 3 月 22 日的"门户开放"指示针

---

❶ Mr. Conger to Mr. Hay, June 18, 1900, *Papers relating to the foreign relations of the United States*, 1900, p. 151.

❷ ［美］马士：《中华帝国对外关系史》第三卷，第 231 页。

❸ Mr. Hay to Mr. Conger, June 15, *Papers Relating to the Foreign Relations of the United States*, 1900, p. 155.

对中国新形势而发，既是美国国务院首次正面告知驻华外交官并训令其以该政策指导在华行动，也较第一次"门户开放"照会增补了维护中国的完整性与中国的责任要求两项内容，还首次将此政策正面通报清政府。

基于此，海约翰、柔克义等美国务院官员反对过早动武，亦反对同他国过分结盟，而以门户开放政策投石问路，但驻华公使康格在迅速蔓延的义和团形势与各国公使的联合催促下，无法局限于"门户开放"指示，已有某种"将在外君命有所不受"的情形，不仅稍作收敛后又重新参与公使团联合照会，而且不断以侨民安危和他国派兵"绑架"华盛顿方面，寻求军事保护。国务院再难"遥制"康格，联合海军部准其便宜行事，虽限制在护侨问题上，但康格已享有自由调度军队之权。一旦开始动用武力，使馆卫队入京、西摩联军乃至更大规模的八国联军，中外冲突只会层层加码。

"门户开放"虽是对华政策，但美国政府事先并未咨询，事后亦未第一时间告知清政府，直到义和团事变后才在"门户开放"指示中命令康格向中方传递，可见实已掺杂入暗示清廷"配合"美国安排的意图。中国朝野在正式接获美国照会前，已对门户开放政策的真实动机存有诸多怀疑，在接受美国照会后，对其中动人的言辞，既因义和团本已焦头烂额无暇顾及，亦因伴随而来的列强武力干涉而心存疑虑。

第二章　战时的中美交涉

第一节　美国远征军在中国

庚子年初夏，各国驻京使臣同外界失联，传统外交途径被迫中断。中外猜忌加深，列强军舰齐聚大沽，突然介入的海军将领们遂成为决定局势走向的关键力量。但八国联军乃一松散的军事联盟，为救援外国受困人员临时拼凑，时而能表面串通一气，时而又彰显内部矛盾重重。美军于其中既非人数最多，也非军阶最高，却在进犯大沽与攻打津京的过程中表现出相当的特异性，不仅左右了中外对和战的观感，而且影响了进军京城的时间。尤其是大沽不开炮的举措，成功吸引了清朝官员的注意，由此开启了战时中美交涉的序幕。

一、大沽不开炮

（一）拒绝在最后通牒上签字

留守大沽的外国军队，因西摩远征军的失联产生了许多恐慌。海军将领与驻天津领事反复商谈，就是否应迅速夺取大沽炮台激烈争论。根据当时情势，待保护的外国人有四类：北京的公使侨民、天津的外侨、失联的西摩联军和其他分散在各内地的外国人。领事们担心攻占大沽炮台，会激起中国军民的强烈反抗，势必威胁到各地外侨的生命财产安全，声称"倘若你们夺取炮台，你们将要为每个在内地的外国人签署死刑证"，主张"缓占"。海军将领们则认为若延迟行动，非但无法保证传教士和外侨的安全，反而会使西摩联军的处境更加危险。而若迅速夺占大沽炮台，一则可为挽救西摩军"打开交通路线"；二则能为后继的大批联军获得登陆据点；三则可以排除对外国舰队的炮火威胁，进而才能"代剿团匪"，真正保证外侨的安全。[1] 1900 年 6 月 13 日，海军将领们以中方在大沽炮台有异动，指控这源于清廷命令抓紧备战的谕旨。[2] 此后，他们又以清军开始在海河布雷，向大沽口大量派兵，宣称因为这些清军已接到协助义和团、驱逐外国人

---

[1] 李德征、苏位智、刘天路：《八国联军侵华史》，第 100 页。

[2] Flag Lieutenant Victor Blue to Kempff, June 13, 1900, *Navy Area 10*, Area File 1775—1910, RG45, National Archives of the United States.

的命令。❶ 外加天津有多所教堂于 14、15 这两日被烧毁。各国海军上将（日本、意大利、奥匈三国派高级舰长做代表）遂顺势于 6 月 15 日举行了一次会议，决定先派出 300 名日军、250 名法军和俄军分赴塘沽与军粮城，保全这两点之间的铁路，为后续进京排除障碍。❷ 军事上的"速夺"论压倒了外交上的"缓占"论，16 日上午的将领、领事联席会议最终决定向中方发出最后通牒。当日午后联军即开始军事部署，至晚上才由沙俄水师舰长巴赫麦季耶夫向大沽守将罗荣光面交最后通牒，宣称现在俄、英、德、法、意、奥、日七国约定，限令中国军队于 17 日凌晨两点钟让出大沽南北炮台营垒，以便兵屯，疏通天津京城道路。❸ 明明是八国出兵，美国却并未出现在最后通牒中。为何？

因为美军将领坎卜夫拒绝在最后通牒上签字。早在 6 月 14 日，英国将领布鲁斯（Bruce）就最后通牒向坎卜夫密探口风，后者就明确答称："我没有被授权同一个与美国仍旧交好的国家开始战争，我的使命仅是保卫美国的利益。"15 日，坎卜夫也拒绝参与对塘沽火车站的占领，理由是他"不能参加对中国政府财产的占有"。❹

坎卜夫的态度，取决于美国海军部以及他在菲律宾的上司。夺取炮台前，英国外交部对最后通牒几乎一无所知；而美国方面，坎卜夫同华盛顿政府始终通讯畅通。美国政府依然小心谨慎，自派兵以来既要维护美国利益，又要避免联盟的双重目标始终困扰着他们，坎卜夫一再提问是否要与其他列强一致行动，海军部的回复始终模棱两可，重复饬令他采取他认为最有助于保护美国利益的行动，但要避免被视为联盟。坎卜夫反复致电，甚至具体询问是否在夺取大沽炮台上一致行动，渴望得到进一步的明确指令，但结果是他再次被告知，如果他看来这项行动对保护美国的利益有好处，就可以采取，同样要避免结盟。给坎卜夫的电报其实同麦金莱总统的指示一脉相承，代理海军部长海克特（Hackett）此前曾告诉过他，美国政府很迫切想要避免任何对其与英国秘密联盟的指控。❺ 这点坎卜夫由其上司美国海军亚洲区最高指挥官雷米（George C. Remey）上将的训令中，

---

❶ Blue to Kempff, June 15, 1900 (three separate letters), *Navy Area* 10, Area File 1775—1910, RG45, National Archives of the United States. Consul Carles to the Marquess of Salisbury (Telegram), June 15, 1900, No. 132, *China No. 3* (1900): *Correspondence Respecting the Insurrectionary Movement in China*, p. 56. Kempff to Long, June 21, 1900, No. 29 – D, *Navy Area* 10, Area File 1775—1910, RG45, National Archives of the United States.

❷ ［英］阿诺德·亨利·萨维奇·兰道尔：《中国和八国联军》，李国庆、邱葵、周路译，北京：国家图书馆出版社，2014 年，第 98 – 99 页。［美］马士：《中华帝国对外关系史》第三卷，第 224 页。

❸ 《直隶总督裕禄折》，光绪二十六年五月二十五日，《义和团档案史料》上册，第 164 页。

❹ Kempff to Long, June 17, 1900, No. 21 – D, *Navy Area* 10, Area File 1775—1910, RG45, National Archives of the United States.

❺ Non – Committal Attitude: Administration Still Gives Indefinite Orders—Instructs Kempff to Do What is "Advisable", *New York Times*, June 19, 1900.

也能深切地感受到。坎卜夫本以为是应美国公使康格的特别要求，他才派兵参加西摩远征军，而且鉴于局势不断恶化、各国军事力量都在增加，他也多次要求增加美国海军的赴华数量，但都遭到了雷米的拒绝，雷米严厉批评坎卜夫，指责他与其他国家的合作太过密切，这将可能会使美国卷入欧洲国家的问题和对立之中。❶ 鉴于上级指示的整体观感，坎卜夫判断美国尚未做好作战准备，最终选择暂不参与联军对中国的敌对行动，不仅拒绝在最后通牒上签字，而且不愿加入列强对大沽的炮击。

（二）"莫诺卡西"号遇袭

6 月 17 日凌晨，列强舰队与大沽中国守军展开了激烈的对攻，在坎卜夫的命令下，美国舰船没有加入当日的炮击行动，坎卜夫的船只甚至因为停泊得太远，无法近距离观察到战火。美军没有参与炮击大沽的行动获得了麦金莱总统的批准和赞同，总统宣称"我们并未同中国作战，任一敌对性的示威都可能促成排外分子的团结，并加强义和团对救援军队的反抗"。❷

然而，一艘破旧的美国炮艇，由怀斯（Frederick Wise）上校指挥的"莫诺卡西"号（Monocacy）正好处于中外战斗的中心。怀斯上校曾代表坎卜夫参与了 16 日的联席会议，但他也没有签署最后通牒，因为"莫诺卡西"号本来就不在行动计划之内，它不是进攻舰只，在 17 日的行动中，这艘美国炮舰的任务是为大沽与塘沽两地的外国侨民提供避难和保护，侨民在战斗开始前接到命令，为了安全起见须在 1 小时内转移至美舰"莫诺卡西"号上。❸ 据怀斯给坎卜夫的报告，他在 16 日晚上 9 点左右收容了一群共 37 人的妇女儿童。然后这艘破烂老旧的美国明轮木质炮舰就选择了一个远离炮台和攻击舰船的地方停泊，据说相当安全。然而，"莫诺卡西"号几乎是最先被中国炮弹击中的，马士惊呼这奇怪的很！❹ 在一旁观战的英国记者兰道尔（Henry Savage Landor）刚好记录下"莫诺卡西"号被击中的过程：

> 莫诺卡西号的怀斯舰长站在舰桥上，试图鼓励和振作那些挤在甲板上的妇孺们，因为他们都被呼啸爆炸的炮弹吓坏了，幸亏这些炮弹都是高高地飞过了头顶。他和他的军官们向这些避难的人保证，他们的船停靠的位置绝对安全。正在此刻，出乎所有人的意料，也不知是什么原因，一发炮弹打穿了

---

❶ Remey to Kempff, June 4, 1900, *Letterbook* 1, pp. 422 – 424, RG45, National Archives of the United States.

❷ Executive Mansion (William McKinley to the Senate and House of Representatives), December 3, 1900, James D. Richardson (ed.), *A Supplement to A Compilation of the Messages and Papers of the Presidents*, New York: Bureau of National Literature, 1904, p. 83.

❸ ［俄］德米特里·扬契维茨基：《八国联军目击记》，许崇信等译，福州：福建人民出版社，1983 年，第 149 页。

❹ ［美］马士：《中华帝国对外关系史》第三卷，第 225 页。

他的船头。❶

可见"莫诺卡西"号完全是在意料之外被击中的。此前坎卜夫给怀斯仅有的命令是保护美国的利益，据此怀斯指示部下不要向清军开火，除非受到射击。❷ 而突如其来的炮火袭击，让"莫诺卡西"号处在了一个非常危险的境地，除了面临连续炮火轰炸的可能，更关键的是外交与军事意义上的，应该如何看待被击中的事实并做出反应？

怀斯舰长根据其军官报告，将从附近飞过的或在周围及远处爆炸的炮弹全部归为"来自炮台的胡乱射击"，试图避而不谈"莫诺卡西"号遭到中国军队射击的事实，而将全部精力集中在"保护美国利益"这一点上。因而怀斯舰长做出的决定不是加入战斗，而是将舰船撤退到了完全远离炮台的地方，按照他本人事后的报告，最终停泊的地方"空无一人，岸上没有火车也没有电报通讯"，以至于他最后"除了炮台被占之外"，"对战斗一无所知"。❸

（三）围绕"莫诺卡西"号的争论

怀斯舰长自以为谨遵的是坎卜夫上将不开火的命令，并确保了船上外侨的安全。然而，坎卜夫本人却不认可怀斯的解释，他将"莫诺卡西"号遇袭的炮弹视为清军对美国的战争行为，认为美军应该奋起反击，他事实上谴责了怀斯上校避不作战的反应，并在随后的训令中，命令怀斯使用任何必要的武力"制造相同的起因，帮助其他国家进行军事登陆，以保护所有外国人的生命和财产"❹。就这样，美国虽然全程抽离于大沽一役之外，但17日上午夺取炮台后，335名美军士兵随同其余七国联军一道在大沽登陆了，美军以一种相对"迟缓"的方式，加入了列强在中国的联合军事行动。

在一份事后给美国海军部的长篇报告中，坎卜夫为他在大沽之役中的复杂行为作了解释。首先，针对他拒绝加入占领塘沽火车站和炮轰大沽炮台的联合行为，他指出这是与美国政府不愿与其他国家结盟的政策相违背的，也因为这会威胁到内地外侨的生命，并且直到6月17日清政府都尚未承认对外国军队的敌对状态。而当清军炮火打到"莫诺卡西"号时，坎卜夫看来"战争事实上开始了"，因此"有必要加入其他国家军队，共同保卫外国人和我们国家的

　　❶　［英］阿诺德·亨利·萨维奇·兰道尔：《中国和八国联军》，李国庆、邱葵、周珞译，第103 - 104页。

　　❷　Kempff to Wise, June 15, 1900, No. 168 - S, *Navy Area* 10, Area File 1775—1910, RG45, National Archives of the United States.

　　❸　Wise to Kempff, June 17, 1900, No. 7, *Navy Area* 10, Area File 1775—1910, RG45, National Archives of the United States.

　　❹　Kempff to Wise, June 18, 1900, No. 175 - S, Box 636, *Subject File to* 1911, *Class* 2, *VI*, *International Relations and Politics*, *China*, 1894—1910, RG45, National Archives of the United States.

荣誉"。❶ 若是这样，坎卜夫在尚未接获美国政府具体指示的情况下，就要率先承认与中国的对抗状态，并将开战责任全部推给清军。事实证明，他的判断得到了华盛顿方面的认可。

虽然不愿率先对华开战，但美国政府也逐渐发现，若始终自外于战，美军既有被排挤出八国联军的危险，更无法完成救援使馆的任务，遂暗中设计放弃不结盟的指示。❷ 代理海军部长海克特于 6 月 18 日电令坎卜夫，除了继续保护美国的国家、个人利益以外，他还必须"让海军部了解列强的联合远征计划，以便美国政府可以很好地履行其有大量利益维系的义务"。❸ "莫诺卡西"号遇袭恰给美国政府提供了加入联军的契机。在此之前，清政府尚未对外（美）宣战，若由美军先开战，美国将被置于侵略者的地位，遭受国内民众与后世史家的诟病；而一旦清军先袭击美军，情况截然相反，美国将有权"自我防御"，出师有名。其实许多美国官员早已默默期盼着清军先动。在接到大沽开战的消息时，一位美国高官难掩兴奋向媒体吐露他的喜悦，而当得知"莫诺卡西"号在遇袭后没有反击时，总统麦金莱十分震惊，并要求坎卜夫作出解释。❹

麦金莱担心美军在大沽战场的无所作为，会遭到国内商人与传教士团体对政府不采取有力手段保护寓华侨民的指责，而且势必还会影响其他列强对美军的信任与观感。因而他认为，既然由清军起衅，美军就应趁机反击。麦金莱将"莫诺卡西"号的不回应归结于受到不开火命令的限制，自然地迁怒于可能发出此命令的美军指挥官坎卜夫。❺ 美国总统为赴华美军精心挑选了一位新任指挥官，即刚刚亲历了古巴战争的沙飞（Adna R. Chaffee）将军。沙飞于 6 月 26 日接到海军部的命令时，恰在美国，但他未来得及到海军部面受指示，就动身赴华，可见总统更换指挥官的急切。❻ 沙飞抵达前，在华美军仍归坎卜夫节制，但此时华盛顿的政治氛围里，对坎卜夫的不满与恼怒已然十分明显。后来由于坎卜夫为了节省开支，在电报中略去了许多政府、民众关心的关键内容，造成美国方面对中国形势的误解，华盛顿方面实在忍无可忍，海军部于是派出身处马尼拉的雷米上将即刻

---

❶ Kempff to Long, June 20, 1900, *Navy Area* 10, Area File 1775—1910, RG45, National Archives of the United States.

❷ 况且在多数美国官员看来，不结盟并不意味着不合作，在必要的时候美国仍可同其他列强为共同目标展开配合。

❸ Acting Secretary of the Navy Hackett to Kempff, June 18, 1900, *McKinley Papers*, Library of U. S. Congress.

❹ Non - Committal Attitude: Administration Still Gives Indefinite Orders—Instructs Kempff to Do What Is "Advisable", *New York Times*, June 19, 1900.

❺ The Monacacy and the Taku Fight, *New York Times*, June 26, 1900.

❻ Corbin to Chaffee (telegram), June 26, 1900, *Correspondence relating to the war with Spain: Including the Insurrection in the Philippine Islands and the China Relief Expedition*, April 15, 1898 to July 30, 1902, vol. 1, Washington, D. C.: Center of Military History, 1993, p. 418.

前往中国，在沙飞到达之前暂时接管指挥事宜。❶ 美国国内舆论对此事的热烈讨论，则一直持续到 7 月底才被更新的关注点所取代。

从大沽之役不主动开炮，到"莫诺卡西"号遇袭后应积极反击，体现了美国政府在联军侵华事起之初的政策两难：一面是营救在华美国公民的责任与国家荣誉，以及在其他列强心中的国际信誉；而另一面是避免卷入列强纷争的既定政策，与中国尚未破坏的友好关系，不愿扮演"侵略者"的角色，乃至由此竭力保护的在华商业利益。20 世纪初，美国政府本想好好经营"门户开放"政策，被迫卷入由义和团引发的中外纷争并非意料所及，以致初期决策犹豫不决，先是将全权托付给驻华公使康格，康格失联后，美军将领坎卜夫自然接手了这个"烫手山芋"。是否攻打大沽炮台，这本是涉及两国和战问题的大事。怀揣模棱两可的指示，身临瞬息万变的战局，坎卜夫的判断基本契合了美国政府的意图，不仅拒绝以"侵略者"的身份进攻炮台，而且在遇袭后命美军迅速加入军事行动。但"莫诺卡西"号未能及时反应，大沽之战说明美军不仅在独立行动，而且在联军中的影响力都亟待提高，这呼吁一名军阶更高、更有作为的指挥官，他既要能协调联军中的各国关系，更要能调解中国与联军的关系。

（四）列强与中国的反应

虽然号称八国联军，但进攻大沽的军队实际只有英、法、俄、德、意、日六国，奥匈帝国因为尚未有军队到达无法参加，美国则是正面拒绝了同其他列强的联合行动，引起了其他国家军队的普遍不满。由于列强在大沽遭到了清军的顽强抗击，美军不开炮的消息传到欧洲时，甚至有许多人将联军在大沽战斗中的损失惨重归咎于美国暗中向清军提供情报。后来美军迅速加入在大沽登陆的联军队伍，才逐渐平息了这样的国际舆论。

中国方面，虽然坎卜夫声称清军"应该知道'莫诺卡西'号已经在那里停泊了好几天了"❷，暗示中国守军在明知美国军舰的情况下还开炮轰击。但这只是美方的借口，"莫诺卡西"号如其舰长报告是被"来自炮台的胡乱射击"击中的。清政府既没有注意到最后通牒上少一美国将领的签字，大沽守军在射击时亦不可能留意到美军舰船并未开炮，战斗惨烈得他们甚至无暇区分停泊在大沽口外炮舰上飘扬的各国旗帜。清政府没能从大沽守军处获得美军无开炮的消息，事后却从外国政府处得知。大沽之战 4 日后，中国驻日本公使李盛铎从日本外部获知此信息，在给李鸿章的电报中首次透露了"惟美舰未开炮云"。❸ 同样的消息他

---

❶ Remey to Relieve Kempff, *New York Times*, June 29, 1900. Irritation with Kempff, *New York Times*, June 30, 1900.

❷ Kempff to Long, June 20, 1900, *Navy Area* 10, Area File 1775—1910, RG45, National Archives of the United States.

❸ 《日本李使来电》，光绪二十六年五月二十四日巳刻到，顾廷龙、戴逸主编：《李鸿章全集》第 27 册，合肥：安徽教育出版社，2008 年，第 57 页。

也传递给了张之洞、刘坤一等人。张之洞由美军没有率先开炮的行动敏锐地觉察到美国的特异性，给予重视，不仅请驻美公使伍廷芳向美国政府转达他的"感佩"之情，请美国在"东南互保"中发挥表率作用，而且联合多位督抚建议清政府先托请美国进行调停。❶ 联军侵华事起之初，东南督抚们各有较为瞩目的调停对象，大体说来李鸿章亲俄，刘坤一亲英，张之洞亲日，美军自外于大沽之战的举动则成为美国受到地方大员们关注的重要转捩点，他们将此视作美国"善意"的有力证据，在此后的中外交涉中试图加以利用。

国内舆论报道的消息来源同样来自外间，各大国内报纸纷纷转载了由海内外不同渠道截获的信息，报道了美军在大沽的不同之处。如《申报》转引《香港循环日报》的内容，详细描述了战斗的当时情景："近有西友述及大沽炮台未占之先，美国水师提督某君与各西员会议，坚持不可轰击炮台，并云如果任情轰击，则天津租界难望保全……及占台时，美提督未与。"❷ 此后，报刊舆论亦开始留意观察美国的动向，国人对美国的观感也由此有了一定的改善。

二、攻陷津京

（一）增兵

占领大沽炮台，联军获得重要的滩头阵地，来自世界各地的后续援军源源不断。虽然加入了联合军事行动，坎卜夫却很快发现，他似乎陷入了一个更加困难的境地，即随时有可能被卷入俄、英、德等国的相互争斗中。他想到的解决办法是要求美国政府派出更多的军队。1900 年 6 月 25 日坎卜夫在给海军部的报告中说，他唯一的目标就是要避免"我们的军队被利用于帮助实施任何其他国家的自私的政策"。他认为其他国家有解救外侨以外的目的，不愿意为他们白白牺牲，若能拥有更多的美国军队，就能保证他在遇到危险的情况下，能够独立于其他列强单独行动。❸

美国政府同样担心会被迫参与列强的纷争，在增派赴华美军问题上，美国总统麦金莱同坎卜夫意见较为一致，早在 6 月 16 日陆军部就命令马尼拉派出一支步兵团开往大沽。这是美国首次向中国派遣陆军，此前不论 1898 年还是此次救护使馆，所派均是海员。驻菲律宾的美军指挥官麦克阿瑟（MacArthur）将军虽

---

❶ 《致华盛顿伍钦差》，光绪二十六年五月二十五日未刻发，苑书义等主编：《张之洞全集》第 10 册，石家庄：河北人民出版社，1998 年，第 8008 页。《张之洞致总署荣中堂电》，光绪二十六年五月二十五日，虞和平主编：《近代史所藏清代名人稿本抄本》第二辑第十五册，郑州：大象出版社，2014 年，第 632 页。

❷ 《美员先见》，《申报》1900 年 7 月 12 日，第 9783 号。

❸ Corbin to MacArthur, June 16, 1900, *Correspondence relating to the war with Spain: Including the Insurrection in the Philippine Islands and the China Relief Expedition*, April 15, 1898 to July 30, 1902, vol. 1, p. 412.

然很不情愿，他抱怨说他在菲律宾的军队已经"被分散而不安全"❶，但他还是遵从了这道命令，派出由里斯库姆（Emerson H. Liscum）上校率领的第九步兵团。这支部队于 6 月 27 日从菲律宾马尼拉启程，7 月 6 日到达大沽。7 月 1 日，第六骑兵团也奉命从美国旧金山出发，开赴中国。❷

第九步兵团之后，受菲律宾所存军力的限制，美国曾一度暂停向中国增派军队。但随着京津被围的时间愈久，美国国内舆论对政府的施压逐渐增大，批评麦金莱过于谨慎，要求采取更有力措施的呼声很高。《纽约论坛报》主编里德（Whitelaw Reid）说，麦金莱除了派出足够的军队，别无选择，因为若康格还活着，"如果政府没有倾尽全力去救他，将会是一场风暴"❸。7 月 3 日麦金莱致函新任陆军部长鲁特（Elihu Root）称，"即使有很大的风险，我们也要派出最方便的军队去救出美国人"，为了解决菲律宾兵力有限的问题，应该从美国本土派兵去马尼拉，必要的时候中途命令他们去中国。❶ 此后，鲁特在总统的同意下，决定从古巴抽调三个团，从波多黎各抽调一个团派往马尼拉，以将更多的部队释放到中国。❺ 7 月 7 日，坎卜夫上将向海军部长朗（John Long）报告称，天津情况紧急，请求增派更多军队。❻ 鲁特马上命令麦克阿瑟派两个步兵团和一个炮兵连到大沽，增援已在途中的第九步兵团和第六骑兵团。❼ 7 月 8 日，在菲律宾的第十四步兵团和第五炮兵团的第六连接到前往中国的命令。当天，坎卜夫在电报中再次强调：需要 20000 军队保卫大沽，另外要有 60000 人进京，其中 10000 人应该是美国人。❽ 这个报告以及 7 月 12、13 日天津战役的消息，促使陆军部命令麦克阿瑟另外准备 5000 人，万一中国的形势没有好转，可以随时从菲律宾派遣。❾

────────────

❶ MacArthur to Corbin, June 16, 1900, *Correspondence relating to the war with Spain: Including the Insurrection in the Philippine Islands and the China Relief Expedition*, April 15, 1898 to July 30, 1902, vol. 1, p. 412.

❷ A. S. Daggett, *American in the China Relief Expedition*, pp. 24 – 25.

❸ Reid to Davis, July 20, 1900, *Reid Family Papers*, Library of U. S. Congress.

❹ McKinley to Root, July 3, 1900, Box 11, *Root Papers*, Library of U. S. Congress.

❺ Corbin to MacArthur, July 7, 1900, *Correspondence relating to the war with Spain: Including the Insurrection in the Philippine Islands and the China Relief Expedition*, April 15, 1898 to July 30, 1902, vol. 1, p. 423.

❻ Telegram Kempff to Long, received July 7, 1900, *Correspondence relating to the war with Spain: Including the Insurrection in the Philippine Islands and the China Relief Expedition*, April 15, 1898 to July 30, 1902, vol. 1, pp. 422 – 423.

❼ Memorandum Root to Corbin, July 7, 1900, No. 333545/A; Telegram Corbin to MacArthur, July 7, 1900, No. 333545/A, *General Correspondence of the Adjutant General's Office of the United States Army*, 1890—1917, RG94, National Archives of the United States.

❽ Telegram Kempff to Lond, received July 8, 1900, *Correspondence relating to the war with Spain: Including the Insurrection in the Philippine Islands and the China Relief Expedition*, April 15, 1898 to July 30, 1902, vol. 1, p. 423.

❾ Telegram Corbin to MacArthur, July 16, 1900, *Correspondence relating to the war with Spain: Including the Insurrection in the Philippine Islands and the China Relief Expedition*, April 15, 1898 to July 30, 1902, vol. 1, p. 426.

截至 7 月 22 日，包括于是月 15 日出发的第十四步兵团，美国有大约 15500 人的军队在前往中国的路上。

在八国联军中，美军人数并非最多，却也不少，仅次于日、俄、英三国。美国大量派军的时间集中在 6、7 月间中外战局尚不明朗之时，主要为必要时独立作战和救援在华美国人。由于菲律宾的地理优势，美国迅速出兵成为可能，并参与了几乎所有的京津战斗。救援成功后，美国就不再增派军队，同时将路上的援军撤回或派往别处，最终到达中国的美军只有 5000 人左右，其中参与了联军作战的刚刚超过 3000 人（表 2−1）。与之对应，德国大军虽然最终人数众多，但绝大部分到来时已在北京陷落之后，并未参加京津战役，反而热衷于战后四处征讨。

表 2−1　1900 年赴华美军的人数与参战情况

部队	指挥官	人数	出发时间	出发地	到达中国时间	参加战斗	伤亡情况	备注
海军陆战队	麦卡拉上校	2+62+24+28	5 月下旬	菲律宾	5 月 29 日	使馆卫队	无	5 月 31 日到达北京
海军陆战队	麦卡拉上校	112	5 月底	菲律宾	6 月初	参加西摩联军	4 死 25 伤	在廊坊遭到围困，被迫撤退
海军陆战队第一团的一个营	瓦勒少校，米亚德上校	7 名军官、132 名士兵	6 月 12 日	菲律宾	6 月 18 日	天津战役	7 死 22 伤	
海军陆战队第一团的一个营	米亚德上校	18 名军官、约 300 名士兵	6 月 12 日	菲律宾	6 月 18 日	7 月 12 日到达天津，加入天津战役		
第九步兵团	里斯库姆上校	1500 余人	6 月 27 日	菲律宾	7 月 6 日	天津战役	1 名军官和 16 名士兵战死，4 名军官和 67 名士兵负伤	
						杨村之战	1 死 5 伤	
						攻打紫禁城	1 死 5 伤	
第六骑兵团第十三骑兵中队	升贝尔上尉	3 名军官、76 名士兵	7 月 1 日	旧金山	7 月 30 日	攻打北京	无	

续表

部队	指挥官	人数	出发时间	出发地	到达中国时间	参加战斗	伤亡情况	备注
第十四步兵团	达格特上校	1135名士兵	7月15日	菲律宾	7月26日	杨村之战	8名士兵战死，57人受伤	
						攻打北京	1死8伤	
						攻打紫禁城	4死14伤	
瑞利炮兵连					8月3日	杨村之战	1伤	
						攻打北京	1伤	
						攻打紫禁城	1死1伤	

（资料来源：A. S. Daggett, American in the China Relief Expedition, pp. 10 - 104. Letter No. 384 from Commander - in - Chief on the China Station, June 27, 1900, *W. O.* 32/6145, p. 3. [美] 马士. 中华帝国对外关系史（第三卷）[M]. 上海：上海书店，2006：263. 英国蓝皮书有关义和团运动资料选译 [M]. 北京：中华书局，1980：58。）

（二）天津战役

大沽一役的直接后果，是将中外冲突向战争大大推进了一步。1900 年 6 月 17 日大沽炮台陷落 8 小时后，聂士成率领清军开始炮击天津的外国租界。两小时后，天津与大沽的通信中断。紫竹林租界位于天津城东南部，最早由英、法、美三国在《北京条约》后划有，1895 年后德国与日本加入。按条约规定，各国本无权在租界驻兵。但自义和团在直隶蔓延，先后有 25 名英兵和 10 多名法兵混入紫竹林驻防，第一批使馆卫队在进京途中又在此留下了 25 名法军、25 名俄军、58 名美军和 78 名英军。1900 年 6 月 14 日，1700 余名俄军到达天津，由于没赶上参加西摩联军，被各国领事留在了天津租界。6 月 16 日，又来了 300 多名日军。清军围攻时，租界内尚有将近 2400 人的外国守卫。❶

6 月 19 日晚在大沽接获天津危急的消息后，坎卜夫迅速反应，准备救援在天津的美国领事和侨民。可派遣的军队是此前从菲律宾到达本地的瓦勒（Littleton W. T. Waller）少校带领的美国海军陆战队第一团的一个营，包括 7 名军官和 132 名士兵。这支队伍 19 日一登陆，20 日就直奔塘沽，一面修复铁路一面前进，并且在距离天津 12 英里的地方与一支 400 人的俄军汇合，22 日又汇入了 600 名俄军、600 名英军和少数德、意、日军组成的增援部队。混合部队于 23 日企图进入天津时遭到了清军和义和团的猛烈攻击，冲破多重防线，以惨重的损失才于当

---

❶ 李德征、苏位智、刘天路：《八国联军侵华史》，第 120 - 123 页。[英] 雷穆森：《天津——插图本史纲（节译）》，载于天津社会科学院历史研究所编：《八国联军在天津》，许逸凡等译，济南：齐鲁书社，1980 年，第 311 页。

天晚上到达紫竹林租界。❶ 大沽援军进入紫竹林租界后，极大地增强了租界内原有的抵抗力量。美军虽然是最先进入租界的❷，但限于人数，被迫接受人数最多的俄军的领导❸。6 月 27 日，瓦勒少校派 40 名美军与日、英军一道，协助俄军攻打东机器局。7 月 9 日，美军又协助日军，攻占西机器局，摧毁了该地能够有效炮轰租界的阵地。❶

宣战后的清政府对攻破紫竹林租界颇抱期望，将此视为收复大沽、保卫津京的关键。6 月底，慈禧一面命令裕禄火速招募芦勇御敌，一面申饬董福祥和袁世凯拨兵前往天津助战，力求速胜敌军。此时在天津的驻防清军有 25000 ~ 30000 人。❺ 虽然清军和义和团奋勇作战，还是没能阻挡联军增援租界，而且逐渐失去了重要的阵地。

联军仍在陆续到来。其中，除了 500 余名法军和 300 余名英军，美军里斯库姆陆军上校率领的 1500 名第九步兵团士兵，以及米亚德（Robt. L. Meade）上校带领的美国海军陆战队第一团 18 名军官和大约 300 名士兵，也先后赶到天津。这两支美军主力很快就积极参与到联军的作战计划当中。

第九步兵团到来之前，在天津的各国指挥官们已经通过会议决定主动出击攻打天津城。当里斯库姆上校 7 月 11 日到达时，瓦勒少校就向他通报了联军的作战计划，里斯库姆立即表示愿意"参加战斗"。❻ 7 月 13 日上午，在紫竹林租界内的联军分两路出发，向天津城发动突袭。东路以俄军为主，辅以法军和德军，西路则以日军为主力，还有相当数量的美军、英军和少数的意军和奥军。里斯库姆上校指挥的第九步兵团的任务就是协助日军攻打天津城的南门，且同意接受英军指挥官道华德（Dorward）将军的指挥，以便一致行动。然而，由于初来乍到，作战前里斯库姆既没来得及参加讨论作战方案的指挥官会议，对战场的具体地形也毫无所知，以至于没能按照预定目标到达日军的左面，反而到了日军右翼后面的一个危险阵地，遭受到来自清军的猛烈攻击，损失惨重，据曾亲历此战的奈勒（Naylor）中尉说，当时的伤亡达到"三分之一的军官，六分之一的士兵都中了

---

❶ 关于 6 月 23 日进入租界的联军人数，根据美国驻天津领事若士得的报告与美军官达格特的叙述相互印证，可发现《八国联军侵华史》中所述前后有"3400 余名俄军、250 名英军、20 名意大利军、300 名美军，1300 名德军、1600 名日军和 300 名威尔斯明火枪士兵"，与实际数目相去甚远。参见 Ragsdale to the Assistant Secretary of State, July 16, 1900, *Papers relating to the foreign relations of the United States*, 1900, p. 271. A. S. Daggett, *American in the China Relief Expedition*, pp. 19 - 20.

❷ 《联军移国》，《清议报全编》，卷二十二（纪事二庚子国难纪事本末）（第三集卷十），第 58 页。

❸ 一支以俄军为主的救援部队，将此前被围困在西沽武库的西摩联军也救回了租界内。

❶ ［美］明恩溥：《动乱中的中国》，载于路遥主编：《义和团运动文献资料汇编》英译文卷上，济南：山东大学出版社，2012 年，第 184 页。

❺ 《京津拳匪乱事纪要之三（附各地方防卫事宜）》，《万国公报》1900 年 7 月，第 139 册。

❻ ［英］雷穆森：《天津——插图本史纲（节译）》，载于《八国联军在天津》，第 405 页。

弹"。❶ 里斯库姆上校本人也被击中身亡，后由里依（Lee）少校指挥第九步兵团。事后道华德将军亦承认这是他的失误："我不曾考虑到第九步兵团对战场不熟悉，急于攻击的心情会使他们匆忙前进，迷失方向，这样，把他们布置在那样阵地上的错误，我不能辞其咎。"❷

当时参加天津作战的美国军队，还有米亚德上校指挥的海军陆战队，他们本来是在殿后，但在第九步兵团陷入危急后，接到道华德将军的命令前往救援。7月13日夜间，在英、美两国海军陆战队的协助下，第九步兵团才艰难地撤退出危险地带。❸ 而在第九步兵团前面的日军继续坚守阵地，于14日凌晨炸开了南门城墙，率先进入了天津城内，紧接着攻打天津城北面的俄军也取得了胜利。守城清军和义和团眼见大势已去，四散撤走，八国联军完全占领了天津。

天津战役是八国联军侵华战争中的关键转折点，不论是纯军事上的，还是对整个中外局势而言。7月初慈禧等人在接到裕禄关于天津战局危急的奏报后，十分恐慌，加紧派兵并招募团民，但奋力抵抗仍旧没能阻挡联军，让慈禧太后大伤脑筋，如坐针毡，促使她由坚决抵抗转变为试图求和，甚至是以战促和。对八国联军整体而言，不仅直接完成了解救天津领事与外侨的任务，而且为继续进攻北京获得了一个重要的中转和补给站，此后半个月联军就在天津休整，并讨论接下来的进京计划。

天津战役中美军人数不多，但积极参与，被迫接受其他主力联军指挥，协助作战。美国陆军首次在华亮相，然而由于行动仓促，没能实现作战目标，且伤亡惨重。天津战役对美军而言，主要有两点作用。一是美国以支持日本增兵为条件，获得了长崎作为美军中转站的使用权。由于天津形势危急，英国主要军事力量又身陷南非，6月下旬英国率先呼吁日本增派赴华部队❹，但俄、德、法三国顾虑颇多。为了获得美国的支持，日本允许美国使用长崎作为到中国或菲律宾的士兵和物资的中转站，美军可以使用那里的干燥码头，并在那里建立了一个临时的军队医院。❺ 这对于美军投身中国北方的战事提供了诸多便利。到天津战役后期，日军人数的激增以及在战斗中起到的重要作用，也在很大程度上打破了俄军在联军中的绝对优势。二是美军通过天津战役，增强了同英军、日军的联系，不仅道华德将军写信表扬第九步兵团的英勇，英国人强调在那次合作中"血浓于

---

❶ ［英］马克里希：《天津租界被围记》，载于《八国联军在天津》，第408页。

❷ Dorward to American Commander, A. S. Daggett, *American in the China Relief Expedition*, pp. 157 – 158.

❸ A. S. Daggett, *American in the China Relief Expedition*, pp. 37 – 38.

❹ Telegram Salisbury to the Queen, June 17, 1900, George Earle Buckle (ed.), *The Letters of Queen Victoria*, Vol. 9, Cambridge: Cambridge University Press, 2014, p. 563.

❺ A Taku – Nagasaki Service, *New York Times*, July 13, 1900.

水"❶，而且西摩部队中的英国士兵也赞扬美国人是"人们可能想象到的最有经验、最有才干的战士"❷。

（三）尽速进京

占领天津后，列强在何时进军北京的问题上争论不休。因为这首先取决于他们各自就兵力需求的判断，而这个判断又随着战场形势不断发生着改变。起初各国以为只要组织一支完备的几千人的队伍就能横扫中国，但西摩联军的失败和天津租界被围彻底粉粹了他们这个念头。1900 年 7 月初，英国估计，进军北京共需 4 万至 5 万人。❸ 俄国与英国的估计类似。❹ 日本认为，"至少需要一支 7 万人的部队"。❺ 美国的估计最保守，认为需要 8 万人。在全面总结天津守卫与攻击中遭受的严重损失后，联军将领们更加谨慎，虽然估计所需兵力的数量不同，但都认为，在 9 月以前，必要的部队无从集结，而且装备和运输也筹办不了，最早可能出发的日期是 9 月 15 日。❻ 7 月 14 日天津陷落时，外国军队只有总共约 12000 人。7 月底，随着日军的大批到来，联军增加到约 17000 人，其中日兵 8000 人、俄兵 4000 人、英兵 2000 人、美兵 1700 人，剩余的归属另外四国。❼ 但与将领们的估计仍有巨大差距，而且各国都想等到自己的援军到来，增强在联军中的比例后再出发，特别是德国和法国。❽ 最终是美国在促使尽快出发的问题上发挥了重要作用。

7 月 27 日，美军第十四步兵团的两个连先到达天津，团长达格特（A. S. Daggett）上校随即与英军指挥官盖斯里（Richard Gaselee）中将、日军指挥官山口素臣（Mottomi Yamagutchi）中将举行了一次会议。盖斯里主张立刻进军北京，达格特认为最好等到第十四步兵团的另外六个连和瑞利（Reilly）上尉率领的炮兵连到达后再出发，山口素臣同样希望推后进军时间，建议等到 8 月 15 日以后，那时日本和其他国家的大量增援就可以开到了。❾ 同盖斯里和山口相比，达格特只是一个团长，他出于本职显然是想等待自己的团部和上级指挥官到来再作决

---

❶ ［英］马克里希：《天津租界被围记》，载于《八国联军在天津》，第 394 页。

❷ ［英］壁阁衔：《在华一年记（节译）》，载于《八国联军在天津》，第 242 页。

❸ 《索尔兹伯里侯爵致怀特赫德函》，1900 年 7 月 10 日，《英国蓝皮书有关义和团运动资料选译》，第 125 页。

❹ 李德征、苏位智、刘天路：《八国联军侵华史》，第 211 页。

❺ 《怀特赫德先生致索尔兹伯里侯爵函》，1900 年 8 月 7 日收到，《英国蓝皮书有关义和团运动资料选译》，第 160 页。

❻ ［美］马士：《中华帝国对外关系史》第三卷，第 285 页。

❼ 《7 月 26 日天津电报》，《北华捷报》1900 年 8 月 8 日。［美］马士：《中华帝国对外关系史》第三卷，第 284 页。

❽ Telegram Delcassé to Paul Cambon，August 3，1900，No. 260，*Documents Diplomatiques Français*，Series 1，Vol. 16，pp. 382 – 383.

❾ A. S. Daggett，*American in the China Relief Expedition*，pp. 52 – 53.

定。他不知道，此时远在千里之外的美国政府，由于收到了康格公使自围困中发出的电报，一改此前的谨慎态度，极力主张尽快向北京推进。直到 7 月 30 日沙飞将军到达天津，美国政府的愿望通过他的推动才得以实现。

从一任命沙飞为美军指挥官，陆军部长鲁特就按照麦金莱总统的指示，以一下午时间专门制定对沙飞的指示：首先要解救使馆；其次要保护美国利益，避免结盟，在利益一致的情况下才跟其他国家合作。❶ 沙飞赴华后也报告说，他不相信不通过战斗就可以把各国使节救出来。❷ 美国政府向列强表达了尽速进京的愿望，而且宣称，只要沙飞与在天津的美军会合，即使单独行动，美军也要前进。显然这也是英国翘首以盼的，英国本就渴望前进，但限于人数太少，他们将沙飞的到来作为实现其目标的方法。7 月 30 日沙飞一到天津，伦敦方面就放出风声，说英军和美军已准备好在 24 小时内出发，这支联军的指挥官将由沙飞担任。❸ 此后，美军联合英军，以单独行动多次向俄、德等国将领施压，沙飞极力想要促成联军的尽速联合前进。8 月 1 日，在俄国李涅维奇将军的营房举行了俄、英、法、日、美、德各国将领的会议。会上，沙飞同盖斯里一同倡议快速出兵，获得日本将领山口的支持。在美、英、日三国的坚持下，会议最终决定 8 月 4 日下午从天津出发，第二天一早出击敌人。8 月 3 日，各国指挥官再次集会，对进军北京的时间、路线和各国参加的人数做了具体安排。是日，美军第十四步兵团的剩余兵力、瑞利炮兵连和一个营的海军陆战队都到达了天津。由于马匹不能及时登陆，第六骑兵团主力没有参加这次远征，但其中由升贝尔（De Rosey C. Cabell）上尉率领的第十三骑兵中队的 2 名军官和 76 名士兵，8 月 9 日在白庙加入了远征军队伍。❹

在此期间，为了不拖延进军速度，美国政府还全盘接受了各国安排的联军统帅，既不参与竞争也不表明偏好。天津战役前，联军自然地按照指挥官军衔的高级和部队人数的多寡来决定统帅的人选，西摩中将就是由于军衔最高而被推举为远征军统帅，俄军在天津围困初期的人数占优和英勇表现也让各国将领一致同意俄国驻旅顺口的远东司令阿列克谢耶夫中将担任统帅。但阿列克谢耶夫 6 月 29 日到达大沽后却没有马上赶往天津，引发在天津的各国将领不满❺，外加日军随后于 7 月 9 日和 13 日的进攻中表现突出，攻下天津后，日本在英国的支持下加入了对联军统帅的争夺。英、日、俄的僵持局面给跃跃欲试的德国提供了难得的机会。德国试图利用克林德公使的死博得各国的认可，将联军统帅权收入囊中。

---

❶ Instructions to Chaffee, *New York Times*, June 30, 1900.

❷ ［美］马士：《中华帝国对外关系史》第三卷，第 288 页。

❸ Chaffee May Lead Advance to Peking: American and British Forces Said to be About to Start, Others to Do as They Wish, *New York Times*, July 31, 1900.

❹ A. S. Daggett, *American in the China Relief Expedition*, pp. 55 - 56.

❺ 李德征、苏位智、刘天路：《八国联军侵华史》，第 137 - 138 页。

美国虽然倾向于英国或日本的统帅，却不愿过多地陷入争执，只公开表示："不管美国政府倾向于选择谁当统帅，美国政府都会同意列强的选择。"美国政府心知肚明限于沙飞的军衔及其领导的美军数量，不足以担任联军主帅，但"如果其他指挥官被选中，总统希望美国军队不能被分开指挥，所有对美军的命令都应该由沙飞传达"。❶ 在德国谋求了英、日、俄国的支持后，美国政府迅速表态："非常愿意拥有像瓦德西这样一个杰出的和有经验的将领来担任美国参加的联合军事行动的指挥官。"❷ 美国不愿因统帅权的纷争延误进军，只坚持保留了对美军的独立指挥权。

（四）占领京城

沙飞将军的到来，除了敦促联军尽速进京外，还增强了美军的单独作战能力。美国政府在侵华战争期间共更换了三位指挥官，其中对第三位指挥官沙飞期待最高。坎卜夫和雷米一直没有离开大沽，大部分时间都只能对在天津的美军遥控指挥。那段时间，美军于实际作战中被迫接受别国将领的统一领导，协助英、日、俄等其他军队作战。待到沙飞将军亲临现场指挥，美军在攻打杨村和京城的战役中，均显示了一定的独立作战能力，在八国联军中的地位和作用也有所提高。

1900 年 8 月 4 日下午，联军除以部分兵力留守天津、大沽等地外，集中了约 2 万人，分两路自天津出发，沿运河两岸向北仓进犯，运河右岸为日、英、美军，共 14050 人，携带火炮 49 门；左岸为俄、法、意、奥军，共 5659 人，携带火炮 34 门。❸ 德军没有参加。第十四步兵团走在美军的最前面，后面跟着瑞利炮兵连、第九步兵团和海军陆战队。❹

清军撤离天津后，临时在津京之间布置防御工事，分北仓、杨村两大防线，分别由马玉崑和宋庆指挥。❺ 八国联军同清军在那里展开了进京之前最激烈的两次战斗。美军在 8 月 5 日的北仓战役中几乎没有出什么力，因为按照部署，运河右岸的进攻中，日军攻左侧，英军攻右侧，美军殿后，日军"抢先进入战斗，既不等待联军，又不按既定计划行动，也不怕自己承担牺牲"，美军到达前，日本人已经率先占领北仓结束了战斗。❻ 待到次日攻打杨村的战斗，轮到美军冲在了前面，尤其是第十四步兵团冲锋在前，攻占了铁路堤上的清军阵地。紧接着，美

---

❶ No Commander Yet Chosen: United States Likely to Use Some Plain Language to Powers if Their Bickerings Delay Advance, *New York Times*, July 28, 1900.

❷ Telegram Mr. Adee to Mr. Jackson, August 10, 1900, *Papers relating to the foreign relations of the United States*, 1900, p. 331.

❸ 李德征、苏位智、刘天路：《八国联军侵华史》，第 215 页。

❹ A. S. Daggett, *American in the China Relief Expedition*, p. 60.

❺ 李德征、苏位智、刘天路：《八国联军侵华史》，第 219 页。

❻ ［俄］德米特里·扬契维茨基：《八国联军目击记》，许崇信等译，第 285 – 286 页。

军又向发出炮火的村庄、车站发起攻击，很快便相继占领了这些地方。❶ 第十四步兵团团长达格特事后回忆说："美军前进得很快，连在一个阵地上观察战斗的盖斯里将军也没有看到美军进入村庄。"❷ 虽然由于速度过猛，一些美军被其他联军的炮火击中，但此役使外国人普遍认可"中国军队在杨村被击溃，这场战争是由美军和英军首当其冲"❸。

为何两天之内清军被接连攻破两大防线？据宋庆幕僚迟程九记述，北仓之役，迟程九跟随宋庆督战，眼见当日洋兵先派分遣队来探，马玉崑命不出战，及至外国大军到达，"周鼎臣督队御之，早五点至十点，尽力拒敌不胜，而马军门之队相隔运河五十余里，即派丁、卢两营官往援。及至，周已败绩，凫水而过，又被杨柳青地方抄来之敌兵夺去浮桥"。❹ 可见清军采取的是分兵把守策略，分散了己方力量，反而给了外国联军各个击破的机会。马玉崑哀叹"寇重我寡，势不敌"❺，其实并非敌我人数悬殊，而是分散兵力造成了各个局部"敌众我寡"的局面。防线破后，清军人心涣散，节节败退，八国联军得以长驱直入，接连经过蔡村、白庙、马头、张家湾、通州，直逼北京。由于日军兵力最多，且比其他军队骑兵更多，配备最适宜于进军，北仓、杨村战役后，就由日军领队，俄、美、英各军紧随其后。❻ 日军在前面抵挡了几乎所有对联军的零散抵抗，后面的美军亦没有机会参加战斗。沿途联军还将一小部分队伍留下守卫，美军以第九步兵团第七连留驻北仓，第三连镇守河西务。

8 月 12 日到达通州，俄军指挥官提议次日开展侦察活动，14 日再进攻北京。各国指挥官同意后，俄军却于 13 日独自提前前进，当天晚间即到达北京东便门，抢先攻城。山口将军首先获得俄军已出发的情报，立即命令日军启程，并通知了美国和英国的将领。❼ 美军一直按照 12 日的会议协议行事，13 日夜里虽然听到了枪炮声，直到"第二天才弄清楚，他们（俄军）在前一夜已经向前推进，并且攻打了东便门"，美军这才赶忙行进到俄军攻打的东便门处与之会合。由于遭到清军的有力抗击，俄军虽然轰开了外城城门，却被挡在了内城外。沙飞将军见强攻无机可乘，命令第十四步兵团的两个连约 20 人从外城东北角处爬过城墙，

---

❶ 李德征、苏位智、刘天路：《八国联军侵华史》，第 225 页。

❷ A. S. Daggett, *American in the China Relief Expedition*, p. 63.

❸ ［美］马士：《中华帝国对外关系史》第三卷，第 291 页。

❹ 孙星枢：《庚子从军日记》，载于北京大学历史系中国近现代史教研室编：《义和团运动史料丛编》第 1 辑，北京：中华书局，1964 年，第 234 页。

❺ 胡思敬：《驴背集》，载于翦伯赞等编：《义和团》第二册，上海：上海人民出版社，2000 年，第505 页。

❻ ［美］明恩溥：《动乱中的中国》，载于《义和团运动文献资料汇编》英译文卷上，第 187 页。

❼ ［英］宝复礼：《津京随军记》，载于北京市政协文史资料研究委员会、天津市政协文史资料研究委员会编：《京津蒙难记——八国联军侵华纪实》，北京：中国文史出版社，1990 年，第 227 页。

"于是第十四步兵团的团旗就是在北京城墙上招展的第一面外国军旗了"。❶ 登城美军由内部打开城门，美军与俄军一边涌入，一边向清军持续射击。而此时英军已找到最方便进入连接使馆通道的水门，沙飞将军见状，也迅速派出第十四步兵团从水门进入。英军顺延英国公使窦纳乐此前透露的便捷通道，成为第一批进入使馆的联军，同样自水门进入的美军却迷了路，比英军晚到两个小时。❷ 沙飞将军率领的其余美军大部队在之后更晚才同俄军一道从后面打开的前门进入使馆区。

事后，达格特对于英军在没有伤亡的情况下首先到达使馆区愤愤不平，认为是美军阻挡了清军，才让英国人毫无阻挡地进城，"美军打了仗，而英军享受了果实"。❸ 而遭受了更大损失的俄国人对美军亦颇有微词"美国兵就在我们大炮的掩护下进入了北京"❶，似乎是对其提前攻城，却没能第一个入城耿耿于怀。但不管怎么说，在轰隆隆的炮火声中，联军最终合力攻陷了北京城，解救了被围困的外国人，完成了最初的目标。

第二节　美国与"东南互保"

八国联军入侵中国北方的同时，南方各省却与列强订约互保，基本维持了和平局面。在这一以"东南互保"闻名后世的事件中，美国政府与驻华领事发挥了重要作用，领事外交与督抚外交正面碰撞❺，折射出晚清中外关系的重要面相。

一、上海议约始末：率先支持"互保"

（一）刘、张寄望于美

1900 年 6 月 17 日大沽战役后，两江总督刘坤一、湖广总督张之洞由驻日公使处得知美军没有开炮的消息，予以重视。6 月 20 日，刘、张二人主稿，联合巡阅长江水师大臣李秉衡、湖北巡抚于荫霖、江苏巡抚鹿传霖、安徽巡抚王之春、江西巡抚松寿、湖南巡抚俞廉三，共地方督抚大臣八人联衔会奏，斥责义和团为"邪教""乱民""土匪""劫盗"，请朝廷明降谕旨命令痛剿，并慰藉外国使馆决无失和之意，待李鸿章到京后妥商办法。联衔人包含了湖广与两江辖区的

---

❶ A. S. Daggett, *American in the China Relief Expedition*, pp. 81 – 82.

❷ ［美］明恩溥：《动乱中的中国》，载于《义和团运动文献资料汇编》英译文卷上，第 189 页。

❸ A. S. Daggett, *American in the China Relief Expedition*, p. 91.

❶ ［俄］德米特里·扬契维茨基：《八国联军目击记》，许崇信等译，第 330 页。

❺ 地方督抚可借助于道台级别官员，直接与各国领事建立外交联系。相比于欧美国家外交权的一元化，清朝对外窗口的多元存在，确为特殊现象。参见刘伟：《晚清督抚政治——中央与地方关系研究》，武汉：湖北教育出版社，2003 年，第 323 页。陈体强：《中国外交行政》，上海：商务印书馆，1943 年，第 96 页。

所有督臣、抚臣，在这封明确表达地方督抚们对待时局态度的关键奏折里，刘坤一和张之洞在讨论具体办法部分就首先提出："闻美国在大沽并未开炮，先托美使调停，劝令停兵息战，我方好专力剿匪。"❶可见一意主和的东南地方大员由美军未攻大沽，揣摩美国政府意图与其他列强有所不同，或许可以在北方的督请停战上加以利用，亦或许还可以帮助缓解危急的东南地方局势。

由于义和团在北方造成的骚乱，英国派驻南京、汉口领事分别向刘坤一、张之洞表达愿派兵帮助镇压叛乱的想法，让二人十分惊恐，他们一面各自婉言谢绝了英国的建议，一面在互通消息中确立了"力任保护洋商教士之责，以杜借口窥伺为要"的共识。❷ 6 月 26 日的会奏中，二人向清廷自白对此事的看法："盖长江商务，英国为重，各国觊觎已久，惧英而不敢先发，英亦虑各国干预而不敢强占，以启各国戒心。在我正可就其所忌以羁縻牵制之，若触动一国，势必群起而攻，大沽覆辙可深鉴也。"❸ 至于堪被深加利用于"羁縻牵制"英国者，二人不约而同将目光投向了美国。

列强之中，张之洞自戊戌前后与日本朝野各界建立起密切联系，尤其倾心联日，不仅同日本陆军参谋本部共谋军事改革合作，而且同日本驻上海领事小田切、伊藤博文、近卫笃麿等日本政界要人建立私交，庚子事变期间又增加身处东京的驻日公使、湖北留日学生监督钱恂❹等多条渠道。英国企图"窥伺"长江之初，张之洞自然首选请日调停，于 6 月 19 日致电驻日公使李盛铎，请其尽快密商日本外部，"讽以各国吞华，于日本最无益……西国得九，日本得一，仍自蹙也"，张氏以当时在华联军中日军数量最多，认为日本必可"主持群议"，"从中维持宽缓"，并许以未来"事事联络"的愿景。❺ 次日，张之洞又加电谈及前年请日本预防干预英国索取威海卫失败的教训，暗示此次防英还须日本出力。❻ 然

❶ 《张之洞致总署荣中堂电》，光绪二十六年五月二十五日，《近代史所藏清代名人稿本抄本》第二辑第十五册，第 632 页。《致总署、荣中堂》，光绪二十六年五月二十四日亥刻发，苑书义等主编：《张之洞全集》第 3 册，第 2149－2150 页。

❷ 《致伦敦罗钦差》，光绪二十六年五月二十二日辰刻发；《致江宁刘制台》，光绪二十六年五月二十二日辰刻发；《刘制台来电》，光绪二十六年五月二十三日寅刻到，苑书义等主编：《张之洞全集》第 10 册，第 9192、9193、9194 页。

❸ 《会衔电奏》，光绪二十六年五月三十日巳刻发，苑书义等主编：《张之洞全集》第 3 册，第 2151 页。

❹ 钱恂，字念劬，浙江归安人，附贡生。曾为薛福成门人，随薛出使英国，后由许景澄、龚照瑗奏调派驻俄、德、法等国。甲午战争期间，由张之洞电调回国，遂即入张之洞幕，充洋务文案，是张之洞的亲信幕僚。参见茅海建：《戊戌变法的另面："张之洞档案"阅读笔记》，上海：上海古籍出版社，2014 年，第 199 页。

❺ 《张之洞致东京李钦差电》，光绪二十六年五月二十三日，《近代史所藏清代名人稿本抄本》第二辑第十五册，第 608－609 页。

❻ 《致东京李钦差》，光绪二十六年五月二十四日寅刻发，苑书义等主编：《张之洞全集》第 10 册，第 8006 页。

而，日方的回复含义暧昧："倾华益欧，日断不愿，惟此次局面，日若不随同各国，则亚权全属欧人，联合之局，实有不得已苦衷。此时进退，非一国所能主持。"❶ 相当于婉转拒绝。

日本调停的期望落空，张之洞迅速转向美国。相比于带有试探性质的"讽日本维持大局"❷，张之洞向美国的剖白更加清楚明确，也更大胆直接地提出具体请求。在6月21日给驻美公使伍廷芳的电报中，他先是从北方的内、外乱谈到"东南大局现尚安静""幸东南各督抚力任保护"，但"若各国遽派船入江，内地必立生大乱"，由此叙及美国的特别之处，再次强调了大沽之战"美舰不开炮"，并且对比了"古巴内乱一两年，美国尚迟迟不肯进兵"与"今拳匪滋闹旬日，各强国即加迫挟"，在此基础上向美国政府建议：

> 素闻美人仗大义持公道，不肯乘人之危，以众陵寡，是以此次大沽之役美舰未肯开炮，不胜感佩。特请转达美总统及外部，恳其与各国切商保全东南大局，不可遽派船入江，弟与刘岘当力任保护，认真弹压匪徒，断不容稍滋事端。❸

在日本处碰一软钉子后，湖广总督张之洞将调停各国不派兵入江的厚望完全寄托在了美国政府身上。6月22日伍廷芳向美国政府转达了张之洞电报的内容。前一日，两江总督刘坤一也已有一封电报到来。虽然今日于《刘坤一遗集》和美国国家档案馆藏中国驻美公使档案中均查无刘坤一电报的内容，但据美国国务院官员当天的记录，可以看出他们认为，张之洞电报与前一天收到的刘坤一电报极为相似，两位总督均决定维持和平，请求美国政府电令美国海军将领，勿要派任何军队进入长江，他们也会请求其他各国采取一致行动。❹ 6月23日，美国国务卿海约翰回复伍廷芳说，麦金莱总统对二位总督表示有能力在他们的辖区维持秩序与保护外国人的保证很满意，答应只要总督们信守承诺，他无意派军队进入这些省份。❺

美国政府第一时间的支持，证明此法可行，对东南督抚是莫大的鼓励。虽然回复其实并没有完全满足张之洞的请求。因为6月22日美国国务院的记录与张之洞的电报原文出现了一处明显差异，即张之洞原文请求美国出面向各国商议保

---

❶ 《张之洞收东京李钦差来电》，光绪二十六年五月二十六日，《近代史所藏清代名人稿本抄本》第二辑第十五册，第619－620页。

❷ 许同莘：《张文襄公年谱》，上海：商务印书馆，1946年，第133页。

❸ 《致华盛顿伍钦差》，光绪二十六年五月二十五日未刻发，苑书义等主编：《张之洞全集》第10册，第8008页。

❹ Department of State, June 22, 1900, *Notes from the Chinese Legation in the United States to the Department of State*, Jan. 1, 1898 – Dec. 31, M98, R4, National Archives of the United States.

❺ Wu Ting－fang to Hay, June 23, 1900, *Notes from the Chinese Legation in the United States to the Department of State*, Jan. 1, 1898 – Dec. 31, M98, R4, National Archives of the United States.

全东南大局，美方的记录则变为督抚本人会请求各国一致行动，以致美国政府在6月23日的回复中压根没有提及这点。之所以有这样的出入，可能为驻美使馆翻译中的误解，也可能美方记录的是刘坤一的电报内容，并认为二者一致，还有可能是美国政府觉得无法满足张之洞的要求，在记录中故意抹去。由于史料缺乏，原因已无从知晓，但求人不成，却促使张之洞决心将"互保"以一种更加肯定的形式确定下来。

（二）古纳的积极响应

张之洞原本寄望美国可"代劳"游说各国政府，既然无果，东南督抚们看来最便利的办法即在上海直接同列强代表商议实现，这就得仰赖各国驻上海总领事的配合协助。其中，美国总领事古纳（John Goodnow）作用突出。古纳（1858—1907），共和党人，1897年起被任命为美国驻上海总领事。

在上海，古纳是最早注意到英国"窥伺"长江意图的外国领事之一。1900年6月24日，他向美国国务院报告说英军入江可能会引发严重的骚乱。英国总领事霍必澜（Pelham L. Warren）解释称，刘坤一通过他允许英国占领这些地方。古纳心存疑虑，暗中向南洋公学监督、美国人福开森（John. C. Ferguson）❶打探消息。福氏与盛宣怀关系亲密，现又兼任刘坤一、张之洞幕僚，是上海最有影响力的美国人之一，福开森传来的消息则为英国领事以列强军舰有攫取吴淞炮台的计划为由，向中国政府请求英舰入江。据此古纳断定，"尽管这些说法直接矛盾，但都很明显反映一件事：本地英国人和英国当局有很强烈的攫取长江的意图，这是一个长期的阴谋"。❷ 为了防止长江为英国独占，继续在此贯彻门户开放政策，古纳决心支持总督们"力任保护"的行动。

6月26日下午3时，上海道余联沅与各国驻上海领事在会审公廨举行会议，盛宣怀以江、鄂公请帮办名义出席，此外还有两江、两湖各省的道员代表，福开森作为翻译亦列席了会议。中方于会上提出"保护上海长江内地通共章程"和"保护上海租界城厢内外章程"两份章程，领事团一致表示谅解，以照会形式于27日正式回复，共同声明："倘两位制台能于所管各省之内，按照中外和约实力保护外国人民之权利，我各国之政府，前时、现今均无意在扬子江一带进兵，不

---

❶　福开森（1866—1945），出生于加拿大，后加入美国国籍，中文名"福茂生"。1887年受美以美会委派赴华传教。在南京创办汇文书院，出任院长，开始同南京官场交往。受盛宣怀青睐，自1897年起出任上海南洋公学首任监督，因此为清朝政府的官职，同时请辞传教士和汇文校长的职务。1902年受盛宣怀举荐任淞沪铁路会办，经北京批准赏给二品顶戴，1903年又被任命为中国铁路总公司顾问。1899年由英人手中购得《新闻报》股权，控制该报30年。民国成立后，先后任北洋政府总统顾问、民国政府行政院顾问。参见顾长声：《从马礼逊到司徒雷登》，上海：上海书店出版社，2005年，第340－353页。

❷　Goodnow to Cridler, June 29, 1900, No. 267, *Despatches from U. S. Consuls in Shanghai, China*, July 5, 1899 – July 31, 1900, M112, R46, National Archives of the United States.

独一国不如此做，合力亦不如此做。"❶ 古纳于当日会议结束后发一电报向美国国务卿报告称：

> 南京、汉口总督今天通过特别代表保证维持长江流域的和平，我们保证在他们维持和平期间不干预。美国协会今天的电报也反映了这里的观点。❷

"美国协会"指商人团体"美国亚洲协会"，他们曾是"门户开放"政策的幕后推动者，此次又对地方保护表现出浓厚兴趣，意在不损商贸。古纳遂加以巧妙利用。

外加驻美公使伍廷芳在华盛顿推波助澜。6月27日，伍廷芳建议美国务卿可以命令美国领事直接同总督们商议保护办法。海约翰告诉麦金莱，尽管这个提议有点不符合规矩，但鉴于北京政府的瘫痪状态，这是可取的。❸ 因此海约翰随后申电古纳，允准美国官员直接同清朝官员联系，商议维持秩序与保护美国人的方法。❹

此时美政府注意力主要集中在北京的公使安危上，对南方的"互保"合作则放手给领事当局。古纳获得便宜行事之权，对中外配合更加上心，也不忘在给美国国务院的报告中，高度评价地方大员们采取的行动："此次会议之后，这些省份的总督和巡抚一直很积极地防范骚乱。在长江流域的所有城市乡村都有中国当局张贴的告示，主持和平，承认外国的权利，保护外国人及他们的财产。本区最小城市的传教士给我的报告就是最有力的证据。"❺

正当东南督抚与外国领事紧锣密鼓商议"互保"办法之时，已经得悉大沽开衅的清政府在6月20日颁布了宣战上谕，嘉奖义和团，并且谕令各省督抚"招集成团，借御外侮"❻。尽管在正式接受上谕文本前，刘坤一、张之洞、李鸿章等人已从袁世凯处提前获得情报，并在两广总督李鸿章主导下达成了矫诏的共识❼，但

---

❶ 《驻上海各国领事致余联沅函》，光绪二十六年六月初一日，陈旭麓、顾廷龙、汪熙主编：《义和团运动——盛宣怀档案资料选辑之七》，上海：上海人民出版社，2001年，第93页。《代总领事霍必澜致索尔兹伯理侯爵电》，1900年7月13日，《英国蓝皮书有关义和团运动资料选译》，第128页。关于"东南互保"的详细订约过程，参见戴海斌：《东南督抚与庚子事变》，北京大学博士学位论文，2009年。

❷ Goodnow to Hay (Telegram), June 26, 1900, *Despatches from U. S. Consuls in Shanghai, China*, July 5, 1899 – July 31, 1900, M112, R46, National Archives of the United States.

❸ Hay to McKinley, June 27, 1900, *McKinley Papers*, Library of U. S. Congress.

❹ Hay to Goodnow (Telegram), June 27, 1900, *Papers relating to the foreign relations of the United States*, 1900, p. 248.

❺ Goodnow to Cridler, June 29, 1900, No. 267, *Despatches from U. S. Consuls in Shanghai, China*, July 5, 1899 – July 31, 1900, M112, R46, National Archives of the United States.

❻ 《上谕》，光绪二十六年五月二十五日；《上谕》，光绪二十六年五月二十五日；《军机处字寄各省督抚上谕》，光绪二十六年五月二十五日，《义和团档案史料》上册，第161－163页。

❼ 《东抚袁来电并致江鄂督、盛京堂》，光绪二十六年五月二十七日，《李鸿章全集》第27册，第69页。《李中堂来电》，五月二十九日，《愚斋存稿》，近代中国史料丛刊续编（第十三辑122－125），台北：文海出版社，1975年，卷三十六，电报十三，第845页。

宣战上谕一经传出，上海内外一片哗然，外国商人、领事纷纷轰动。盛宣怀、余联沅依违两难，外国领事步步紧逼。刘、张、李互通声气，决定将宣战上谕秘而不宣，"互保"仍照原议办理，以坚各国之心。❶美国适时的支持与肯定亦是"互保"得以最终实现的重要砝码。

6月28日，在总督们的授意下，盛宣怀、余联沅再与各国总领事会商，明告称"李、刘、张保东南挽和局为主，矫诏不理"❷；同时，针对北方开战情形，请各领事声明"东南果安靖，不致派兵入江"。据余联沅会后向刘坤一、张之洞报告，美、法、德三国领事率先声明，英国领事随后应允。❸7月1日，盛宣怀还撇开余联沅，单独走访了英、美、日三国领事，因为他认为这三国在长江地区拥有的商业利益最多，相应地也可能从"东南互保"中获得最大的好处，在北方局势动荡的情形下，应该有选择性地加以游说，以保证得到最有力的支持。❹

盛宣怀的游说很快就取得了效果。古纳是日向美国国务院报告东南局势异动时称："端王公布了20日的上谕，东南督抚们均无视它。……他们联合请求各国总领事代表各自政府同意，只要他们维持秩序和保护外国人，不管北京发生什么，都不会袭击他们的省份。"❺随即就接到了海约翰的明确指示：

> 已经命令我们的军队，只要地方政府维持秩序和保护外国人，就不要袭击中国中部和南部的省份，并已将我们的意图知会其他列强。请告知总督。❻

这次，美国政府不仅不受北方战局的影响，迅速确认"互保"立场，同意了东南督抚们的请求，而且主动帮助联络其他列强，敦促共同维持东南地区的和平。殚精竭虑的地方督抚增强了底气。同时，盛宣怀也向江、鄂两处通报了在沪交涉的进展，建议以照会形式重申"互保"的主要精神，以进一步巩固中外业

---

❶ 刘坤一致电盛、余："此间并未奉有宣战谕旨，无论北事如何，总当与香帅一力担承，仍照所议办理，断不更易"。张之洞致电盛、余："此间并未奉到宣战谕旨，无论北事如何，敝处与刘岘帅一力担承，仍照原议办理，断不更易"。李鸿章致电盛、余："各督抚本奉旨保守疆土，联络一气，北方纵有战事，东南彼此互保之议，仍应照办"。《盛京堂来电》，光绪二十六年六月初三日午刻到；《急复盛京堂等》，光绪二十六年六月初二日戌刻，《李鸿章全集》第27册，第86、84页。《致江宁刘制台，上海盛京堂、余道台》，苑书义主编：《张之洞全集》第10册，第8048页。

❷ 《寄各国钦使》，光绪二十六年六月初三日，《愚斋存稿》卷三十六，电报十三，第853页。

❸ 《张之洞收江宁刘制台来电》，光绪二十六年六月初二日，《近代史所藏清代名人稿本抄本》第二辑第十六册，第9页。

❹ 余联沅不赞成分别拜会各国领事，认为排拜几处，易惹别国见怪。参见《余联沅致盛宣怀函》，光绪二十六年六月初五日卯刻；《余联沅致盛宣怀函》，光绪二十六年六月初五日十二钟，吴伦霓霞、王尔敏编：《清季外交因应函电资料》，香港：香港中文大学中国文化研究所，台北：台湾"中央研究院"近代史研究所，1993年，第354页。

❺ Goodnow to Hay（Telegram），July 1，1900，*Despatches from U. S. Consuls in Shanghai，China*，July 5，1899 – July 31，1900，M112，R46，National Archives of the United States.

❻ Hay to Goodnow（Telegram），July 1，1900，*Despatches from U. S. Consuls in Shanghai，China*，July 5，1899 – July 31，1900，M112，R46，National Archives of the United States.

已形成的共识。❶ 二人均表赞成。❷ 7 月 2 日上海道余联沅在刘坤一的授意下，向上海领事团发出照会，再次声明"无论以后如何，上海及长江、苏、浙内地如各国政府允仍照前时、现今均无意在长江一带运兵，两总督亦允能与所管各省之内，按照中外和约，实力保护各国在各省之人民财产"。"东南互保"实现了由议约向"换文"的重要转变。❸

为稳固各方情绪，尤其是在沪洋人，古纳在向刘坤一、张之洞传达海约翰重申"互保"的指示时，亦提出发布告示的建议：

> 如地方能照常安静，洋人受保护，则美国必不攻中南各省，各国亦同心办事。本领事请贵堂部迅出告示，如约饬令安静和好，无论谕旨如何。祈复。❹

在得知各国政府均同意长江流域按照约定保护的情况下，古纳还请余联沅、盛宣怀二人敦促督抚"立刻出示，不论有何上谕，应照前定之议，饬令安谧"，"迅速出示，照约保护"。❺ 刘坤一即刻回复答称，无论在何种情况下，他都将和张之洞尽全力保护长江流域的所有外国人，并在次日就会与其他督抚商量并发布一个令人满意的告示。❻ 刘坤一、张之洞二人深知告示"立言必须得体"，"倘措辞稍不得体，官民不遵"，因此为了措辞都颇"大费踌躇"。❼ 最终两江辖区内告示立意落在"保护商教，拿办匪犯"上。❽ 张之洞采用的则是与湖北巡抚于荫霖

---

❶ 《寄江鄂刘张两帅》，光绪二十六年六月初五日，《愚斋存稿》卷三十六，电报十三，第 856 页。

❷ 《致上海盛京堂、余道台，江宁刘制台》，光绪二十六年六月初六日子刻发；《刘制台来电》，光绪二十六年六月初六日亥刻到，苑书义等主编：《张之洞全集》第 10 册，第 8063、8064 页。

❸ 《刘坤一致余联沅电》，光绪二十六年六月初六日，陈旭麓、顾廷龙、汪熙主编：《义和团运动——盛宣怀档案资料选辑之七》，第 107 页。

❹ 《美国总领事来电》，光绪二十六年六月初六日酉刻到，苑书义等主编：《张之洞全集》第 10 册，第 8074 页。

❺ 《余道来电并致江宁督署》，光绪二十六年六月六日亥刻到，苑书义等主编：《张之洞全集》第 10 册，第 8074 页。《寄各省督抚帅》，光绪二十六年六月初六日，《愚斋存稿》卷三十六，电报十三，第 857 页。

❻ Enclosure 2, Goodnow to Hay, July 8, 1900, *Despatches from U. S. Consuls in Shanghai, China*, July 5, 1899 – July 31, 1900, M112, R46, National Archives of the United States.

❼ 《刘坤一致余联沅电》，光绪二十六年六月初七日，陈旭麓、顾廷龙、汪熙主编：《义和团运动——盛宣怀档案资料选辑之七》，第 109 页。《致上海盛京堂、余道台》，光绪二十六年六月初七日巳刻发，苑书义等主编：《张之洞全集》第 10 册，第 8072 页。

❽ "刘宫保通饬禁止造谣严办匪徒保护商教札文：照得迭经电檄通饬保护商教，拿办匪犯，现因各国均欲以兵舰入江自卫，恐致惊扰，会同湖广张部堂饬令沪道正与各国领事议定长江一带由我自行力任，禁止造谣，严办匪徒，保护商教，不使疏虞，以期各不相扰，俾得保守东南，以待大局转机。惟当现在北地糜烂，人心浮动，匪徒思逞，防范固宜周密，办匪尤必从严，倘有造谣生事，即行严拿正法，以遏乱萌。至保护之法，值此兵单饷绌，分防要隘，尚多不敷，断难分拨内地，谓保护商教即所以自卫地方，人命产业事关切己，祸福与共，必能一体晓悟，协力图维。经此通饬之后，若再稍掉轻心，必致贻误大局，断非参办所能蔽辜，为此札仰各该府道严饬所属一体懔遵，是为至要。切切！特札。光绪二十六年六月。"（佐原笃介、浙西沤隐辑：《拳匪纪事·各省防卫志》，近代中国史料丛刊（第八十三辑），台北：文海出版社，1972 年，第 511–512 页）

联合发布的形式，整个告示在"遵旨保卫地方事"的基调下，通告全省其与两江刘坤一"将东南各省均行一力保全"的办法，是"先与各国领事商定"，并"业经妥议办法电奏在案"，最终仍落在"严密查办"匪徒，"务使商民安业，地方平靖"上。❶ 张之洞在告示拟定后，还请盛宣怀和余联沅将示文抄录一份，专门送达古纳处，并交代二人，若美国人有不能理解的地方，还须详细解释。❷ 古纳对张之洞的告示十分满意，将其全文载入给美国政府的报告中。❸

　　7月1日，同清朝宣战上谕一道，6月18日德国公使被杀的消息同时传到了上海。美国总领事古纳向美国政府报告了此事，并说："到23日还有三座公使馆矗立着，荣禄26日发来电报说，其他公使安全，但情况很危急，因为端王命令向使馆袭击。"在传递东南督抚继续维持秩序的保证时，他也保留了对督抚们可能隐瞒了北京最坏消息的怀疑。❹ 当晚海约翰在给儿子的信件中说："刚收到来自上海的消息——那里是谎言的温床——克林德被杀，其他人在极度危险之中。总统在俄亥俄州，我已经通知内阁。我的一生都在经历战争和困难！"❺ 可见克林德的死讯让美国国务卿忧虑颇深，他马上意识到虽然此前各国均同意中外并未开衅，但德使遇害有可能导致列强对中国的全面复仇战争，因此必须命令美国将领不要袭击南部中国，以此重申美国政府意图将冲突控制在地方的愿望，并通过驻上海总领事通知了两江和湖广总督。海约翰由此决心要全面支持地方督抚，并且开始酝酿将其在整个事变过程中的政策以一种明确清晰的方式向其他国家

---

　　❶　告示全文如下："督张、抚于双衔为遵旨保卫地方事：照得北方因匪徒滋事，以致各国生衅，人心摇动，大局攸关。本部堂、院奉到五月二十九、三十等日寄谕，有'现京城仍极力保护使馆'，及'各省督抚务须相机审势，保守疆土'等语，自当钦遵此次谕旨，设法办理。已会同两江督部堂刘详加筹画，将东南各省均行一力保全。现与各国领事商定，但使各国水师舰队不入长江，则内地各省所有各国人口、产业均归地方官极力保护，业经妥议办法电奏在案。此乃保卫地方百姓身家性命之至计，诚恐民间未知此次奏明办法，土匪莠民藉端骚扰，致害全局。为此亟行出示，晓谕一切军民人等知悉。尔等须知，此次北方战事，本非朝廷意料所及。此次谕旨'现在京城仍保护使馆'与'各省现在仍遵照历年颁行约章保护租界、教堂'同为保护起见。现在各国既愿归我保护，水师舰队不扰长江，则居民、商务均可安静如常，土匪不致乘机作乱，其所以保全沿江内地各省百姓之身家性命者神益良多，断不宜轻启衅端，庶可仰体朝廷顾全大局之意，绅耆人等尤当剀切开导，如此所以保安国家完善之疆土，即所以益彰圣朝如天之至仁。即经此次示谕之后，如有捏造谣言煽惑人心及聚众扰及租界、教堂者，定即严密查拿，按照土匪会匪惩办。其有匪徒藉端骚扰意图蠢动者，各处均已驻有重兵，立行通剿。如兵勇差役有滋事扰害者，即照军法惩办，务使商民安业，地方平靖，以仰副谕旨'相机审势，保守疆土'之意。各宜懔遵勿违，切切特示。"（《致江宁刘制台、成都奎制台、苏州鹿制台、安庆王抚台、南昌松抚太、长沙俞抚台、上海盛京堂余道台》，光绪二十六年六月初六日申刻发，苑书义等主编：《张之洞全集》第10册，第8068页）

　　❷　《张之洞致上海盛京堂余道台电》，光绪二十六年六月初七日，《近代史所藏清代名人稿本抄本》第二辑第十六册，第73-74页。

　　❸　Enclosure 1, Goodnow to Hay, July 8, 1900, *Despatches from U. S. Consuls in Shanghai*, *China*, July 5, 1899 - July 31, 1900, M112, R46, National Archives of the United States.

　　❹　Goodnow to Hay (Telegram), *Despatches from U. S. Consuls in Shanghai*, *China*, July 5, 1899 - July 31, 1900, M112, R46, National Archives of the United States.

　　❺　Hay to "My Dear Boy", July 1, 1900, *John Hay Papers*, Library of U. S. Congress.

传达。

7月3日，美国总领事古纳和美军驻上海指挥官鲍曼（Bowman）还曾收到坎卜夫上将的来信，其中建议美国人全部离开上海。古纳不以为然，他驳斥说本地暂时没有危险，这样的命令只会造成恐慌，也会对督抚的保护行动不利。古纳宣称他是在尽自己的判断力"保护我们的公民"，鲍曼亦支持古纳的观点，坎卜夫被迫放弃，同意鲍曼见机行事。❶

不论是美国政府，还是东南督抚，都看到了重申"互保"的必要性，7月3日，刘坤一和张之洞联合致电驻美公使伍廷芳，请其通知海约翰，他们很担心，如果在北部的军事行动太过强烈，在东部和南部的百姓会被煽动。因此需要达成一份明确的协议，无论北方发生什么，列强都同意不派遣武力到长江流域，督抚则同意保证按照条约保护在他们辖区的所有外国人的生命财产。❷

二、第二次"门户开放"照会

"东南互保"交涉期间，还有一件特别值得注意的事，即美国于1900年7月3日提出第二次"门户开放"照会，恰逢中外重申互保精神的关键时期，该照会内容实际同"东南互保"密切联系，"互保"的最终实现，某种意义上也得益于本次照会。第二次"门户开放"照会并非对第一次"门户开放"照会的简单重复，美国政府为何选定这一时间节点重申门户开放精神，意义与作用何在，也是值得讨论的问题。❸

（一）审时度势发布照会

照会的出台同7月1日传出克林德被害的消息密切关联。欧洲各国得知德使遇害，群情震动，纷纷有抗议和增兵的动向。❹ 消息传到美国，华府内部对于此时应该采取怎样的对华政策曾有过一番激烈的争论。麦金莱总统和司法部长葛雷格（John W. Griggs）倾向于主张美国追随各国，在中国夺取一个港口作为立足点。海约翰个人尽管也想要个港口作为海军基地，但认为如果采取这样的措施是很不幸的，而且时机不合适。他召见了前助理国务卿、杰出的国际律师摩尔

---

❶ Goodnow to Hay, July 17, 1900, No. 276, *Despatches from U. S. Consuls in Shanghai*, *China*, July 5, 1899 – July 31, 1900, M112, R46, National Archives of the United States.

❷ Liu Kun – I and Chang Chih – tung to Wu Ting – fang, July 3, *Notes from the Chinese Legation in the United States to the Department of State*, Jan. 1, 1898 – Dec. 31, 1901, M98, R4, National Archives of the United States.

❸ 以往研究主要从照会文本分析两次"门户开放"照会的区别，以及"门户开放"政策的长远意义，而相对忽视了其具体的历史情境，即第二次"门户开放"照会出台的国际与国内形势，以及该政策出台后对当时中外局势的直接影响。

❹《柏林吕镜宇星使致南洋电》，光绪二十六年六月初五日；《寄苏抚鹿滋帅》，光绪二十六年六月初六日；《寄北京庆邸荣中堂王中堂》，光绪二十六年六月初七日，《愚斋存稿》卷三十六，电报十三，第857、859、860页。

（John Bassett Moore），摩尔认为"支持中国的独立和完整将与我们人民的感情相一致；正是帮助其他国家维持他们的独立和完整的原则使得门罗主义如此受欢迎"，因此他建议发布一份公告宣布美国的政策指导原则是维持中国的独立和领土完整，并获得其他列强的同意。由于担心俄国不会同意，海约翰拒绝了像第一次"门户开放"照会一样邀请列强作出类似公告的建议。[1] 海约翰在听取了各方意见之后，选择了后者，当天就定下了继续支持中国的基调。为了阻止各国利用克林德的死对中国宣战，海约翰率先通知了其他列强美国将不会袭击中国东南的省份。[2] 英国和法国原则上接受中立提议，但伦敦宣称它未来的行动建立在中国政府和列强的行动上[3]，法国拒绝给出任何可能会限制法国公使和海军将领自由行动的具体指示[4]。德国政府得知克林德的死讯，震怒异常，但美、英、法等国的这些宣言无疑对它是有力的限制，最终促使其接受了这项提议，尽管德国政府希望得到督抚们不直接或间接支持北京政府的保证。[5]

事实上，法国政府对此事的看法与美国最为接近，尽管德国已经声明他们的目的跟大家一样，法国还是决定趁这个机会实现列强在对华政策目标上的一致。[6] 7 月 2 日，法国给英、美、德、俄、意和奥匈各国发去一封照会，宣称"中国危机一开始，列强就共同同意这些目的：确保在中国的公使、公民的安全；维持领土现状；以足够的保证避免造成当下的不幸事件再次发生"，最主要的是在华的各国军队不能单独行动，而应该联合起来朝一个方向行动，法国还建议列强向各自指挥官征询进军北京所需的军队总数。[7] 尽管各国都同意救援使馆和一致行动，但只有奥匈帝国完全赞同这个照会，其他政府的回复均只同意了其中的一部分，而回避或忽视那些会有问题的部分。[8] 比如英国是不愿在军队人数上受

---

[1] John Bassett Moore's memorandum of conversation with Secretary of State John Hay, July 1, 1900, *Moore Papers*, Library of U. S. Congress.

[2] Telegram Hay to Goodnow, July 1, 1900, *Mckinley Papers*, Library of U. S. Congress. Hay to United States representatives in Paris, Berlin, London, Rome, St. Petersburg and Tokyo, July 2, 1900, *Papers Relating to the Foreign Relations of the United States*, 1900, p. 312.

[3] Telegram Joseph H. Choate to Hay, received June 23, 1900, *Papers Relating to the Foreign Relations of the United States*, 1900, p. 344.

[4] Telegram Horace Porter to Hay, received June 27, 1900, vol. 118, *Diplomatic Despatches*: *France*, RG59, National Archives of the United States. Telegram Delcassé to Sainson, June 29, 1900, No. 204, *Documents Diplomatiques Français*, Series 1, Vol. 16, p. 308.

[5] Andrew Thomas, *The Diplomacy of the Boxer Uprising*, the University of Wisconsin, Ph. D. thesis, 1971, p. 86.

[6] Note du Ministre, June 23, 1900, No. 198, *Documents Diplomatiques Français*, Series 1, Vol. 16, p. 300.

[7] Mr. Thiebaut to Mr. Hay, July 2, 1900, *Papers Relating to the Foreign Relations of the United States*, 1900, pp. 317 – 318.

[8] Delcassé to Montebello, July 5, 1900, No. 212, *Documents Diplomatiques Français*, Series 1, Vol. 16, pp. 323 – 325. Mr. Hay to Mr. Thiebaut, July 3, 1900, *Papers Relating to the Foreign Relations of the United States*, 1900, pp. 318 – 319.

到牵制，俄国则是因为其中关于领土现状和避免进一步骚乱会有解释上的分歧。❶ 虽然法国试图融合列强达成统一目标的努力失败了，但这个照会毋庸置疑给了美国启发：其一，当下确实是宣布对华政策的最佳时机；其二，没必要直接询问各国的意见，因为一旦有反对就不好办，而以公开宣言的形式造成一种既定事实，各国会在联合一致的框架下自然受到约束。

外加 7 月 3 日，除了跟张之洞联合致电伍廷芳重申"互保"，刘坤一还派其英文秘书专门拜访了美国总领事古纳，他告诉古纳，刘坤一认为美国是现在唯一可以依赖的国家，因为它不攫取领土，而英国已经向他表明联合掌控某些炮台与军械厂的意图，在总督看来英国的意图是要控制长江流域。因此总督宣称他唯一的目的是反对端王，维持中国的完整，他请求麦金莱总统如同其领导"门户开放"协定谈判的时候一样，发挥领导作用解决现在的问题。❷ 尽管对美国政府内部的酝酿毫不知情，两江总督却奇迹般地"预言"了美国会再次采取"门户开放"政策处理当下的中国危机，或者说，正是总督的建议最终推动了美国在当天发出照会，而照会的颁布也实现了中方的期待，正所谓"不谋而合"！

1900 年 7 月 3 日当天下午，海约翰以循环照会（Circular Note）的形式向所有在华合作的国家公布了这个政策。与第一次"门户开放"照会不同，本次面对不同的国家发出的文本完全一致，原文如下：

> 值此中国局势危急之际，宜将美国的态度在目前情况允许的范围内予以阐明。我们坚持 1857 年所提出的政策，即同中国保持和平，促进合法贸易以及根据条约规定的治外法权和国际公法所保证的一切手段保护我国公民的生命财产。倘使我国公民遭受侵害，我们提出要肇事者承担最大的责任。我们认为，北京事实上已处于一种无政府状态，因而权力和责任实际上已移归各省地方当局。只要他们不公开与叛乱者勾结，并行使权力保护外国人的生命财产，我们就认为他们代表着我们所要与之保持和平友好的中国人民。总统的目的过去是，现在依然是与各国一致行动，第一，打通与北京的联系，并营救那些处于危险中的美国官员、教士及其他美国人；第二，对于那些在中国各地的美国人的生命财产尽力保护；第三，维护和保障美国的一切合法利益；第四，协助防止骚乱向帝国其他省份蔓延，并防止此类灾难重新发生。当然，预料达到最后这一结果的方法，还为时过早，但美国政府的政策是谋求一项解决办法，这种办法能给中国带来持久的安全与和平，维护中国

---

❶ 《索尔兹伯里侯爵致孟生爵士函》，1900 年 7 月 3 日，《英国蓝皮书有关义和团运动资料选译》，第 122 页。Telegram Marquis de Montebello to Delcassé, July 8, 1900, No. 217, *Documents Diplomatiques Français*, Series 1, Vol. 16, p. 330.

❷ Goodnow to Hay, July 8, 1900, *Despatches from U. S. Consuls in Shanghai, China*, July 5, 1899 – July 31, 1900, M112, R46, National Archives of the United States.

的领土与行政实体，保护条约和国际法赋予各友好国家的一切权利，并为世
界各国保卫与中华帝国各个地区进行平等与公平贸易的原则。❶

（二）"主权完整"还是"行政实体"?

第二次"门户开放"照会由于其重要性，原文文本出现在美国政府当时的
多个档案文件中，今日查找起来并不困难。但因为翻译以及研究视角等原因，20
世纪80年代以来中国史学界曾展开一场激烈争论，核心问题即该照会保障了中
国的"主权完整"还是"行政实体"。若对这一关键问题无一准确把握，就会对
当时的中美关系产生认识偏差，甚至直到今日仍会存在诸多误解。

1979年，创刊伊始的《世界历史》上发表了复旦大学学者汪熙的论文《略
论中美关系史的几个问题》，文章中称，海约翰提出的"门户开放"政策包括两
个主要内容：一是承认帝国主义列强在华势力范围，并在此前提下，要求美国贸
易的机会均等；二是尊重中国的领土与主权的完整。❷ 汪文一出，即引发了学界
热议和争论的浪潮。随后有多篇文章对其中的观点进行了批评。中国社科院近代
史研究所学者丁名楠、张振鹍联名撰文，指出海约翰照会的原文明明白白写的是
"保持中国的领土与行政完整"，汪文作了两处改动：一是把"保持"改为"尊
重"；二是把"行政完整"改为"主权的完整"，擅自改变了门户开放政策的实
质含义。❸ 武汉大学的美国史研究者向荣也指出，海约翰的照会原文应是"保持
中国领土和行政完整"，而"尊重中国领土和主权完整"的原则是"门户开放"
政策的补充。❹ 北京大学学者罗荣渠特别点明，一些著作中称海约翰提出的这项
原则包含了保持中国领土及主权完整的内容，"实在是一个不应有的错误"，因
为不论是第一次还是第二次照会，都没有这样的字眼，第二次照会中使用的是
"实体"（entity），而且是"行政实体"（administrative entity），根本没有所谓
"主权"的字眼，"这字里行间实在是大有文章"。❺ 罗文与汪文遥相呼应，被后
代中美关系学者共同视为学术思想解放的代表作。

这场争论体现了前辈学者围绕一关键议题深入、细致的钻研与力求实事求是
的探究精神。就该论题本身，两派学者争议的焦点集中在美国是否有提出"尊重

---

❶　Circular Note of July 3, 1900, to the Powers Cooperating in China; sent to the U. S. Embassies in Berlin,
Paris, London, Rome, and St. Petersburg and to the missions in Vienna, Brussels, Madrid, Tokyo, the Hague,
and Lisbon, *Papers Relating to the Foreign Relations of the United States*, 1901, app. I, p. 12. 文本翻译参照《国
务卿海致在华合作各国的通知照会》，1900年7月3日，《1901年美国对华外交档案》，第7-8页。仅将
"维护中国领土与行政的完整"改为"维护中国的领土与行政实体"。

❷　汪熙：《略论中美关系史的几个问题》，《世界历史》1979年第3期。

❸　丁名楠、张振鹍：《中美关系史研究：向前推进，还是向后倒退？——评〈略论中美关系史的几
个问题〉》，《近代史研究》1979年第2期。

❹　向荣：《论"门户开放"政策》，《世界历史》1980年第5期。

❺　罗荣渠：《关于中美关系史和美国史研究的一些问题》，《历史研究》1980年第3期。

中国的领土与主权完整"，反对者主要从两个角度驳斥汪文。一是由文本出发，考究美国照会原文，认为原文中根本没有谈中国的"主权完整"，相反只出现"行政完整"字样。丁名楠、张振鹍指出，"行政完整"无非是指不变更中国自有的一套行政体系和机构，形式上维持中国的政治独立，实际上保持帝国主义在华的半殖民地统治；而尊重中国的"主权的完整"，那就完全不同了。"自鸦片战争到1900年，中国的主权早已遭到包括美国在内的帝国主义的严重破坏，还有什么'完整'可言？[❶] 因此，反对者的第二点理由即从中美交往的史实考察，时间后溯至"门户开放"提出后的半个世纪，列举其间美国侵犯中国主权的诸多实例，以证明美国在实际行动上也未维护中国的"主权完整"。

论点论据相当完备，也未见汪熙再撰文反驳[❷]，争论似有一分晓。然而今日回顾，仍觉事有蹊跷。汪文的表述并非引用照会原文，无添加双引号的概括只要不悖离事情大意原无不可。再者，20世纪上半叶美国侵犯中国主权的史实能够说明美国在对华实践中的侵略性，但是否仍存在一种客观行动与主观意愿背离的可能性，即门户开放政策初衷不可谓不好，但美国历届政府在实践中违背了政策出台时候的原则。因此，先不论结果如何，似乎双方理由仍不够充分。究竟是"主权完整"还是"行政实体"，不仅需要对英文原文仔细核对、准确翻译，更需要结合美国提出第二次"门户开放"照会当时具体的对华政策与实践。

查考美国政府档案发现，在决定颁布第二次"门户开放"照会之后，美国国务卿海约翰于1900年6月30日亲自起草了一份草案，草案中包含了维持中国的领土完整的内容。海约翰将这份草稿提前知会了陆军部长鲁特和海军部长朗。[❸] 7月3日，海约翰召集了一次内阁会议，专门讨论照会文本。最终版本删除了所有对政府内部与列强之间分歧的具体否认。而且，在涉及中国的领土等问题时，以"实体"（entity）取代了"完整性"（integrity）。这项修改来自海军部长朗，因为他受到了来自海军部内在中国夺取一个海军基地呼声的影响，这个呼声由来已久并极有可能实现。朗认为，获取一个港口可能会毁坏中国的"整体性"或"完整性"，但它的"实体"或存在不会被改变，因此必须将"完整性"改成"实体"。海约翰在文本通过后电话上报了在俄亥俄州的总统麦金莱。修改同样是为了按照总统的指示，不要包含进任何类似的可能会在未来自我否定的许诺。在麦金莱的批准下，海约翰发布了第二次"门户开放"照会，倡导"维护

---

❶ 丁名楠、张振鹍：《中美关系史研究：向前推进，还是向后倒退？——评〈略论中美关系史的几个问题〉》，《近代史研究》1979年第2期。

❷ 汪熙仅在1984年发表的《我国三十五年来的中美关系史研究》一文中提到，中美关系史的研究历来就有"是敌人一切都要否定，是朋友一切都要肯定"的绝对化的倾向。其实历史是复杂的，友好与对抗的关系，在现实的历史中是相互联结、相互交织、相互破坏的。似乎是对此事的一侧面回应。参见汪熙、王邦宪：《我国三十五年来的中美关系史研究》，《复旦学报》（社会科学版）1984年第5期。

❸ Hay to His Son, July 1, 1900, *John Hay Papers*, Library of U. S. Congress.

中国的领土与行政实体"。❶

真相得到了澄清，美国政府在照会颁布前主动将"完整性"改为"实体"，可见不仅在中文，在英文的表述中亦容易由"完整"的语境引发误会；且美国政府此时并未提及"主权"。因此，结合照会原文及其颁布前后美国之政治考量，将"preserve Chinese territorial and administrative entity"❷ 翻译为"维护中国的领土与行政实体"应该更为准确。

但是否应以"维护中国的领土与行政实体"完全取代"门户开放"政策第二点内容的表述，只靠第二次"门户开放"照会文本是远远不够的，还须综合考察同时期美国政府对内、对外的所有论述。况且，海约翰本于照会草稿中使用了"领土完整"字样，因海军部长反对而撤回，是否说明海约翰的构想中本是包含完整性的含义？在同时期的美政府档案中，我们还能发现许多关于"主权"与"领土完整"的表述。在1900年3月22日的"门户开放"指示中，海约翰命令康格通知清政府，美国政府已取得列强保证在其势力范围内自由贸易和维持中国的主权（the maintenance therein of China's rights of sovereignty），以及不干涉中国的完整性（not to interfere with the integrity of the Chinese Empire）。❸ 是年10月19日，海约翰在给法国驻美公使的备忘录中亦言及，列强在他们最初的宣言中称它们将维护中国的领土与行政的完整性（preserve the territorial integrity and the administrative entirety of China）。❹ 1901年3月，针对俄占东三省问题，海约翰在给柔克义的电报指示中，再次提到所有列强均已同意维护中国的领土完整（the preservation of the territorial integrity of China）。❺ 由此可知，维护中国的领土与主权完整始终存在于美政府的表述中，并非学者杜撰。而且在中美的具体交涉中，美国亦曾多次公开提出对中国领土完整的维护，并非隐匿不宣。

更确切地说，柔克义与海约翰制定并推行门户开放政策，初衷和愿望始终包括维护中国的领土与主权完整。总体而言，维护中国的领土与主权完整，仍是"门户开放"政策的重要内容，也是目标之一（为维护贸易平等而铺垫）。只是

---

❶ Rush Telegram from McKinley to Hay, July 3, 1900, *McKinley Papers*, Library of U. S. Congress. 并参见 Andrew Thomas, The Diplomacy of the Boxer Uprising, the University of Wisconsin, Ph. D. thesis, 1971, p. 114.

❷ 此处英文中，"领土"一词使用形容词形式，而非名词形式，同"行政"一样乃"实体"的限定语，意在表明维护的亦是"领土"之"实体"，实不可又在中文表述中理解为"领土完整"与"行政实体"。

❸ Mr. Hay to Mr. Conger, March 22, No. 246, *Papers Relating to the Foreign Relations of the United States*, 1900, p. 111.

❹ Rockhill to Hay, December 10, 1900, No. 24, *Despatches from U. S. Ministers to China*, October 1 - December 15, 1900, M92, R109, National Archives of the United States.

❺ Hay to Rockhill（Telegram）, March 2, 1901, *Despatches from U. S. Ministers to China*, February 5 - March 29, 1901, M92, R111, National Archives of the United States.

在致列强的公开照会中，为避免对自身未来的行动抵牾阻碍，美国政府在文字上作了一转换。❶ 在实际操作中，美国自身也不愿主动放弃攫取领土。维护"实体"可以做到，但维护"领土与主权完整"，美国在此后50年始终没有实现。

（三）对中外政局的影响

美国政府的7月3日照会本身虽未提及"门户开放"字眼，但由于其重申了第一次"门户开放"照会要求与中国"进行平等与公平贸易的原则"，而被视为"门户开放"政策的延续；又由于这次明确提出"维护中国的领土与行政实体"，因为只有首先"保全"中国，才能谈"门户开放""机会均等""利益均沾"，故被视为"门户开放"政策的发展。

姑且不论前辈学者已反复述及的7月3日"门户开放"照会成为"后来一切美国政策的根本路线"❷，此处重点关注的是照会针对中国问题的具体内容，以及照会发布后对现实中美关系的直接影响。因为除了最后关于维护中国完整性的政策宣言，7月3日照会大部分的内容其实都是针对当时具体的中国局势，尤其与"东南互保"密切相关。

照会中关于"北京事实上已处于一种无政府状态"的说法，首先源于李鸿章、张之洞等人的对外陈述，从"大沽开炮非奉旨"到"所谓矫诏也"，东南督抚反复对外开脱因为朝廷受到了端王等人的胁迫；而这个解释刚好被美国政府利用，因为要"保全"中国，就不能有两个交涉对象，北京的"无政府状态"，恰好让"各省地方当局"成为合法的交涉对象，而要防止中国被瓜分，就必须要支持地方督抚的"互保"政策。因此，第二次"门户开放"照会选择在7月3日这个时间节点发布，根本是为现实政治考量，目的在于支持"东南互保"，进而反对各国借口克林德之死向中国全面宣战，并干预瓜分中国。"东南互保"由议约到换文，英、日、德等各国均有过程度不一之配合，唯独美国以政策宣言形式昭告世人，拉拢列强。虽然美国仍未征求中方意见，单方面立足于本国利益，但第二次"门户开放"照会对中国地方当局权力以及中外"互保"谈判的承认，客观上稳固了东南督抚的志忐之心，限制了其他列强的轻举妄动，法理上为这种奇特的二元外交、战时和平给予了支持。"东南互保"所以确立，某种意义上要得益于这次"门户开放"照会。在一封给友人的信中，海约翰颇引以为傲："要做的唯一的事情就是将骚乱尽可能控制在中国北方，这点我们似乎已经做了。所有的国家都赞同我在中部和南部的方法。"❸

---

❶ 当论及"门户开放"政策的整体目标时，维护中国的领土与主权完整（不能加引号）的表述实际更全面；但在具体提及第二次"门户开放"照会文本以及美国公开宣言时，还应以"维护中国的领土与行政实体"（加引号）为准。

❷ ［美］泰勒·丹涅特：《美国人在东亚》，姚曾廙译，第555页。

❸ Hay to Henry Adams, July 8, 1900, *John Hay Papers*, Library of U. S. Congress.

为了避免矛盾和推诿，海约翰并未要求各国复照。其实除了英国，也没有国家回复。该照会就是一个美国单边的政策布告。但基于美国的经济实力、在离中国不远处拥有军事基地，它的话语占一定分量，没有国家选择公开反对，就连德皇也附和声明并无瓜分中国之意❶。此时，尚没有国家愿意"瓜分"中国，列强没有做好面对"瓜分"可能造成混乱局面的准备，都担心自己的对手会趁机攫取更多的利益。❷ 他们因此被描述为"赞同（海约翰的）方法"。

（四）中国方面的反应

美国政府极看重7月3日照会，将其视为现阶段要实现的政策目标与行事准则，在此后向其在华外交官、列强、清政府反复强调。该照会的颁布也让清朝官员、舆论各界对美国刮目相看。

首先，驻美公使伍廷芳大受照会鼓舞。7月18日，伍廷芳受李鸿章之托访问海约翰探询美国旨意，海氏直接向他呈递了第二次"门户开放"照会内容，申明："美国政府对于赞同中国领土行政完整之立场与意向已于3日之通牒中充分表明，现在我们仍持此种态度，且相信其他国家也持相同见解。"❸ 伍廷芳以为事关紧要，具电折上奏清政府，将美国允诺东南督抚的各办法并征得各国同意的情形详细陈述：

> 现美廷声明北京有警，各督抚如能认真保护各国人民，美人认为和好。
> 兹定办法：
> 一、救在京美官员、教士、商民。
> 二、保护中国各处美国人民财产。
> 三、保全应得权利。
> 四、助剿扰乱。惟望中国平靖、保全疆土、共敦睦谊。
> 经电驻各国美使，转达政府，均无异言。❹

伍廷芳将"东南互保"与第二次"门户开放"照会融合一处，并专电上奏，为凸显美国助力中国甚多。其中美政府所拟办法四条以及保全中国疆土之意，伍廷芳还望借此打动当朝执政者，能在使馆问题上打开突破口。随后，他为促成中美接洽奔走愈发卖力（见后文）。

---

❶ 《无意瓜分》，《申报》1900年7月17日，第9788号。
❷ 美国驻英国公使乔特（Choate）也承认，这项政策实际上跟英国一直以来的政策一致。参见 Choate to Salisbury, July 5, 1900, *American diplomatic and public papers：The United States and China*, series Ⅲ, the Sino-Japanese War to the Russo-Japanese War 1894—1905, Vol. 5, p. 96.
❸ Mr. Hay to Mr. Wu Ting-fang, July 18, 1900, *Papers Relating to the Foreign Relations of the United States*, 1900, p. 279.
❹ 《代奏出使美国大臣伍廷芳来电折》，光绪二十六年六月二十三日，骆宝善、刘路生主编：《袁世凯全集》第5册，开封：河南大学出版社，2013年，第627页。

是年 7 月，北京使馆被围、德使被戕，西方社会啧有烦言，连一向与伍廷芳亲近的美国媒体也对他疑信参半。伍廷芳并未见忧，反而主动发声，谋求美方各界谅解。他先是在《北美评论》（North American Review）上发表了一篇名为《中美互惠互利》的英文文章。伍廷芳倡导中美互惠互利，推崇"门户开放"，因为中国可向美国提供它所急需的市场，美国则拥有中国渴望的现代技术，"中国人民和中国政府对美国人民和美国政府怀有强烈而深厚的友好感情，但遗憾的是，在这种情感之下也掩藏着一种自然而然的失望和愤怒之情，因为美国人民现在对待中国人不像对待其他国家的人那样慷慨"，因此呼吁美国对中国慷慨、平等对待。❶ 文章表明了中美两国官员对"门户开放"政策的共同利益追求，或许能成为危机时刻中美两国有限合作的基础，对美国第二次"门户开放"照会亦是很好的注脚。此后在费城的一次演讲中，他高度评价了海约翰的照会是"不背华盛顿公正和平之宗旨也"，进一步倡导美国迅速将门罗主义推行于亚洲。❷

其次，地方督抚们对美的感情因此照会也有了一个较大的推进。两江总督刘坤一本较亲英，受英舰入江影响转而仰仗美国，故在东南议约期间多次托请美国阻止英占长江，确认"互保"。第二次"门户开放"照会发出当日，海约翰亦将照会文本转递各驻华使领，美国总领事古纳告知上海道台余联沅，美国"已倡首转商各国保全中国疆土"。余氏在向刘坤一报告此事时，对美国推崇备至："中美向称辑睦，若资倡议转圜，所谓保全中国疆土藉有把握。惟该国为民主，总统外尚有议院各部，均主议国事者，必有能员前往游说，始可交融就绪。"余氏由此建议派美国人福开森归国"向本国政府关说"，因为他"于此番中外情形极为熟悉，而东南一切办法尤所详明"。❸ 刘坤一深以为然，并设计谋划请美调停（见后文）。

李鸿章在得知"门户开放"照会后，对美国的态度也从暧昧发展到相对肯定。1900 年 6 月 15 日清廷谕命李鸿章北上来京，日本政府曾经建议他不要搭乘英、日、俄三国的军舰，最好搭乘德国军舰。❶ 张忠栋先生认为，李鸿章起先想要搭乘美舰，却突然改变，可能是因为他原来也许比较信任美国，但是经过仔细衡量之后，感觉英、日、俄三国更为重要，如果因为搭乘美舰北上而引起这三个国家的误会，那是很不明智的举动。同时他也可能因为北方情况未明，不能确信

---

❶ Mutual Helpfulness Between China and the United States, *North American Review*, July 1900.

❷ 《记中国驻美大臣伍秩庸星使在费城大书院演说美国与东方交际事宜》，《申报》1900 年 7 月 9 日，第 9780 号。《续记中国驻美大臣伍秩庸星使在费城大书院演说美国与东方交际事宜》，《申报》1900 年 7 月 11 日，第 9782 号。

❸ 《余联沅致刘坤一电》，光绪二十六年六月下旬，陈旭麓、顾廷龙、汪熙主编：《义和团运动——盛宣怀档案资料选辑之七》，第 145 页。

❶ 《日本李使来电》，光绪二十六年五月十八日，吴汝纶编：《李文忠公全集》，台北：文海出版社，1980 年，卷二十二，页三七。

自己可以立即前往挽救大局，所以打消了最早搭乘美舰的计划，将北上之期略向后延。❶揆诸史实，其实李鸿章从一开始就做了两手准备，并没有完全依赖美国。他一方面向美国试探能否搭乘美舰北上，美国政府派出了雷米少将的旗舰"布鲁克林"号（The Brooklyn），在该舰船到达广州前，海约翰还专门致电美国驻广州领事，令其通知李鸿章可搭乘此舰北上；❷与此同时，他也电嘱盛宣怀为其准备商船，计划由广州航海北上直抵大沽。❸6月19日，李鸿章致电盛宣怀称将搭乘中国商船"印度皇后"号于27日离开❹，虽然此后北上的日期一拖再拖，但搭乘中国商船的决定早已定下。只是美国人起初并不知晓，直到7月中旬李鸿章北上，并未搭乘美国军舰，美国人才恍然大悟，认为此项改变突然。❺事后李鸿章虽对未搭美舰有过解释，即"初次奉旨时，适美舰在港，有愿送津之请，嗣以启程未定，舰即开去，此后未曾与美提督通问"❻，平淡地归咎于启程日期的一再延宕，但观其同盛宣怀的商议，可知李鸿章从一开始就没有真心要依靠美国。到美国发布第二次"门户开放"照会，李鸿章才希冀能够利用这项政策达到保全中国的效果。7月8日，他单独指示伍廷芳询问美国政府，是否有可能从列强处得到维持中国领土完整的保证，或者美国单独否定参加其他列强利用现在乱局采取的危害中国的行动。❼7月18日，海约翰向伍廷芳说明，美国政府在7月3日的照会中已经明确表明了立场和目标，他们现在仍旧保持同样的态度，并且相信其他列强观点一致。海约翰还告诉伍廷芳，麦金莱总统已经把李鸿章的请求指示给了在天津的美国官员。❽

　　第二次"门户开放"照会还成功吸引了中国国内各大报纸的关注，社会舆论由此愈发亲近美国。7月14日，《申报》首先报道了美国发布第二次"门户开放"照会的消息，重点在不瓜分与利益一体均沾。❾《清议报》则载录了照会文本的全文。❿加上此前美国军舰在大沽未开炮，许多中国人依此推测美国政府有

　❶　张忠栋：《庚子拳变时期中国对美国的看法》，《中国近代现代史论集13·庚子拳乱》，第299页。

　❷　Hay to McWade（Telegram），June 29, 1900, Despatches from the Department of State, 1900, *Records of Consular Post: Canton*, Vol. 75, RG84, National Archives of the United States.

　❸　"电召入觐。君父急难，何敢延迟，望速派妥船来粤，以便直放沽口，勿误误。闻公将北，可同行。"（《李中堂来电》，光绪二十六年五月二十二日，《愚斋存稿》卷三十五，电报十一，第836页）

　❹　《寄盛京堂》，光绪二十六年五月二十三日午刻，《李鸿章全集》第27册，第55页。

　❺　Remey to Long, June 26; Li to Remey, June 28; Mclean to Hay, June 28; McWade to Hill, July 17 and 18, 1900, *McKinley Papers*, Library of U. S. Congress.

　❻　《复南洋刘岘帅》，光绪二十六年六月二十六日辰刻，《李鸿章全集》第27册，第148页。

　❼　Wu to Hay, July 8, 1900, *Notes from the Chinese Legation in the United States to the Department of State*, Jan. 1, 1898 – Dec. 31, 1901, M98, R4, National Archives of the United States.

　❽　Mr. Hay to Mr. Wu Ting – fang, July 18, 1900; Mr. Hay to Mr. Wu Ting – fang, July 18, 1900, *Papers Relating to the Foreign Relations of the United States*, 1900, p. 279.

　❾　《美主持平》，《申报》1900年7月14日，第9785号。

　❿　《联军移国》，《清议报全编》，卷二十二（纪事二庚子国难纪事本末）（第三集卷十），第68页。

居间调和停战的意思，《申报》上接连发表多篇呼吁邀请美国劝解各国和谈的文章，认为美国"是天留此一线机缘以为中外言和之地"，"吾是以日夜望美廷之出为调处，俾中西各国得早日言和，而天下重睹升平之象也"。❶ 中国招商局亦改挂美国徽章，因期待"他日重复言和，当全仗美廷之力也"！❷

7月5日，海约翰再次向古纳表明了对中国地方政府的信赖。❸ 7日，上海领事团在给上海道余联沅的照会中重申了6月27日中外第一次照会的内容，虽然没有增加什么实质性的内容，却是在德使死讯之后，以换文形式达成了中外双方的共识，"东南互保"正式成立。在此基础上，"东南互保"的范围才得以扩大。

三、美国领事与"东南互保"的扩大

1790年美国在广州首次设领，1840年鸦片战争后设领地点逐渐增加，直至1900年庚子事变爆发前，除香港、澳门、台湾地区之外，美国已经在中国内地共10处地点设置领事，主要集中在东部沿海以及长江流域。恰多位于两江、两湖总督广泛联络扩大的"东南互保"区域。（表2-2）

表2-2　1900年美国驻华领事表

驻地	开始年份	时任美国领事
厦门（Amoy）	1844	巴詹声（A. Burlingame Johnson）
广州（Canton）	1790	默为德（Robert McWade）
芝罘/烟台（Chefoo）	1863	法勒（John Fowler）
镇江（Chinkiang）	1864	马墩（William Martin）
重庆（Chunkiang）	1896	梅拉（Henry B. Miller）
福州（Foochow）	1849	葛尔西（Samuel L. Gracey）
汉口（Hankow）	1861	魏礼格（L. S. Wilcox）
牛庄/营口（Newchwang）	1865	副领事班迪诺（J. J. F. Bandinel）代理
上海（Shanghai）	1847	古纳（John Goodnow）
天津（Tientsin）	1868	若士得（James W. Ragsdale）

1900年6月26日上海会议上，英国总领事霍必澜提出进一步扩大"中立地"的范围。此后在刘坤一、张之洞、盛宣怀等人的积极联络协调下，除了原本属于两江、两湖辖区的苏、皖、赣、鄂、湘五省外，还有浙、粤、闽、鲁、川、

---

❶ 《论中外将有言和之机》，《申报》1900年7月18日，第9789号。《论美利坚宜为中国调和战事》，《申报》1900年7月19日，第9790号。《议和说》，《申报》1900年7月25日，第9796号。

❷ 《美愿居间》，《申报》1900年7月17日，第9788号。

❸ Mr. Hay to Mr. Goodnow（telegram），July 5, 1900, *Papers Relating to the Foreign Relations of the United States*, 1900, p. 252.

陕、豫七个省份以"附入""自办"或"同情"的方式加入了"东南互保"。❶
各省参与情形各异，多数讨论集中中方内部，少数涉及中外议论，本处都将不作
铺叙，仅关注美国领事于各处的作为与影响。

6月27日，美国国务卿海约翰在授意总领事古纳可以同地方督抚直接商议
维持和平及保护美国人的措施时，也将同样的权限赋予了所有的美国在华领
事。❷ 领事们虽能便宜行事，但其行动始终处于美国总体政策的框架之下，亦受
总领事节制。美国驻上海总领事古纳积极联络、组织南方各处的美国领事配合支
持地方当局的"互保"行动：首先，在北京公使与外界的通讯中断后，命令各
地领事向他汇报各自领区的情况，以便从中掌握各地方当局是否都采取与刘坤
一、张之洞相同的立场❸；其次，7月2日一接到海约翰不袭击中国东南省份的
指示，即致电所有美国领事："通知督抚，只要地方政府维持秩序、保护外国人，
美国不会袭击中部和南部的省份。所有国家都一致行动。请督抚马上发布告示主
持和平，不必在意朝廷谕旨。"❹ 即奉有美国政府同东南督抚合作的指示，外加
总领事古纳的指导、联络，驻汉口、镇江、广州、福州、厦门、芝罘、重庆各处
的美国领事不仅积极促成各省地方政府与外国领事团的谈判，而且主动协助地方
官员保护当地外国人，维持和平。

湖北：虽然湖北巡抚于荫霖对保护外国人不甚尽力，但凭借湖广总督张之洞
坐镇，美国驻汉口领事魏礼格（L. S. Wilcox）并不担心。他报告称，早在1900
年6月25日上海议约之前，张之洞就派汉口、武昌道台与翻译专门到领事馆商
议，向领事提前告知并征询总督即将采取的保护措施，魏礼格认为："张之洞总
督有能力执行他的约定，值得我们的信任和真诚的感谢。"❺ 美国领事始终是张
之洞最坚定的支持者与协作者。

浙江：美国驻镇江领事马墩（William Martin）先是在1900年5月底主动联
系清朝官员，请求加派军队与地方警卫协同维持秩序。❻ 随后由于巡抚的犹豫动
摇险酿祸端，相较于英、德领事，美国领事对地方当局示以更多的理解和宽容。
6月底，浙江巡抚刘树棠在接奉宣战谕旨后，并未如刘、张设计"秘而不宣"，

---

❶ 刘芳：《核心与外围："东南互保"的范围探析》，《江苏社会科学》2016年第4期。

❷ Hay to Goodnow（Telegram），June 27, 1900, *Papers relating to the foreign relations of the United States*, 1900, p. 248.

❸ Goodnow to Cridler, June 29, 1900, No. 267, *Despatches from U. S. Consuls in Shanghai, China*, July 5, 1899 – July 31, 1900, M112, R46, National Archives of the United States.

❹ Goodnow to Hay, July 8, 1900, *Despatches from U. S. Consuls in Shanghai, China*, July 5, 1899 – July 31, 1900, M112, R46, National Archives of the United States.

❺ Wilcox to Hill, September 2, 1900, *Despatches from U. S. Consuls in Hankow, China*, January 5, 1900 – July 21, 1906, M107, R8, National Archives of the United States.

❻ Martin to Goodnow, May 30, 1900, *Despatches from U. S. Consuls in Chinkiang, China*, January 6, 1900 – June 18, 1902, M103, R7, National Archives of the United States.

反而传达给下级，很快"浙江抚台札文系录宣战字样"一事就传到了上海总领事处❶，他们开会拟定将致电各国外部把浙江开除出互保名单，同时即刻派兵赴浙。古纳却不以为然，依据浙江归闽浙总督统辖，他于 7 月 3 日致电美国驻福州领事葛尔西（Samuel L. Gracey），请闽浙总督速命浙江巡抚保护外国人。7 月 5 日收到葛尔西的回复："总督收到您的请求，说不管北方发生何事都会保护外国人。加入长江总督的行动。请海军上将不要派炮船，会吓到百姓。"❷ 古纳与马墩均不愿多生事端，倾向于接受督抚的保证，对浙江留有以待。英、德等国领事虽疑虑重重，未接获本国训令前尚不敢轻举妄动。趁此间隙，盛宣怀四处活动，他一面将此前浙江巡抚愿意"随同画押"的函件、电文译成英文，呈送上海领事团以为保护凭信，另一面接连电饬刘树棠："如有宣战札文，须要设法收回。"❸ 刘树棠这才感到事态严重，连发两电答复盛宣怀，说明浙省自接到刘坤一的"互保"通告，"即通饬各属并饬关道会商领事"，澄清"并无宣战札文"，请盛宣怀转告各国领事浙江"力任保护，悉照江南办法"。❹ 并且开始刊印张之洞的示稿，发到各县，要人人遵守。最终避免了外国兵舰赴浙，"互保"大局亦得以维持。

山东：在山东巡抚袁世凯的支持下，美国驻烟台领事法勒（John Fowler）联合日本领事，以每天数百美元的价格租用了一艘小型日本汽艇，数次前往河南与山东交界处，将 260 多名外国人安全地从内地运到了沿海地区。❺

福建：福建是唯一同列强签订纸质版协议的省份，美国驻福州领事葛尔西不仅密切联络地方当局，而且为议约成功作出了一定的贡献。

1899 年 6 月中旬，闽省建宁、古田两地发生教徒遇袭事件，福州英、美领事均建议其传教士速到省会避难，但美国传教士报告称，他们被当地官员接到县衙受到良好的保护，美国领事葛尔西由此认为："我有充分理由相信总督在这个事情上反应迅速。"❻ 因此 1900 年 6 月间，尽管中国北方动乱不断，葛尔西仍坚称："我们相对地在这里远离危险。"他观察到，闽浙总督许应骙立即采取了防范措施，命令地方官员提高警惕；总督还经常寻求外国领事的建议，通报他维持和

---

❶ "我听说浙江巡抚企图服从上述上谕所包含的命令。由于这道上谕，成千的中国人已离开这里，他们认为该上谕一定会引起灾难。"《代总领事霍必澜致索尔兹伯理侯爵电》，1900 年 7 月 3 日发自上海，同日到达，《英国蓝皮书有关义和团资料选译》，第 63 页。

❷ Goodnow to Hay, July 8, 1900, *Despatches from U. S. Consuls in Shanghai, China*, July 5, 1899 – July 31, 1900, M112, R46, National Archives of the United States.

❸ 寄浙抚藩刘中丞恽方伯，六月初七日，《愚斋存稿》卷三十六，电报十三，第 859 页。

❹ 《浙抚刘中丞来电》六月初八日，《浙抚刘中丞来电》六月初九日，《愚斋存稿》卷三十七，电报十四，第 866－867 页。

❺ ［美］明恩溥：《动乱中的中国》，载于《义和团运动文献资料汇编》英译文卷上，第 248 页。

❻ Gracey to the Department of States, June 23, 1899, No. 67; Gracey to the Department of States, June 28, 1899, No. 70, *Despatches from U. S. Consuls in Foochow, China*, January 27, 1897 – September 29, 1901, M105, R9, National Archives of the United States.

平、保护外国人的每项措施，并在领事们的建议下，加强了外侨集中地的巡逻，派出大量军队到曾发生过教案的建宁和古田。❶ 据此，葛尔西建议美国政府不必向闽派兵："尽管担心在北方持续的骚乱会传播到本地，但我们有信心当地官员可以控制局势，保证我们的生命财产安全。"❷

与此同时，葛尔西还主动寻求同总督直接对话。通常情况下，外国领事的交涉对象为道台或洋务局官员，但葛尔西也指出，根据条约，领事享有在必要时候与总督直接对话的权利，他认为当下正是这样的时刻。❸ 美国领事向许应骙连续呈送了多封信件。碍于惯例，许应骙将多数信件交由洋务局处理，却仍旧亲自回复了几封，并派道台专赴美国领事处拜访、解释。❹ 葛尔西由此拉近了与闽督的距离。

福建与东南地缘亲近，上海议约后，1900 年 6 月 30 日盛宣怀第一时间电邀许应骙："岘帅香帅已遵旨联络一气力保东南……闽浙海疆同在东南，如钧处同此办法，即电商三帅联络，共保大局。"❺ 许应骙复电表示他所实行的，"与江鄂办法不谋而合"。❻ 7 月 2 日，许应骙联合福州将军善联致电当地外国领事，申明要仿效两江、湖广总督缔结保护在闽外国人生命财产的契约。❼ 次日，美国领事葛尔西向总督转达了古纳总领事的指示，许应骙当天回复道："电报收到。我已经命令下属加强对有外国教堂和医院的地区的保卫……在福建和浙江，我会提供保护……希望您通知国务院，命令其他领事也一样行事。"❽ 7 月 4 日，福州道台、洋务局长以照会形式请各国领事不要派兵入闽。在葛尔西的建议下，闽浙总

---

❶ Gracey to Cridler, June 27, 1900, No. 90, *Despatches from U. S. Consuls in Foochow*, *China*, January 27, 1897 – September 29, 1901, M105, R9, National Archives of the United States.

❷ Gracey to Cridler, June 27, 1900, No. 90, *Despatches from U. S. Consuls in Foochow*, *China*, January 27, 1897 – September 29, 1901, M105, R9, National Archives of the United States. 英国领事佩福来也向英国外部报告说许应骙"采取了极为友好的、令人满意的和通情达理的态度"，英国政府可以完全信任他。《佩福来领事致索尔兹伯理伯爵函》，1900 年 8 月 7 日收到，《英国蓝皮书有关义和团运动资料选译》，第162－163 页。

❸ Gracey to Cridler, June 22, 1900, No. 399, *Despatches from U. S. Consuls in Foochow*, *China*, January 27, 1897 – September 29, 1901, M105, R9, National Archives of the United States.

❹ Gracey to the Department of States, July 13, 1900, No. 74, *Despatches from U. S. Consuls in Foochow*, *China*, January 27, 1897 – September 29, 1901, M105, R9, National Archives of the United States.

❺ 《寄闽督许筠帅》，六月初四日，《愚斋存稿》卷三十六，电报十三，第 854 页。

❻ 《闽督许筠帅来电》，六月初六日，《愚斋存稿》卷三十六，电报十三，第 858 页。盛宣怀再三嘱咐："尊处办法既同，应再照会领事转告外部，将来无论北事如何，闽浙照长江一律互相保护，各不相扰，较为结实，浙刘电亦照办，香帅已分电矣。"肯定并默许了闽省独立"自办"的情况，也将其一并与浙江、长江连成一气。《寄闽督许筠帅》，六月初七日，《愚斋存稿》卷三十六，电报十三，总第 856 页。

❼ 《南清秩序维持协定·七月三十日福州在勤豐島領事ヨリ青木外務大臣宛，同前件詳報ノ件》，《日本外交文書·第三十三卷》，別冊北清事変上卷之三》，第 510 页。

❽ Gracey to the Department of States, July 9, 1900, No. 91, *Despatches from U. S. Consuls in Foochow*, *China*, January 27, 1897 – September 29, 1901, M105, R9, National Archives of the United States.

督和福州将军还联名发布告示，声明已与外国领事商议，共同维持秩序。最终于7月14日，许应骙、善联及福州布政使、按察使、福州道、洋务局总办等，与俄、美、日、英、法、德、荷七国领事在福州南台广东会馆开会，日本领事丰岛记录了当时会议的些许情况：

> 当时总督将军和布政按察使以及各道台并府县各大小地方官悉数出席，互相品尝茶果点心，谈话内外颇为亲密，特别是将军布政使对清国这次的与各国失和的事件向大家谢罪，表示要守城与安堵土匪，现在平稳如平常。❶

其乐融融的会议场面从侧面反映了福建互保订约的异常顺利，其间从7月2日的第一次集会，10日的各领事同意记名，到14日的最后记名，不出10天即达成共识，议决保约八条。❷

"福建互保协定"不仅删去了"东南互保章程"中几乎所有关于兵船、炮

---

❶ 《南清秩序維持協定・七月三十日福州在勤豊島領事ヨリ青木外務大臣宛，同前件詳報ノ件》，《日本外交文書・第三十三巻，別冊北清事変上巻之三》，第510—511页。

❷ 《福州在勤豊島領事ヨリ青木外務大臣宛・閩浙總督卜各國領事卜ノ外人保護協定締結始末報告ノ件》，1900年7月30日，第528號，《日本外交文書・第三十三巻，別冊北清事変上》，第511—515页。《福建互保协定》今日已不见中文原本，但在《日本外交文書》中，福州领事的详细报告录有中文两个版本以及英文版（其中别纸第四号中的中、英文为修改后的约条正文，别纸第五号中的中文为约条原稿），此外，英文版还可见于"英国蓝皮书"，中文版于《拳匪纪事》中亦有简略记载。以下列出《日本外交文书》所存丰岛报告的最终签订的约条正文：

今将本将军、部堂与各国领事议定互相保护约章八条、开列于后、计开

一、现在两江、两湖、两广、安徽各督抚，与驻扎上海各国领事商定，彼此互相保护办法，业经各国领事电达外部照允，立约签字，今福建亦照此议，与两江等省一律办理。

二、寄寓福建各国官商、以及洋教洋人，所有身命财产，中国地方官情愿竭力保护，不使有损，厦门一体照办。

三、福建地方，倘有匪徒造谣意欲伤害洋人，中国地方官，即行认真拿办，决不纵容。

四、此次立约，系为互相保护中外人民商务产业，各无相扰起见，应声明以后不论北方如何变乱，福建地方均守此约办理。

五、福州地方，甚为安静，中国地方官，如能力任保护，则各国领事官，自应均允，详请各本国水师提督，现在不必派兵船进口，以免民心惊疑，滋生事端，至寻常游历兵船，暂时来往，仍可照例办理。

六、所议各款应请各国领事，电达本国外交部存档，以昭慎重。

七、此次约款，应缮华文、法英文各两纸，本将军本部堂与各国领事签字后，领袖领事署存一份，洋务局存一份。

八、约款字意如有未明晰之处，应以华文为准。

以下为一长串订约官员与各国领事的署名。清文有八条，英法文各七条，但大意并没有不同，各国领事都尽记名。本约条书用清英法三语，俄法两国领事用法文、其他领事用英文记名。此处为《日本外交文书》所存丰岛报告的最终签订的约条正文，中文，参见《南清秩序維持協定・七月三十日福州在勤豊島領事ヨリ青木外務大臣宛，閩浙總督卜各國領事卜ノ外人保護協定締結始末報告ノ件》，《日本外交文書・第三十三巻，別冊北清事変上巻之三》，第511—515页。西文档案中也有记载，分别于英国蓝皮书和美国福州领事报告，参见《各国驻福州领事与地方当局关于互保问题所达成的协定》，《英国蓝皮书有关义和团运动资料选译》，第205页；Gracey to Cridler, August 2, 1900, No. 96, *Despatches from U. S. Consuls in Foochow, China*, January 27, 1897 – September 29, 1901, M105, R9, National Archives of the United States.

台、军火以及禁止洋人进入内地等的语句与条款，基本上都是中方对列强的保证，对列强则没有实质上的约束，只在中文第五款、英文第四款中委婉地提到对列强的要求。据英国领事佩福来记载，此款由福建当局提出时大概意思为：由于福州附近地区极为平静，而且中国地方当局尽了最大努力提供保护，遂无须各国军舰到访本口岸，不然可能激起百姓的猜疑和惊慌，导致骚乱。❶ 会议上遭到各国领事反对，美国领事葛尔西拟定了一个新条款，中方同意修改为"不必派兵船进口……至寻常游历兵船，暂时来往，仍可照例办理"，不仅措辞含混软弱，而且军舰像平常那样往来的权利获得了承认。❷ 葛尔西对于双方义务的这种"不平等"既诧异又暗自欣喜，兴奋地向海约翰报告了此事，并说："由于我们几乎没有承诺任何事情，他们保证尽他们全力保护我们的安全，我们很愉快地接受了。事实是他们很友好地来向我们保证会尽全力采取措施，并将此散布至全省。"❸ 美国领事使命达成，遂毫不犹豫在协定上签了字。闽省当局以条约上的吃亏妥协，换得列强的书面保证，随后日军试图侵占厦门，幸得各国牵制维持，此一纸质条约看来确有用处。

第三节　美国与围攻使馆事件

义和团运动爆发后，中外关系为之一变。1900 年 6 月 20 日至 8 月 14 日，义和团与清军对北京东交民巷的各国使馆和外国人发起围攻，震惊全世界。八国联军登陆大沽后，目标直指北京，正是为了救援公使。和战局势牵一发而动全身，东南督抚、清廷中央的主和派、驻外公使等为调停中外战局，努力寻求外界支持，美国政府以其相对独立与平和的姿态颇受瞩目。

---

❶　《佩福来领事致索尔兹伯理侯爵函》1900 年 9 月 3 日收到，《英国蓝皮书有关义和团运动资料选译》，第 204 页。

❷　Gracey to Cridler, July 17, 1900, No. 92, *Despatches from U. S. Consuls in Foochow, China*, January 27, 1897 – September 29, 1901, M105, R9, National Archives of the United States. 《南清秩序維持協定・七月三十日福州在勤豐島領事ヨリ青木外務大臣宛，閩浙總督卜各國領事卜ノ外人保護協定締結始末報告ノ件》，《日本外交文書・第三十三卷，別冊北清事變上卷之三》，第 511—515 页。

❸　Gracey to Hay（Telegram）, July 15, 1900；Gracey to Cridler, July 17, 1900, No. 92, *Despatches from U. S. Consuls in Foochow, China*, January 27, 1897 – September 29, 1901, M105, R9, National Archives of the United States. 《协定》签字以后，佩福来向英国政府汇报说："这个文件实际上是中国当局那方面所提出的一项声明，即尽管中国北部继续进行战争行动，但他们承认自己受现行条约的约束，并且事实上遵守长江各省总督所达成的协议"，肯定了"福建互保协定"对"东南互保"的一脉相承，但"例外的情况是，此地的官员们不需要我们提出相应的保证，而且不要求各国领事使他们所代表的各个国家负有采取任何行动的义务"，"就外国人来说，它是一个不必要的文件"，"然而对中国当局本身来说，这个文件具有很现实的价值，因为它向福州人民证明，他们的官吏同各国代表保持着良好的关系。"因此，佩福来未经英国政府授权就签了字。《佩福来领事致索尔兹伯理侯爵函》，1900 年 9 月 3 日收到，《英国蓝皮书有关义和团运动资料选译》，第 204 – 205 页。

一、南北中外的议和努力

自 6 月 13 日，外国政府失去同驻京公使的联系，一时欧美世界传言纷纷，互相歧异，真伪莫辨。随后的中外交涉，均首以公使安危为词。❶ "东南互保"期间，美国政府放手领事自由裁量，固然为的是在北京政府失去控制力的情况下，方便领事同地方官员联系，也是由于它眼下更着紧的还是北方的战事与被围困的公使，安稳的南方有助于集中精力尽快解决北方问题。在你来我往的交涉中，东南督抚们亦认识到各国政府对北方局势的严正关切，尝试借助外部力量调停北方的战事，在北京对外通讯基本瘫痪的情况下，大有"为朝廷延续邦交"的态势❷，其中美国继续被他们寄予厚望。

首先，大沽战后，督抚们最关心的问题是各国政府是否将此视为中外开战的标志。两广总督李鸿章于此前刚接到召其北上的谕旨❸，督抚们由此推测"内意必愿议和"❹，在盛宣怀的建议下，李鸿章于 6 月 21 日致电各驻外公使："鸿将入觐，惟大沽台、船互击，并非奉旨。各国是否作为开衅，希密探彼政府注意所在。"并探询各国是否能商量停兵。❺ 6 月 23 日，张之洞亦致电各驻外公使，直接请他们转达致各国外部电文：

> 北方拳匪违旨滋事，各国人口物业致遭损害，京内京外数百里华商华民财产焚毁亿万，至戕杀日本使馆随员，乃各官办理不善之故，实非朝廷意料所及，致各国兵舰进沽，大沽炮台大局恐成决裂，现在我皇太后、皇上已电召李鸿章来京，必系与各国妥商办理，免致失和，惟李中堂抵津尚须半月，而各国日内进兵不已，设或再有战事，将来更难转圜，徒令各匪乘机肆恶，良民多遭惨害。今各省督抚并未奉有开战谕旨，可见朝廷并无失和之意，务望婉商各国政府，迅电天津各兵官，力劝各国暂行按兵停战，侯李中堂到

❶ 美国驻上海总领事古纳向美国国务院报告："从本月 14 日开始没有收到北京的消息。"Goodnow to Hay, June 25, 1900, *Despatches from U. S. Consuls in Shanghai, China*, July 5, 1899 - July 31, 1900, M112, R46, National Archives of the United States. Legation's Fate Still in Doubt, *The Evening News*, June 21, 1900. Rumors Galore, *Grand Forks Daily Herald*, June 23, 1900. Ministers Are Uneasy, *Dallas Morning News*, June 23, 1900.

❷ 督抚们亦极力反对召回驻外公使，"若使臣下旗回国，即是明言决裂，自认攻毁各国人命物产，以后更难转圜，似宜仍令暂驻各国为宜"。参见《会衔电奏》，光绪二十六年五月三十日巳刻发，苑书义等主编：《张之洞全集》第 3 册，第 2150 - 2152 页。

❸ 《军机处寄直隶总督裕禄上谕》，光绪二十六年五月十九日，《义和团档案史料》上册，第 141 页。

❹ 《致东京李钦差》，光绪二十六年五月二十三日戌刻发，苑书义等主编：《张之洞全集》第 10 册，第 7999 页。

❺ 《寄英法德俄日本五使》，光绪二十六年五月二十五日未刻，《李鸿章全集》第 27 册，第 59 - 60 页。这条史料显示，美国不在李鸿章询问之列。但据美方史料显示，李鸿章同样给美国发去了相同的请求。Li Hung - chang's Request, *New York Times*, June 24, 1900.

京，请旨开议，必当妥为了结，不启战祸，官兵方能专力剿匪。目下长江沿海一带各督抚力任保护之责，诸国洋人均无庸顾虑，若天津再有战事，则南方必将牵动，事机危迫，务祈迅饬施行，各省督抚意见相同，亦即有电达各国外部矣。❶

除将原电译成外文转送各国外部外，张之洞还要求驻外使臣必须"配送华文，免失语气"，可见他对此电的期望。其中，他再次强调了并未奉有宣战上谕，请各国按兵停战，等待李鸿章到京后再妥商办法。26 日，张之洞的倡议获得李鸿章、刘坤一、袁世凯、王之春、俞廉三等人的认可，为增加分量，他们联名再电请驻外使臣与各国外部详细商议是否可行。❷

地方大员们对外保证清军在大沽开炮并非奉有谕旨，清廷虽已发布宣战上谕，但那个文件是对内性质的，并非对外。列强出兵本非蓄谋，为防牵扯面过大而无暇顾及，均不愿同中国全面正式开战。攻陷大沽后，联军将领们于 6 月 20 日发布了一个公开宣言，宣称他们的有限目标——将使用武力只对付义和团和那些阻止联军进入北京的人，意在先将冲突限制一处。坎卜夫代表美国政府签字。❸ 因而不论是否出于一时权宜，各国政府一致乐得将督抚们的解释作为中外并未开衅的证据。❹ 美国政府顺势将此后受到的袭击一并归为未获清廷许可，基于大沽不开炮时中美仍旧存续的友好关系，坚称中外之间不存在战争状态。❺ 其他列强也赞同并附和了美国的观点。❻ 鉴于北方局势尚不明朗，德、英等国不愿过多透露政府的真实意图。美国国务卿海约翰给张之洞等人的答复则亲切、具体得多：

> 已将来件转达给总统，他命令我通知您，非常感谢总督的保证说过去几

---

❶　《寄伦敦罗钦差、华盛顿伍钦差、东京李钦差》，光绪二十六年五月二十六日未刻发，苑书义等主编：《张之洞全集》第 10 册，第 8017 页。Chang Chih – tung to Wu Ting – fang, June 23, *Notes from the Chinese Legation in the United States to the Department of State*, Jan. 1, 1898 – Dec. 31, 1901, M98, R4, National Archives of the United States.

❷　《致伦敦罗钦差、华盛顿伍钦差、东京李钦差》，光绪二十六年五月二十九日辰刻发，苑书义等主编：《张之洞全集》第 10 册，第 8031 页。

❸　Proclamation by Senior Naval Offivers of Allied Forces in China, June 20, 1900, *Navy Area 10*, Area File 1775—1910, RG45, National Archives of the United States. 《追纪西人会议略》，《申报》1900 年 8 月 24 日，第 9826 号。

❹　《日本李使来》，光绪二十六年五月二十六日午刻到；《伦敦罗使来电》，光绪二十六年五月二十六日午刻到；《柏林吕使来电》，光绪二十六年五月二十六日申刻到；《彼得堡杨使来电》，光绪二十六年五月二十七日午刻到，《李鸿章全集》第 27 册，第 63、64、65、68 页。

❺　海约翰告诉英国和法国公使说美国认为不存在战争状态。Lord Pauncefote to the Marquess of Salisbury, June 23, 1900, No. 178, *China No. 3* (1900): *Correspondence Respecting the Insurrectionary Movement in China*, pp. 71 – 72.

❻　Foreign Office to M. Cambon, June 22, 1900, No. 176, *China No. 3* (1900): *Correspondence Respecting the Insurrectionary Movement in China*, p. 71.

周令人难过的事件未经中国政府的授权，且违背其意愿。他也很高兴得知，总督愿在其辖区内维持秩序，保护外国人的生命财产。但是他不能发命令给我们在中国的海陆军军官，从而阻止他们与京、津两地处于危险的美国人联系，以及恢复和平与秩序，他也不能建议其他国家采取类似的行为。他真诚地希望中国政府与列强合作，这才能迅速找到终止骚乱的办法。[❶]

美国对地方督抚在长江流域的保护行动大力支持，在认定中外并未开战上亦十分配合，海约翰明告伍廷芳"京电断，公使危，故派兵保护，并非失和"。但在接获来自北京公使的确切消息前，美国同样不会停战妥协。因公使"存亡莫卜"，英、俄等国在停战问题上强硬坚决。美国作为联军中的一员，不敢脱离各国，单独放弃对公使的军事救援。国际形势和美国国内的舆论压力，都迫使麦金莱总统在救使决策上态度坚决，他的内阁成员们宣称督抚们能够控制其所在省份，但无法为北京"代言"，因此"美国不能放弃派军队到发生骚乱与美国官民有危险的地方"。[❷] 伍廷芳将海约翰的回复概括为："华兵先开战，未便转商各国电阻进兵，望中国力剿匪，勿与我兵为难。"美国对南、北问题的差异态度，根本在于北京使臣。伍廷芳敏锐捕捉到了这一点，提出"观此美现无攻占意，能通美使信息，先慰彼心较易商"。[❸] 伍廷芳意识到美国最无侵略之心，但美政府的态度取决于北京公使的安危，透露给李鸿章、刘坤一、张之洞等人，希望通过获取公使消息寻求中外和解的突破。

停兵的关键在外国使臣。[❹] 东南督抚们两面行动，一是以京探、电报局等渠道探听京城使馆情报，应各政府请求向外间传递，谣言纷传时甚至被迫以人格、威望担保驻京使臣仍旧安全[❺]；二是极力游说在北京的朝廷，使其明白保护使臣乃中外和局的重要砝码。刘坤一、张之洞接连致电军机大臣荣禄，告以"现探询各国议论，专候各使消息"，请荣禄与庆王共担"护使"大事。[❻] 驻日公使李盛铎上奏，提出"派员慰问驻京各使，抚循避难教士"的建议，代表了熟悉外情

---

❶ Hay to Wu, June 25, 1900, *American diplomatic and public papers: The United States and China*, series III, the Sino-Japanese War to the Russo-Japanese War 1894—1905, Vol. 5, p. 91.

❷ Chinese Ask Armistice, June 26, 1900; Viceroys' Request Again Refused, *New York Times*, June 27, 1900.

❸《伍钦差来电》，光绪二十六年六月初二日酉刻到，苑书义等主编：《张之洞全集》第10册，第8032页。

❹ 驻英公使罗丰禄、驻日公使李盛铎、驻美公使伍廷芳、驻俄公使杨儒、驻德公使吕海寰在回电里均表达了与外部切商后，各国意见均为"各使员踪迹未知所在，停兵一节，各国断难允"。参见赵德馨主编：《张之洞全集》第十册，武汉：武汉出版社，2008年，第72-73页。

❺ Wu Ting-fang to Hay, June 23, 1900, *Notes from the Chinese Legation in the United States to the Department of State*, Jan. 1, 1898-Dec. 31, 1901, M98, R4, National Archives of the United States.

❻《寄廷方伯（转荣禄）》，光绪二十六年六月初一日，《刘坤一遗集》第6册，第2568页。《致江宁刘制台》，光绪二十六年六月初七日酉发，赵德馨主编：《张之洞全集》第十册，第86页。

的驻外公使们的普遍态度。❶ 此后，李鸿章、刘坤一、张之洞、盛宣怀还联络了山东巡抚袁世凯、四川总督奎俊、四川将军绰哈布、闽浙总督许应骙、福州将军善联、安徽巡抚王之春、陕西巡抚端方等多位地方督抚，以或分开或联衔的形式奏请朝廷保护外国使臣，内多有"总以保全公使暨在各省之洋人为第一要著"，"均谓今日惟以救使为第一重大事"，"时局之所系，首在此举，不容稍缓!"等语❷，逐渐影响了清政府的决议。

6月29日军机处寄电各驻外大臣，请向各国外部声明万不得已开衅，并朝廷仍照前保护使馆，命各使臣在外国仍照常办理交涉。❸ 7月3日、6日、8日、12日，清廷一再催促李鸿章启程北上。❹ 根据荣禄的建议，7月3日清政府以光绪皇帝的名义向俄、日、英三国递送国书，请求俄国看重中俄密约，日本注重邻国关系。英国看在商业利益上，"执牛耳"帮助中国摆脱困境，❺ 并命各驻外使臣随时来电商议。❻ 那一天，刚好也是美国发布第二次"门户开放"照会的日子。刘坤一得知美国的政策宣言后很是欣喜，美称不攫取土地这点尤受其青睐，于是在地方督抚奏请明降谕旨推行四事折中，其中之一就是建议清廷也递国书至美、法两国，"以见中国意在敦睦，一视同仁"。❼ 在给奎俊的电报中，刘坤一又托奎俊设法联系荣禄，添入德国，因为"德、法皆强国，德又有戕使事，若独无国书，恐更激怒，似应一并致书"，而对于美国，他自陈呈递国书的原因是"美素无嫌，大沽独未开炮，托美排解，似易有济"。❽ 可见虽然都是呈送国书，但却各有侧重，德、法两国因是强国不得不送，美国则被寄予了排解调停的厚望。

---

❶ 《为请派兵剿灭拳民并与各国和商事》，收出使日本大臣李盛铎电，光绪二十六年六月十二日，中国第一历史档案馆编：《清代军机处电报档汇编》第二十七册，北京：中国人民大学出版社，2005年，第181页。

❷ 《请派兵护送各国使臣赴津》，光绪二十六年六月十九日寅刻发；《请专派一军保护使馆速办方能补救》，光绪二十六年六月十九日辰刻发；《请饬保护各国公使及各省洋人》，光绪二十六年六月二十五日申刻发，赵德馨主编：《张之洞全集》第四册，第483-484页。《据福州将军善联来电代奏折》，光绪二十六年六月十九日；《据闽浙总督许应骙来电代奏折》，光绪二十六年六月十九日，天津图书馆、天津社会科学院历史研究所编：《袁世凯奏议》上册，天津：天津古籍出版社，1987年，第163-164页。《奏为仰恳圣慈极力救护各国使臣以保危局折》，光绪二十六年六月十九日，《宫中档奏折·光绪朝》，台北：台北故宫博物院藏，档案号：408018761。

❸ 《奉旨中国万不得已与各国开衅著向外部彰明事》，光绪二十六年六月初三日，《清代军机处电报档汇编》第二册，第173页。光绪给总署上谕：《此次开恤各国无由深悉该出使大臣等向外部切实达知中国本意遇有交涉照常办理由》，光绪二十六年六月初四日（1900年6月30日），《总理各国事务衙门档案》，台北："中央研究院"近代史研究所藏，档案号：01-14-002-03-002。

❹ 《军机处寄直隶总督裕禄上谕》，光绪二十六年五月十九日，《义和团档案史料》上册，第141页。朱寿朋编：《光绪朝东华录》第四册，北京：中华书局，1958年，总第4525-4527页。

❺ 《光绪宣统两朝上谕档》第二十六册，第169-205页。此办法实来自袁昶为荣禄出谋划策。

❻ 《为中西开衅中外电报应迅速递送事》，光绪二十六年六月初九日，《清代军机处电报档汇编》第二册，第175页。

❼ 《会衔电奏》，光绪二十六年六月二十六日未刻发，苑书义等主编：《张之洞全集》第3册，第2153页。

❽ 《寄奎乐峰制军》，光绪二十六年六月十五日，《刘坤一遗集》第6册，第2575页。

清廷遂于 7 月 17 日补致美、法、德三国书，其中致美国国书称：

> 大清国大皇帝问大美国大伯理玺天德好。中国与贵国交好已久，深知贵国专意通商，彼此毫无顾忌。中国近因民教相仇，各国疑朝廷袒民嫉教，遂有攻占大沽炮台之事，于是兵连祸结，时局益形纷扰。昨接使臣伍廷芳电奏，知贵国慨念邦交，近事深蒙垂念。曷胜感佩。今中国为时势所迫，几致干犯众怒。排难解纷，惟贵国是赖。为此开诚布腹，肫切致书，惟望大伯理玺天德设法维图，执牛耳以挽危局，并希惠示德音，不胜急切翘企之至。❶

"排难解纷，惟贵国是赖"等语虽同其他国书类似，但面对美国尤其强调两国的长久情谊，美国对商务的重视，而且援引驻美公使伍廷芳关于"门户开放"照会的电奏，对美国的善意表达感激之情。

伍廷芳经过同美国国务院的多方接洽，早已认定须在公使身上做文章。他肯答允海约翰的请求向国内传递消息"如救出美使及各员，美人允给重赏"❷，非为悬赏，而在透露美方之急迫。在 7 月 18 日奏折的最后，他再次向清廷强调须得保护各国使臣，因为美国政策虽好，但得使臣安全，方能防止中途生变，且"现以得各使手函为要也"。伍廷芳不知此时在北京，清政府已经取得美国公使康格的复信。这个过程十分艰辛，是在中外紧张的局势以及荣禄、奕劻等主和派的不懈努力下才获得的。

7 月 14 日，《北华捷报》（North China Daily News）声称从电报局的一个官员处买到山东巡抚袁世凯致盛宣怀的电报，内容为据北京来的信差说，董福祥于 7 月 7 日向使馆区发动了大轰炸，包括公使在内的所有外国人全部被杀害了。这个消息亦在牛庄独立地获得了佐证，据一位从北京逃出的中国仆人报告说，英国使馆在 7 月 12 日被摧毁，洋人被屠杀。❸ 虽然盛宣怀立刻声明他从未接到过那份传说中的电报，但是这个惊人的消息还是瞬间风行上海，并经由电报迅速传遍世界各地。欧洲诸多国家都信以为真，《泰晤士报》甚至刊发了其在北京记者莫理循（George E. Morrison）的长篇讣告，德国动员了大约 10000 名士兵和 216 名军官准备远征中国。❹ 西方社会人心惶惶，外部世界的议论随着驻英国公使罗丰禄的报告传到国内，"英外

---

❶ 《致美国国书》，光绪二十六年六月二十一日，《义和团档案史料》上册，第 329 页。Translation of a cablegram received by Minister Wu on July 20, 1900, from the Taotai of Shanghai, dated July 19, 1900, Instructions, 1900, *Records of Diplomatic Posts*: 0217*Legation Archives*, RG84, National Archives of the United States.

❷ 《华盛顿伍钦差廷芳来电》，光绪二十六年六月十三日，《愚斋存稿》卷九十四，补遗七十一，第 1967 页。

❸ Message Sent to Minister Conger, *State*, July 14, 1900. 《北华捷报》1900 年 7 月 18 日；1900 年 7 月 25 日。Goodnow to Hay, July 17, 1900, No. 276, *Despatches from U. S. Consuls in Shanghai, China*, July 5, 1899 – July 31, 1900, M112, R46, National Archives of the United States.

❹ Dr. G. E. Morrison, *The Times*, July 17, 1900. Anxiety in London over the Fate of the Legations in Chinese Capital, *Idaho Statesman*, July 15, 1900. No Hope for Conger, *Dallas Morning News*, July 15, 1900.

部有使臣及他洋人等被害，请以中国政府抵偿之语"。❶ 奕劻和荣禄等人颇感事态严重，假消息传得煞有介事，列强对清政府误会重重、满腔怒火，而想要扑灭谣言，希望全在如何使各国相信公使仍旧存活上。所谓"请驻京各使臣居间调停，各国易听"，❷ 看来唯有通过已经被围中断联系近一个月的外国公使，才能使各国宽慰。但困难正如荣禄向刘、张二人抱怨，"日来陈奏留使臣者不少，苦于无法以通消息。奈何!"❸

事机转变却在一瞬。7月13日，武卫军捕获一名替公使们往天津送信的教民，名曰金四喜。董福祥上报荣禄，荣禄命人将教民提至亲自审问，并决定发挥该教民传递信息的作用，由其带信给公使馆。次日，荣禄入朝向慈禧力请停攻使馆。❶ 这天，恰逢天津陷落，北京直接处于前敌险境，当时清廷倚重的几支精锐部队，除袁世凯部驻防山东、甘军要留作护驾外，聂士成部、马玉昆部等都已溃败，各地勤王军亦未及到达，义和团更不足以倚恃，继续抵抗实属困难，此成为改变朝中战、和两派政治格局的重大转折。因此，主和派们不失时机地提出停攻使馆的建议获得了慈禧的认可。这条于交战状态下开启的重要对话通道得以开辟。

荣禄由金四喜口中获知各国使臣"起居无恙"，遂命其往各公使处带回一封署名为"庆亲王等"的信件，邀请公使们前往总署暂寓。在英国公使窦纳乐（Claude M. MacDonald）的主持下，公使们谢绝了前往总理衙门的提议。❺ 7月16

---

❶ 《石涛山人见闻志》，载于《义和团运动史料丛编》第1辑，第86页。

❷ 《据出使德国大臣吕海寰来电代奏折》，光绪二十六年七月初七日，《袁世凯奏议》上册，第197页。

❸ 此电是张之洞收到荣禄电复后全文转至刘坤一。《致江宁刘制台》，光绪二十六年六月二十六日已刻发，赵德馨主编：《张之洞全集》第十册，第110页。

❶ 关于荣禄逮获金四喜的详情，参见《光绪庚子年拳匪扰乱中北京五国使臣联名与外界通消息之书片纪事》，杜春和编：《荣禄存札》，济南：齐鲁书社，1986年，第422–423页。

❺ 在信中，"庆亲王等"建议，为了安全起见，请各国公使携带宾眷，率领参赞、翻译各员，"分起出馆"，"暂寓总署"。但附以苛刻条件，即"出馆时万不可带持枪洋兵一人"，并限明日午刻前答复。主和派从一开始即低估了议和的难度，他们以为外国公使们在强大的武力威慑之后，巴不得恳请停战。荣禄在给堂侄奎俊的家书中正是这样认为："侄现仍竭力保护各使臣无伤……昨好容易拿住一汉奸，令其送信，以通消息。总算（以）拳民攻击为词，好在各使亦怕到极处，求救不得，得着侄信，感激万分，即请不必开枪炮。"事实上，所谓"怕到极处""感激万分"，恐怕只是主和派一厢情愿的判断。公使们在接得信后，就以外交家的眼光对这封信的内容、语气、词句，甚至送信人的品德做了职业性的分析，尤其针对前往总署的邀请与信末的威胁，得出出去只会更加危险的结论。英国公使窦纳乐（Claude M. MacDonald）曾在军中任职，故在此次危机中被推选为使馆防护总司令。

参见《致各国使臣照会·为请各国大臣暂寓总署覆文事》，光绪二十六年六月二十二日，中国第一历史档案馆藏，军机处全宗–电寄谕旨档，档案号：1–01–12–026–0030。该档文所标时间为西历7月18日，有误，查各西人记载对照后可以确定，本档为致各公使的第一封信，确切时间应为六月十八日（7月14日）。《庚子使馆被围记》中所记日期亦多处有误，如其记此清方的第一封来信时间为7月17日，实是7月14日，参见［英］普特南·威尔著、冷汰陈贻先译：《庚子使馆被围记》，上海：上海书店出版社，2000年，第100页。其余各种有误之处不胜枚举，以往该书为研究者直接引用频次颇多，然其所述亦并非全然真实，引用时应细加甄别，尤其注意其中作者的夸大、加工与事后追忆的成分。

还参见荣禄：《致奎俊书》，《荣禄存札》，第405页。《窦纳乐爵士致索尔兹伯理侯爵函》，1900年11月22日收到，《英国蓝皮书关于义和团运动外交资料选译》，第101–102页。

日公使团再次收到金四喜带来的"庆亲王等"的信函，其中对拟请各国公使"归并总署"的意图做了解释，对公使们的拒绝表示遗憾，但接受公使团的意见，表示将加派队伍对使馆进行保护，请"各国使馆亦不得随时任意放枪"，最后约定"以后通信，即当照来函所云办理"。❶ 围困以来中方首先提出了议和停火的方案，得到公使们的认同。与此信一同到来的，还有美国政府给康格公使的一封密码电报，美国由此成为清朝官员们最瞩目的调停对象。

二、"由美入手"：美国成为调停希望

（一）第一封康格电报的效应

正当西方社会急于无从得知公使情报时，驻美公使伍廷芳主动向美国国务卿海约翰表示，愿意帮助美国联系驻华公使康格，他认为或许通过盛宣怀能够接触到康格。7 月 11 日，海约翰将一封密码电报交给伍廷芳发出。❷ 伍廷芳转寄盛宣怀，并在电文后补充说道："美乐助华，惟念康使。兹外部有问安电，乞妥转京，取回信，原码照录。"❸ 此电经上海、济南两地中转，7 月 16 日到达北京。适逢与使馆对话重启，当天，康格就通过这条新开通的渠道从一位中国信使手中收到了这封发自华盛顿国务院的密电，电报内容为："Communicate by the bearer"，翻译过来即"通过消息传递人联系"。这是围困以来第一次收到来自海外的消息，迅速引起了整个使馆区的轰动，康格夫人激动地说："我们几乎快乐晕了。"❹

康格率美使馆官员将电报细致认真考察了个遍，试图从中辨认出有价值的信息。电报显然是用美国密码写成的，但它是由什么人、在什么时间、从什么地方发出的却分辨不出来。康格向中方询问电报来历，得知来自中国驻华盛顿公使伍廷芳，随之而来的还有另外一封密码电报，内称："美国政府准备给中国提供帮助，但希望首先提供康格先生的消息。"❺ 对于电报来源的误会解除了。康格以同样的密码写了回信。回信再经总理衙门转寄，于 7 月 20 日到达华盛顿，内容为：

> 近一个月以来我们都被围困在英国公使馆内，承受来自中国军队无休止

---

❶ 《总理各国事务奕劻等复某公使函》，光绪二十六年六月二十日，《义和团档案史料》上册，第326 页。

❷ Mr. Hay to Mr. Conger，July 11，1900，*Papers Relating to the Foreign Relations of the United States*，1900，p. 155.

❸ 《盛宣怀致袁世凯电》，光绪二十六年六月十八日，陈旭麓、顾廷龙、汪熙主编：《义和团运动——盛宣怀档案资料选辑之七》，第 127 页

❹ ［美］萨拉·康格：《北京信札》，沈春蕾译，第 114 页。

❺ ［法］斯蒂凡·毕盛：《燃烧的城市》，7 月 19 日，载于［法］绿蒂：《北京的陷落》，刘和平、安蔚、姚国伟译，济南：山东友谊出版社，2005 年，第 20 页。

的射击和炮火。只有尽快地救援才能避免全体被屠杀。❶

　　虽是短短两行字，却传递了两个最重要的信息：一是外国公使还活着；二是他们正受到中国军队的袭击，情况危急。同使馆区一样，这则电报也是列强政府失去与北京的联系后，时隔一个月首次直接收到的公使回复，美国政府十分兴奋，绝大多数美国官员均相信这则消息的来源正是康格本人，因为电报使用的是国务院的密码，除了美国公使外，无人知悉密码。❷ 同日，伍廷芳亦将清朝国书递交美国政府。美国的意见似乎有所缓和。伍廷芳趁势向刘坤一、张之洞等人商请救使，在给张之洞的电报中他针对康格电报中求救的内容，请张之洞敦促清廷派军队保护并援助外国使馆。❸ 7 月 21 日，刘坤一将伍廷芳来电转李鸿章，告知"美得康使安电甚喜，惟称匪困甚危。经与外部切商，现愿我军均同拯救各使，转机可望"，明确建议"目前办法必须由美入手"❶。刘坤一还直接向美国总领事古纳呼吁美国政府为了成千上万的百姓，充当中外之间的调停者（Mediator）。❺盛宣怀也专门致电伍廷芳，请其试探美国政府："救使剿匪能否停战？变法维新能否泄忿，兵不进京？美能否约英、日、法代转圜？"❻

　　7 月 23 日，美国总统麦金莱针对光绪的国书做出回复：

　　　　大美国大伯理玺天德问大清国大皇帝好。奉光绪二十六年六月二十三日国书，荷蒙大皇帝鉴察敝国愿敦睦谊、持平办事之衷，实深欣幸。美国派兵在中国登岸，原为援卫使馆，保护寓华商民起见，各国派兵亦同此意，均经声明。阅惠书知中国乱匪骚扰，戕害德使及日馆书记，围困各使，违旨作乱，并非贵国朝廷祖纵。谨拟办法，切盼施行：一、愿贵国将驻京各使臣现在情形宣告各国。二、立准各使臣与本国任便通信，仍切实保护，俾免惊险。三、谕饬各大员，与各国兵官会商协救使馆，保护各国人民，安靖地方。倘蒙允行，则此次扰乱各事不难与各国妥商了结。各国如允敝国调停，敝国乐为贵国效劳。敬布悃忱，伏乞省览。❼

　　❶　Mr. Conger to Mr. Hay, 1900. 7. 16, *Papers Relating to the Foreign Relations of the United States*, 1900, p. 156.

　　❷　Message from Minister Conger, *Evening News*, July 20, 1900.

　　❸　《驻美伍使致鄂督电》，光绪二十六年六月二十五日，《庚辛史料》，《河北月刊》1935 年第 3 卷第 2 期。

　　❶　《刘岘帅来电》，光绪二十六年六月二十五日，《愚斋存稿》卷三十七，电报十四，第 879 页；《南洋刘来电并致盛京堂鄂督东抚》，光绪二十六年六月二十六日到，《李鸿章全集》第 27 册，第 147 页。

　　❺　Viceroy of Nankin to Consul - General Goodnow, July 21, 1900, *Despatches from U. S. Consuls in Shanghai, China*, July 5, 1899 - July 31, 1900, M112, R46, National Archives of the United States.

　　❻　《寄美京伍秩庸星使》，光绪二十六年六月二十六日，《愚斋存稿》卷三十七，电报十四，第 880 页。

　　❼　Mr. Hay to Mr. Wu Ting - fang, June 22, 1900, *Papers Relating to the Foreign Relations of the United States*, 1900, p. 274. 《美京伍星使寄江督电》，光绪二十六年六月二十九日，《愚斋存稿》卷三十七，电报十四，第 884 - 885 页。

麦金莱响应光绪的请求，表现出乐于充当调停者的意愿，但提出三个前提条件，均与北京公使相关。或许因为刘坤一近期表现出对美国极大的信赖，伍廷芳将美国国书第一个发送给两江总督。刘坤一认为"此件关系紧要"，时不我待，立即寄电山东巡抚袁世凯请为代奏，并且在国书文后对美国推奖备至：

> 各国复书，美最和平，亦有办法，不致迫我所难，排难解纷，必须由美入手，且在京各使惟有美使有电回国，美国亦愿任调停，可见令各使电达各国一节，尤为要著。❶

7月26日，袁世凯将伍廷芳电送美国总统复书入奏。❷ 并按照刘坤一之意，在附片内奏陈："查美国复电，较各国最为和平，办法亦颇切实，尚未迫我所难。将来排难解纷，似须由美国入手。"而且由此提议："倘令各国使臣均发安电回国，则愿任调停者当不止一美国，或可渐就范围。"❸ 盛宣怀也上奏补充说："保使乃缓兵第一策。美国得康格一电喜甚，始首倡保全中国疆土，照会各国。"❶ 可见督抚们均认为，康格的电报是造成美国政府态度和缓的主要原因，刘坤一趁机因势利导，明确提出"目前办法必须由美入手"❺，引领督抚们再请清廷护使，并重提送使出京的建议。

与此同时，7月13日，伍廷芳还在华盛顿与美国合兴公司签署了《粤汉铁路借款续约》。早在1898年，伍廷芳与美国华美合兴公司草签《粤汉铁路借款合同》，借款400万英镑，以铁路财产作保，借款期限30年。盛宣怀向华美合兴公司承诺，粤汉铁路由华美合兴公司建筑和经理，华美合兴公司有添建支路之权。❻ 1899年，华美合兴公司的代表来中国议立正约，提出在韶州、衡州、郴州等处开矿，并以原借款小敷需要，要求增加借款额。美国驻华公使康格出面干涉，扬言粤汉铁路"美国必办，断不能让他人"。中美双方"争论数月之久辄至翻面"。❼ 直到1900年6月，由于"北事危、外侮急，恐日后美公司藉端要索续约"，伍廷芳向盛宣怀重提粤汉铁路，建议利用此约示好美国，先画押，再候旨

---

❶ 《江督刘来电并致袁盛张王刘奎绰德聂》，光绪二十六年七月初一日酉刻到，《李鸿章全集》第27册，第154页。

❷ 《袁世凯奏为代呈伍廷芳电送美国总统覆书事摺》，光绪二十六年七月初一日，中国第一历史档案馆编辑部编：《义和团档案史料续编》上册，北京：中华书局，1990年，第715页。

❸ 《袁世凯奏陈排难解纷须由美国入手片》，光绪二十六年七月初一日，《义和团档案史料续编》上册，第716页。

❶ 《督办铁路大臣盛宣怀请代递电》，光绪二十六年七月初一日，《袁世凯全集》第6册，第8页。

❺ 《南洋刘来电并致盛京堂鄂督东抚》，光绪二十六年六月二十六日到，《李鸿章全集》第27册，第147页。

❻ 王铁崖编：《中外旧约章汇编》第1册，北京：生活·读书·新知三联书店，1957年，第746－749页。

❼ 《盛京堂来电》，光绪二十五年七月二十九日午刻到；《致盛京堂》，光绪二十五年十月初八日酉刻发，苑书义等主编：《张之洞全集》第10册，第7826、7847－7848页。

批准，"如此，一可成功，二可望美国助我，力保大局"。● 盛宣怀深表赞同，张之洞也认为此建议极好。● 7 月 27 日，伍廷芳通知盛宣怀续约已画押。● 盛宣怀依此认为，"路约画定，美廷更可调停"，并殷切地请伍廷芳探询"照美国书商办，即询美廷能否?"● 可知最后仓促签订续约，出让诸多商业利益，也主要是为争取美国调停的支持。

美国为何能从列强中脱颖而出，备受清朝官员关注。并非因其最有能力，而是因它最有可能扮演好调停者的角色。从各国对国书的回复中，清朝官员们就明显感觉到了这种不同。日、俄两国的复书，"词气虽尚和平，语意究难揣测"，●况且日本方面也有建议联美的声音，据驻日公使李盛铎转述伊藤博文的原话称："此次亚与欧战，日亦亚邦，防欧疑，故赴战则勇，议款则避嫌，鄙意停战莫如商美。"● 而欧洲各国颇为一致，确立原则即在消息不明的情况下，相信在北京的所有外国人都被杀害了，坚持在此基础上同中国政府谈判。● 英国政府甚至宣称，在能够确认公使安全之前，不可能讨论任何调停问题。●

在此情形下，美国公使康格发出的秘密电报本可以充分说明外国公使们仍旧存活，一旦获得列强政府的承认，就有希望成为左右时局的关键。然而，清政府在代发出康格的第一封密电之后，再面对康格、毕盛、窦纳乐等人的连番请求，却都以"战事方殷""未敢上干功令"为理由拒绝了。● 外国政府之间针对仅有的这封电报，产生了严重的意见分歧，虽然美国试图出面说明与调解，但中外和谈的进程仍旧受到了极大的阻碍。

（二）对第二封康格电报的考证

由于康格的回复电报缺乏发信日期，消息传到欧洲时，该电报的真实性遭到了广泛的质疑。7 月初，英国驻天津领事收到赫德于 6 月 24 日发出的求救信件，

● 《华盛顿伍秩庸星使来电》，光绪二十六年五月二十七日，《愚斋存稿》卷三十六，电报十三，第843 页。

● 《盛京堂来电》，光绪二十六年五月二十九日寅刻到；《致上海盛京堂》，光绪二十六年五月二十九日亥刻发，苑书义等主编：《张之洞全集》第 10 册，第 8040 页。

● 《华盛顿伍秩使来电》，光绪二十六年七月初二日，《愚斋存稿》卷九十四，补遗七十一，第 1969页。

● 《盛宣怀致伍廷芳电》，光绪二十六年七月初三日，《义和团运动——盛宣怀档案资料选辑之七》，第 151 页。

● 《两江总督刘坤一等奏陈战事方殷请授李鸿章全权大臣电商各国缓其进兵等管见折》，光绪二十六年七月初一日，《庚子事变清宫档案汇编》第 2 册，第 629 页。

● 《李木斋星使来电》，光绪二十六年六月二十八日，《愚斋存稿》卷三十七，电报十四，第 882 页。

● An Appeal for Mediation, *Dallas Morning News*, July 23, 1900.

● Chaffee Cables from Nagasaki and Receives Instructions from the Department at Washington to Push Toward, *Grand Forks Daily Herald*, July 26, 1900.

● 《庆亲王奕劻致美使启·为将原电奉缴致歉事》，光绪二十六年六月二十三日，中国第一历史档案馆藏，军机处全宗－电寄谕旨档，档案号：1－01－12－026－0031。

这是直接来自北京被围圈内的第一则确切消息，北京危急的处境开始被外部世界相信，调兵筹备酝酿开来，并随着谣言的蔓延逐渐激进。❶ 康格的电报在这时候出现，反而愈发激起了以英国为首的欧洲各国对清政府的不信任感，他们坚持认为这则电报同赫德的信是同一时间发出请求救援的，公使们在那之后就遭到屠杀，此刻是清政府为了阻止外国进兵而在适当时机抛出的用以迷惑西方社会的"烟雾弹"。❷ "发出该电报的各种罪恶动机都加到了中国当局身上"，中外之间的深刻隔膜可见一斑。这种观点甚至投射到了美国国内，开始有一些美国人也怀疑，要是清军在屠杀公使后攻入使馆，他们是有可能拿到密码本，进而伪造电报的。

为此，海约翰想到一个办法，他在 7 月 21 日再试图通过伍廷芳向康格发电报："信件收到。真实性受到质疑。请回答你姐妹的名字。报告中国政府的态度和立场。"❸ 因此，只要收到附有康格姊妹名字的回答，就能最终确认康格的生死。以往研究或叙述鲜有涉及此处，少数提到者也没有明确该电报回复的日期。❹ 然而，在中外交涉瞬息万变的情势下，美国政府何时收到康格的回复是一个很关键的问题，因为这严重影响到各国对清政府的观感和态度。此处试图从美国政府档案中寻找答案。然而，不论是国务院、驻美公使馆，还是领事报告中，都没有发现含有康格小姐名字的电报。却发现了 8 月 3 日伍廷芳专门给海约翰写的一封感谢信，感谢的正是美国政府确认了康格信件的真实性，伍廷芳称这对维护中国的良好信誉以及中美关系有很重要的意义。信中开头提到美国政府是通过驻烟台领事法勒的官方确认，才证实了康格那封备受争议的密码电报的真实性，完全没有提及康格回复其姊妹名字的电报。❺ 虽然并不清楚法勒确认的方法，但这件档案透露出很重要的信息，即极有可能在 8 月 3 日之前美国政府还没有收到康格的确认回复，因为清政府在 7 月 16 日答应康格为其传递第一封电报后，次日就拒绝了其他公使的类似请求，当然也不可能在 20 日后又帮助康格转达电报。因此，华盛顿方面最有可能收到康格这封复电的时间应该是在清政府再次同意代为传递电报之后。

按照这个思路，笔者在美国国务院档案中又发现了一封电报，是康格致海约

❶ That Curious Dispatch, *Macon Telegraph*, July 25, 1900.

❷ Tainted with Suspicion. Britain Does Not Believe Chinese Representations, *Fort Worth Morning Register*, July 25, 1900.

❸ Mr. Hay to Mr. Conger, July 21, 1900, *Papers Relating to the Foreign Relations of the United States*, 1900, p. 156.

❹ William Roscoe Thayer, *The Life and Letters of John Hay*, New York : Houghton Mifflin Company, 1915, p. 237. "不久收到附有康格姊妹名字的回答，才终于确知被围困的人都还活着"。戴海斌：《庚子事变时期中美关系若干问题补正》，《史学月刊》2011 年第 9 期。

❺ Wu Ting-fang to Hay, August 3, 1900, *Notes from the Chinese Legation in the United States to the Department of State*, Jan. 1, 1898 - Dec. 31, 1901, M98, R4, National Archives of the United States.

翰的，发电时间显示是 7 月 21 日，收电处标明的则是 8 月 5 日经过上海总领事收到。收、发电时间相隔很长，而且正好符合推测，即康格于 7 月 21 日回复海约翰的询问，但被清廷截留，直到谕旨再次允许恢复通信后再转发给美国领事由其转给美国国务院。电报的内容为："所有都好，因为协议自 16 日以后没有战斗。足够的补给，少量的弹药。期盼迅速的解救。"❶ 内容也大致符合对海约翰要求报告中国政府立场的回答。因此大致可以推断这就是康格的确认电报。美国国务院在将电报内容公布给媒体时，略去了"少量的弹药"几个字，大概是为了避免造成民众的恐慌以及对中国的仇恨。

关于美国政府何时收到康格的第二封密码电报，这个问题之所以关键，还在于它影响了美国同其他列强的关系，进而影响了八国联军的进程。自 7 月 14 日占领天津以后，联军就一直在天津休整，等待更多的援军到来，没有进一步的进军计划。然而，在收到康格的第一封电报后，美国惊喜于公使依然幸存，希望尽一切可能将他们解救出来，推进同各国的联军是重要的手段之一，国务卿海约翰将康格的电报转发到天津，下达了敦促军队前进的命令。❷ 英国则叫嚣着不能让清政府的阴谋得逞，热衷于以联军进京给清政府一个教训，同样命令天津"让他们加快行动"。❸ 天津方面于 21 日再收到北京信差送来的窦纳乐的消息，29 日收到日本公使、德国书记官、日本陆军中佐等人的信函，侧面证实了公使还存活的事实，英国仍表示这将不会对他们的军事行动有任何影响。❹ 7 月底，美、英、日等国开始向北京派遣间谍。❺ 如前文所述，正是在美、英、日三国将领的坚持下，联军才被迫一致同意以最快的速度进军北京。8 月 4 日上午，近二万人的联军由天津启程奔赴清朝首都。此后留给清政府议和的时间就不多了。

三、护使赴津与自由通信的拉锯

7 月下旬本是议和的最佳时期。天津陷落后，清廷决策者的天平明显向和谈倾斜。主和派通过信使向围困中的外国公使们频频示好。继康格之后，法国公使毕盛也收到了其密友、法国外交部长德克拉赛的密电，不仅转达了毕盛母亲的健

---

❶ Mr. Conger to Mr. Hay (Telegram), July 21, 1900, *Papers Relating to the Foreign Relations of the United States*, 1900, p. 156.

❷ Anxious to Stop Advance on Pekin, *Idaho Statesman*, August 2, 1900.

❸ ［法］斯蒂凡·毕盛：《燃烧的城市》，8 月 1 日，载于《北京的陷落》，第 24 页。

❹ 美国驻烟台领事法勒也很有可能是通过这一途径确认了康格电报的真实性。参见 Letter From Sir C. MacDonald, *The Times*, July 25, 1900.《上海在勤小田切總領事代理ヨリ青木外務大臣宛（電報）·北京ノ状況情報二付照会ノ件》，1900 年 7 月 30 日，第 67 号，《日本外交文書·第三十三卷，別冊北清事変上卷之一：各地団匪暴動状況報告》，第 48 页。

❺ Move for Pekin under Way Part of International Relief Column Was Expected to Start from Tien Tsin Today, *San Antonio Express*, July 30, 1900.

康状况，而且要求他坚守岗位。❶ 7 月 18 日，据总署左姓文案所记，当天庆亲王、袁昶、许景澄、赵舒翘、徐用仪、荣禄、王文韶"进内回署"，随即派出总署章京文瑞前往慰问各外国使臣。❷ 慈禧太后还亲自颁下懿旨，于 7 月 20 日、26日两次给围困圈内的外国人送去了瓜果、蔬菜、面粉等各类生活用品。7 月 19日，"庆亲王等"再次署名寄信各国公使，前半部分重复申明"我朝廷此次保护各国使馆之苦心"，后半部分不再坚持公使们移居总署，转而请他们前往天津，清政府将派宋庆及孙万林两军妥为护送。❸ 这一方案是围困前列强自己提出的，也是 7 月 3 日张之洞、刘坤一给荣禄的电文中期望可以采取的做法。❹ 外加 23日，驻日公使李盛铎向盛宣怀透露："顷矢野言：各使既存，怒可渐解，然后徐议停兵。宜速令与连（联）合军通函。或先送一人至津，庶各军不疑。语似有理。"❺ 除了日本，美国和法国也都同意清政府将公使送往天津的提议，盖它们考虑到联军部队到达北京尚需时日，不如以此作为对中国政府的考验。❻

但在北京的外国公使们不愿离开。因为他们此时再次被限制了同本国政府的自由联络。❼ 他们认为如果按照清政府的要求拍发明文电报是危险的，因为"一份电报如果包含关于我们遭受中国正规军队攻击的真实情况，将没有机会发送出去；而关于我们平安无事的任何声明，如果被各国政府认为是可信的，就很容易被误解为证实中国人所作的保证，而且似乎可能使援救我们一事变得不那么急迫"。❽ 公使们拒绝使用明文，坚持仍用密码发送，并拒绝前往天津。27 日窦纳乐再以"庆亲王等"来函内"未言及自京至通州车轿及如何携带有病妇孺"，而"是乃最要至端"为理由同总署周旋，不做前往天津的表态。❾ 因此，护使赴津

---

❶ ［法］斯蒂凡·毕盛：《燃烧的城市》，7 月 16、17 日，载于《北京的陷落》，第 18 - 19 页。

❷ 《石涛山人见闻志》，载于《义和团运动史料丛编》第 1 辑，第 90 - 91 页。

❸ 《致各国使臣信函·为请各国大臣暂避天津事》，光绪二十六年六月二十二日，中国第一历史档案馆藏，军机处全宗 - 电寄谕旨档，档案号：1 - 01 - 12 - 026 - 0029。

❹ 《致江宁刘制台》，光绪二十六年六月初七日酉发，赵德馨主编：《张之洞全集》第十册，第 92 页。

❺ 《李木斋星使来电》，光绪二十六年六月二十八日，《愚斋存稿》卷三十七，电报十四，第 882 页。

❻ Conger Cannot be Used as Hostage, *Charlotte Observer*, July 28, 1900.

❼ 清政府不再愿意代为传递密码电报，转而要求各国公使用明文给本国政府发电报，只准报告处境，而且要打消寻求军事援助的幻想。显而易见，中方如此规定，是既要让外国政府确认公使还活着的事实，更要将公使与其政府的联系控制在它允许的范围之内。尤其在截获替公使往天津传送的信件后，发现其中多言受到清军袭击，形势严峻，请求尽快救援，清政府更不可能让公使按其想法通知各国抓紧救援。参见《译奥国代理使臣德塔绅特为使馆被焚事致驻津领事官喀勒哩斯信函》，（光绪二十六年六月二十九日）；《美国使署为请国家发兵事致上海领事函》，（光绪二十六年六月二十三日至三十日），《庚子事变清宫档案汇编》第 2 册，第 609 - 611 页。

❽ 《窦纳乐爵士致索尔兹伯理侯爵函》，1900 年 11 月 22 日收到，《英国蓝皮书有关义和团运动资料选译》，第 110 页。

❾ 英国公使窦纳乐至总署函：《各国大臣如愿暂避如何预备车轿及派何等弁兵护送再各国政府为以暗码为果系本国使臣之据且不知军事如何岂能附入电报又请发上海霍总领事电报暗码由》，1900 年 7 月 27日，《总理各国事务衙门档案》，台北："中央研究院"近代史研究所藏，档案号：01 - 14 - 002 - 03 - 020。

问题与公使通信问题紧密结合，成为围攻使馆后期中外交涉的重点所在。

同时 7 月底，以清廉与排外著称的李秉衡到达北京，主动请缨，26 日被慈禧大赏。❶ 主战派得获一强有力外援，纷纷上奏请大军归李节制。清廷重新燃起战胜洋人的信心，影响其决策再次倒向了"战"的一边。❷ 在李秉衡率军迎击八国联军的同时，东交民巷周围的清军重新对使馆加强了攻势。

中枢意向随战局波动，但外界仍有"联美"调停的呼声。东南督抚经过连日电商，7 月 31 日由李鸿章、刘坤一二人联衔会奏，上陈补救大计四条，开宗名义第一条又是送使赴津：

> 请明降谕旨，饬大学士荣禄派文武大员护送各使赴津，以示宽大而泯积怨，如虑沿途护送为难，该使等不欲冒险，或先撤去仇攻之兵，专派保护之兵，优加体恤。美廷电谓各使通信方易商办，应一面准其通信本国。彼此停兵，各派全权商议善后，无论在京在津，总须先释使臣、尽停兵，方能补救。释使方能停兵。业已积成公愤，若至变生不测，恐使臣亦所不顾，挟制在所不受也。❸

其中美国的意见仍受督抚们重视。在李鸿章北上之前，张之洞、刘坤一等人听说李鸿章有乘坐美舰的传闻，认为此还是一与美国拉近距离的绝好机会，"当可商助"，并"到京迅速，可以面授机宜"。❹ 虽然最后没有搭乘美舰，到达上海后，李鸿章还是迅速接见了美国驻上海总领事古纳，询问美国政府如果公使们被安全护送到天津，能否停止军事行动，并开始议和谈判。❺ 海约翰的回复却让李鸿章颇感失望，他说：

> 在未与康格公使实现自由通信之前，美国政府将不会达成任何有关使馆处理方式的协议。中国政府有责任保护使馆。护送公使前往天津的力量，同样可以用于保护使馆和开放通讯。这是我们必须坚持的。❻

❶ 《著奖赏李秉衡事懿旨》，光绪二十六年七月初一日，《义和团档案史料续编》上册，第 715 页。
❷ 李秉衡，1894 年任山东巡抚。1897 年，德军强占胶州湾，力主对德交涉示以强硬。清政府迫于德国压力，将其降二级以示惩处，迁任四川总督。1899 年，奉旨巡阅长江水师。参见赵尔巽撰：《清史稿·列传》第 30 册，第 467 卷，北京：中华书局，1977 年，第 9750－9751 页。关于李秉衡到来之后对清廷的影响，恽毓鼎有记载："会有言李秉衡自清江入援，待其至徐议和战者，后意稍移。"恽毓鼎：《崇陵传信录》，载于《义和团》第一册，第 52 页。
❸ 其余三条为保护各省商民、教士，剿匪以及赈济畿辅。《遵旨共筹补救折》，光绪二十六年七月初六日，《李鸿章全集》第 16 册，第 204 页。
❹ 《李鸿章全集》第 27 册，第 147 页。《湖广总督张之洞来电并致两江总督刘坤一》，光绪二十六年七月初一日卯刻发，《袁世凯全集》第 6 册，第 7 页。
❺ Goodnow to Hay（Telegram），July 24, 1900, *Despatches from U. S. Consuls in Shanghai, China*, July 5, 1899－July 31, 1900, M112, R46, National Archives of the United States.
❻ *Mr. Hay to Mr. Goodnow*, 1900. 7. 24, *Papers Relating to the Foreign Relations of the United States*, 1900, p. 260.

　　美国本倾向于由清政府将公使送至天津，此时拒绝的最大理由由电文可知是与北京公使的自由通信问题。与英、德等国不同，美国政府对公使的安全一直比较乐观，却被欧洲各国咎为"轻信"，而且美国总统的国书中就列有"立准任便通信"一条作为美国出任调停的前提，因此面对李鸿章的呼吁，海约翰明确要求公使与本国政府自由通信。伍廷芳亦认为"须准各使函电往来，始易商办"。❶ 7月29日，李鸿章通知伍廷芳，已经奏请准各使函电往来，或护送赴津。伍廷芳回复说："各国仍不信各使尚存，如护送万一不测更疑，似宜先准通电。"继续坚持先通电报。❷ 为促成此事，伍廷芳还另外致电总署和刚毅，望借他们之力请旨准外国公使与其政府通信。❸ 先通信，后调停，美国允诺调停，但坚持中方先践行麦金莱总统的条件。其他不对护使出京表态的国家似乎愠怒更盛，如俄国"外部急欲各使与本国通电，别无所云"❹，"现在各外部业有怒目横视之意"❺，外部环境愈发紧迫。盛宣怀还担心因电信不通，会让各国政府"因疑生惧，进兵愈速"。❻ 外加杨儒、吕海寰、裕庚等中国驻外使臣对此项规定满腹怨言，因为他们的往来电报也极有可能被迫使用明码。❼ 他们联名致电袁世凯，请其代奏，"吁恳迅速派队，将各使馆人员暨眷属护送至津；或先令与本国通电，以示凭信而救时局"。❽ 各方声援之下，8月3日李鸿章、刘坤一之补救大计折到达廷枢，奏折列出首条建议：护使赴津，并允许公使通信。当天即得明发上谕：着大学士荣禄妥派大员、兵弁，俟各公使择定日期，即沿途护送赴津。出京之前，允各公使明电通信本国。❾

　　此上谕是主和派主张得获中央公开许可的又一重要标志，接下来就看总理衙门同公使们沟通的结果了。是日，总理衙门向英国公使窦纳乐转递了英国驻上海代理总领事霍必澜的信件，以及英国外交部长索尔兹伯里（Salisbury）的

❶ 《华盛顿伍使来电》，光绪二十六年七月初四日到，《李鸿章全集》第 27 册，第 157 页。

❷ 《复华盛顿伍使》，光绪二十六年七月初四日酉刻；《华盛顿伍使来电》，光绪二十六年七月初五日，《李鸿章全集》第 27 册，第 159 页。

❸ 《杨儒吕海寰裕庚盛宣铎罗丰禄伍廷芳致枢垣请送各使至津或令与本国通电以示凭信电》，光绪二十六年七月十一日，王彦威纂辑，王亮编：《清季外交史料》，北京：书目文献出版社，1987 年，卷一四四，第 2356 页。

❹ 中国社会科学院近代史资料编辑组编：《杨儒庚辛存稿》，北京：中国社会科学出版社，1980 年，第 134 页。

❺ 《石涛山人见闻志》，载于《义和团运动史料丛编》第 1 辑，第 92 页。

❻ 《督办铁路大臣盛宣怀请转奕劻荣禄电》，光绪二十六年七月初五日，《袁世凯全集》第 6 册，第 84 页。

❼ 德国与俄国政府已经开始采取措施控制中国驻圣彼得堡和柏林公使的电报。China And The Powers，The Times，August 3，1900.

❽ 《杨儒庚辛存稿》，第 137 页。

❾ 《上谕》，光绪二十六年七月初八日，《义和团档案史料》上册，第 422 页。

密码电报。❶ 与之同时到来的，还有允许英国公使复电的通知。公使们猜测不许发送密码的禁令已暗中撤销，英、法、美、德等 8 国公使纷纷写了给本国政府的密码电报。由窦纳乐递交总署请为转寄。❷ 其实至 8 月 5 日清政府才有允许发送密码电报的布告，早二日暗中允诺，应为奕劻、荣禄等主和派的竭力操作。他们还给使馆区内送去了一些京报，以及赫德家人的电报等。❸ 总理衙门继续履行着平日的一些职责，分别通知意大利和英国公使有关其国王与显贵去世的消息，并示哀悼。

盛宣怀等人热切盼望："初八日（8 月 3 日）谕允送使，如议妥，和局可望。"❹ 但眼下在京城朝中，和、战之争仍激烈对抗。李秉衡抵京后，10 日内即被召见了 5 次，天天得以单独觐见慈禧的还有端郡王载漪。❺ 7 月 29 日，反对排外的许景澄、袁昶被处死；同日，刘坤一等 10 位地方督抚联衔会奏"请授李鸿章全权折"抵京，留中不发。❻ 7 月 30 日起，清军恢复了对使馆区的炮击。窦纳乐写信给总署对使馆受到的袭击进行严正抗议。❼ 军事上的对抗也成了公使们拖延不离开的借口。即使"庆亲王等"频频发信示好，8 月 4 日甚至附有总署全体大臣名片，通知公使护送他们出京已得到各国政府认可，询问他们启程的日期，是以更郑重的方式提出请求。❽ 外国公使虽同样郑重起见，6 日以外交使团首席公使葛络干（B. J. DeCologan）的名义回复总署，但内容依旧令人失望："本大臣等若有离任之说，务须于未离任之前径奉各国国家直达各大臣明训。"是以再请总署代寄电报 10 封。❾ 8 日，"庆亲王等"再次致信使馆，通告每一位公使，

---

❶ The Marquess of Salisbury to Sir MacDonald, Foreign Office, July 30, 1900, *British Documents on Foreign Affairs: Reports and Papers from the Foreign office Confidential Print*, Part I, From the mid – nineteenth century to the First World War, Series E, Asia, 1860—1914, Vol. 24, Doc. 180, p. 109.

❷ 英国公使窦纳乐致总署函：《电报收到并祈转寄回电由》，1900 年 8 月 3 日，《总理各国事务衙门档案》，台北：中央研究院近代史研究所藏，档案号：01 - 09 - 015 - 04 - 019。

❸ ［法］斯蒂凡·毕盛：《燃烧的城市》，7 月 21、22、30 日，8 月 7 日，载于《北京的陷落》，第 21、22、23、26 页。Morrison, The Siege of the Peking Legations (from our own correspondent), *The Times*, October 15, 1900.

❹ 《盛宣怀致信奎俊电》，光绪二十六年七月十四日，陈旭麓、顾廷龙、汪熙主编：《义和团运动——盛宣怀档案资料选辑之七》，第 173 页。

❺ 《召见单》，转引自孔祥吉：《奕劻在义和团运动中的庐山真面目》，《近代史研究》2011 年第 5 期。

❻ 叶昌炽：《督缘庐日记抄》，载于《义和团》第二册，第 454 页；高枬：《高枬日记》，载于中国社会科学院近代史研究所《近代史资料》编译室主编：《庚子记事》，北京：知识产权出版社，2013 年，第 168 页。

❼ 《现仍有人攻击使馆及北堂如果各使出京在路能否设法禁其不如此攻击请明示有议由》，英国公使窦纳乐给总署（函），1900 年 7 月 30 日，《总理各国事务衙门档案》，台北："中央研究院"近代史研究所藏，档案号：01 - 14 - 002 - 03 - 027。

❽ 《窦纳乐爵上致索尔兹伯理侯爵函》，1900 年 11 月 22 日收到，《英国蓝皮书关于义和团运动外交资料选译》，第 114 页。

❾ 日国公使葛络干致总署函：《函称各使出京须奉本国直达明讯始敢离任并附送各本国密电十件乞代寄由》，1900 年 8 月 6 日，《总理各国事务衙门档案》，台北："中央研究院"近代史研究所藏，档案号：01 - 14 - 002 - 03 - 033。

上谕令李鸿章作为全权代表，将与各国谈判和处理所有相关事宜。窦纳乐则再次提醒中方注意自己的"不睦之行"，一是不分昼夜向公使馆放枪，二是不允售卖食物之人前来各馆，明显与其所望和平之愿不符。❶

　　事实上，各国公使早已笃定不会离开东交民巷。他们深以英国人在印度遭遇的康普尔事件为鉴，❷ 将其作为投降后果的警告，担心清廷"引诱"公使出馆是别有用心，要杀害公使或挟持以为人质。❸ 而且中方既称"保护公使"，却又加大火力进攻，被围的外国人怒斥清廷"背信弃义""言行不一"，以致他们无法相信中方交涉官员的任何保证。❹ 英国公使窦纳乐称："如果我们完全停止同中国人的通信，我们将会发现局势不那么令人迷惑不解。"❺ "我们从来不认为有理由说明我们将要离去，即使我们提出的一切条件得到满足。"❻ 公使团下定决心等待救援，那是他们认为可以保得安全的唯一方法。

　　北京这边迟迟没能获得公使们的松口。另外，清政府还寄希望于直接向各国政府商请。上自光绪皇帝，下至李鸿章、刘坤一、张之洞、袁世凯、盛宣怀等实力派官员，以及中国驻外使节，经由不同渠道对外斡旋，示以中国政府不仅实力保护公使团，而且供给粮食。❼ 外国领事们此时亦多希望促成和解，如英国总领事霍必澜、美国总领事古纳代东南督抚向两国外部多次转达北京公使仍然幸存的消息，❽ 不允使

---

❶ 英国公使窦纳乐给总署函：《本国大君主次子逝世命罗大臣致信均已阅悉并请禁无故向各使馆放枪派员代买食物由》，光绪二十六年七月十五日（1900 年 8 月 9 日），《总理各国事务衙门档案》，台北："中央研究院"近代史研究所藏，档案号：01 - 14 - 002 - 03 - 034。

❷ 《英国蓝皮书有关义和团资料选译》原注：所谓"康普尔惨案"，系指 1857 年 7 月印度起义的军民在康普尔城痛歼英国侵略者一事。

❸ "他们（清政府）很明显地仍抱有这个希望：如果我们自动放弃防御，他们更易于完成这项任务"。《窦纳乐爵士致索尔兹伯理侯爵函》，1900 年 11 月 22 日收到，《英国蓝皮书有关义和团资料选译》，第 112 页。

❹ 马丁说道："事实是，正是在他们公布保护使馆上谕的那一天，晚上就对我们射击，夜里还发动了全面进攻。"William Alexander Parsons Martin, The Siege in Peking, China against the World：By an eye witness, New York：F. H. Revell, 1900, p. 114. 服部也认为，进攻与封锁"甚与政府的好意不相符"。[日] 柴五郎：《北京笼城日记》，第 119—120 页。

❺ 《窦纳乐爵士致索尔兹伯理侯爵函》，1900 年 11 月 22 日收到，《英国蓝皮书有关义和团资料选译》，第 116 页。

❻ 《窦纳乐爵士致索尔兹伯理侯爵函》，1900 年 11 月 22 日收到，《英国蓝皮书关于义和团运动外交资料选译》，第 112 页。

❼ 只是来自清政府或清朝官员的保证，往往受到外国的怀疑。《上海在勤小田切總領事代理ヨリ青木外務大臣宛（電報）·各國公使保護糧食供給方ノ詔敕發布竝各公使ノ安全ニ關スル袁世凱來電ノ件》，1900 年 7 月 27 日（第九三号），《清國公使ヨリ青木外務大臣宛·各國公使保護竝糧食供給ニ關スル盛宣懷ヨリノ來電傳達ノ件》，1900 年 7 月 28 日，第 443、444 號，《日本外交文書·第三十三卷，別冊北清事変上卷之二：対匪協同動作竝ニ各国ノ態度》，第 426—427 頁。

❽ Acting Consul - General Warren to the Marquess of Salisbury, Foreign Office, July 22, 1900, British Documents on Foreign Affairs：Reports and Papers from the Foreign office Confidential Print, Part I, From the mid - nineteenth century to the First World War, Series E, Asia, 1860—1914, Vol. 24, Doc. 138, p. 85. Goodnow to Hay（Telegram）, July 10, 1900, Despatches from U. S. Consuls in Shanghai, China, July 5, 1899 - July 31, 1900, M112, R46, National Archives of the United States.

用密码时，美国、德国驻烟台领事等曾请总署转致使臣，索要亲笔信或明文电码，再由其转电回国。❶ 7 月 30 日，李鸿章单独致电美国国务院，保证会救援使臣，将他们送往天津。美国政府的表态似乎又和缓了一些，称"如果这可以安全实行的话，相信国际部队将会停止"，但这需要建立在列强共同的情感上，美国"将乐于听取"。❷

因此，当密码电报被允许之后，8 月 3 日公使们第一批传递出来的信息尤为关键。7 日，又是美国政府率先收到康格公使 3 日发出的密电，内称使馆的情况更加危险了，仍然被围困，中国政府坚持让他们离开北京，这必将导致死亡，他们天天承受来自中国军队的射击。❸ 截至 8 月 10 日，英、法、德、日、俄等八个国家都收到了本国使臣的密码电报。从内容上看，这些电报是经过他们协商一致的，均向本国力称围困使馆的清军并没有放弃进攻，也没有停止建造防御工事，外使们仍处于极其危险的境地，因此不能相信中国人"谲诈的计谋"，迅速的救援十分必要。❹

康格随后又连续发送多封电报，向美国国务院报告使馆区现状以及北京公使团的共同决定。康格称他们每日都遭到清军的攻击，损失达 60 死 120 伤，食物也仅能再维持两周。但公使团已达成一致，在任何情况下都不能接受中国军队的护送，如果一定要离开，必须有足够数量的外国军队，足以保护 800 名外国人，其中有 50 位伤员和 200 名妇女儿童，以及 3000 名不能被抛下的中国教徒。❺ 8 月 4 日，康格还直接致电美军指挥官沙飞将军，请联军尽快到来，并说尽管情况严峻，但使馆内的人会坚持到联军到来。❻ 总理衙门当时并不知道他们代外国公使传递的是怎样的消息，以为转圜和局还有一线生机，将传递电报视作中外"和好"的征兆。因此在总署的"协助"下，康格的意见准确无误地到达大洋彼岸，美国政府一度同意了他不接受清军护送的决定。

---

❶ ［英］乔治·林奇：《文明的交锋——一个"洋鬼子"的八国联军侵华实录》，王铮、李国庆译，北京：国家图书馆出版社，2011 年，第 79 页。《总署收袁世凯转烟台德领事致北京德使电》，光绪二十六年七月十五日，《义和团档案史料续编》上册，第 729 页。华文电报的提议也并未被采用。

❷ Anxious to Stop Advance on Pekin, *Idaho Statesman*, 1900. 8. 2, p. 1.

❸ Mr. Conger to the Secretary of State, August 3, 1900, *Papers Relating to the Foreign Relations of the United States*, 1900, p. 157.

❹ 《清国特派加藤公使天津在勤领事ヨリ青木外务大臣宛（電報）·救援方希望二關スル北京情報ノ件》，1900 年 7 月 31 日，第 451 号，《日本外交文书·第三十三卷，别册北清事变上卷之二：对匪协同动作並二各国ノ態度》，第 441 页。

❺ Mr. Conger to the Secretary of State (Telegram), August 10, 1900 received; Mr. Conger to the Secretary of State (Telegram), August 9, 1900, *Papers Relating to the Foreign Relations of the United States*, 1900, pp. 158 - 159.

❻ Mr. Conger to General Chaffee (Telegram), August 4, 1900, *Papers Relating to the Foreign Relations of the United States*, 1900, pp. 157.

四、北京陷落前中美的最后补救

海约翰由于被这个夏天的问题搞得筋疲力尽，于8月7日离开了华盛顿，到他位于新罕布什尔州的避暑地休养。此后由半聋的助理国务卿艾地（Alvey A. Adee）掌管国务院，他得到了陆军部长鲁特的多方协助，包括当他跟总统通电话时，鲁特在旁边用喇叭向他喊话。❶ 麦金莱总统于八九月间也时常不在华盛顿，但他和海都与艾地等人保持密切的书信、电话和电报联系。艾地很少单独行动，他在决定之前基本上都要与麦金莱或海约翰商讨确认多次。❷ 因此，艾地的指示基本上反映的仍然是美国总统或国务卿的意思，保持了美国政策的前后一致性。

8月10日，艾地通知康格，由于收到他和其他公使内容类似的密码电报，美国国务院认可了他们不接受中国军队护送的决定。❸ 华盛顿方面直接指示康格，命其与联军指挥官取得联系，并下达了加速联军前进和加派军队的命令。❹ 陆军部当日也通知了沙飞美国政府对康格行动的支持。❺ 原本最有希望调停矛盾、停战和解的美国路线面临失败。其他国家的情况大抵如此。

八国联军按照各国政府的训令，已迅速逼近京城，面对清政府的求和，他们也丝毫不为所动。8月2日北仓陷落，来自前线的电报接连飞入总署。8月6日，直隶总督兼北洋大臣裕禄坦言已向英国驻天津领事"再三商阻"，但"彼以添兵系奉钦差及兵官主意，不受所商"，恳请总署嘱托英国公使电饬英国领事，方能阻住联军。❻ 不料当日杨村失守，裕禄战败自杀。8月7日，清政府任命李鸿章为全权代表，试图做最后一搏。

6月起，清廷多次旨催李鸿章北上，却迟迟不授予全权，此番任命，意义重大。李鸿章获伍廷芳从旁襄助（伍曾长任李之幕僚，累受重用），于北京陷落前最后时刻曾争得美国同意合作，试图补救万一。

8月11日，伍廷芳收到李鸿章来电，全权代表请驻美公使询问美国是否能主持议和谈判。伍氏当即赴美国国务院拜访了艾地，艾地回复说，限于美国国书

---

❶ Margaret Leech, *In the Days of McKinley*, New York：Harper, 1959, p. 524.

❷ Marilyn Young, *The Rhetoric of Empire：American China Policy* 1895—1901, Cambridge, Mass., 1968, p. 172.

❸ Mr. Adee to Mr. Conger (Telegram), August 10, 1900, *Papers Relating to the Foreign Relations of the United States*, 1900, p. 159.

❹ More Men Hurried to the Pacific Coast. Result of Conger Message is Order to Sent Troops from Interior Points, *Philadelphia Inquirer*, August 9, 1900.

❺ Cobin to Chaffee, through Fowler, August 10, 1900, Cablegrams Received, July 1900 – Mar. 1901, *China Relief Expedition*, RG395, National Archives of the United States.

❻ 《北洋大臣裕禄为商阻英兵请总署嘱英使电饬领事遵照办理事致总署电》，光绪二十六年七月十二日，《庚子事变清宫档案汇编》第2册，第731页。

中的前提条件没有达到，美国现阶段还无法出面调停，但建议伍廷芳，如同总统在 7 月 23 日的提议，清政府可以与联军指挥官直接讨论，在解救公使、保护外国人和维持秩序上寻求合作。伍廷芳指出，指挥官会说他们在收到他们政府的命令之前不能停止，因此必须请求美国政府给予指挥官明确的指示。❶ 当日，美国国务院还收到了日本驻美公使的照会，其中提出似乎可以由联军派一部分军队进京护送公使离开的建议，日方看来这可能是实现和谈的办法。艾地亦觉得这个方法大概也与美国致中国国书第三条不谋而合，故也倾向于同意，并进一步建议具体行动可由联军指挥官们商议决定。❷ 伍廷芳的意见获得了陆军部长鲁特的支持，他说既然中国公使如此期待，他将给沙飞具体的命令。❸ 8 月 12 日，陆军部发出了这条命令：

> 李鸿章被中国政府任命与各国谈判，请求停战。我们已经回复说我们准备好加入各国与中国政府的停战协议，条件是足够多的救援军队被允许不受骚扰地进入北京并护送外国公使和居民回到天津，这个行动由军队安排和部署，必须由各国指挥官认为满意。我们已经与各国沟通。日本赞同我们的做法。我们还没有收到其他国家的回复。❹

虽然坚称清政府尚未满足美国提出的前提条件，美国政府还是愿意以清廷任命全权代表这个契机，试图在联军攻入北京之前较为和平地解决冲突，电报中提出的救援方案也体现了美国更愿意看到的是中外合力救出公使，而并非单独靠外国联军的武力，这也符合麦金莱总统一贯表明的他的目标是"在骚乱结束后继续维持跟中国的友谊"。❺ 这个目标从派兵到中国时就树立了，到任命沙飞为指挥官则更加明确，美国派兵最主要的目的不是军事上的，而是外交上的，麦金莱亲自拟就给沙飞的指示，告诉他要继续维持与中国人民以及未卷入其中的中国官员的友谊。美军指挥官此前更多地扮演了联军中各国之间协调者的角色，而越到接近北京，就越有可能同清朝官员接触，美国政府希望美军这次可以跟友好的中国官员合作，共同实现救援公使的任务。

因此，美国政府再次出面与各国沟通，在说服了各国驻华盛顿的公使后，陆

---

❶ Memorandum, August 11, 1900, *Notes from the Chinese Legation in the United States to the Department of State*, Jan. 1, 1898 – Dec. 31, 1901, M98, R4, National Archives of the United States.

❷ Confidential, Telegram received from Viscount Aoki, August 11, 1900; Memorandum, August 12, 1900, Instructions, 1900, *Records of Diplomatic Posts*: 0217*Legation Archives*, RG84, National Archives of the United States.

❸ Memorandum, August 14, 1900, *Notes from the Chinese Legation in the United States to the Department of State*, Jan. 1, 1898 – Dec. 31, 1901, M98, R4, National Archives of the United States.

❹ Cobin to Fowler, through Fowler, August 12, 1900, Cablegrams Received, July 1900 – Mar. 1901, *China Relief Expedition*, RG395, National Archives of the United States.

❺ Corbin to Chaffee, July 19, 1900, *McKinley Papers*, Library of U.S. Congress.

军部于 14 日进一步训令沙飞，如果中国方面传达出愿意在北京将他们保护下的公使等外国人释放给救援军，授权沙飞在认为安全的情况下，可以不用咨询陆军部，就与其他指挥官联合行动，实施这项部署。"问题在于你是否应该坚持进入北京，进入使馆或在内城城门或外城城墙外接收，冒着公使们在只有中国人护送的情况下通过城市的风险，这是你和其他指挥官必须决定的。"❶ 当天艾地也通知康格，美国政府已经接受李鸿章发出的护送公使出京的请求。❷

与此同时，伍廷芳将与美国政府商议的结果向李鸿章通报，李鸿章遂以此上奏清廷。他在奏折中援引了艾地给伍廷芳的备忘录全文，即美国向伍廷芳透露了允许通信后康格电报的内容，以及北京各公使不愿出京的意见，建议清政府按照此前美国国书第三条办法，"速派员与援救使馆之统兵官会商，协救各使，保护商民，安靖地方"。❸ 可见美国甚至将当下最敏感的内情毫无保留地告诉了中方，是真心想要促成中外合作。8 月 14 日，李鸿章再上奏称："美愿与各国会商停战之约，但须准各国酌拨援师进京，将公使及一切等救护到津。"❹ 16 日，伍廷芳向艾地转递了李鸿章的一封电报，其中李氏也告知美国政府他已按此办法上奏。伍廷芳设想，只要清廷和联军很好地合作，那么战争就会停止在通州，一支和平的联军分遣队可以从通州到北京护送公使离开。艾地表示这是一个可行的建议，如果成功将是令人满意的。❺

李、伍二人为阻止联军进入北京，与美国国务院共同规划了一个完美的方案，除日本外，还获得了俄、意等国的支持。❻ 但他们高估了命令传送给美国指挥官的速度。由于京津之间电线中断，陆军部的命令都是发送给美国驻烟台领事法勒，再由其经驿路转递给正在向北京行进中的沙飞。8 月 12 日，总理衙门照会联军指挥官，通知他们李鸿章被任命为全权代表，请先行停战。❼ 但此时沙飞

---

❶ Cobin to Chaffee, through Fowler, August 14, 1900, Cablegrams Received, July 1900 – Mar. 1901, *China Relief Expedition*, RG395, National Archives of the United States.

❷ Mr. Adee to Mr. Conger, August 14, 1900, *Papers relating to the foreign relations of the United States*, 1900, p. 160.

❸《代递全权大臣李鸿章致军机处总署电》，光绪二十六年七月十七日辰刻，《袁世凯全集》第 6 册，第 134 页。Memorandum handed to the Chinese Minister August 8, 1900, Instructions, 1900, *Records of Diplomatic Posts*: 0217*Legation Archives*, RG84, National Archives of the United States.

❹《全权大臣李鸿章请代奏电》，光绪二十六年七月二十日，《袁世凯全集》第 6 册，第 145 页。

❺ Memorandum, August 16, 1900, *Notes from the Chinese Legation in the United States to the Department of State*, Jan. 1, 1898 – Dec. 31, 1901, M98, R4, National Archives of the United States.

❻《全权大臣李鸿章请代奏致军机处总署电》，光绪二十六年七月二十二日（1900 年 8 月 16 日）辰刻，《全权大臣李鸿章请代奏电》，光绪二十六年七月二十日，《袁世凯全集》第 6 册，第 180 页。Mr. Adee to Mr. de Wollant, August 13, 1900, Instructions, 1900, *Records of Diplomatic Posts*: 0217*Legation Archives*, RG84, National Archives of the United States.

❼《总理各国事务衙门照会各国联合军总统》，光绪二十六年七月十八日，《义和团档案史料》上册，第 475 页。

尚未收到美国政府发来的与中国合作的命令，故未予理会。直到 8 月 15 日联军攻陷北京的第二日，沙飞才收到这则姗姗来迟的指示。

由于清军抵抗无力，联军前进的速度也远超伍廷芳等人的预估。8 月 9 日李秉衡在河西务大败。11 日，联军已攻略通州张家湾，预备分两路直扑北京。联军兵临通州之时，高枬在日记中哀叹："著派李李鸿章为全权……但洋兵大队绕出北仓，已至蔡村，恐方不及痖也。若先下半月，何至此哉！"[1] 盛宣怀亦在致刘坤一的电文中悲痛言道："惜送使臣、派全权，皆迟钝！"[2] 评论均甚中肯，正是此前护使出津上的拖延，清政府丧失了阻止八国联军前进的最佳时机。待到李鸿章被授全权，与美国商讨送使出京时，早已为时过晚，不仅美国政府的命令无法及时到达，而且各国军队的联合行动事实上也让美军能否真正脱离联军充满疑问。本文不厌其烦地还原联军进军前夕中美之间最后的交涉点滴，既是为继续揭示美国如何实践其对华政策，也是为说明李鸿章并非如张忠栋教授所说从 7 月底之后就"弃美就俄"[3]，而是继续秉持其实用主义的外交原则，试图利用再次表现出友好面向的美国，而这两点又都与此后的议和谈判密切关联。

12 日，慈禧命令奕劻前往各使馆当面商议停战。"庆亲王等"致信英国公使，请求面对面会晤。[4] 此乃围困以来清政府官员首次请求会见，外国公使欣然接受，窦纳乐回复将于次日早晨接待各位总署大臣。[5] 但联军此时已经攻至北京城下。和局已无希望，清政府于是下令军队对使馆区进行报复性的全面进攻，主攻方向即公使们集中的英国使馆。不断有清军从前线退回，纷纷加入攻打使馆的队伍。外国人亦感觉到清军是"要做最后一次努力，以击溃我们的抵抗"。[6] 13 日，总理衙门官员们自然没有前往交战激烈的公使驻地，据总署秘书说他们没去的原因是端王等人的阻挠，庆王和王文韶坚持前行，但遭到端王的威胁。[7] 14 日下午，在轰隆隆的炮火声中，八国联军攻陷了北京。

---

[1]　高枬：《高枬日记》，载于《庚子记事》，第 166 页。

[2]　《盛宣怀致刘坤一电》，光绪二十六年七月十四日，陈旭麓、顾廷龙、汪熙主编：《义和团运动——盛宣怀档案资料选辑之七》，第 173 页。

[3]　张忠栋认为，到了七月底的时候，李鸿章已下了"美调停空言无实"的结论，遂"弃美就俄"。这个观点获得了戴海斌的赞同。参见张忠栋：《庚子拳变时期中国对美国的看法》，《中国近代现代史论集13·庚子拳乱》，第 302 页；戴海斌：《庚子事变时期中美关系若干问题补正》，《史学月刊》2011 年第 9 期。

[4]　《致使馆书》，光绪二十六年七月十八日，《光绪宣统两朝上谕档》第二十六册，第 261 页。

[5]　《窦纳乐爵士致索尔兹伯理侯爵函》，1900 年 11 月 22 日收到，《英国蓝皮书有关义和团资料选译》，第 117 页。

[6]　《窦纳乐爵士致索尔兹伯理侯爵函》，1900 年 11 月 22 日收到，《英国蓝皮书关于义和团运动资料选译》，118 页。

[7]　Mr. Conger to Mr. Hay, 1900. 9. 3, *Papers Relating to the Foreign Relations of the United States*, 1900, p. 191.

第四节　应对"门户开放"的地方挑战

尽管各国对美国的第二次"门户开放"照会反应积极，均表示愿意维持中国的领土与行政实体，但所有的国家同时都在考虑利用庚子事变的危机从中国攫取最大化的利益，其中运用军事力量在和谈开始前获得一有利地位是很重要的手段。但这势必威胁到中国各地方——尤其是中外已经达成协议的"互保"地区的——暂时和平，造成除正在作战的直隶地区以外的一些局部冲突，破坏中国的领土完整。美国作为门户开放政策的发起者，对其他列强在中国地方发起的挑战是怎样的态度，又做出了怎样的反应与行动，值得关注与探究。

一、美国与英军登陆长江

虽然"东南互保"中外双方实现了照会换文，但英国不愿意受到行动自由的束缚，在其主持下最终没有签署"协定"。作为出兵论的始作俑者，英国驻上海总领事霍必澜（Pelham L. Warren）在"互保"约定后仍然不放弃让英军深入长江的计划，使用各种方法试图说服英国政府和两江总督刘坤一。[1] 美国却是在一种不知情的情况下被迫卷入其中，成为霍必澜游说刘坤一的关键因素。

《西巡回銮始末记》记有一则两江总督刘坤一致英国海军指挥官西摩上将的电报，西摩此时已从大沽南下到上海实地考察登陆问题，并曾于1900年8月初与刘坤一面晤。在征得刘坤一的允许后，英军第一批部队2000人由香港启程赴沪，英军即将登陆的消息在上海引起了恐慌和各国的效尤，且人数远超刘坤一的预期，于是这则电报就是在此情况下由刘坤一向西摩商议退兵。由于其中透露出一些与美国相关的信息，兹录原文如下：

> 前因领事面言美拟调兵保护租界，英亦不得不调兵。当以美英或有成约，切嘱务宜从少。贵军门为保商务起见，本大臣为保地方起见，皆欲力求安静，是以遇事无不推诚相商，通融办理。今贵国调兵来沪，各国既均不欲，是美国并无先欲调兵之意可知。目下沪上民心甚为惊惶，各口亦复因此震动，若各国复援例而来，民间更不知若何骇异。不得不请免调以示镇静。务望设法妥筹，已行者若何折回，未动身者即行阻止。[2]

"领事"指的是英国驻南京领事孙德雅（A. J. Sundius）。从中可见诸多事情原委。首先，刘坤一同意英国派兵登陆的直接原因，是因为孙德雅告诉他，美国已经准

---

[1]　戴海斌：《东南督抚与庚子事变》，北京大学博士学位论文，2009年，第142–149页。

[2]　《江督刘致英水师提督西摩电》《庚子回銮始末记》，载于罗惇曧：《庚子国变记》，上海：神州国光社，1947年，第341页。

备要派兵保护上海租界，英国才不得不采取行动，刘坤一以为英、美两国之间"或有成约"，若一国破例，还可以援引其他国家反对，但若两国协同，要抵抗起来则十分困难，因此刘坤一就不再坚决反对英国调兵，只是要求登陆的人数"务宜从少"。其次，到英国真正调兵的时候，遭到了其他国家的强烈反对，其中正包括美国，刘坤一由此推测"是美国并无先欲调兵之意可知"，于是打破了英国之前的谎言。

查考该时段美国政府的各类档案，并未见到有任何调兵上海的指令，历史事实也表明，7 月底华盛顿方面的全部注意力都在北方，探询驻京公使的消息并敦促联军前进，无暇顾及南方，更没有足够兵力能够分散给长江内地。美国派兵长江，一直只停留在美国领事与寓华商人团体的呼吁。商人团体的代表是上海的美国亚洲协会，他们不仅积极支持"东南互保"，而且曾经向美国政府发出要求派兵保护的呼声。❶

领事方面，同英国一样，请求派兵的建议在"东南互保"之前就曾热烈讨论过。5 月底，美国驻镇江领事马墩同时致电美国驻上海总领事古纳以及海军将领坎卜夫，以当地发生抢劫案件为由，请求海军部派巡洋舰或炮船保护镇江。❷ 6 月 12 日，马墩还直接向海约翰发送密电，请求美国军舰的保护。❸ 镇江领事的意见得到了古纳的支持，他认为镇江是长江与大运河的交汇处，很有可能成为南下的义和团在南方首个攻击的地方，又因为汉口是长江流域的中心，南京是两江总督的驻地，古纳趁机建议美国政府应长期安排炮舰在这些地方，以备不时之需。❹ 之后由于收到刘坤一、张之洞等督抚"自任保护"的保证，美国领事主动放弃了派兵的想法。直到 7 月份，驻汉口领事魏礼格再次提议。7 月中旬，应汉口德国商人的请求，德皇通知德国驻汉口领事，将派 7 艘战舰去保护长江流域。魏礼格向古纳报告，并请求美军亦派巡洋舰到汉口。在美国公使康格被围与外界失联后，上海总领事古纳作为在华级别最高的美国外交官，于领导其他美国领事方面发挥了重要作用。他积极配合中国督抚促成"东南互保"，并对任何企图武力侵略的行径保持警惕，因为他对这次骚乱可能带来"瓜分"中国的后果比任何人都要担忧，甚至认为北方的战火与即将到来的"瓜分"相比，根本不算什

❶　英国驻上海总领事霍必澜听说美国亚洲协会向美国政府请求派兵占领上海，将此事报告英国政府，才有英美联动之说。Acting Consul – General Warren to the Marquess of Salisbury, July 26, 1900, F. O. 881/7505, p. 19.

❷　Martin to Admiral Kempff and Goodnow, May 30, 1900, *Despatches from U. S. Consuls in Chinkiang*, *China*, January 6, 1900 – June 18, 1902, M103, R7, National Archives of the United States.

❸　Martin to Hay, June 12, 1900, *Despatches from U. S. Consuls in Chinkiang*, *China*, January 6, 1900 – June 18, 1902, M103, R7, National Archives of the United States.

❹　Hay to Cridler, June 14, 1900, No263, *Despatches from U. S. Consuls in Shanghai*, *China*, July 5, 1899 – July 31, 1900, M112, R46, National Archives of the United States.

么。因而他将德皇的这次派兵视为德国要将长江流域划入其势力范围的挑衅，强烈赞同汉口领事魏礼格要求美国派兵的建议。他向美国国务院详细列举了美国军舰出现在长江的诸多好处，因为目前长江流域只有英国军舰，万一义和团蔓延至此，这些军舰在数量上不足以保护外国人和支持总督，若有更多的英舰到来将造成严重的麻烦，但至少出现两艘美国军舰则将会极大地改善局势，并非制造麻烦，况且美舰还能随时保护散落在沿长江各处的美国侨民。为此，古纳再次请求美国政府派军舰到汉口、镇江、南京各处。❶ 由此可知美国派兵的设想是为牵制英国，而并非如刘坤一猜测的英、美"已有成约"。

虽然美国国务院没有同意领事们的派兵请求，但美国在华官员想要增兵长江的意图被英国领事知晓后，他们加以利用向两江总督撒了一个模棱两可的谎。刘坤一终得以确认美国并未参与英国的计划，还因为他得到了盛宣怀处的消息，8月9日盛宣怀致电刘坤一："顷美领事来云，英兵来沪，西摩据洋商所请，已电英部，各领事不为然，亦电本国，均未接复电。顷密劝法、美、再电坚阻。"❷古纳亲自声明并不同意英军登陆，且已通知美国政府，盛宣怀据此认为既然各国均不赞同，正好可以商请最反对的美、法两国出面阻止英国。因此，就由盛宣怀拟稿，8月10日以李鸿章、刘坤一、张之洞、盛宣怀四人名义，通过驻美公使伍廷芳向美国政府发送了一封联合电报，强调各督抚已保证维护长江各处稳定，若英军登陆，将会导致商业混乱，贸易受损，因此恳请美国政府立即采取措施制止这一行动。❸ 美国国务院回复迅捷，但内容却令人失望，代理国务卿艾地说：

> 任一国家为了保护其公民和利益是否应该在上海登陆军队的问题，这是每个国家必须自己决定的。为了保护我们的公民，如果我们觉得有必要在那里登陆军队，我们也会这样做，就像我们在大沽的行动一样；我们不能质疑对这个口岸有条约权利的其他国家做相同的事情。如果伍廷芳的信件被视为是呼吁我们与其他国家阻止损害中国的行为，那么只要中国政府还没有遵守美国总统7月23日国书中的要求，我们就不会采取任何措施。❶

自东南地方中外议约以来，美国一向最支持督抚们的举措，并致力于协调列强共同维持南方的和平，此时却以如此强硬的语气拒绝调解可能面临的中外冲

---

❶ Goodnow to Hay, July 17, 1900, No276, *Despatches from U. S. Consuls in Shanghai, China*, July 5, 1899 - July 31, 1900, M112, R46, National Archives of the United States.

❷ 《寄刘岘帅》，光绪二十六年七月十五日，《愚斋存稿》卷三十八，电报十五，第196页。

❸ 《寄英罗使俄杨使美伍使日李使法裕使》，光绪二十六年七月十六日粤江鄂会电，《愚斋存稿》卷三十九，电报十六，第908页。Handed to Mr. Adee by the Chinese Minister, August 11, 1900, Instructions, 1900, *Records of Diplomatic Posts：0217 Legation Archives*, National Archives of the United States.

❶ Sent by Mr. Adee to Minister Wu, August 11, 1900, Instructions, 1900, *Records of Diplomatic Posts：0217 Legation Archives*, RG84, National Archives of the United States.

突，其中必有原因。首先，由它最后要求清政务必满足美国总统提出的条件可知，美政府的态度很大程度上受到中国北方局势的影响，8 月初北京公使与外界的密码通信恢复，美国国务院刚同意了康格不离开北京的决定，面对伍廷芳的询问还无法出面调停，只能建议他同联军统帅直接讨论，因此在北方局势尚不明朗的情况下，美国颇有迁怒于南方的味道。

美国不愿出面阻止英国调兵，根本上还在于它不愿放弃在中国登陆军队的权利。同英国不签署"东南互保"协定的理由类似，美国政府实际上也早已意识到这个问题，美国传教士范约翰（J. M. W. Farnham）提醒美国总领事古纳在跟中国官员的谈判中，不要做出永远不登陆一兵一卒的承诺。❶ 美国政府决定保留在长江登陆军队的权利，而这个权利在它看来是由以往的中外条约赋予的，不容受到侵犯。根据"最惠国待遇"，美国不废兵力即已享有与所有列强同等的在华特权，"门户开放"政策在强调列强权益平等的同时，要求清政府继续履行不平等条约，中国的条约义务乃是"门户开放"政策的潜台词，美国不愿自我放弃条约特权，自然也不会出面干涉他国之条约特权。

"门户开放"政策的领土表述本又相对模糊，第一次照会默认了势力范围，第二次照会在最后时刻由宣称"维护中国的领土与主权完整"退缩至"维护中国的领土与行政实体"，美国不仅为自己留有攫取领土的余地，而且暗中也为它接受他国一定程度的军事干涉埋下伏笔。只是他国的行动一定不能损害美国的商业利益。"门户开放"政策的根本目标是商业利益，维护中国的领土与主权完整乃是附加项，英国出兵既尚未直接侵害美国在长江的利益，美国亦不愿于此时惹怒英国。况且向华派兵权对维护美国的在华商业至关重要，美国没理由放弃。

由于没能获得美国政府强有力的支持，刘坤一在反对英军登陆的态度上明显弱了下来，8 月 15 日他正式向英国政府收回了反对派兵的抗议。8 月 18 日，2000 名英军在上海登陆，加上后续到来的，登陆人数达到 3000 人。法、德、日军队接踵而至，数万名外国士兵将在上海驻留近两年的时间。❷

美国虽然保留了它在上海登陆的权利，却一直没有实际派兵到长江流域。因为美国保留登陆权的主要目的是为了保护侨民，只要地方督抚们尚能够维持秩序，美国政府不会主动动用武力。在海约翰看来，"维持住骚动的人民"的最好办法是利用清政府官员的"协助"，而直接的外国军事镇压，只会点燃与强化中国人民的反帝情绪，他同沙飞一样反感德国军队对北京周边开展的惩罚性远征，抱怨说："确保那些伟大总督们的协助是我们第一项努力和胜利，我们坚持了过去四个月。在面对德国和俄国引发的骚乱，很难想象他们还能够在多长时间内维

❶ Farnham to Goodnow, July 7, 1900, *Despatches from U. S. Consuls in Shanghai, China*, July 5, 1899 – July 31, 1900, M112, R46, National Archives of the United States.
❷ 戴海斌：《东南督抚与庚子事变》，北京大学博士学位论文，2009 年，第 158 – 159 页。

持住他们暗流涌动的人民。"❶ 美国对长江流域的政策很快又转变为尽最大的努力支持地方督抚。

1900 年 10 月间，由于担心义和团的骚乱波及南方，美国赴华特使柔克义（W. W. Rockhill）专门到南京和武汉会见了两江总督刘坤一、湖广总督张之洞，刘、张二人在各自的总督府热情招待了柔克义，在关于和平谈判的笼统性的谈话后，柔克义还与刘坤一、张之洞二人分别私下进行了长时间的密谈。双方就当前局势的看法展开了深入的交流，刘坤一和张之洞都表示他们一直将美国视为朋友，并恳请美国能够继续帮助他们摆脱现在与即将在和谈中出现的麻烦。❷ 虽然拒绝调停英军登陆一定程度影响了两江、湖广对美国的观感，但美国自身未派兵及其随后的主动示好又让东南督抚寄予希望。

二、美国与天津租界之争

联军攻占天津后，各国展开了一场对租界土地的疯狂抢夺，俄国乃始作俑者。美国虽以"门户开放"政策确立维护中国领土之原则，却也不甘落后。

俄军在天津紫竹林租界人数最多，是攻打清军的绝对主力。攻取天津后，俄军于紫竹林租界附近安营，占据了英、法租界对面的大片土地。冲突源于 10 月 4 日，英国司令官向天津临时政府抗议说，数名俄国士兵在英租界对面，以土地属于俄国为借口，阻止英国军官向该处架设乡村电报线。英国人认为："这段土地既不属于俄国也不属于其他国家，而是由临时政府托管"，以此请求临时政府出面干涉。❸ 次日，临时政府委员会中的俄国委员回复称，依照阿列克谢耶夫上将的命令，上述地段已悬挂俄国国旗，即归俄国属有。委员会决定直接致函俄军统帅阿列克谢耶夫，指明上述地段属于临时政府管辖范围，俄国应以维护政府权威为重，避免在列强之间引发令人遗憾的摩擦事件。❹ 然而，临时政府的警告非但没有让其有所收敛，俄国反而在随后向所有国家发送了一个循环照会，宣布它对白河左岸、外国租界对面这块土地的占有。"自从 6 月 17 日清军联合义和团袭击由俄国部队占据的外国租界和火车站，6 月 23 日赖俄军增援才解除了封锁，扫荡了白河左岸……以及依靠武装力量和俄国人的流血牺牲才得以占有，从而确定

---

❶ Xiangze Jiang, *The United States and China*, p. 27.

❷ Martin to Hill, October 13, 1900, *Despatches from U. S. Consuls in Chinkiang, China*, January 6, 1900 – June 18, 1902, M103, R7, National Archives of the United States. Wilcox to Hill, October 27, 1900, *Despatches from U. S. Consuls in Hankow, China*, January 5, 1900 – July 21, 1906, M107, R8, National Archives of the United States.

❸ 《第 48 次会议》，1900 年 10 月 4 日，《八国联军占领实录：天津临时政府会议纪要》（上），倪瑞英等译，天津：天津社会科学院出版社，2004 年，第 49 页。

❹ 《第 49 次会议》，1900 年 10 月 5 日，《八国联军占领实录：天津临时政府会议纪要》（上），第 50 页。

了他们征服的权利”，因此俄国方面认为从火车站到油库这段长约两英里的土地，就已经“成为俄国军队通过六月二十三日的战事行动而取得的财产”。最后，俄方声称它将保护在 6 月 17 日前登记的外国土地所有者的权利。❶ 换言之，这片土地上所有拥有土地的中国人以及 6 月 17 日后登记的外国人都将遭到否定。

美国公使康格率先对俄国的做法做出反应，竭力反对这种“攫取”行为，他在上报国务院并命令美国驻天津领事抗议的同时❷，自己向俄国公使格尔思递交了一份义正词严的抗议：

> 鉴于俄国政府明确宣称它无意在中国获取领土，我无法相信还采取了这样的行动或俄国政府批准了这样的行动。天津是一个开放的口岸，土地应该为所有国家共同使用。即使在和平时期，如果有必要占领，也应该是通过国际协定，正如最近在扩大上海租界问题上坚持的。现在，鉴于联军在华的联合行动，还有更强有力的理由说明为什么这块包含一个位置重要的公共火车站以及其他财产在内的有广大面积的土地，必须由各国公用，而不应该被单独一个国家据为己有。因此我抗议如此占用土地，请求您调查此事；若属实，请求俄国政府下达阻止此类占用的指示。❸

很显然，康格在抗议中特意强调了俄国对美国“门户开放”照会的回复，认为这个行为已经违背了它原本对于“维护中国领土”的认同，对列强来说更是一个“很危险的先例”，因而在尚未征求华府意见的情况下就先行抗议。国务卿海约翰高度认同康格的抗议，同时指出这是与列强宣称的目标相违背的，扰乱了各国的一致行动，这个问题应留到作为整体和谈的一部分解决。❹ 在国务院的支持下，康格更加坚定了看法，严厉地批评了天津领事若士得没有按照其指示第一时间向俄国领事抗议，他反驳了若士得“由于没有美国人的财产牵涉其中”的理由，指出“如果俄国或其他国家想要一个新的租界，或延伸原有租界，都需要首先得到中国政府的同意，其他国家公开的和国际的权利也应该得到尊重”，进而催促若士得尽快提出抗议。❺

---

❶ Russian Circular Annoucing Occupation of Left Bank of the Peiho, opposite Foreign Concessions at Tientsin, Nov. 6, 1900, *Papers relating to the foreign relations of the United States*, 1901, p. 41.

❷ Mr. Conger to Mr. Hay (telegram), November 14, 1900, *Despatches from U. S. Ministers to China*, October 1 – December 15, 1900, M92, R109, National Archives of the United States.

❸ Mr. Conger to the Russian Minister at Pekin, November 14, 1900, Enclosure 9 of No. 491, *Despatches from U. S. Ministers to China*, December 16, 1900 – January 31, 1901, M92, R110, National Archives of the United States.

❹ Mr. Hay to Mr. Conger, November 16, 1900, *Papers relating to the foreign relations of the United States*, 1901, p. 39.

❺ Mr. Conger to Mr. Ragsdale, November 30, 1900, Enclosure 5 of No. 491, *Despatches from U. S. Ministers to China*, December 16, 1900 – January 31, 1901, M92, R110, National Archives of the United States.

　　面对美国抗议，俄国闪烁其词。俄国公使对康格的答复模糊到了几乎自相矛盾的地步，他说"既没有俄国通过侵略获取领土的问题，也没有占领火车站的问题"，因而，假如那个照会"所包含的任何辞句能够让人有这样的解释，那一定是在文字表达上的错误"。最后，他补充说，在这个事件中俄国军事当局的目的是防止自6月以来俄军为军事目的占领的地区被其他集团夺取或占据。❶ 康格似乎故意无视了格尔思回复的最后一部分内容，以前半部分认定这是俄国的否认声明，但不管他如何敦促俄国修改其占领声明，都没能成功。若士得从俄国驻天津代理领事处得到的则仅是"所有关于此事的问题都将由军方处理"的通知。❷

　　一方面对俄国的抗议还未取得成效，另一方面康格的担忧很快变成了现实，各国竞相效尤俄国的做法。11月7日，就在俄国循环照会发出的次日，比利时驻天津领事也正式通知各国，比利时当局从即日起将占据一块德国租界河对面、俄国租界沿河下游的一块土地，并已经插上了比利时国旗，标明了界限四至。❸ 紧接着，法国当局宣布将法国租界向西扩展。❹ 奥匈帝国和意大利也都要求在天津设立领事馆并跟其他列强一样获得一块租界土地。❺ 日本也要求扩大日本租界。❻ 对于这些行为，美国公使和领事都一一提出抗议，康格声称不能允许在任何合法租借地之外的地方损害任何美国人的财产利益，并坚持所有扩充租界的举措都应该等到秩序恢复之后再依法解决。❼ 但各国对于美国的抗议，除了礼貌性的说明之外，均未予以理会。❽

---

❶ Russian Minister to Mr. Conger, November 16, 1900, Enclosure 10 of No. 491, *Despatches from U. S. Ministers to China*, December 16, 1900 – January 31, 1901, M92, R110, National Archives of the United States.

❷ Mr. Conger to Russian Minister, November 22, 1900, Enclosure 11 of No. 491, *Despatches from U. S. Ministers to China*, December 16, 1900 – January 31, 1901, M92, R110, National Archives of the United States; The Russian Acting Consul at Tientsin to Mr. Ragsdale, December 5, 1900, *Papers relating to the foreign relations of the United States*, 1901, p. 45.

❸ Notice Addressed by Belgian Consul to Consuls of Other Nations at Tientsin, November 7, 1900, *Papers relating to the foreign relations of the United States*, 1901, p. 42.

❹ French Circular Announcing the Occupation of Certain Territory at Tientsin in addition to its Former Concession, November 20, 1900, *Papers relating to the foreign relations of the United States*, 1901, p. 42.

❺ Austrian minister to Mr. Conger, November 28, 1900; Italian Minister to Mr. Conger, December 1, 1900, Enclosure 14 and 15 of No. 491, *Despatches from U. S. Ministers to China*, December 16, 1900 – January 31, 1901, M92, R110, National Archives of the United States.

❻ Notice Promulgated by the Japanese Consul at Tientsin, December 28, 1900, *Papers relating to the foreign relations of the United States*, 1901, p. 47.

❼ Mr. Conger to Belgian Minister, November 14, 1900; Mr. Conger to Mr. Ragsdale, November 30, 1900; Mr. Conger to Mr. Ragsdale, December 31, 1900, Enclosure 12, 6 and 17 of No. 491, *Despatches from U. S. Ministers to China*, December 16, 1900 – January 31, 1901, M92, R110, National Archives of the United States.

❽ Belgian Minister to Mr. Conger, November 18, 1900, Enclosure 13 of No. 491, *Despatches from U. S. Ministers to China*, December 16, 1900 – January 31, 1901, M92, R110, National Archives of the United States.

康格相当愤慨，他斥责这种"攫取竞技"是不公平与前后不一致的，因为各国军队都宣称他们共同的目标不是为了获取某种特殊权益，若是这样，美国相信通商口岸的所有居留地都应该是国际共有的，而非由某一国家独占。这个想法显然与美国的"门户开放"政策是根本一致的。但短时间内列强对攫取土地的疯狂投入，又让康格逐渐意识到要按照他最初的设想在天津建立一个国际租界是很困难的，美国很有可能被排挤出这项利益分配的现实让他很是焦急。1900年12月31日，康格首次谨慎地向美国政府提出在天津拥有一块美国租界的建议：

> 如果我们在天津拥有美国租界，将在很多方面对我们有好处。但我们早就知道这需要钱和公民来运营，我们在那里二者都不够。国务院很清楚我们曾经维持租界的努力，不得不在1896年放弃。但如果美国政府无论如何可以承受这个负担，鉴于其他国家正在瓜分所有可获得的领土，我建议我们考虑取得一块租界的权利。❶

康格的建议无疑是想避免美国在庚子事变后在天津一无所获，竟意外地获得了在华美国军方与天津领事的支持。1901年2月21日，美军统帅沙飞将军致函康格，提出"我觉得我们政府应该会愿意恢复在天津的租借地"，不仅是为了未来的贸易，也是出于为军队获得一个明确立足点的军事需要。❷ 这源于美国驻津第九步兵团指挥官福脱少校的报告，福脱少校向美军当局指出，天津的白河两岸都正在被各国攫取，右岸有德国、日本和法国，左岸是意大利、奥匈帝国、比利时和俄国。这样就仅留下右岸的美国原有租界的一片大约1300英尺的土地，且美军现在已经暂时占有了这块地方。福脱认为，"重要的是我们至少应该明确建立我们在租界北边和南边的界限，宣布我们想要占领……这样的行动将给予我们一些在河岸边的明确权利，在未来河流开放航行中对我们是便利且有必要的"❸。为此，福脱还利用他身为天津临时政府委员会委员的便利，申请将连接河对岸俄、美两国租界的一座浮桥置于临时政府管辖下，以方便美军的管理使用。❹ 福脱和沙飞提到的这块所谓原本的美国租界，指的是美国曾经获得又自动放弃了的白河沿岸的一块土地。

康格起初并未考虑到这片土地。据天津领事若士得给福脱的情报显示，1860

---

❶ Conger to Hay, December 31, 1900, No. 491, *Despatches from U. S. Ministers to China*, December 16, 1900 – January 31, 1901, M92, R110, National Archives of the United States.

❷ General Chaffee to Mr. Conger, February 21, 1901, *Papers relating to the foreign relations of the United States*, 1901, p. 49.

❸ Major Foote to Adjutant – General, China Relief Expedition, February 17, 1901, *Papers relating to the foreign relations of the United States*, 1901, p. 49.

❹ 《第99次会议》，1901年1月26日，《八国联军占领实录：天津临时政府会议纪要》（上），第152页。

年清政府在天津划了三块地分别给英、法、美三国；1880 年美国领事通知海关道建议将租界降到"以前的状态"，但条件是如果任何美国领事将来希望使该租界恢复现行管理制度，他在与海关道台商定后即可恢复；1896 年美国再次宣布建议放弃管理这块土地。❶ 美国国务院在 1895 年给当时的驻美公使田贝（Denby）的一则训令中，曾细致梳理了天津美租界的实际状况，即 1860 年以后曾有几个美国人在美租界范围内购买土地，英、法两国租界的土地系由这两国政府从清政府处购得，然后卖给欲买之人，美国政府虽从未采取过此类行动，但美国购买者乃直接同清政府交易。1860—1880 年间，美国驻天津领事曾对这块土地实行管辖，设立警察、清扫街道等。❷ 美国人以此认为，美国从未放弃对美租界的"所有权"，而是可以在它愿意的任何时刻重新主张这一权利。❸ 既然这是一块原本就属于美国的土地，外加此时已形成的美军占领事实，天津领事若士得呼吁说："美国政府从来没有在国外取得土地，这项政策在多数时候是明智的，但我认为在天津我们的政府拥有一些我们可以控制的地方才是明智的。"❹

康格对领事与军方的看法大为赞赏，针对美国已经宣布的不会以军事行动攫取中国领土的宣言，他还自我解释说，鉴于几乎所有国家都利用现在的状况取得大片土地，而他们也都有过类似的声明。因此，他既赞同美军对天津美租界的占领，也指示天津领事，为了避免所有可能的地方均被他国占领，美国至少可以重新获得以前那片土地，如果遭到质疑，他要若士得声明这是"众所周知的美租界"。❺ 在康格的授意下，若士得也向天津的各国领事声明，美国政府将在天津保留这块"众所周知的美租界"，不允许其被攫取或占有。❻ 1901 年 2 月 26 日，康格向美国国务院请求允许获得这块"正式地给美租界"的一小块地，在次日

---

❶ Mr. Ragsdale to Major Foote, February 15, 1901, *Papers relating to the foreign relations of the United States*, 1901, p. 50.

❷ Olney to Denby, October 18, 1895, Jules Davids（ed.）, *American Diplomatic and Public Papers: the United States and China*, series III, the Sino – Japanese War to the Russo – Japanese War, 1894—1905, Vol. 12, pp. 156 – 159.

Jules Davids（ed.）, *American diplomatic and public papers: the United States and China*, series III, the Sino – Japanese War to the Russo – Japanese War, 1894—1905, volume12, pp. 156 – 159.

❸ 最近也有中国研究者挖掘早期美国档案，得出了同 1895 年这则训令类似的结论，肯定了美国对美租界所有权的模糊性不能成为否认这种所有权存在的依据。参见田肖红：《美国档案中的早期天津美租界》，《历史教学（下半月刊）》2013 年第 8 期。

❹ Mr. Ragsdale to Major Foote, February 15, 1901, *Papers relating to the foreign relations of the United States*, 1901, p. 50.

❺ Mr. Conger to Mr. Ragsdale, February 24, 1901; Mr. Conger to General Chaffee, February 25, 1901, *Papers relating to the foreign relations of the United States*, 1901, p. 51.

❻ Copy of Notice to be Served on Foreign Consuls by United States Consul at Tientsin Relative to Preservation of the Tract of Land Known as the United States Concession in Tientsin, *Papers relating to the foreign relations of the United States*, 1901, p. 51.

的报告中还附上了天津领事与军方的全部信函以支持他的主张。❶ 次日，海约翰发电报批准了康格到目前为止在天津租界问题上采取的一切行动❷，美国政府由此认同了在天津攫取土地的行动。

有意思的是，美国在宣称保留一块天津租界之后，针对 1901 年 4 月德国驻天津领事试图扩大德租界，依然进行了抗议。❸ 美国人自诩保留的仅是原本就属于美国的一小块地，且会等到秩序恢复通过合法的渠道重新获得。而美国的抗议始终秉持维护中国领土与国际公用权利，立足"大义"，并不失"门户开放"政策色彩，故凛然发声。

但美国人很快发现，那块所谓的美租界土地由于长期无人管理，缺乏卫生与警察系统，现实状况十分混乱，"集合了许多坏人"，因此很有必要进行管控。在美租界边上的英国租界的市政当局提出愿意为美国管控这块地区。在北京的美国公使馆主持了同英国的商议。1901 年 7 月 24 日，英国公使萨道义（Satow）通知美方，全盘同意了若士得提出的转让美国在天津租界的所有条件，包括：

1. 美国政府保留在必要的时候对租界实施军事控制的权利。

2. 美国政府保留在必要的时候在美国租界停泊炮舰的权利。

3. 至少要有一名美国公民参加新增租界理事会。碰到在正常情况下新增租界理事会中没有美国公民，美国领事有权利提名一名美国公民加入。

4. 所有对美国租界土地的转让都需在美国领事馆注册。

5. 未经美国领事批准，不得指定仅适用于美国租界而不适用于英国新增租界的特别规定。

6. 美国政府保留终止与英国新增租界合作的权利，若终止将提前一年通知，并承担经美国领事同意的为了对租界开发而产生的所有经济责任。❹

美国公使馆原本希望这块租界地能成为公共租界的一部分，或者能努力将其纳入正在进行的中外谈判，但现在看来实现这两个目标的希望都十分渺茫，因此美国公使在占领半年之后转而倾向于接受英国的建议。❺ 康格认为那块地唯一的

---

❶ Mr. Conger to Mr. Hay (Telegram), February 26, 1901; Mr. Conger to Mr. Hay, February 27, 1901, No. 551, *Despatches from U. S. Ministers to China*, February 5 – March 29, 1901, M92, R111, National Archives of the United States.

❷ Mr. Hay to Mr. Conger (Telegram), February 27, 1901, *Papers relating to the foreign relations of the United States*, 1901, p. 48.

❸ Squiers to Hay, April 22, 1901, No. 614, *Despatches from U. S. Ministers to China*, April 1 – May 30, 1901, M92, R112, National Archives of the United States.

❹ Mr. Satow to Mr. Squiers, July 24, 1901, *Papers relating to the foreign relations of the United States*, 1901, pp. 53 – 54. 若士得的提议参见 Mr. Ragsdale to Mr. Squiers, July 13, 1901, No. 182, *Papers relating to the foreign relations of the United States*, 1901, p. 53.

❺ Mr. Squiers to Mr. Hay, July 25, 1901, No. 677, *Papers relating to the foreign relations of the United States*, 1901, p. 52.

价值是在意外发生时能有地方登陆军队，这个问题似乎也得到了英国的允许，因此他在 9 月间询问美国国务院的意见，海约翰告知他可以与英国协商，只是要完全保留在那里的美国居民和商业，尤其是要保留美国在未来重新获得这块租界的权利。❶

在正式交付英国之前，还必须跟已经同中方签订了协议的俄国和德国一样，通过与清政府的谈判获得许可。1901 年 9 月 14 日，康格正式照会外务部，请中国"仍将前所退还人所共知之美国租界复行拨给"，而且声称在和约未画押之先，李鸿章曾对他有过口头允诺。❷ 然而，李鸿章再次想要施展其"以夷制夷"的办法，由于 1896 年美国再次声明放弃对美租界的管辖后，清政府曾有意将该地划归德国管辖，后来由于英国的干涉被迫拖延，但此时清政府仍想要利用英国与德国可能牵涉其中以阻扰美国。最后在康格的强烈抗议下，李鸿章被迫承认这块土地事实上并没有交给英国或德国，但他也坦白说真正反对的是一些现在占有那块土地的大型的外国投资公司，他们是最有权势的一批华人，并借此转而劝说康格接受"白河下游一片更大的、未被占领的土地"。虽然康格继续抗议说："这无法令我们满意，而我们现在占领的这块地，完全满足我们的目的，是我们想要的唯一的土地"，但美国国务院似乎已经改变了主意。一方面鉴于这块地不适合给美国用作商业或军事用途以及在与中国商谈收回过程中遇到的重重困难；另一方面也因为美国此时重新强调了它主要的目标和政策，是要扩大交流，并维持与中国以及其他国家的亲密关系，因此不愿意再费力做任何可能与此相背离的举措。海约翰在 11 月 27 日通知康格，"似乎现在再推进此事是不合适的"❸。同时，美国国务院也命令天津领事不必在此事上再做努力，若士得直接表达了对这个结果的无限遗憾。❶

虽然美国不再出力，但英国却基于前期双方达成的共识取代了美国同清政府进行谈判。以往研究均强调美租界归并英租界是英、美两国的"私相授受"❺，但仔细考察就会发现，在划归之前清政府是知情的，并且正是在清政府的同意下才得以最后正式归并。李鸿章去世后，英国的交涉对象变成北洋大臣、直隶总督袁世凯。1902 年 8 月 6 日，英国公使萨道义致函袁世凯，详细陈述了美租界现在

❶ Mr. Conger to Mr. Hay（Telegram），September 9，1901；Mr. Hay to Mr. Conger（Telegram），September 12，1901，*Papers relating to the foreign relations of the United States*，1901，p. 54.

❷ 《美驻华公使为请将美租界复行拨给照会外务部》，光绪二十七年，天津档案馆、南开大学分校档案系编：《天津租界档案选编》，天津：天津人民出版社，1992 年，第 15 - 16 页。

❸ Mr. Hay to Mr. Conger，November 27，1901，No. 417，*Papers relating to the foreign relations of the United States*，1901，pp. 58 - 59.

❶ Ragsdale to Hill，April 22，1902，No. 94，*Despatches from U. S. Consuls in Tientsin*，China，Jan. 1，1900 - June 26，1903，M114，R7，National Archives of the United States.

❺ 天津市政协文史资料研究委员会编：《天津租界》，天津：天津人民出版社，1986 年，第 35 - 36 页。李德征、苏位智、刘天路：《八国联军侵华史》，第 191 页。

的"鄙秽情形"以及美国公使康格已允将此地归于英国工部局管辖。❶ 鉴于英、美两国已议妥，且英国管辖此处实对天津的治安和社会秩序有益，袁世凯次日就函复萨道义给予批准和同意，同时他还札饬津海关道唐绍仪照此办理。❷ 1902年10月23日，天津海关道发出布告，正式承认美租界归入英租界。驻津英国工部局也将这一天视为合并美租界的正式日期，在《驻津英国工部局1918年章程》中明确标明："南扩充界系指该区域曾划为美国租界，而于1902年10月23日由天津海关道布告声明归英当局管理者"。❸ 至此，天津美租界遂不复存在，驻华美国外交官与军方历时近一年的努力最终以失败收场。

美国没能实现在天津获得土地的目标，而其他国家多数如愿扩张了土地。美国在其他国家的租界内还遇到许多麻烦。此前多国领事在宣布扩充租界时声称不承认1900年6月17日之后获得的土地，美国政府在接到涉及其中的美国公民的投诉后，还不得不出面抗议，强调他国总领事或市政机构没有权利评判美国人获得土地的有效性，论争不断。中国人在扩大的租界土地上的权利则更加无法得到保障，美国牧师明恩溥为此叹息道：

> 依据这一法令，许多遭到毁坏的中国人的房屋被吞并了，宽阔的马路向各个需要的方向伸展开来。中国房屋的主人要求得到赔偿的所有投诉所得到的回答，都只不过是耸耸肩膀而已。由于这块土地大部分地段的房屋非常拥挤，所以无辜的房屋主人的痛苦十分巨大，而且无法弥补。现在，这些不幸的人需要每月支付几元的税，才有权继续暂时地居住在他们自己的房子里！❶

三、美国与日军登陆厦门

（一）美国领事插手厦门事件

福建作为"东南互保"中唯一与外国签订协议的省份，在地方官员的维持下局势本相当平稳，不料却因为日本受到"北守南进"及其驻台官员的策动，派兵登陆厦门，引发形势的剧烈波动。❺ 这给美国驻厦门领事巴詹声（A. Burlin-

---

❶ 《英同意将天津美租界归由英管辖事致函北洋大臣》，光绪二十八年七月初三日，《天津租界档案选编》，第16－17页。

❷ 《袁世凯为准美租界由英工部局管辖事札饬唐绍仪》，光绪二十八年七月初五日；《袁世凯致英驻华公使复函》，光绪二十八年七月初四日，《天津租界档案选编》，第17－18页。

❸ 《驻津英国工部局1918年章程暨修正条文》，天津市档案馆编：《天津英租界工部局史料选编》上册，天津：天津古籍出版社，2012年，第84页。

❶ ［美］明恩溥：《动乱中的中国》，载于《义和团运动文献资料汇编》英译文卷上，第142页。

❺ 刘芳：《1900年日军登陆厦门事件再研究》，张海鹏、李细珠主编：《台湾历史研究》第二辑，北京：社会科学文献出版社，2014年，第347－363页。

game Johnson）提供了一个很好的出场机会。

登陆发生在 1900 年 8 月 24 日的上午，源于当天凌晨在厦门的一座日本寺庙发生火灾，虽然在接到东本愿寺起火通知后，正在巡夜的兴泉永道台❶延年几分钟内就赶到现场，率人及时扑灭大火并维持了秩序，但几小时后，延年就收到日本驻厦门领事上野专一的照会，内称"昨夜十二点钟之候（后），突有匪徒到寺开枪劫人，放火烧毁教堂并一切佛像器皿，看守之人仅以身免……现为保护帝国臣民起见，立即会商本国军舰管驾官妥议饬派军舰水兵队上岸自行保护"❷，随即日军"和泉"舰水兵一小队就在厦门登陆了。当天上午九点，上野专一也以同样的内容通知了英、美、法、德等国的驻厦领事。

美国领事巴詹声由于此前被领事团选为当地防卫委员会（the Defense Committee）的主席，他马上展开对整个事件的调查。结果却发现，着火的建筑乃日本僧侣租用，屋主为中国人，据称在起火的三天前，屋主和一位日本僧侣曾就未付的租金问题有过争执，当天日本人搬走了家具；直至起火前一天，除一些旧画外，所有物品全已搬走；（起火）当日晚上，仍在那留宿的日本僧侣到日本领事馆处报告失火。❸巴詹声由此十分怀疑日本寺庙着火的真实原因，这同延年在火灾现场的观察不谋而合。火灾发生后，延年于现场对邻居展开盘查，得知"此屋系日本人向英国教民张陛全租赁，数日之前，屋主逼索租钱不给，彼此角争，业将杂物搬移他处，仅存空屋，派有华、日工人各一名看守，刻均不知躲避何处，惟焚屋之际，俱有嗅闻煤油气味"，且在扑灭火情后，延年进入屋内察看，发现"火焰起自屋内，正与自行放火故烧相符"❹。厦门本地官员纷纷附和此论，海关总税务司向美国领事抱怨说，他可以保证绝无针对寺庙的袭击，（日本）登陆海军是毫无根据的；而且他将此视为一桩危及生命财产的暴行，因为厦门的中国人是如此地厌恶日本人，登陆的结果势必会引发一场骚乱。❺中国官员的言论坚定了巴詹声原有的判断，他决定采取行动制止日本。

与此同时，日本却继续派遣军队登陆鼓浪屿：25 日中午有百余名士兵带着

---

❶　厦门虽只是一个面积仅有 109 平方公里的岛屿，非府非州非县，行政区划上隶属同安县，但清政府却派兴泉永道（管理兴化府、泉州府、永春州）驻此，并以泉州府的同知在此开署，直接管理此地，称厦门海防同知。参见茅海建：《天朝的崩溃：鸦片战争再研究》，北京：生活·读书·新知三联书店，1995 年，第 334 页。

❷　《本年七月三十日准日本领事上野照会》，陈旭麓、顾廷龙、汪熙主编：《义和团运动——盛宣怀档案资料选辑之七》，第 268 页。

❸　Johnson to Hill, August 26, 1900, No. 85, *Despatches from U. S. Consuls in Amoy, China*, January 1, 1895 – December 23, 1901, M100, R14, National Archives of the United States.

❹　《延年致盛宣怀函》，光绪二十六年闰八月初四日到，陈旭麓、顾廷龙、汪熙主编：《义和团运动——盛宣怀档案资料选辑之七》，第 265 页。

❺　Johnson to Hill, August 26, 1900, No. 85, *Despatches from U. S. Consuls in Amoy, China*, January 1, 1895 – December 23, 1901, M100, R14, National Archives of the United States.

多门大炮在英国租界登陆，26 日又有"高千穗"舰的 250 名日本士兵携带四尊大炮在美国领事馆对面登陆。巴詹声很是气愤，谴责日本让在厦外国人的"生命和财产由于一个国家不正义的行为被置于危险当中。万一当地发生骚乱，有人死伤，这项责任将能很清楚地被归咎"。虽然在给美国国务院的报告中，巴詹声承认他目前尚不清楚在此事上他应该做出何种程度的抗议，但鉴于日方不断增加的军队，他深感务必采取措施。道台延年也直接恳请巴詹声以其影响力促成撤军。❶ 因为不管延年如何与日本领事协商，抗议其违背了"福建互保协定"，并保证维持秩序，都没有效果，他只能求助于当地的外国领事以及更高级的中国官员。张之洞、刘坤一等东南督抚在接到日军登陆厦门的报告后，也是首先想到在中方不主动开衅的前提下，托请在厦门的英、美、德国领事设法调停。❷

应延年的要求，8 月 26 日下午，巴詹声在美国领事馆召集了领事团会议，决定由美、德、英三国领事联名向日本领事发出了一份联合照会。据巴詹声自述，该照会的内容主要有：

> 我们首先指出"我们不想要批评您的行为，或否认您采取您认为合适的方式保护您国民的安全"，然后向他陈述了在我们看来今日厦门的情形，请他注意当地士兵的效率与官员的勤勉。我们还提到这一事实，即经证实由日本租赁作寺庙之用的华人房屋起火并非暴民所为，它恰发生在日本僧侣将所有东西搬走之后。……而他（日本领事）下令使大约八十名士兵携两挺机关枪在此登陆，几乎造成了一场全城的恐慌。我们提醒他，如遇暴乱发生，会对所有外侨的生命财产带来重大威胁，而且日军的登陆行为直接赶走了至今出色地维持了秩序的当地军队……我们质疑他没有权利将我们国人的生命至于没有必要的危险当中。为了港口的和平，也为了保护我们的侨民，我们建议他撤走所有海军陆战队士兵，而仅将此作为一次游行。❸

照会的语气相当温和，可知巴詹声仍在拿捏抗议的尺度。尤其是前半部分内容，显然是在巴詹声的主导下完成的，他向美国国务院报告称："我从来没有质疑日本领事登陆军队保护生命财产的权利，我只是向他指出日本僧人租住的中国房屋

---

❶ Johnson to Hill, August 26, 1900, No. 85, *Despatches from U. S. Consuls in Amoy*, *China*, January 1, 1895 – December 23, 1901, M100, R14, National Archives of the United States.

❷ 《张之洞致上海李中堂盛京堂江宁刘制台电》，光绪二十六年八月初四日，《近代史所藏清代名人稿本抄本》第二辑第十六册，第 591 页。

❸ Johnson to Hill, August 29, 1900, No. 86, *Despatches from U. S. Consuls in Amoy*, *China*, January 1, 1895 – December 23, 1901, M100, R14, National Archives of the United States.

着火的原因。"❶ 巴詹声之所以拿不准抗议的分寸，在于美国的政策并不否定列强在中国各口岸登陆的权利，这样既能保有美国自己派兵的权利，而且还能在不派出美军的情况下，享受由其他国家派兵带来的对美国侨民的保护。这也是美国拒绝阻止英军登陆上海的原因之一。因此，巴詹声抗议的对象就不能是日本派兵的权利，而是这时候在厦门派兵是否有必要的问题。这也是为什么涉及日本出兵动机的起火原因以及出兵后对厦门造成的影响这两个方面相当关键，成为美国领事抗议的重点。

事实上，巴詹声通过调查已几乎可以断定日本是故意以着火为借口派兵登陆，"在港口的每一个外国人，不论是不是官员，都不相信日本领事的举动是一个单纯的必要预防措施"。而且，日军的登陆也确实在当地引发了恐慌，26 日当天就有 8000 人逃离厦门，大约有 30000 人已经离开，其中许多人在郊区遭到了匪徒的劫掠，即使英、美领事派人上街试图安抚百姓，也没能阻止慌乱与骚动。❷ 看到"城内居民已空，城外亦十搬六、七……市廛铺户大半关闭"，延年"万分迫切，五中如焚"❸。巴詹声同样焦急，而且他听说"台湾"总督府已租用了港口的所有日本汽船，正筹备加派兵力前往厦门，日本似乎有意要永久占据。巴詹声就此下定决心，唯有美国或英国军舰的出现才能解决问题。他警告美国政府，如果同意日本哪怕是对厦门的有限占领，都将会是巨大的错误，因为这里是全中国对美国在菲律宾的利益最重要的地方，而且日本的占领将会导致全中国都陷入暴乱之中。❹ 事态就从原先的不能抗议日本登陆的权利层面，上升为某一国家要单独侵占中国领土的问题，一旦施行，各国效尤，乃至"瓜分"，都将随之而至。此与"门户开放"政策根本违背，美国不能容许。应巴詹声之请求，美国政府迅速出动军舰"卡斯泰"（Castine）号到达厦门，而且允许美国领事可视局势需要随时派遣海军登陆。❺ 为防止日本独占厦门，美国还获得了英、德、俄、法等国的支持协助，它们也纷纷派遣军舰齐集当地。

延年请求巴詹声迅速登陆军队，美国领事却没有马上这样做。因为 8 月 29日英国巡洋舰"伊西斯"（Isis）号已经派出约 60 名海军携带一门大炮在厦门登

❶ Johnson to Hill, August 30, 1900, No. 87, *Despatches from U. S. Consuls in Amoy*, *China*, January 1, 1895 – December 23, 1901, M100, R14, National Archives of the United States.

❷ Johnson to Hill, August 29, 1900, No. 86, *Despatches from U. S. Consuls in Amoy*, *China*, January 1, 1895 – December 23, 1901, M100, R14, National Archives of the United States.

❸ 《延年致盛宣怀函》，光绪二十六年闰八月初四日到，陈旭麓、顾廷龙、汪熙主编：《义和团运动——盛宣怀档案资料选辑之七》，第 266 页。

❹ Johnson to Hill, September 5, 1900, No. 88, *Despatches from U. S. Consuls in Amoy*, *China*, January 1, 1895 – December 23, 1901, M100, R14, National Archives of the United States.

❺ 《上海在勤小田切總領事代理ヨリ青木外務大臣宛（電報）・我在厦兵引揚方米總領事ヨリ勸告ニ付禀申ノ件》，1900 年 9 月 6 日，第 948 号，《日本外交文書・第三十三卷，別冊北清事變上卷之三；南海警備附厦門東本願寺佈教所消失一件》，第 943 页。

陆了。事后巴詹声向国务院透露了他的想法："我很高兴看到英军登陆使事情复杂化了。英国的领事和舰长认为他们的登陆能够促使日本撤兵，我也开始觉得处于一个有利的位置可以请求双方同时撤兵。我因此建议道台赞同英军登陆。我始终认为若不这样做，我们无法向日本人施以影响。"❶ 原来巴詹声认为，英军的登陆已经满足了他想要向日本施压的条件，而且由于美军没有登陆，他个人就处在了一个可以敦促双方同时撤兵的有利地位，而只有在撤兵调停失败后他才会考虑让美军登陆。此后，巴詹声再次发挥美国擅长的调停角色，联合各国领事与日本领事多次会谈，协商英、日同时撤兵。

日本国内对于占领厦门，各方意见本就不同。在野元老伊藤博文认为"如此日本须负破坏东西和平之责，且将陷于受列强指责之窘境"❷，极力反对。外加在延年的请求下，李鸿章、刘坤一、张之洞、许应骙、善联联合致电日本外务省长官青木周藏，强烈抗议日本破坏此前的"东南互保"协议，在他们的支持下，驻日公使李盛铎数度前往日本政府与青木面商撤兵事宜。❸ 在中国与列强多方的外交压力下，日本政府最终转变态度，于8月31日解除了日本驻厦领事上野专一的职务，饬其回国，同时下达了"撤回保护书院之兵，其余相机撤回"的命令。❹ 日本代理领事芳泽谦吉还曾试图拖延撤兵的日期，但都被巴詹声领导的外国领事一一驳斥了。

延年记录了其中9月3日美、英两国领事联合各国军舰舰长与日本领事的一次会议过程，从中可见美国领事的领导作用。首先英美领事跟延年上演了一出双簧，他们询问日本撤兵后厦门如何保护，延年迅速答说会派兵团上街巡逻。有此保证，英、美领事同时要求日本不必担心，可尽快撤兵，而且美国领事提议可以同英军一起撤兵，"如果保护不到，再行派兵上岸亦不为晚"。巴詹声继续向芳泽施压说，已接获美国总领事告知，日本政府承认日本在厦之领事有可以商量退兵之权。❺ 虽然芳泽最后仍以须再次请示日本政府为由继续拖延，但终究承受不

---

❶　Johnson to Hill, September 5, 1900, No. 88, *Despatches from U. S. Consuls in Amoy, China*, January 1, 1895 – December 23, 1901, M100, R14, National Archives of the United States.

❷　《后藤新平》，第二卷，第480页。转引自梁华璜：《台湾总督府与厦门事件》，《国立成功大学历史学报》1976年第3期，第110页。

❸　《清國公使ヨリ青木外務大臣宛・我兵ノ厦門上陸見合セ方請求ニ關スル閩浙總督等ヨリノ來電遞送ノ件》，1900年8月29日，第912号，《日本外交文書・第三十三卷，別冊北清事变上卷之三：南海警備附厦門東本願寺佈教所消失一件》，第922页。

❹　对上野的离职，延年曾有过评论："初七早晨上野来函，因公归国。初拟此去必有异议，旋闻彼国政府咎其不善办事，谓既涉岛葬，移炮上岸，何以又不开放？转为牵制，徒取不韪之名，国人交怨，故有是遣。"《延年致盛宣怀函》，光绪二十六年闰八月初四日到；《盛宣怀复小田切万寿之助函》，光绪二十六年八月初六，陈旭麓、顾廷龙、汪熙主编：《义和团运动——盛宣怀档案资料选辑之七》，第267、214页。

❺　《英、美、日领事及各国兵舰管驾会议记录》，光绪二十六年八月初十日上午十时三十分，陈旭麓、顾廷龙、汪熙主编：《义和团运动——盛宣怀档案资料选辑之七》，第272－273页。

住压力在 9 月 6 日通知巴詹声，若英国同时，它已做好撤兵准备。最终于 9 月 7 日上午，在厦门岛上的日本海军同英国海军一道撤离❶，延年将兵力分散到各处维持秩序，逃离的百姓回归，厦门在经历了半个月的骚乱之后又恢复了平静。

（二）提议建立鼓浪屿公共租界

鉴于美国驻厦领事巴詹声始终在促进日本退兵的努力中发挥了主导作用，当地的中国官员对他很是感激，尤其是兴泉永道台延年与闽浙总督许应骙。其间还有一事大大强化了这种感激。八国联军攻陷京城后，清廷陷入混乱，厦门炮台驻军没有领到饷款，几乎要发生哗变，外加日军登陆后引发社会恐慌，"各官行店，纷纷将银电汇上海福州外洋各处"，道台一时无法筹措到足够的款项，焦急万分。巴詹声得知此事后，设法凑到 1 万元赠予厦门驻兵发饷，并亲自规劝士兵继续维持当地治安，由此避免了一次兵变的发生。❷ 因此为了表示感谢，厦门事件解决后，闽浙总督许应骙主动向巴詹声提出，他将上奏朝廷将鼓浪屿变成"外国租界"（Foreign Settlement）。

租界一直以来被视为是对中国领土与主权的侵犯，向来遭到清朝政府与官员的抵制。此时闽浙总督许应骙自发提议变鼓浪屿为外国租界，实是中国近代史上的一桩奇事。许氏有此想法，显然深受日军登陆厦门那场风波的刺激，在日本的虎视眈眈之下，许氏考虑这样做既可以阻止有野心国家的侵略，或许还能够增进同友好国家的友谊，但他的行为无疑是只重眼前之难，而忽视了长远影响，客观上将国家主权拱手出让，后患无穷。

许应骙本意是要将鼓浪屿交给美国管理。巴詹声却建议将整个租界置于所有列强的控制之下，理由是"公共租界"（International Settlement）将可以避免任一国家侵占厦门的土地，并保障当地的和平。许应骙对此表示同意。巴詹声就将此事报告给在北京的美国公使馆。只是由于信函中途遗失，巴詹声不得不重新发送报告，于 1901 年 3 月接到北京公使馆的通知，并且获得美国国务院的批准，事情才得以推行下去。应公使馆要求，巴詹声询问了各国驻厦门领事对公共租界的看法，获得一致同意，接下来就剩下同中国官员的谈判。❸

为何巴詹声拒绝拥有一块美国的专属租界，而寻求一个公共租界？主要还同

---

❶ Johnson to Hay（Telegram），September 8，1900，*Records of Consular Post：Amoy*，Vol. 006，RG84，National Archives of the United States.

❷ 余丰、张镇世、曾世钦：《鼓浪屿沦为"公共地界"的经过》，中国人民政治协商会议福建省厦门市委员会文史资料研究委员会编：《厦门文史资料》第 2 辑，厦门：中国人民政治协商会议福建省厦门市委员会文史资料研究委员会，1963 年，第 88 页。《消耗无形》，《知新报》第 131 册，光绪二十六年十一月初一日，第 27 页。

❸ Johnson to Hill，April 17，1901，No. 100，*Despatches from U. S. Consuls in Amoy，China*，January 1，1895 – December 23，1901，M100，R14，National Archives of the United States. Rockhill to Hay，April 24，1901，No75，*Despatches from U. S. Ministers to China*，April 1 – May 30，1901，M92，R112，National Archives of the United States.

1899 年年初的一场租界纷争有关。那时是日本首先提出要求在厦门划一块地作为专管租界，美国领事巴詹声得知后率先抗议，并且联合英、德等国领事照会兴泉永道，坚称厦门鼓浪屿是各国通商口岸，不能有专属租界，甚至由美国驻北京公使康格出面向总署谏阻，日本人的计划被迫搁浅。❶ 巴詹声本人正是这次阻扰日本设立租界的领袖，因此他不可能在两年后就做出当年他抗议的行为，若是真的得到一块专属美国的租界，必定会遭到日本的强烈反对，甚至英、德、法、俄等国都不会同意。❷ 而且限于美国在厦门没有足够的人员与财力去维护一块专管租界，巴詹声认为最明智的做法就是设立"公共租界"。

在征得美国政府与各国领事的同意后，巴詹声随即在 1901 年 3 月底致函闽浙总督许应骙，询问商谈公共租界的程序。许应骙回复说，按照规定的程序，必须等待庆亲王的电报指示。❸ 直到 5 月中旬，在巴詹声致电美国公使催促后，正在北京议和的中国全权代表才给闽浙总督做出电报指示。5 月 20 日，许应骙邀请巴詹声前往福州商谈厦门租界事宜。在国务院的批准下，巴詹声于 5 月 25 日到达福州，当天下午会见了闽浙总督和洋务局官员。洋务局向他呈递了一份中方草拟的章程条款，许应骙咨询巴詹声的意见。其中有一条款称鼓浪屿设立公共租界的目的是避免厦门在未来发生与去夏类似的侵略事件，呼吁所有"列强永远对抗这样的侵略行径"。巴詹声提出此条款行不通，因为日本领事可能会将此视为有意冒犯，进而否决整个提案，其他国家也不会赞同。巴氏安抚许应骙称，事实上无需这样的许诺，上海同样也被各国保护。此外，巴詹声提议加入一项条款，即清政府同意让出在鼓浪屿征收的土地税，将其移交给租界当局以缓解市政开支。如愿后，巴詹声沾沾自喜道，这个条款对厦门领事团来说是个惊喜，将极大地简化他们的征税程序。最终，于巴詹声结束对福州的访问之时，许应骙命令延年可以开启正式谈判，经过巴氏建议修正后的条款将被作为谈判的基础。❶

厦门公共租界一事完全由巴詹声倡议发起，美国驻华使馆头等参赞司快尔

---

❶　康格致总署照会：《美国驻厦门领事官不愿日本国在该处立有租界事》，光绪二十五年二月十六日（1899 年 3 月 27 日），《总理各国事务衙门档案》，台湾"中央研究院"近代史研究所藏，档案号：01 - 18 - 040 - 01 - 007。福建省地方志编纂委员会编：《福建省志·外事志》，北京：方志出版社，2004 年，第 326 页。

❷　自中英《南京条约》将厦门划为通商口岸，来厦之外国人越来越多，多数选择于鼓浪屿居住，截至 19 世纪末，就已经在这个弹丸小岛上先后建立了十二座外国领事馆。期间英、德等国都曾试图设立租界，但在厦门当地的抗争与列强错综复杂的关系下始终未能成功。日本谋划鼓浪屿租界则缘于甲午后侵占台湾地区，以战胜国自居，步步为营。参见张镇：《"公共租界"时期的鼓浪屿》，中国人民政治协商会议福建省厦门市委员会文史资料研究委员会编：《厦门文史资料》第 3 辑，第 8 - 17 页。

❸　Viceroy Hsu of Min - Che to Consul Johnson（Translation），received April 1, 1901, *Despatches from U. S. Consuls in Amoy*, *China*, January 1, 1895 - December 23, 1901, M100, R14, National Archives of the United States.

❶　Johnson to Hill, June 22, 1901, No. 102, *Despatches from U. S. Consuls in Amoy*, *China*, January 1, 1895 - December 23, 1901, M100, R14, National Archives of the United States.

（H. G. Squiers）原本希望巴氏能够在任满回国前完成谈判，但由于厦门本地的讨论仍需时日，后续工作只能交由他的继任者费思洛（John H. Fesler）继续推进。巴詹声对谈判前景充满自信，声称由于他本人已完成了大部分工作，"现在看来谈判的成功是可以保证的"。❶ 事实证明，后续谈判也仅修改了一些细枝末节，基本仍以巴氏福州会谈为蓝本。1902 年 1 月 10 日，各国驻厦门领事与闽浙总督的代表兴泉永道延年、海防分府张文治、厘金委员郑熙、洋务委员杨荣忠在日本领事馆正式签署了公共租界章程，包括有《厦门鼓浪屿公共地界章程》与《厦门鼓浪屿公共地界章程后附规例》两个文本。❷ 中外各国政府随即批准了这个章程❸，厦门鼓浪屿就此"沦为"公共租界。

鼓浪屿公共租界乃甲午战后清政府唯一主动出让开辟的租界，目的是为阻止日本以台湾地区为跳板侵略厦门，试图借用美、英等国的力量牵制日本，其中地方官员对美国的友好、倚恃尤值关注。闽浙总督许应骙在商谈公共租界之初还曾设想将日本排除在外，经巴詹声说服后才勉强接受。土地章程签约后，1902 年 3 月 3 日许应骙上奏朝廷："自台湾外属之后，厦门地当要冲，民心极为浮动，镇抚维艰，税务商情，关系繁重，所议各款，虽领事办事之议无偏重，唯局董既可酌派华人，定章仍需彼此批准，揆以公地之议，大致尚属相符，且厦门均归一体保护，实于地方有裨益，亦不致失自主之权。"❹ 在闽省官员看来，开辟鼓浪屿公共租界，即便不算一项良策，也是在不失自主之权情况下有益地方的应急之策。然而现实证明，抵御日本与不失主权都只是许应骙等人的一厢情愿。巴詹声归国后，厦门地区的领袖领事改由日本领事担任，而这位日本领事恰是煽动日军登陆厦门的上野专一，厦门公共租界本为防止日本，却不料公共租界土地章程的细节谈判最后基本都由作为防范目标的日本领事领导，在他的坚持下，章程删除了可能约束各国行为的"兼护厦门"等字样。中国在鼓浪屿仅保留了主权和有限的行政权，绝大部分的管辖权都归属外国在厦门的领事团。中国的牺牲也仅暂时性地、表面地保住了"地当要冲"的厦门，待到 1938 年厦门全岛沦陷，鼓浪屿公共租界在阻止日军侵略方面，并没有起到任何的实质作用❺，这是后话。

鼓浪屿公共租界的出现，对美国政府而言算一"惊喜"，并非意料所及，以

---

❶ Johnson to Hill, July 1, 1901, No. 104, *Despatches from U. S. Consuls in Amoy, China*, January 1, 1895 – December 23, 1901, M100, R14, National Archives of the United States.

❷ Fesler to Hill, February 4, 1902, No. 8, *Despatches from U. S. Consuls in Amoy, China*, January 3, 1902 – August 13, 1906, M100, R15, National Archives of the United States.

❸ Rockhill to Peirce, March 17, 1902, *Despatches from U. S. Consuls in Amoy, China*, January 3, 1902 – August 13, 1906, M100, R15, National Archives of the United States.

❹ 《外部奏闽省鼓浪屿议作公共租界未便兼护厦门折》，光绪二十八年十月二十八日，《清季外交史料》卷一六七，第 2676 页。

❺ 《鼓浪屿事件始末》，载于洪卜仁主编：《厦门抗战纪事》，厦门：厦门大学出版社，2014 年，第 147 页。

致在接到司快尔的报告后，国务院没有可表达之意见，倾向于依靠巴詹声的判断推进谈判，并兼顾北京公使馆的建议。❶ 美国驻厦领事巴詹声是提议、策划到实施公共租界的始作俑者，结果从根本上说，既有助于以最小的投入最大地实现美国在厦门的利益，也符合"利益均沾"的美国政策。

（三）寻求一个海军基地

正当福建地方官员自以为借用美国之力能够抵御日本，美国实际上正在酝酿着在中国夺取一个海军基地的计划，目标地点主要包括福建省的三沙湾、厦门，还有长江流域的舟山群岛。讨论在美国政府内部秘密进行，清政府方面却一无所知，直至今日我们透过历史档案才能够窥探一二当时的情状。

19 世纪末早在提出"门户开放"政策之前，美国就已经有在中国获取一个口岸作为海军基地或加煤站的愿望，因为那时美国海军或商轮在东亚要"加煤"，都须仰仗英国殖民地。驻华公使与领事是主要的倡导者，1898 年年底和 1899 年年初，美国公使康格多次向美国国务院建议，在中国应至少拥有一个口岸，甚至可以租借整个直隶地区。同时，驻镇江领事寻求在中国沿海建立一个加煤站的建议不仅在国务院，而且在海军部内广泛讨论，获得了海军部设备局长布拉福德（Bradford）等政府要员的赞同。❷ 虽然这些建议在当时没有获得支持，美国国务院反而对外公布了"门户开放"政策，呼吁维护中国的完整性，但实际上，为了保留获取海军基地的法理自由，美国政府在"门户开放"照会中取代领土完整之表述，并始终没有明确宣示放弃领土要求，而且此后海军部的军人们仍继续致力于推进这项事业。

鉴于义和团运动在中国造成的军事混乱与政治虚弱，1900 年 7 月 31 日美国海军部设备局长布拉福德少将以时机适宜，敦促在中国占领一个海军基地。海军部长朗签署了该备忘录并提交给国务院。❸ 10 月 23 日，朗重申了这个请求，并特别指出目标地点是在福建省的三沙湾。❹ 海约翰在拖延了一个月后，于 11 月 19 日给驻华公使康格发去一封内容极度机密的密电，命令他尽可能地抓住机会为美国取得三沙湾作为自由和单独使用的军港，而且那附近地区在未来不能被其他国家控制或使用，也不得由中国政府在该地设防。❺ 这样的要求十分类似于对

---

❶　Adee to Squiers, August 10, 1901, No. 360, *Diplomatic Instructions of the Department of State*, June 24, 1899 – August 14, 1906, M77, R43, National Archives of the United States.

❷　R. B. Bradford, Coaling Stations for the Navy, *Forum*, 26：732 – 747（February 1899）.

❸　Bradford to Long, June 29, 1900, File14661 – 9; Long to Hay, July 31, 1900, File11324, *Office of the Secretary of the Navy*, RG80, National Archives of the United States.

❹　Long to Hay, October 23, 1900, File11324 – 3, *Office of the Secretary of the Navy*, RG80, National Archives of the United States.

❺　Hay to Conger（Cipher Telegram）, November 19, 1900, *Diplomatic Instructions of the Department of State*, June 24, 1899 – August 14, 1906, M77, R43, National Archives of the United States.

"势力范围"的宣示。虽然没有证据直接表明海约翰为什么在沉默了许久之后突然同意占领一个海军基地，但在这个时间点上，促使他改变主意的很有可能是因为他收到了俄国在天津扩充租界土地的消息，所以才将海军部早就有的提案搬上议程。

虽然驻华公使康格此前对"势力范围"很是热衷，但似乎1900年夏天的被围经历耗尽了他对中国领土的热情，他这次明确拒绝了海军部的请求，11月23日回复说鉴于美国已经宣布的政策，不应该在和平谈判达成之前提出这个问题。❶ 12月7日，面对是否要占领先农坛的问题，他发电报向美国国务院再次强调了同样的观点：

> 鉴于美国所宣布的政策，当前除了为公使馆或领事馆的目的外，要求租借任何领土在我看来都是不明智的。以后条约租借地或者为了定居和其他目的而租借港口，也许会成为必需，而现在并不是必需的要求，反倒会使那些目的受到损害。❷

同日，康格还以报告的形式详细陈述了他的考量：

> 随着谈判的开展，我们可能会发现将很容易要求获得使馆和领事馆的土地，或者为了其他目的在不同地方获得租界，其中一些您已经秘密地指示了我。因此我看来现在克制所有没有必要的要求是谨慎的，这样等到时机来临时，最重要的和必须的要求才能够被完全实现。至于沙飞将军关于直隶省的建议，如果在任何情况下，获得领土或者特别的"势力范围"是美国的政策，那么直隶省会是我们最需要的；但我不认为占领任何中国的省份会为美国带来贸易的利益，反而只会带来无限的麻烦、花销和责任。

两个月的围困经历让康格对中国有了更深刻的认识，他在报告的最后说"中国人能很容易地被中国人的方式管理，但很难被西方人或西方的方式统治"，因此"最好是继续我们的政策，试图保持门户开放，在其他方面保证我们的影响和贸易"❸。不论是出于维护美国最根本的贸易利益，还是为即将到来的和谈能够获取最重要的利益做准备，康格认为在这个时候寻求一块土地是不合时宜的，主张继续维持"门户开放"。何况清政府早就许诺日本不会将福建省租借给任何其他国家。为此，海约翰还训令美国驻日本公使"非正式而又谨慎地"向日本探

❶ Conger to Hay（Cipher Telegram），November 23, 1900, *Despatches from U. S. Ministers to China*, October 1 – December 15, 1900, M92, R109, National Archives of the United States.

❷ Conger to Hay（Cipher Telegram），December 7, 1900, *Despatches from U. S. Ministers to China*, October 1 – December 15, 1900, M92, R109, National Archives of the United States.

❸ Conger to Hay, December 7, 1900, No. 468, *Despatches from U. S. Ministers to China*, October 1 – December 15, 1900, M92, R109, National Archives of the United States.

询对美国占领三沙湾的意见，当即遭到了日本政府的反对。❶ 海约翰本就更为看重"门户开放"，对攫取领土不是特别热衷，面对此事的重重困难，他很快就中止了行动，并将此意见转达给海军部。

朗接受了国务院的决定，但布拉福德则将目光转向了舟山群岛，这里虽然属于英国的"势力范围"，但似乎他认为有希望能获得英国的谅解，故而联合海军总理事会（the General Board of the United States Navy）不断向海军部和国务院施压。海约翰无法满足海军部的请求，只能尽可能拖延。❷ 直到 1901 年 9 月中旬，由于《辛丑条约》已经签订，中外和谈结束，驻华公使康格向海约翰报告，他认为向清政府提出海军基地要求的时机已经到来，同时他也对目标地点提出自己的意见，由于三沙湾太靠南并非最有价值，所以建议是否能考虑江苏北部一个叫海州的港口。❸ 海约翰收到了这个报告，也没有做出任何批示，侧面反映出国务卿并不以为然。

1902 年布拉福德设备局长还收到厦门副领事约翰逊（Carl Johnson）的信件，提议可以模仿法国驻福州领事的做法，将他个人在厦门海滩上获得的一块土地用作加煤站，这种以私人财产租给国家的方式似乎不需要征得日本的同意，而且不会遭到中国政府的反对。但海军部经过调查，认为那块土地能够存储煤，但无法设防，且厦门地理位置太靠南，菲律宾作为海军基地已经足够应付中国南方，遂于 1903 年放弃了厦门计划。❹ 经过多次目标转换，美国海军部最终还是着眼于舟山群岛，但英国不让步使美国在海军基地问题上迟迟没有进展。

在寻求海军基地的过程中，海军部一直是坚定的主导者，而国务卿海约翰始终较为中立，既没有明确地反对，也没有积极地支持，总体来说还是跟他坚持想要贯彻"门户开放"政策有关，任何对中国领土的主动掠夺都会严重毁损美国近年来努力经营的国际信誉和形象。驻华公使康格基于他在北京的现实政治形势，也认为在和平谈判完成之前不应该破坏这种形象，否则将会给谈判结果带来不良的后果，只是在和谈结束后海约翰在继续坚持"门户开放"道路上比康格走得更远。

❶ 《国务卿海约翰致美国驻日本公使》，1900 年 12 月 7 日；《美国驻日本公使给国务卿海约翰的报告》，1900 年 12 月 10 日；《日本驻美国公使致国务卿海约翰》，1900 年 12 月 11 日，阎广耀、方生选译：《美国对华政策文件选编：从鸦片战争到第一次世界大战》，第 184－185 页。

❷ Marilyn Young, *The Rhetoric of Empire*：*American China Policy* 1895—1901, p. 205.

❸ Conger to Hay, September 13, 1901, No. 738, *Despatches from U. S. Ministers to China*, August 1 - October 9, 1901, M92, R114, National Archives of the United States. 《美国驻华公使康格给国务卿海约翰的报告》，1901 年 9 月 13 日，阎广耀、方生选译：《美国对华政策文件选编：从鸦片战争到第一次世界大战》，第 185 页。

❹ Marilyn Young, *The Rhetoric of Empire*：*American China Policy* 1895—1901, p. 206.

四、美国与东三省交收谈判

如果说日本在厦门的举措是为即将到来的议和占据一有利位置，并在可能的时候最好能形成实际占领，那么俄国攫取领土的决心还要比日本坚定许多，这也是为什么在美国第一次宣布门户开放政策的时候，俄国意在逃避，最后在各国都同意的情况下才被迫含糊、勉强地接受，对第二次"门户开放"照会也不做表态。1900 年趁着义和团运动蔓延至直隶、奉天等地，俄国派出 10 万余人的大部队进入东三省，几个月内就对觊觎已久的中国东北形成了事实占有之势。以往研究对美国与东三省交涉牵涉较少，本小节旨在探查美国在中俄东三省谈判过程中的态度与作用。[1]

1900 年 7 月底，美国国务院开始收到驻牛庄（营口）副领事班迪诺（J. J. F. Bandinel）[2] 的报告，内容有关俄国在当地的行动，主要包括相当数量的俄军占领了城市、阻碍地方道台的行动以及破坏外国的商业贸易等。[3] 俄国的行动表明它甚至意图控制中外贸易的重要口岸——牛庄，这引起了美国总统麦金莱、国务卿海约翰和助理国务卿艾地等人的高度重视，他们联合起来拟就了一封照会，准备探询俄国在牛庄的目的与未来政策，并提醒俄国此前所有列强都已经表达了对美国"门户开放"照会的一致支持。[4] 但在美国政府行动之前，8 月 28 日俄国驻美公使率先向美国政府发表了一个关于俄国在华政策的口头声明，宣称俄军占领牛庄、进攻满洲的行动是暂时性的举措，是为了防御暴徒的必要措施，一旦秩序恢复，军队就将从该地撤出，外国的权利和商业利益都会得到完全的保护。[5] 次日，代理国务卿艾地代表美国政府做出回应，对俄国宣布秩序恢复后撤离满洲

---

[1] 除前文有述从俄国角度有几篇文章讨论义和团运动期间俄国的对华政策外，以往对清政府方面乃至中俄在义和团运动期间关于东三省问题交涉的专门研究也不算多，主要有台湾地区学者黄俊彦的《拳乱后中俄交收东三省问题》（中华文化复兴运动推行委员会编：《中国近代现代史论集 15·清季对外交涉（二）俄日》，台北：台湾商务印书馆，1986 年，第 637 – 695 页）和鲍庆干的《中俄交收东三省谈判（1900—1901）》（华东师范大学硕士学位论文，2012 年），而关于美国与东三省问题的讨论几乎没有。

[2] 英国商人，1876 年后多次担任美、德、荷等国驻牛庄的领事职务。

[3] 美国驻上海总领事古纳和驻芝罘领事法勒都向美国国务院转达了这份报告的原文，并且传递给在大沽的美军指挥官雷米上将，可见各方的重视程度。Hay to Cridler, July 25, 1900, No280, *Despatches from U. S. Consuls in Shanghai, China*, July 5, 1899 – July 31, 1900, M112, R46, National Archives of the United States. Fowler to Hill, August 8, 1900, No306, *Despatches from U. S. Consuls in Chefoo, China*, March 1, 1900 – December 31, 1900, M102, R6, National Archives of the United States.

[4] Adee to McKinley, August 27, 1900, *McKinley Papers*, Library of U. S. Congress.

[5] Adee to Herbert H. D. Peirce (Telegram), August 29, 1900, Jules Davids (ed.), *American Diplomatic and Public Papers: the United States and China*, series III, the Sino – Japanese War to the Russo – Japanese War, 1894—1905, Vol. 5, pp. 189 – 192. Mr. de Wollant to Mr. Adee, September 23, 1900, *Papers relating to the foreign relations of the United States*, 1900, pp. 380 – 381.

的保证表示满意。❶ 俄国的声明暂时缓和了包括美国在内的西方列强对它在中国东北行动的质疑，虽然列强对俄国仍旧缺乏信任，但它们在北京还有更重要的事情没有解决，也就暂且相信了俄国会在此后兑现它撤兵的诺言。直到 1901 年年初中俄"暂约"遭到披露，国际社会一片哗然。

1900 年 11 月，在完全占领东三省后，俄国在未经谈判的情况下，强迫盛京将军增祺在一份完全由俄人拟定的协议上签字。时人称此协定为"增阿暂约"，共九款，主要内容是允许俄军在奉天省城等处留守驻防，暂为经理营口，沈阳设俄总管一员；中方须交出军火炮台，解散军队等。❷ 据此协定，中国丧失诸多主权，东三省不啻为俄国实际控制。为了引起其他国家的注意，李鸿章在上奏清政府之前，私下里将中俄"暂约"的内容透露给洋人。❸ 1901 年 1 月 3 日，伦敦《泰晤士报》刊登了驻北京记者莫理循发来的"暂约"九条摘要，在国际上引起轩然大波。❹ 英国和日本率先采取外交行动，要求俄国政府对此做出解释。俄政府虽然矢口否认，但最终迫于国际舆论，于 1 月 24 日正式通知清政府在圣彼得堡的谈判全权代表杨儒，同意将批准"暂约"一事作罢。❺

相比于英、日两国的迅捷反应，美国从一开始就表现得较为谨慎。除了《泰晤士报》的报道，美国国务院在 1 月初也接连收到驻华公使康格和特别委员柔克义关于此事的报告，甚至包括有章程全文❻，却没有任何公开表态。海约翰起初想同英国联合对抗俄国的军事扩张，但明白美国政治舆论绝不会允许，遂只能在给艾地的信中发发牢骚："要不是因为我们的国内政治，我们就可以也应该与英国联合起来……但目前公众对英国的病态心理使这一点连想都不用想。"❼

既然无法联英抗俄，美政府内部多数官员对事态的发展心存侥幸。时任副总统的西奥多·罗斯福（Theodore Roosevelt）在谈到俄国在中国东北的行动时说，

---

❶　Adee to Herbert H. D. Peirce (Telegram), August 29, 1900, Jules Davids (ed.), *American Diplomatic and Public Papers: the United States and China*, series III, the Sino‑Japanese War to the Russo‑Japanese War, 1894—1905, Vol. 5, pp. 189 – 192.

❷　《阿提晋致增棋议订暂且章程请画押铃印照会，附章程》，九月二十八日，《杨儒庚辛存稿》，第 225 – 226 页。

❸　关于透露的途径，大体有三说，参见中国社会科学院近代史研究所编：《沙俄侵华史》第四卷上，北京：人民出版社，1990 年，第 190 页，注 4。

❹　Russia and China, *The Times*, January 3, 1901.

❺　《杨儒庚辛存稿》，第 28 页。英、日两国跟俄国交涉的详情，参见《沙俄侵华史》第四卷上，第 192 页。

❻　Conger to Hay, January 5, 1901, No. 493; Conger to Hay, January 12, 1901, No. 499, *Despatches from U. S. Ministers to China*, December 16, 1900 – January 31, 1901, M92, R110, National Archives of the United States.

❼　Bradford Perkins, *The Great Rapprochement: England and the United States*, 1895—1914, New York: Atheneum, 1968, p. 126.

他希望日本占领朝鲜，因为这将能对俄国产生牵制作用。❶ 柔克义虽然意识到了俄国正在并即将以它的方式获得满洲这块土地❷，他也寄希望于日本和俄国或许会通过某个协议分割在满洲的利益❸。至于若俄国真占领了满洲，柔克义乐观地认为，即使那样俄国在短期内也不会成为美国在东亚贸易的有力竞争者，只要美国在中国的利益是纯粹商业性质的，"我们仍可以充满信心地期待我们的对华贸易继续增长"。❶ 既存对俄妥协之心，甚至寄托于其他国家——尤其是在东三省有巨大利益的日本——出面干涉俄国，美国政府暂时按兵不动。再加上俄国的撤兵承诺，美国既不能质询其派兵保护本国利益的"条约权利"，也无法以"门户开放"制约它，只能将争议之处暂且落在中俄于圣彼得堡的谈判是抛离了其他所有国家的单独谈判，是与各国在北京的联合行动相违背的。

1901 年 2 月 19 日，美国国务院警告中国驻美国公使伍廷芳说，单独同某一个国家协议，或通过会议私下让与领土或经济利益，对中国来说都是极端不明智和危险的，至少在现在正在谈判的所有国家未知情或不赞同的情况下。而且美国政府在警告中不忘重申自己的美好初衷与 1900 年 7 月 3 日的"门户开放"照会，即它只致力于保存中国以及中国与其他国家的互惠关系，才有如此建议。❺ 伍廷芳随即向清政府全权谈判代表李鸿章转达了美政府之大意："顷美外部面交节略，谓去年美请各国保全中国疆土，均答允。今切劝中国勿与一国立密约让地，或借款别给利益，恐有大碍，蹈危机。"❻ 由于此前英、德、日等国都已经向清政府发过不应与某国单独定约的抗议，李鸿章有点不耐烦，回复道："英、德、日本、义、奥来说与冬电同。答以何不自与俄商。俄议交还东三省，并无让地之约，莫误会。"❼ 大概由于美国提到保全疆土，李鸿章误以为美国着意于俄国侵占东三省是让地之约，不知美国对此点本无争议，抗议重点实际在于中俄谈判是脱离了北京和谈的单独讨论。

李鸿章将"暂约"文本透露给外人，是希望借用各国之力牵制俄国，虽然实现了废除"暂约"的初步目标，但各国不直接向俄国质询，反而来向清政府施压，让李鸿章颇感无奈，增加了对这些国家能否真心相助的怀疑。但在东南督抚们的眼中，各国的抗议恰说明了这是他们可以倚恃对抗俄国的有力武器。

---

❶ 《西奥多·罗斯福给德国驻美大使施特恩贝格的信》，1900 年 8 月 28 日，阎广耀、方生选译：《美国对华政策文件选编：从鸦片战争到第一次世界大战》，第 425 页。

❷ Rockhill to Hay, January 29, 1901, *John Hay Papers*, Library of U. S. Congress.

❸ Rockhill to Hay, January 9, 1901, *John Hay Papers*, Library of U. S. Congress.

❹ Rockhill to Hay, January 29, 1901, *John Hay Papers*, Library of U. S. Congress.

❺ Memorandum by Hill, February 19, 1901, *Notes to the Chinese Legation in the US from the Department of State*, 1868—1906, M99, R14, National Archives of the United States.

❻ 《华盛顿伍使来电》，光绪二十七年正月初四日到，《李鸿章全集》第 28 册，第 14 页。

❼ 《复华盛顿伍使》，光绪二十七年正月初四日辰刻，《李鸿章全集》第 28 册，第 16 页。

2月16日俄国将修改后的十二条款正约呈递给杨儒，并要求交涉秘密进行，"不准他国来干预"[1]。杨儒发现修改后的约稿"只将字面避去，而实事未稍改动"，但又恐清政府若坚持将东三省之议并入北京谈判，俄国会收回交收东三省的承诺，而英日等国并非实际帮助中国，其目的在观望效尤。[2] 李鸿章与杨儒意见一致，决定不能中断中俄交涉，而且在俄国公使格尔思的一再催促下，他倾向于就此画押。出于对其他列强干涉的担忧，李鸿章还于2月28日致电驻美、英、日、德四使，解释说另议约款"尚无夺我壤地、财政之意"，请各国不要"倚众阻扰，致中俄决裂"[3]。约稿内容传到刘坤一、张之洞、盛宣怀等处，却遭到他们的集体反对，他们开始与各国领事频繁接触，希望获得外国政府的支持。张之洞致电美、英、日、德四国公使，请四国规劝俄廷：

> 俄约十二条，侵我土地、政权、兵权、利权，并有干碍各国之处。中国固不愿允许，然中国独力断不能拒俄……务祈切商外部，力劝其径电俄廷，方能有益。并祈询明，傥中国拒俄而干俄怒，究竟各国肯代我力争否？[4]

张之洞深知"中国独力断不能拒俄"，意在探询各国在帮助清政府拒俄方面能出多少力。接到请求后，四国也就此事开展了热烈的讨论，其中英国尤其积极。英国准备向俄国提出质询，在此之前它渴望联合其他三国一起行动。3月6日英国政府向美国国务院倡议，一致宣布在没有所有国家知情并同意的情况下不能达成任何的单独协定，即在询问各国的代表前拒绝承认任何中国与其他国家的私下协定。[5] 这个建议旨在寻求一个对抗俄国的统一战线。但美国却误以为这会让美国成为整个抗俄计划的最前线，因而无视了英国的提议。[6] 美国政府完全没有要就此事直接跟俄国沟通的意思，它只命特使柔克义和驻华领事等人继续劝告张之洞、刘坤一等人勿要"私立让土地利权之约"，"万不得已，亦须先与现在议约诸大国商明允肯方可"[7]。温和的口气表明美国俨然继续以调停者的角色自居，不愿卷入各国的纷争中，而寄希望于其他国家。德国也认为英国是要利用它来保卫英国自身的利益，遂决定采取偏向中立的态度，还能顺便观察英日与俄国

---

❶ 条款文本见《寄西安行在军机处》，正月初四日，《李鸿章全集》第28册，第17页。《杨儒与拉姆第七次谈判》，《杨儒庚辛存稿》，第35–37页。

❷ 《电奕劻、李鸿章》，正月初二日，《杨儒庚辛存稿》，第75–76页。

❸ 《寄西安行在军机处》，正月初六日，《李鸿章全集》第28册，第20页。

❹ 《致东京李钦差、柏林吕钦差、伦敦罗钦差、华盛顿伍钦差》，正月初九日，《张之洞全集》第10册，第8506页。

❺ Choate to Hay, March 13, 1901, *John Hay Papers*, Library of U. S. Congress.

❻ Telegram Landowne to Scott, March 4, 1901, G. P. Gooch and Harold Temperley (eds.), *British Documents on the Origins of the War*, 1898—1914, Ⅱ, London：Majesty's Stationery Office, 1927, pp. 36–37.

❼ 《致西安行在军机处发后转刘制台》，光绪二十七年正月十八日申刻发，苑书义等主编：《张之洞全集》第10册，第8508页。

的争斗。❶ 英国在联合各国方面遭遇挫折，在质询俄国上亦有退缩，转而向中国方面寻求获得条约明文。应英国的请求，张之洞曾将英国"但催俄约明文"之事转达清政府，清廷担心此举会触怒俄国，并未付诸实践。❷

在此时，俄国对清政府一再拖延失去耐心，要求限期两周内签约，否则决裂，事情陡然变得十分紧迫。清廷被夹在俄国与英、日等国之间，十分为难；同时还有来自国内舆论的巨大压力。3 月 15 日上海士绅在张园集会，共同向慈禧太后、光绪皇帝、庆亲王、李鸿章以及各省督抚请愿，请求废除俄国提出的条件。这个会议得到了当地日本媒体的赞助。❸

张之洞在 3 月 18 日上一奏折，提出救急三策，一请英、日、美、德各国政府商请俄国展限；二将东三省全行开放，"从此俄人独占满洲之计，永远禁绝矣"；三于北洋一带水路、山海关、奉天等处陆路，聘英、日练兵，以抵制俄修路驻兵。❹ 张之洞的方法归根结底还是要借助各国之力抗俄，只是更加深入、更加具体，也以出让一部分利益为代价。这个对策不仅获得了刘坤一、袁世凯、王之春、陶模等多位地方督抚的支持，而且清廷当即允从，谕令各驻外使臣速与各国政府筹商。❺ 为了增强效果，刘坤一、张之洞分别以个人名义再次致电各国，请从俄国处争取更多的时间。美国国务院不仅接连收到其驻上海总领事古纳转达的总督们的呼吁❻，而且还收到两封由他们直接撰写的电报，其中刘、张二人强调了满洲是清朝的龙兴之地，如果丧失在满洲的主权，中国的主权完整性就无法保证，那么美国政府在去年获得各国关于保留中国完整性的宣言就无法实现，因此呼吁美国出面调停，避免中俄决裂，并请将俄约纳入北京谈判，以保证中国主权的完整性，而且由于北京谈判进展顺利，俄国问题不应该成为其中的干扰因素。❼ 这篇洋洋洒洒、慷慨陈词的电报充分表达了地方督抚们的心声，试图"晓

---

❶ 《帝国首相布洛夫伯爵奏威廉二世》，1901 年 3 月 6 日，《德国外交文件有关中国交涉史料选译》第二卷，第 311 页。

❷ 《致西安行在军机处发后转刘制台》，光绪二十七年正月十八日申刻发，苑书义等主编：《张之洞全集》第 10 册，第 8508 页。

❸ Miller to Hill, March 16, 1901, *Despatches from U. S. Consuls in Chunkiang, China*, July 18, 1896 - July 7, 1906, M104, R1, National Archives of the United States. 《中外日报》，1901 年 3 月 16 日。

❹ 《致西安行在军机处》，正月二十九日，《张之洞全集》第 3 册，第 2195 - 2197 页。

❺ 《南洋大臣刘坤一来电》，光绪二十七年二月初二日到；《军机处电寄李盛铎等谕旨》，光绪二十七年二月初二日，故宫博物院编：《清光绪朝中日交涉史料》卷 61，北京：故宫博物院文献馆铅印本，1932 年，第 16 - 17、20 - 21 页。

❻ Goodnow to Hay (telegram), March 21, 1901; Goodnow to Hay (telegram), March 25, 1901, *Despatches from U. S. Consuls in Shanghai, China*, July 5, 1899 - July 31, 1900, M112, R46, National Archives of the United States.

❼ Cablegram received from Viceroy Liu of Nan - king; Cablegram from Viceroy Liu Kun - Yih and Chang Chih - tung, March 25, 1901, *Notes from the Chinese Legation in the United States to the Department of State*, Jan. 1, 1898 - Dec. 31, 1901, M98, R4, National Archives of the United States.

之以理，动之以情"，尤其充分利用了美国的"门户开放"政策，可谓对"门户开放"灵活运用的一个范例。

面对清政府的急切请求，日本认为"展限一节，将来究于中国不利，惟有限满坚不画押"，并且向中方表示"如能坚持不画押，俄虽怒亦不至决裂，即决裂强占东三省，各国必当主持公论，联军先退出顺直，再向俄责令退兵"，其驻上海总领事小田切也向刘坤一、张之洞等人表示"鄙政府意在拒约，不在展限"。❶ 英国的观点与日本类似，认为展限无用，"不画俄约，无论俄如何举动，英自当以公论相助，公约仍可在京商定，顺、直亦必届时退还"。❷ 美国方面，据驻美公使伍廷芳与美国政府交涉后推测，"美廷之意……恐持俄过急，难于收束；似此情形，美未必能出全力助我"。德国也不允展限，但同样表示"俄若决裂"，"公约事，德谅能在京照常办理"。❸ 在英、日的坚持以及东南督抚的大力阻挠下，最终杨儒以未奉明旨为由，拒绝在 1901 年 3 月 24 日期满的时候画押，中俄谈判遂至中断。

俄国逼迫甚紧，此时无疑是东三省交收谈判的关键时期，各国政府的回应颇能反映它们在东三省问题上的整体态度。日本和英国态度坚决，而美、德两国似有意抽离。清政府并不知晓，在他们一再请求各国政府直接向俄调停的情况下，真正能够直接与俄国政府交涉质询的，也只有英、日两国，英国要求从俄国处获得条约明文，日本要求将东三省交涉移交北京公议。❹ 而从今天所见的材料并没有看到任何德国与美国在此期间与俄国有过交涉的证据，说明它们除了口头向清廷施压外，实际于此事的解决上一再拖延且不愿卷入其中。尤其美国的政策极其暧昧，与其作为"门户开放"政策捍卫者的形象颇是不符。在俄国占据东三省之初，中国国内舆论曾极力呼吁英、日、美三国同心协力对抗俄国❺，美国由于其"素不以开疆拓土为心"而被许多有智识的中国士绅寄予厚望，但美国并不积极的作风很是让人失望。张之洞通过反复的来往交涉，对各国的态度有一对比评价：

> 俄约利害，日本关系最重，故助我亦最力；英仅允以公论相助，然甚出力；美但言约不可允，不肯出头调停；德虽劝我归公议，勿立私约，然亲

---

❶ 《会办商务大臣盛宣怀转李盛铎来电》，光绪二十七年二月初五日到；《会办商务大臣盛宣怀转李盛铎来电》，光绪二十七年二月初六日到，《清光绪朝中日交涉史料》卷 61，第 30、31 – 32 页。《刘坤一致行在军机处电》，二月初五日，《义和团运动》，第 563 – 564 页。

❷ 《盛宗丞转西安来电》，光绪二十七年二月初七日到，《李鸿章全集》第 28 册，第 99 页。

❸ 鲍庆干：《中俄东三省交收谈判（1900—1901）》，第 87 页。

❹ Telegram Scott to Lansdowne, March 26, 1901, G. P. Gooch and Harold Temperley（eds.），*British Documents on the Origins of the War*，1898—1914，II，p. 49.

❺ 《论中国俄患宜由英日美三国协力防维》，《申报》1900 年 10 月 4 日，第 9867 号。

俄，不肯拂俄意；法则袒俄殊甚。❶

美国光说不做并有意剥离的态度明显影响了张之洞、刘坤一等清朝官员对美国的观感，他们在这件事情上更加依赖英国和日本也正印证了他们对美国的失望。

第二次"门户开放"照会的提出本就有针对俄国的目的，俄国在东三省的行动显然是对中国领土的侵占、对"门户开放"的极大威胁，美国理应同英、日联合极力反对。美国在对中、俄提出一些形式上的抗议后，却渐渐收手，这跟其政府内部对东北形势有一最新判断有很大关系，即越来越多的情报显示俄国已经实际控制了东北，并可能永久占据，中国只是保有名义上的主权，因此美国逐渐相信只有俄国才能决定未来美国在东北的命运。1901 年 1 月 19 日柔克义向海约翰表达了对中国能否保有东北的怀疑，他认为若美国在东北的利益纯粹是商业的，将不会因此而受到太大的影响。❷ 康格也持同样观点，并向海约翰建议应考虑同俄国接洽，达成保护美国商业利益的妥协。❸ 1901 年 3 月德国声明英德协定不适用于东北地区，更加强了美国的判断。美国遂决定在东三省问题上跟俄国单独打交道，并试图以承认俄国在东北的"特殊地位"，换取俄国同意美国在东北"均沾"利益。1901 年 3 月 28 日，海约翰在与俄国驻美国公使喀西尼的会晤中声明："我们完全承认俄国有权采取它认为必要的措施防止去年的事件重演。如果我们得到保证，我们的贸易将不受损害，满洲的门户仍将开放，即使它沿着这条路走得更远，为她的利益和计划采取公认的必要的措施，我们也是会谅解的。"❹ 4 月的会谈中，海约翰重申了这点意见。这相当于向俄国暗示，只要让美国在东北享受商业上的门户开放，即使俄国在军事、政治上完全控制东北，美国都不会有任何异议。可见相比于一直高举"门户开放"大旗，美国在东三省问题上选择跟俄国秘密交易，这显然是一条更实际的道路，也是美国为何对张之洞热情呼吁将东三省直接开门通商并不感兴趣的深层原因。

小 结

庚子大沽之战，美军实未参与。对麦金莱政府而言，此时开战并不合时宜。首先，依据美国宪法，总统无宣战权，若要对华宣战，须经国会讨论批准，程序

---

❶ 《致侯马岑抚台》，光绪二十七年二月二十日寅刻发，苑书义等主编：《张之洞全集》第 10 册，第 8544 页。

❷ Rockhill to Hay, January 29, 1901, *John Hay Papers*, Library of U. S. Congress.

❸ A. Gregory Moore, *The Dilemma of Stereotypes：Theodore Roosevelt and China*, 1901—1901, Michigan：University of Michigan Press, 1979, pp. 50 - 51.

❹ Edward Henry Zabriskie, *American - Russian Rivalry in the Far East：A Study in Diplomacy and Power Politics*, 1895—1914, Philadelphia：University of Pennsylvania press, 1946, p. 71.

繁琐❶；其次，1900 年恰逢美国选举年，麦金莱亟亟谋求连任，选战正在拉开帷幕，6 月 19 日共和党全国代表大会在费城召开，民主党大会也将在堪萨斯城召开，麦金莱在第一任期内占领古巴、菲律宾等政策已然遭到国内众多"反帝国主义"分子的反对，若再对华开战，将会成为批判总统滥用武力的口实；况且此时菲律宾的叛乱也让美军分身乏术。美国政府遂在清朝督抚"朝廷并无失和之意"的请求下，顺势否认中外的战争状态，而且逐渐发展明确了它的目标——充分发挥调停者的角色，通过它派到中国的军队、外交官，协调列强之间的关系，以及列强与中国的关系；同清廷内部的辑睦官员联络，保持中美的友好关系，维护中国的领土与行政实体，进一步推行"门户开放"政策。因此，不论在"东南互保"的交涉，还是在非武力救援使馆的往来中，美国都显得比其他列强态度和缓，对中方有更强烈的和谈、合作欲望。因而也逐渐被清政府的诸多官员属意为调解中外矛盾的绝佳对象。

在北京与外界通信中断的情况下，地方督抚的地位和作用大为提高。相应地，美国驻在中国各内地的领事成为美国政府与中国地方当局最直接的联系纽带。在上海总领事古纳的带领下，美国驻华领事们从"东南互保"酝酿、商议到最终成形，始终贯彻华府的指示，积极支持并协助当地官员的行动，表现出比它国领事较易商议、友善的面相。督抚们也从中增加了对美国的信任与期待，在稳定了南方局势的基础上，他们试图利用这层关系调停北方的战局，南、北虽然现实状况迥异，却在某种程度上深刻地相互影响，美国的特殊作用亦在北方的解围过程中得到发挥和凸显。

围攻使馆乃清廷朝政战和之争的产物，由于成为世界瞩目的焦点，外国政府、地方督抚、驻外公使等多方势力参与其中。美国首获康格公使的密码电报，本有希望成为中外和解的重要契机，清政府内部亦出现"排难解纷，由美入手"的强大呼声，若尽早结束对使馆的围攻，配合以护使赴津或送使出京，或许还有一线生机。外交手段可发挥的空间一直存在，却由于清廷内部战和意见长期无法统一，一次次地错失良机，一步步消耗掉了能够避免战争或尽快结束战争的可能性。清政府在庚子事变中的战和失据，是导致它最终失败的根本原因。

危机来临时，地方大吏基于长期办理外交的经验，各有属意的调停对象。多数清朝官员对美国虽不反感，但也不认为它具有足够影响国际政局的能量，美国原本并非被特别重视的国家。庚子事变后，美国以其独立于列强之外的较"和

---

❶　美国宪法赋予国会宣战、募集和维持陆军、配备和保持海军等权力，赋予总统的则是"美国陆军与海军的统帅"。总统无宣战权，但以职位来界定总统的权力，这些权力的范围就可从极为广泛的战争权，到狭隘有限的军事指挥权，总统常有较大的操控空间。参见［美］塞缪尔·杭廷顿：《军人与国家：文武关系的理论与政治》，洪陆训等合译，台北：时英出版社，2006 年，第 233 - 235 页。因此，1900 年除了对华宣战，麦金莱总统得能自由派兵并指挥赴华美军。

平"姿态逐渐被寄予厚望。在当时拥有外交实权的地方大员中，刘坤一对美期望最大。从大沽不开炮、第二次"门户开放"宣言，到康格通信、国书回复，刘坤一密切关注美国的动态，不仅在"互保"交涉中多次求助美国，而且首倡"排难解纷必须由美入手"。余联沅、盛宣怀深受刘坤一的影响，亦热切积极地寻求美国的调停协助。张之洞一直较为亲近日本，在阻止英舰入江问题上他曾求助于日本，日方却为了避嫌，防止欧洲猜疑，也建议他联美。可见日本早已洞察美国与欧洲在政策上相对独立，可以成为亚洲用以抗欧的重要力量。李鸿章起初对美国也不重视，待到第二次"门户开放"照会后才试图借美之力调解，7月底由于遭到拒绝比较失望，但被授予全权后，他又再度寻求美国的支持，虽然中美联合送使出京由于时间因素没能成功，随后俄国也主动亲近，但李鸿章并没有真正放弃美国，不论是因为美国在事变前后表现出来的合作态度，还是出于李氏自身的实用主义外交原则，李鸿章没有"弃美就俄"。

督抚外交于庚子发展至鼎盛，还离不开驻外使节的协助配合。正如外交史研究先驱马士曾说："在七月的上半个月中，中国的驻外使节，特别是驻美的伍廷芳，曾经不断做出努力以减轻北京各国使馆长期沉寂对于西方国家所产生的影响。"[1] 自 1875 年清政府开始向缔约国派遣出使大臣开始，驻外使臣逐渐成为中外交往的重要纽带。伍廷芳出身海外，少年留洋，相较于第一代驻外使臣，更通晓西学与外事门路。国难危急，他不仅传递联通中美信息，勉力维系两国之间的正常友好关系，而且自发建言献策，协助朝中官员借美国之力调处中外矛盾。

美国自大沽战后加入联军，就被迫同其他列强协调一致。华府起初较为反感，但它也逐渐认识到，在列强错综复杂的斗争中，"单独的阻挠政策，实际上还不如合作政策更能阻挠中国的瓜分"。列强的联合行动，或者说互相牵制，既维持了东南地方政府和平控制各省的情状，并且在德使被戕后，迫使德国政府继续坚持同地方督抚合作，而没有掀起对中国的全面复仇战争。柔克义说："在我们保持完全独立行动的同时，我们得以和列强和衷共济，这种和衷共济的情形对于局势的及时和平解决是非常重要的"。[2] 第二次"门户开放"照会之所以成立，某种程度上亦有赖于此。各国政府既得考虑同清朝的关系，又得权衡彼此间的勾心斗角，后者才是制约列强行动的最主要因素。美国是事变中第一个，也是唯一一个，敢于将自己的目标向所有人公开的国家，它吸取了法国照会的教训，只公布自身政策，并没有要求共同保证，事实上，列强之间的相互牵制反而促成了某种统一战线。

第二次"门户开放"照会既从法理上支持了中国的地方政权，也客观维护了列强尊重中国"领土与行政实体"的大局。但不仅美国自身在照会中放弃了

---

❶ ［美］马士：《中华帝国对外关系史》第三卷，第 273 页。

❷ ［美］泰勒·丹涅特：《美国人在东亚》，姚曾廙译，第 562 – 563 页。

"领土与主权完整"的表述，而且英、日、俄等其他列强均有趁事变之乱试图小范围侵占中国领土的行径，美国对此的态度与举动颇能说明问题。

首先，清政府赞赏第二次"门户开放"照会，故对美国调解他国出兵之事寄予极大期许，反复联络求援。但美国不愿出面阻止英国登陆长江与俄国占领东三省，既由于它不愿开罪强国，更缘于它根本上不愿意抗议其他国家在中国派兵的权利，对日本派兵的调停也是因为日军的到来反而破坏了当地的和平，并非否认其出兵之权利，而且限于无法军事干涉，美国所谓对中国的维护更多地是停留在政策和口头层面，行动上仍是虚弱、无力的。维护或不维护的标准，并非中国的领土或主权是否遭到损害，还主要看美国的商业利益是否因此受到威胁。英军登陆长江并不直接有损美国在长江流域的利益，东三省问题则可以通过与俄国的私下交易继续保障美国在当地的商业贸易，美国由此做出不干涉的判断；对厦门事件的调停则是因为日军直接威胁到了美国的商业利益，美国对厦门的看重与菲律宾密切相关，菲律宾的经济大权掌握在华侨之手，菲律宾华侨又主要来自厦门，美国既已占有菲律宾，自然不会容许沟通菲律宾与中国大陆的经济之桥——厦门落入他国之手。这些具体事例实践深刻揭露了美国门户开放政策的深层含义，贸易平等与维护中国的领土与主权完整虽号称"门户开放"的一体两面，但前者才是根本，其他的附加条件均是为美国的商贸利益服务的。因此，作为"瓜分"利益的后来者，维护中国的完整性更能保证"门户开放"，进而根本有益于美国之商贸利益，但美国对中国完整性的维护多只停留在外交领域，而且以商业利益为根本转移，是有前提并有限的。

其次，虽然整体意图是维护中国的领土完整性，但美国不仅在政策发布时没有公开放弃中国领土，甚至在实践中也体现了它曾试图仿效其他国家，利用庚子事变的危机，在天津、厦门、三沙湾等地获得租界或海军基地，作为美国未来在中国的立足点。美国海军部、司法部长、驻华公使、领事等都或多或少支持对华获取领土，国务卿海约翰却始终有所顾虑，倾向于坚持"门户开放"政策。虽然由于政府内部意见并不一致，美国试图在中国占据几块领土的努力既隐秘，又实施得不够彻底，结果也有的成功、有的失败，但这些行动与实践已经充分说明美国政府并非没有领土野心，它对中国的侵略性不能因为一个公开宣言就被忽视。

第三章　走向议和：中美的有限互动

第一节　美军在津京的占领和管理

随着八国联军一路从大沽攻入北京，留在身后的是大片被占领的土地，除了在京沽之间的某些重要据点留守极少量兵力外，联军将大部分军队驻扎在北京和天津，对这两座城市实施了长达近两年的殖民统治。以往学界对八国联军侵占京、津的研究多集中在揭露联军抢掠的暴行上❶，最近开始有研究者注意到殖民暴力下的百姓生活、民众的"顺民"心态以及留京官员的求和努力等。❷ 尤其要指出的是美国学者韩德利用美国人的记述，初步勾勒了美军占领并管理北京的具体举措，极大地深入了我们对占领军在暴行之外的认识。❸

但这些研究仍旧有一些不足：首先，主要集中在对北京侵占的研究，而对天津的情况关注较少；其次，国内研究使用外文史料，国外研究使用西文史料，以致评述难免偏颇，以韩德为例，文中不乏对美国的过分褒奖与故意夸大某些事实；最后，不论是从原本关注作为"行为施动者"的列强与联军，还是逐渐涉及作为被动与对手一方的中国官吏、民众，都相对地将二者分离开来，忽视了二者之间的互动关系，尤其是在管理城区方面的交往与合作，这点在美国占领区尤其明显。因此，本节拟结合利用中、外文史料，努力勾勒美军在天津、北京占领和管理的实际情况，尤其关注美国与中国方面各个阶层往来的丰富内容。

---

❶ 国内的研究参见廖一中等编：《义和团运动史》，北京：人民出版社，1981 年；李德征、苏位智、刘天路：《八国联军侵华史》，济南：山东大学出版社，1990 年；王树槐：《拳乱期间联军的抢掠行为》，载于中华文化复兴运动推行委员会编：《中国近代现代史论集 13·庚子拳乱》，台北：商务印书馆，1986 年。西方的研究则以何伟亚为代表，开始反思列强对北京的"惩罚"与"规训"是要使清政府适应其规范的帝国教程，参见［美］何伟亚：《英国的课业：19 世纪中国的帝国主义教程》，刘天路、邓红风译，北京：社会科学文献出版社，2007 年。

❷ 胡成：《殖民暴力与顺民旗下的灰色生存》，《读书》2004 年第 3 期。郭道平：《庚子之变中的联军统治与国人心态》，《北京社会科学》2014 年第 4 期。戴海斌：《"无主之国"：庚子北京城陷后的失序与重建——以京官动向为中心》，《清史研究》2016 年第 2 期。

❸ Michael H. Hunt, The Forgotten Occupation：Peking, 1900—1901, *Pacific Historical Review*, Vol. 48, No. 4 (Nov. , 1979), pp. 501 – 529.

一、美军参与管理天津

1900 年 7 月 14 日，八国联军攻陷天津。迅速涌入城内的各国士兵大肆烧杀抢掠，在中外记述者的笔下，几乎所有国家的军队都参与了这次"惩罚"和报复行动。虽然有美国报纸报道说，在中国的美国士兵是唯一没有进行抢掠的，但很快遭到了亲历者、英国记者兰道尔的无情批驳："在抢掠这件事上，美军士兵没有比其他人更快，但更确实的是，他们也并不比其他在场的士兵更好。"美国士兵对艺术品不屑一顾，热衷于抢劫武器和钱财，他们从淮军的南门军械库缴获了 40 门漂亮的最新式的克虏伯炮和大量的其他武器，从被烧毁的盐官衙署（长芦盐运使署）内又挖掘出了价值几百万的银锭，这些银子多到堆成了许多小山，被全部运到了位于租界的第九步兵团的总部。❶《申报》亦记载美军在天津掠获的白银总价值应超过一千万两。❷

当联军士兵到处施暴之时，外国联军统帅们开始着手筹备控制并管理天津。首先，各国对天津进行了分区占领："无分城内外，以鼓楼为中心，共分四隅。西南隅属英，西北隅属法，东南隅属美，东北隅及河北属日本，河东及铁路并北土墙内外属俄，后铁路又改归英国管理，德国兵到津最晚，故后始分一地以属之。"❸ 据时人对各占领区内联军士兵的观察，普遍认为，日、美、英三国士兵"最平和""无大滋扰"，而俄、法、德士兵"最强暴，不通情理""钞民居，无虚日，妇女之被污者，固无数，甚且有童男而不免者"❹。除了在分治各区，各国订有不同规章，按其本国惯例实行控制外❺，各国联军统帅于 7 月 16 日召开会议协商合作恢复天津的城市秩序。由于入侵天津时，俄军人数最多、指挥官级别最高，作为会议召集人，俄军指挥官阿列克谢耶夫首先提出成立一个临时政府，并建议委任一名总督主持政府工作，总督之下由出兵国家各选派一名委员组成委员会。❻ 由于这个方案明显会让俄国独揽大权，遭到了英、日、德等国指挥官的反对。经过多方协商，在 18 日的第二次会议上，俄国放弃了一个总督的方案，转而提出由三国各委派一名具有同等权力的委员组成临时政府。这个折中方案获得了各国的认可，最终由当时派兵最多的俄、英、日三国分别委派沃嘎克上校、

---

❶ ［英］阿诺德·亨利·萨维奇·兰道尔：《中国和八国联军》，李国庆、邱葵、周珞译，第 183 - 189 页。

❷ 《改铸银圆》，《申报》1900 年 8 月 26 日，第 9828 号。

❸ 刘孟扬：《天津拳匪变乱纪事》，载于《义和团》第二册，第 47 页。

❹ 刘孟扬：《天津拳匪变乱纪事》，汤殿三捷南：《天津拳祸遗闻》，载于《义和团》第二册，第 47、70 页。

❺ 李然犀：《庚子沦陷后的天津》，载于《京津蒙难记——八国联军侵华纪实》，第 11 页。

❻ ［俄］科罗斯托维茨：《俄国在远东》，李金秋等译，北京：商务印书馆，1975 年，第 53 - 54 页；［俄］德米特里·扬契维茨基：《八国联军目击记》，许崇信等译，第 248 页。

鲍尔中校和青木宣纯中佐三人担任委员。7 月 30 日，委员会宣布临时政府成立，地点设在前直隶总督衙门，并以照会形式正式通知了各国部队的司令官。❶ 半个月后，临时政府的中文名称，由"总督衙门"改为"都统衙门"，半年后再改为"天津地区临时政府"❷。

美军军官没被选为都统衙门委员，既因为美军在天津战役中的人数、贡献不及俄、英、日三国，还因为美军总指挥官沙飞将军于天津逗留时间短，对天津都统衙门关注不多，仅留下第九步兵团的一个连和一小部分海军陆战队驻守，指挥官分别是福脱（Morris C . Foote）少校和米亚德少校❸。美军在天津的事务主要都由二位指挥官决定，后者还参加了讨论成立临时政府的联席会议。❹ 应新成立的委员会要求，美军同英、法军一样派出 100 人担任治安部队，仅次于俄、日的各 200 人。❺ 在天津的美国人田夏礼（Charles Denby）和丁家立（C. D. Tenney）还分别担任临时政府秘书长（相当于业务首脑）和中文秘书这样的重要职务，前者是美国前任驻华公使田贝的儿子，当时在中国经商，而后者曾先后担任过美国驻天津副领事、北洋大学堂第一任总教习，与李鸿章关系密切。司法部长易孟氏（W. S. Emens）也是美国人，曾任过美国驻上海副领事和代理总领事。❻

临时政府对天津实行的是统一规划的联合军事统治，其政策、规章适用于所有国家的分治区域。在此基础上，1901 年 2 月临时政府还宣布扩大管辖区，并将整个管辖区域重新划分为五个行政区，设立单独的华人巡捕后，又将城厢地区划分为 8 个治安区。单从区域划分与管控就可看出，联合统治下各国的自主与独立性被大大削弱，某一国家根本无法单独掌控临时政府。以治安为例，临时政府治安部队建成后，即通知各国指挥官除隶属治安部队的士兵外，其余军队不得介入治安。各联军司令官也不可单独发布告示❼，今日所见华人记载的告示均为临时政府的联合通告❽。所有管辖、控制天津城区的权力均收归临时政府。而涉及与华人接触、中外交涉的部分，也都在临时政府的范围内进行。华人巡捕在本地绅商的协助下，配合联军治安部队维持秩序，且贫苦的中国读书人也纷纷到临时政

---

❶ 《第 1 次会议》，1900 年 7 月 30 日，《八国联军占领实录：天津临时政府会议纪要》上册，第 3 页。

❷ 《第 10 次会议》，1900 年 8 月 14 日，《八国联军占领实录：天津临时政府会议纪要》上册，第 14 页。

❸ A. S. Daggett, *American in the China Relief Expedition*, p. 42.

❹ ［俄］德米特里·扬契维茨基：《八国联军目击记》，许崇信等译，第 248 页。

❺ 《第 1 次会议》，1900 年 7 月 30 日，《八国联军占领实录：天津临时政府会议纪要》上册，第 3 页。

❻ ［美］马士：《中华帝国对外关系史》第三卷，第 311 - 312 页。

❼ 《第 2 次会议》，1900 年 8 月 2 日，《八国联军占领实录：天津临时政府会议纪要》上册，第 4 页。

❽ 《联军告示》，奇生录：《庚子芈蜂录（选录）》，载于中国社会科学院近代史研究所、近代史资料编辑组编：《义和团史料》上册，北京：中国社会科学出版社，1982 年，第 285 - 286 页。

府内谋求职务以维生计❶，翻译多由曾在租界内洋行、酒馆、妓院中当"百役"者充当❷。

在这样的体制下，又限于军队人数，美国在管理天津方面并没有太大的自主权和决定权，在临时政府内主要扮演的是配合者的角色。而且，不同于俄、日等国更侧重军事与治安管控，美国人显然更关注的是民生与经贸问题，美军在天津期间最大的作为就在于放粮赈济方面。1900 年 9 月 17 日，美国驻天津领事若士得（James W. Ragsdale）向临时政府委员会转交了盛宣怀的信件，盛氏于信中表示愿意向临时政府送交中国轮船招商局存在天津和塘沽的大米，用以救济贫民。❸ 盛宣怀直接求援美国领事，既因据情报招商局仓库多为美军把守，更在于美重民生，必愿助华放米赈民。在若士得的协助下，天津临时政府致函美军司令官，请将美军扣留的塘沽粮库大米交给临时政府，再由临时政府分发赈济。美军自然积极回应，沙飞将军迅捷交付了 2385 袋大米，委员会于 10 月 4 日的会议上特别委托秘书长田夏礼告知沙飞已收到大米，并致谢意。❹ 截至 10 月 15 日函知委员会，美军已将存放于塘沽的大米全部移送临时政府。❺ 除沙飞将军命令交付的外，大多数是以美国军需长官汉舍里（Humshrey）将军的名义转交，这部分就多达 14356 袋。❻ 在天津临时政府的统计清单中，所存的大米主要来自英军和美军，有效保证了在即将到来的冬季与来年的灾荒中有足够的粮食赈济贫民。

但在涉及美国利益的方面，驻津美军也与临时政府有过对抗和斗争。当有事件牵扯到美国人时，美国指挥官、外交官往往直接向天津临时政府申请或协商，保有较大的独立性。天津都统衙门成立后，委员会就开始催促美军转交从盐运使署掠得的白银，以供临时政府分配。要将单独所获提交各国共用，美国很不情愿。1900 年年底，美国公使康格声称会同美军指挥官商议，美国赴华专使柔克义以及统帅沙飞将军也都向委员会表示，他们已经向华府报告此事，但还未收到任何回复。❼ 1901 年年初面对临时政府的再次询问，柔克义仅承认已经转报给了

---

❶ 刘孟扬：《天津拳匪变乱纪事》，载于《义和团》第二册，第 55 页。

❷ 李然犀：《庚子沦陷后的天津》，载于《京津蒙难记——八国联军侵华纪实》，第 11 页。

❸ 《第 38 次会议》，1900 年 9 月 17 日；《第 40 次会议》，1900 年 9 月 19 日，《八国联军占领实录：天津临时政府会议纪要》上册，第 40、41 页。

❹ 《第 48 次会议》，1900 年 10 月 4 日，《八国联军占领实录：天津临时政府会议纪要》上册，第 48 页。

❺ 《第 56 次会议》，1900 年 10 月 17 日，《八国联军占领实录：天津临时政府会议纪要》上册，第 59 页。

❻ 《第 70 次会议》，1900 年 11 月 19 日，《八国联军占领实录：天津临时政府会议纪要》上册，第 84 页。

❼ 《第 48 次会议》，1900 年 10 月 4 日；《第 62 次会议》，1900 年 11 月 1 日；《第 73 次会议》，1900 年 11 月 24 日，《八国联军占领实录：天津临时政府会议纪要》上册，第 48、69、95－96 页。

美国陆军部长，迟迟未作任何实质性的表态。❶ 直到美军从天津撤出，临时政府也未能收获该款项。❷

在派遣军队的问题上，美军同天津临时政府的分歧也比较大。在向临时政府派出 100 名士兵担任治安部队后，9 月面对临时政府再派 20 名骑兵维持城区治安的要求，美军莫尔上校以美国骑兵被调往杨村为理由拒绝了。❸ 委员会决定再向莫尔上校施压，转而要求 30 名美国士兵到治安部队工作，这个请求再次遭到了明确的拒绝。❹ 此后，临时政府则不断接到美军军官的来信，通知说美国炮兵、水兵等即将从天津撤离的消息，沙飞将军也亲自致函临时政府委员会，告以美军不准备冬天在天津城区安排部队驻扎。❺ 1900 年 10 月间，包括治安部队在内的所有美军部队就已经全部撤离了。❻ 这对临时政府来说无疑是个打击，因为它被迫得对天津的治安管制进行重新部署。美军在撤离的同时，将占据的城区军械所及军械所内的资产、居住地等转交给了临时政府，委员会也得将它们重新安排给其他军队。❼ 然而，美军在离开后，却获得机会加入了临时政府委员会。

法国政府在都统衙门成立时就已提出过增派委员，但这个要求直到 1900 年 10 月联军统帅瓦德西率领德军到达天津之后才真正被提上议程，瓦德西直接通知联合政府，称他要委派一名德国委员加入委员会。❽ 为显公平，11 月 13、14 日，德、美、法三国最高司令官分别指派法根海（von Falkenhayn）少校、福脱少校和阿拉伯西（Arlabosse）中校担任委员，临时政府的成员扩充到 6 人。❾ 24

---

❶ 《第 96 次会议》，1900 年 1 月 18 日，《八国联军占领实录：天津临时政府会议纪要》上册，第 144 页。

❷ 美军从天津撤出后，驻美公使伍廷芳得知美国截获了这批巨额财产，遂出面向美国国务卿请求归还，美国政府这才同意将在天津运使署缴获的全部财产归还给清政府。参见 Wu Ting‑fang to the Secretary of State, July 13, 1901; Wu Ting‑fang to the Secretary of State, December 31, 1901, No22, *Notes from the Chinese Legation in the United States to the Department of State*, Jan. 1, 1898－Dec. 31, 1901, M98, R4, National Archives of the United States.《收驻美大臣电》，光绪二十六年八月三十日，孙学雷主编：《国家图书馆藏清代孤本外交档案》第 32 册，北京：全国图书馆文献缩微复制中心，2003 年，第 13432 页。

❸ 《第 36 次会议》，1900 年 9 月 14 日，《八国联军占领实录：天津临时政府会议纪要》上册，第 38 页。

❹ 《第 38 次会议》，1900 年 9 月 17 日；《第 41 次会议》，1900 年 9 月 21 日，《八国联军占领实录：天津临时政府会议纪要》上册，第 40、41 页。

❺ 《第 47 次会议》，1900 年 9 月 29 日；《第 55 次会议》，1900 年 10 月 15 日，《八国联军占领实录：天津临时政府会议纪要》上册，第 47、56 页。

❻ 《第 51 次会议》，1900 年 10 月 8 日，《八国联军占领实录：天津临时政府会议纪要》上册，第 53 页。

❼ 《第 54 次会议》，1900 年 10 月 13 日；《第 55 次会议》，1900 年 10 月 15 日，《八国联军占领实录：天津临时政府会议纪要》上册，第 56、58 页。

❽ 《第 53 次会议》，1900 年 10 月 11 日，《八国联军占领实录：天津临时政府会议纪要》上册，第 56 页。

❾ 《第 67 次会议》，1900 年 11 月 13 日；《第 68 次会议》，1900 年 11 月 14 日，《八国联军占领实录：天津临时政府会议纪要》上册，第 78、81 页。

日委员会又收到意大利指挥官的来函，指出已经有 6 个国家向委员会派出了代表，他认为意大利派代表进入委员会亦属理所当然。❶ 委员会将此事转请各国最高指挥官决断，美军统帅沙飞将军率先公开支持这项提议，以各国应当平等的总原则，同意接纳意大利委员，但也保留称委员会现有委员名额事实已经足够。❷ 在 1901 年 4 月意大利委员加入之前，临时政府的成员仍旧是俄、英、日、德、法、美六国。其中，在福脱就职后，美国拒绝支付每名委员需要向临时政府缴纳的 5000 英镑的垫款，理由是美国军事当局所赠送的大米价值已相当于这笔款额。❸ 而且，由于绝大多数美军已撤出天津，福脱少校在委员会中实际上并没有太大的作为，他仅代表美国处理了几起有美国人牵涉其中的案件，并提出了一些关注民生的建议，如以临时政府名义签订的合同需经过多数委员通过、鼓励农民耕种土地等。❹ 最终在 1901 年 5 月 3 日，福脱少校向委员会宣布，他已接到命令将于 5 月 10 日离开临时政府。❺ 此前他也已向委员会说明，当他退出临时政府委员会时，委员会将不再有代表美国的军官。因此，他要求秘书长田夏礼在此之后将关系到美国的重大事务直接通知美国驻北京的公使馆，并得到了委员会的批准。❻ 福脱离开之后，天津临时政府委员会的人数就一直维持着 6 名，直到 1902 年袁世凯代表清政府接管了天津政权。

美国是天津临时政府存在期间第一个，也是唯一一个退出管理委员会的国家。也由此可见，即使限于军队人数，美国在天津临时政府内部一直行事较为低调，处事也相对温和，但其本质上，仍旧受其既定政策与来自华府的命令影响，具有一定的独立性。最终美国在 1901 年夏天来临之前就从天津撤走了所有军队，在北京公使馆与天津领事的强烈要求下，国务卿才同意留下 50 名士兵驻守天津领事馆。❼ 此后，美国于天津的工作再次回缩至领事馆范围。虽然美国退出了临时政府，但对天津临时政府的管理效果，美国领事若士得作为密切观察者，还是给予了很高的赞扬："在天津，省政府已经重建了秩序，并开创了在满人统治下

---

❶ 《第 73 次会议》，1900 年 10 月 24 日，《八国联军占领实录：天津临时政府会议纪要》上册，第 96 页。

❷ 《第 80 次会议》，1900 年 12 月 10 日，《八国联军占领实录：天津临时政府会议纪要》上册，第 108 页。

❸ 《第 73 次会议》，1900 年 10 月 24 日，《八国联军占领实录：天津临时政府会议纪要》上册，第 96 页。

❹ 《第 130 次会议》，1901 年 4 月 11 日；《第 121 次会议》，1901 年 3 月 20 日，《八国联军占领实录：天津临时政府会议纪要》上册，第 247 页。

❺ 《第 140 次会议》，1901 年 5 月 3 日，《八国联军占领实录：天津临时政府会议纪要》上册，第 277 页。

❻ 《第 138 次会议》，1901 年 4 月 29 日，《八国联军占领实录：天津临时政府会议纪要》上册，第 273 页。

❼ Squiers to Hay, April 22, 1901, *Despatches from U. S. Ministers to China*, April 1 – May 30, 1901, M92, R112, National Archives of the United States.

从没有过的改革，带来各种来源的巨大收入……沿着河流贯穿外国租界和中国城正在修建一条大路；大量的下水道以及城市公共设施正在修建。"❶ 因此他在给美国政府的报告中认为天津不会发生叛乱。

二、美军对北京的治理——兼论官、绅、夷三者的斗争

（一）沙飞与北京

在北京围困的最后阶段，美国政府曾苦心孤诣地期待通过与清政权协作的方式救出公使，最后虽然没能如愿，但华盛顿方面还是对北京解围表示欢迎，麦金莱总统热忱地向美国驻华公使和军方发去了贺电。❷ 从决定派兵开始，尤其是任命沙飞为统帅，麦金莱的目标就不仅限于动用武力救援公使，军队还有发挥外交斡旋的重要功能。1900 年 6 月 26 日，沙飞被任命为赴华美军的最高指挥官，立即向大沽出发。❸ 当年 7 月 19 日，沙飞在长崎中转时收到美国政府的指示，命令他去保护美国人的生命、财产和利益，如果可能，要寻求同清朝友好官员与不排外的中国人合作，以实现他的使命。沙飞被授权与其他外国指挥官合作，在必要的时候一致行动，但他必须始终完全保存指挥权力。❶ 这个指示可以算是沙飞在华行动的基本准则。进军北京期间，不论是沙飞为实现救援公使的目标同其他列强联合行动，还是美国政府曾试图让沙飞同友好的清政府官员合作将公使送出北京，可以看出都是在这个最初指示的框架之下。麦金莱政府在设计这个指示时的构想也不仅限于此，对美国来说，解决中国问题最好的范例是刚结束的美西战争及对古巴的占领，沙飞 1898 年曾参加过征服古巴的战争，美西战争后，美军对古巴实行军事占领统治，沙飞担任军事总督伦纳德·伍德（Leonard Wood）将军的参谋长近两年时间，因此麦金莱选中沙飞，并加派他在古巴时候的副手威尔逊（James Harrison Wilson）将军到中国继续辅佐他，可见总统对他们古巴经验的重视，希望美国在中国能够像在古巴一样，在较短的军事征服后能保持较为长久的政治影响力。这就不只是靠英勇作战就能够做到的，更重要的是要在占领区尽快恢复和重建秩序。1898 年 12 月麦金莱曾给他在古巴的指挥官指示，命令美军要通过培养精英以减少抵抗，古巴的合作者将能减轻美国政府的行政负担，同时还要关心民众疾苦，鼓励行政改革，约束军队等，以

---

❶ Ragsdale to Hill, July 3, 1901, *Despatches from U. S. Consuls in Tientsin*, China, Jan. 1, 1900 – June 26, 1903, M114, R7, National Archives of the United States.

❷ Congratulations to Chaffee, *New York Times*, August 23, 1900.

❸ Corbin to Chaffee, June 26, 1900, *Correspondence relating to the war with Spain: Including the Insurrection in the Philippine Islands and the China Relief Expedition*, April 15, 1898 to July 30, 1902, vol. 1, p. 418.

❶ Corbin to Chaffee, July 19, 1900, *Correspondence relating to the war with Spain: Including the Insurrection in the Philippine Islands and the China Relief Expedition*, April 15, 1898 to July 30, 1902, vol. 1, pp. 431 – 432.

赢得当地群众的支持。❶

　　沙飞对这套做法自是相当熟悉，从进入北京城开始，当各国联军在四处烧杀抢掠的时候，他就严令禁止美国士兵在城内抢劫。《申报》在记述各国联军蹂躏京城的情形时说："惟英美两军，则由统兵官严申禁令，不得胡行。"❷ 美军需要的所有补给几乎全部是由美国或菲律宾运来。❸ 就是在安营扎寨的时候，他也不许军官和士兵舒服地使用清兵遗留下来的巨大华丽的帆布帐篷。沙飞的严苛连兰道尔都感叹说"沙飞将军似乎没必要对自己的手下那么严酷和漠视"❹，但在沙飞看来这恰是他约束军队的方式。

　　然而，北京的情况似乎比古巴还要复杂，因为美军并不是唯一的外国军队。各国指挥官只能约束各自的军队，听从本国政府的命令。而列强在 1900 年 8 月14 日攻陷北京，完成了援救公使的共同任务后，各国之间的矛盾与斗争由原先的暗流涌动，逐渐浮出表面。沙飞的行动自由亦受到其他列强的种种牵制。首先最直接的一个表现就是在进攻紫禁城的问题上。

　　联军解围使馆后，整个北京城基本落入了列强的控制，除了紫禁城和北堂。8 月 15 日，法军和日军作为主力前去援救还在被小部分清军和义和团围困的北堂，另一边，美军在沙飞将军的命令下开始进攻紫禁城。进攻的原因，沙飞在事后向美国政府的报告中说，是因为"康格先生告诉我说，中国人一直用正对着前门的皇城地区来向使馆区开火，所以我就决心把这个阵地上的中国人赶走"❺。也有人猜测沙飞攻打皇城，是为了给美军找一块合适的营地。由于俄军确实在14 日占据了美军原本计划好了的营地，这个理由或许也能成立。❻ 奉命执行任务的是第十四步兵团，当团长达格特少校发现在紫禁城前面有好几重紧闭的大门，他请求瑞利炮兵团的支援，试图利用炮火轰开这些沉重的城门。在进攻的过程中，还有少数的清军从城门和四周建筑的高墙后向美军射击，美军因此有些伤亡，但第十四步兵团的还击逐渐压制住了清兵的火力，随着大清门、天安门、端门等一道一道的城门被美国炮兵的炮火轰开，射击的清军也不断地被赶到后面的一道门后。美军用了超过半天的时间，以同样的办法接连轰开了紫禁城前面的三道大门。但当他们已经架好大炮，对准进入皇宫的最后一道大门午门时，美军突

❶ David Healy, *The United States in Cuba*, 1898—1902: *Generals, Politicians, and the Search for Policy*, 1898—1902, Madison: University of Wisconsin Press, 1963, pp. 55 – 56.

❷ 《追纪西兵蹂躏都门事》，《申报》1900 年 10 月 27 日，第 9890 号。

❸ Gallagher to Adjt Genl, Tientsin 9th file, Telegrams Received, 1900—1901, *China Relief Expedition*, RG395, National Archives of the United States.

❹ ［英］阿诺德·亨利·萨维奇·兰道尔：《中国和八国联军》，李国庆、邱葵、周珞译，第240 页。

❺ A. S. Daggett, *American in the China Relief Expedition*, p. 174.

❻ ［英］阿诺德·亨利·萨维奇·兰道尔：《中国和八国联军》，李国庆、邱葵、周珞译，第 204 页。
A. S. Daggett, *American in the China Relief Expedition*, p. 95.

然接到了沙飞将军下达的"停火"命令。

为什么沙飞在最后时刻改变了主意？就在攻打第三道门时，沙飞被叫去参加了一个各国将领会议，而这个会议决定不占领皇城。美国士兵从阵地上撤了回来，恢复到了没有进攻时候的状态。❶ 其他国家将领的意见迫使沙飞在最后时刻放弃。列强的出发点很简单，就是不愿攻占紫禁城的功劳被某一个国家独占。在得知美军在炮击皇城的消息后，俄军和英军都曾经试图加入战斗，前者成为美军的后援，后者则尝试以云梯攀爬过城墙，但都没能动摇美军绝对核心的位置。❷ 或许因此才有了将领会议上要求美军撤退的决定。❸ 达格特虽然没有参加会议，但通过观察与猜测也感觉到："是不是美军在这八小时里的胜利使得这个会议做出这样的决定？"❹

就如何处置紫禁城，联军在 16 日还召开了一个各国公使与将军的联席会议，经过激烈的争论，最终决定不占领皇宫，但要派一个纵队从南门到北门的大街上通过游行一下。已经轰破的皇城几道大门仍旧需要占领，沙飞将军命令第九步兵团派一个分队驻守，他们守卫在还未进入的皇宫的主要入口南门（午门）处，卫队奉命不让未经美军司令官准许的人员进入紫禁城。东、北、西三个方向的大门则被日军占领。❺ 8 月 28 日，各个国家按照实际军队的比例派遣分队，以 800 名俄军、800 名日军、400 名英军、400 名美军、400 名法军、250 名德军、60 名奥军和 60 名意军的顺序依次进入紫禁城❻，经过各门和各大殿，一路奏乐升炮。紫禁城游行具有很重要的象征意义，何伟亚称之为一种"胜利游行"和对北京的"有序惩罚"。❼ 列强的目的主要是想利用这一史无前例的机会战胜中国人关于紫禁城受到神明庇佑的"迷信"，康格也说"这个行动势必给中国留下深刻的印象"❽，然而，他们又担心精神上的过大打击会使中国人永远无法恢复，进而无法同列强谈判并支付赔款，甚至造成中国的瓜分，因此，他们不敢摧毁或全盘占据皇宫，而是采取较为节制的"胜利游行"。而且在进入之前，联军还在 8 月 26 日通知了留守北京的清朝官员。大学士、宗室崑冈品级最高，但仍属外廷人士，故"约总管内务府大臣世续、文廉，于初三日先行共同进内，晓谕各处所值

---

❶ A. S. Daggett, *American in the China Relief Expedition*, p. 175.

❷ ［英］阿诺德·亨利·萨维奇·兰道尔：《中国和八国联军》，李国庆、邱葵、周珞译，第199页。

❸ 俄国人承认是俄国公使和将军的干涉停止了炮击。［俄］德米特里·扬契维茨基：《八国联军目击记》，许崇信等译，第 334 – 335 页。

❹ A. S. Daggett, *American in the China Relief Expedition*, p. 103.

❺ A. S. Daggett, *American in the China Relief Expedition*, pp. 106 – 107. 杨典诰：《庚子大事记》，载于《义和团运动史料丛编》第 1 辑，第 26 页。

❻ ［美］马士：《中华帝国对外关系史》第三卷，第308页。

❼ ［美］何伟亚：《英国的课业：19 世纪中国的帝国主义教程》，刘天路、邓红风译，第 222 页。

❽ Mr. Conger to Secretary of State (Telegram), August 25, 1900, *Papers relating to the foreign relations of the United States*, 1900, p. 198.

班人员等，并传集内监，告知原委，俾免宫内惊惶"。至联军入宫之日，崑冈、敬信、裕德、阿克丹、世续、文续、那桐等全程陪同，入大清门、进内左门、出神武门❶，那桐在仪式结束后才长叹一口气："半日劳尽心力，危险情形笔难尽数。"❷ 进入紫禁城问题遂得中外相安。

在这个事件中，沙飞虽然率先炮轰紫禁城，但却几乎没有流露过"惩罚"中国的想法。康格在向美国政府报告时绝口不提联军会议，只称沙飞决定不进入紫禁城，是因为他发现里面实际已空。❸ 炮轰事实已达到为使馆区扫除清军射击的目标，美军亦已觅得另外一处驻地，沙飞并不认为停止进攻多么遗憾，此时他亦尚能接受紫禁城游行之类有节制的"惩罚"行动。但当联军统帅瓦德西到来后，"惩罚"愈演愈烈，沙飞和美军开始展现出更多不赞同、不配合的态度，最突出地表现在对报复性远征的分歧上。

占领津京之后，八国联军以清肃逃匿到周围郊区的义和团为理由，不断向直隶各地区派出征讨队。起初在传教士的怂恿下，沙飞自觉这是"保护美国人的利益"，参与了三次征讨活动，见表3-1。

表 3-1　美军参加征讨义和团行动一览表

时间	征讨地点	出发地	指挥官	美军人数	其他联军	结果
1900 年 8 月 18 日至 19 日	天津西面和南面	天津	英军道华德将军	温特上校带领第 6 骑兵团两个骑兵营——12 名军官，390 名士兵——由拍克上尉与布洛克塞姆上尉指挥，是这次征讨队中的主力	英军、日军	打死大约 350 人。美军受伤 6 人
1900 年 9 月 9 日至 13 日	独流镇	天津	英国道华德将军	第 15 步兵团第 3 连和第 4 连	英军	没有找到义和团
9 月 16 日至 17 日	八大处	北京	美国威尔逊将军	915 名步兵、骑兵和炮兵	英、德、法、日、意、奥等军	义和团阵亡约 30 人

（资料来源：A. S. Daggett, *American in the China Relief Expedition*, pp. 116-120, 141-142. ［英］派伦：《天津海关一八九二——一九〇一年十年调查报告书（节译）》，载于《八国联军在天津》，第 448-449 页。李德征、苏位智、刘天路：《八国联军侵华史》，第 328-330 页。）

1900 年秋至 1901 年春，联军的外出征讨行动总计约有 50 多起，多数为德军

---

❶《大学士崑冈等折》，光绪二十六年八月初八日，《义和团档案史料》上册，第 533-534 页。

❷ 北京市档案馆编：《那桐日记》上册，北京：新华出版社，2006 年，第 351 页。

❸ Mr. Conger to Secretary of State（Telegram），August 23, 1900, *Papers relating to the foreign relations of the United States*, 1900, p. 198.

发起，德军到来后这些行动还获得了"惩罚性征讨"的称号。❶ 由上表可见，美国是八国联军中参与对义和团讨伐远征次数最少的国家，仅有三次均在瓦德西到来前的 8 月、9 月间，主要合作对象都是英军。在对北京西北八大处的那次远征中，美、英两国还就"惩罚"与"报复"细节产生过争执。远征的规格很高，英军司令官盖斯里少将、参谋长巴罗（Barrow）少将以及英国公使窦纳乐都随队观战，美军方面则由仅次于沙飞的第二总指挥威尔逊将军率领，他还担任此次远征联军的总指挥。据威尔逊回忆，在远征过程中他没有发现有成群结伙到处流窜的义和团，也没有看到有传教士受到围困，他看到的是一派"宁静、安定和勤劳"的景象，"就好像这儿未曾有过暴力，也未曾有过战争一样"。因此，当英国指挥官巴罗将军请求他同意摧毁灵光寺后面的一座白塔时，威尔逊很诧异，在他看来，这样的要求实在是一种"野蛮主义"的表现，因而要求巴罗说明这样做的正当性。威尔逊说："他的回复更让我感到吃惊，因为他解释说……如果基督徒不毁掉这座著名的中国庙宇，那些曾经毁掉许多基督教教堂的中国人会认为，他们的佛塔所供奉的那些神灵比基督教的神灵更有神力。"接到这一回复后，威尔逊退出了联合行动，美军于次日早晨撤走，英国人自己毁掉了佛塔，还焚烧了灵光寺和证果寺两座寺庙。❷ 威尔逊的行动获得了美国其他军官的支持和赞赏，达格特称："令人满意的是威尔逊将军采取了反对惩罚和报复的立场；他不过是反映了政府的政策和每一位有见识的军官的意见罢了。"❸

此后，美国不再参与或支持任何"惩罚性远征"。9 月 25 日，八国联军统帅瓦德西在大沽登陆，他在抵达中国之后迅速策划并指挥了多次大规模的远征，但都遭到了美国军方的拒绝。一到大沽，瓦德西就授意在大沽的各国海军将领夺取秦皇岛和山海关。起初美国海军上将雷米基于此前的一致行动，决定支持对秦皇岛的行动。但 9 月 27 日柔克义告诉他，美国政府想要的是谈判和解，他认为报复性战争是个错误。雷米随即以已接获华府要求撤军的命令为由，撤出了远征计划。❹ 10 月初，由德、法、俄、英等国组成的联军轻松地攻占了这两地。此后，瓦德西又开始计划一次最大规模的远征。10 月 12 日，两队大约 11000 名的英、德、法、意军，从天津、北京出发前往保定，因为那里曾有美国和英国教会的

❶ A. S. Daggett, *American in the China Relief Expedition*, p. 141.

❷ James Harrison Wilson, *Under the Old Flag*: *Recollections of Military Operations in the War for the Union, the Spanish war, the Boxer Rebellion*, Vol. 2, pp. 527 – 530. 见李德征、苏位智、刘天路：《八国联军侵华史》，第 330 页。[美] 何伟亚：《英国的课业：19 世纪中国的帝国主义教程》，刘天路、邓红风译，第 243 – 244 页。

❸ A. S. Daggett, *American in the China Relief Expedition*, p. 142.

❹ Remey to Conger, October 1, 1900, No. 490 – A, *Miscellaneous*, *Records of Diplomatic Posts*: 0217*Legation Archives*, RG 84, National Archives of the United States. Commissioner Rockhill to Mr. Hay, October 1, 1900, No. 8, *Papers relating to the foreign relations of the United States*, 1900, p. 208.

11 名成人和 4 名儿童被杀害。瓦德西原本希望所有的列强都能参与这次远征，但美国公使康格并不赞同这样的行动，担心和平谈判会由此遭到拖延。❶ 日本与俄国表达了同样的担忧。❷ 最终，美国仅以第六骑兵队队长哈切森（Grote Hutcheson）一人代表出现在联军队列，而没有派出作战部队。❸ 南侵保定的联军在畿南一带肆虐骚扰，沙飞对于这样的行为有很清醒的认识，他曾总结说："完全可以说，在占领北京后，每杀死一个真正的义和团民，就有 50 个无辜的苦力或农民被杀害，其中不乏妇女和儿童。"❹ 他向美国政府报告说，美军没有参与远征，是因为他认为，"由军事行动造成的这个国家的混乱愈少，那么由外交上要求对所犯罪行安排充分赔偿的机会就来得愈快，并且还有更进一步的理由，就是所有的消息都指出了中国人有组织的武装抵抗已经完全崩溃"。他对下属的命令是"我们的部队在放出第一枪之前，必须已经被射击了，并且一般地说，不应该破坏财产"❺。在美军看来，德军对远征的热衷是因为他们没有来得及参加救援使馆，所以才渴望以实际战斗满足他们的欲望。美国拒绝参加远征，实际上打断了联军在军事上的联合行动。

虽然美国在同意瓦德西担任联军统帅的问题上对外表现得相当爽快，但美国政府内部早就决定不能将美军指挥权全盘交出，总统和陆军部正是如此训令沙飞。在中国与其他列强，尤其是德国的利益冲突，也导致沙飞不断在寻求单独行动的方法。德国在任命瓦德西为联军统帅之时，还向各国提出由每个国家派一名或几名官员到瓦德西的指挥部以保持联络，遭到了沙飞的反对。❻ 由于瓦德西处没有美军军官，二者的沟通以及前者对后者的控制均大打折扣。乃至瓦德西在总结他同各国联军的关系时，对英、意、奥、日等国军队服从其命令方面表示满意，对俄、法、美三国军队则颇有微词，尤其是美、法两国，他斥为"未归余节制""沙飞将军承认余为总司令之程度，只限于常常报告美国驻军人数之变迁情形以及对余极尽统帅应得之军礼而已"❼。中国媒体也观察到美军在联军当中亦

<hr />

❶　Mr. Conger to Secretary of State（Telegram），*Papers relating to the foreign relations of the United States*，1900，p. 213.

❷　［德］瓦德西：《瓦德西拳乱笔记》，王光祈译，上海：上海书店出版社，2000 年，第 24 页。

❸　［美］何伟亚：《英国的课业：19 世纪中国的帝国主义教程》，刘天路、邓红风译，第 244 页。

❹　Chaffee to Corbin，November 30，No. 413，Letters Sent，July 29，1900 – May，1901，*China Relief Expedition*，RG395，National Archives of the United States.

❺　［美］马士：《中华帝国对外关系史》第三卷，第 105 页。

❻　Telegram Adee to Jackson，August 10，1900，*Papers relating to the foreign relations of the United States*，1900，pp. 311 – 312.

❼　［德］瓦德西：《瓦德西拳乱笔记》，王光祈译，第 44 – 45 页。在给天津临时政府的信函中，瓦德西也说他完全控制了俄、英、日、德、奥、意等军。《第 61 次会议》，1900 年 10 月 29 日，《八国联军占领实录：天津临时政府会议纪要》上册，第 68 页。

常常"置身事外"❶。

此间沙飞与瓦德西二人还曾围绕北京的天文仪器发生过一段不愉快。在北京东城城墙上的古观象台，有一批古代天文仪器，其中部分为康熙年间传教士南怀仁、汤若望所造。1900 年年底，法军指挥官以仪器系在法国制成，或者系由路易十四赠送中国为借口，向瓦德西请求将这些天文仪器运走。瓦德西趁机指出仪器是在德军占领区内，授意由德、法两国共同分割，各自运送回国。没想到却遭到美军指挥官沙飞的抗议。沙飞本与德、法密谋毫不相干，他突然发声，斥责德、法两国拆运天文仪器乃"抢劫"行径，声称美国政府对于美军中如有意图实行此类抢劫之事者，皆将加以严惩，且美国政府更加惋惜的是，曾经一同救助北京被困公使的某一国家，现在却授权或默认其军队损害或取去天文台中的仪器或其他部分。❷ 沙飞的抗议措辞激烈，瞬间激怒了瓦德西，他对抗议的内容不做正面回应，却特别指出抗议形式之不合适，并将其原函退回美军。❸ 最终在麦金莱给了沙飞一个温和的批评后，沙飞亲自登门向瓦德西致歉，事情才得到平息。❶

沙飞的抗议活动获得了美国公使康格的赞赏同情，虽然他碍于这是军方行动无法出面干预，但他专门向国务院报告了事情原委，并希望通过这份报告将此事纳入使馆的记录档案，以供后世查证。❺ 沙飞不知道在他提出抗议的时候，荫昌也受庆亲王之命前往德国公使处商请勿要搬走这些天文仪器。虽然美国总统选择息事宁人，瓦德西最后自喜谓"余总算是胜利者"，美军与这位德国统帅的分歧却实际是大大增大了。除了在军事行动方面沙飞笃定不让美军服务于瓦德西或德国人的欲望，在美军占领区他则可以完全按照自己的设想、不受别国控制地推行美国政府的主张。

（二）美军在占领区的管辖——兼论留京官绅的作为

与天津一样，在占领北京的同时，联军统帅们就开始思考如何统治北京，经会议讨论决定对北京实行分区占领。外城（南城）由德、美、英三国分占，美国占领区位于西南面，东以珠市口至永定门大街为界，北至德界，西、南界均至城根。内城（满城）由日、俄、德、美、英、法、意七国分占，美国占领区位于西城区南部，东以正阳门至大清门一线为界与德占区为邻，西以宣武门内大街

---

❶ 《不与战事》，《申报》1900 年 10 月 2 日，第 9865 号。

❷ ［德］瓦德西：《瓦德西拳乱笔记》，王光祈译，第 73－74 页。

❸ ［德］瓦德西：《瓦德西拳乱笔记》，王光祈译，第 75 页。

❶ Corbin to Chaffee, December 5, 1900, *Correspondence relating to the war with Spain: Including the Insurrection in the Philippine Islands and the China Relief Expedition*, April 15, 1898 to July 30, 1902, vol. 1, p. 494. ［德］瓦德西：《瓦德西拳乱笔记》，王光祈译，第 76 页。

❺ Conger to Hay, December 6, 1900, No. 467, *Despatches from U. S. Ministers to China*, October 1 – December 15, 1900, M92, R109, National Archives of the United States.

北向至西单牌楼为界，北以西长安街为界，南界至城根。皇城内（不含紫禁城）亦被七国分占，西华门外以南为美占区。❶自此美军控制了这些地区长达9个月，直到次年春天离开北京。

由于各国指挥官在各自占领区都有相对独立的影响力，以致在不同的军队占领下实行的是不同的政策，呈现出的也是不同的模式与效果。在这点上，中外时人的观感颇为一致，普遍认为日、美占领区最安谧，其次是英占领区，而德国占领区最受骚扰。❷日本管辖得好，西方人多归因于它最熟悉情况，而美国的成功，很大程度上则是源于它的古巴经验。

占领期间驻京美军的人数并不固定，攻入北京时有2000余人，此后陆续有增援部队到来，至9月底一度达到约5000人，从10月则开始撤军，留下1000人在北京过冬，包括有第九步兵团团部及九个连队、第五炮兵团第六炮连以及第六骑兵团的一个骑兵营，这些人直到次年四五月间才陆续撤离。❸此间，沙飞选取先农坛作为美军的大本营。这里有宽阔的场地供给士兵露营，几间殿宇分别被改造成医院、军需仓库和阅览室等，还能与马路对面驻扎天坛的英军总部遥相辉映。❶此外，美国军官们还占据了湖南会馆和湖广会馆作为军队的司令部与办公场所。

（1）古巴模式

为了实践华盛顿方面要求其尽快恢复中国秩序的训令，沙飞采取了一系列措施。都城陷落之初，联军四处抢劫，甚至还有许多中国人混杂其间，沙飞除了严格约束控制美军士兵外，还张贴告示，告诫军民称西城暂归美军管理，"如有抢劫，即行正法"❺。同时，他还派美军士兵沿各街巷进户查看，"令照常置易""有求其保护者，令出白布一方，书'合众国'三字付之，悬于门首"，并且派遣军队日夜巡逻，以使百姓慢慢安定下来。❻刚开始各国都有强征中国劳工的情况，沙飞于9月间率先下令终止强征，转而采取雇用方式，又一并解决了许多人

---

❶ 七国分占北京城示意图参见李德征、苏位智、刘天路：《八国联军侵华史》，第277页。

❷ "英界军律不如美、日之严敝"。叶昌炽：《缘督庐日记》，台北：台湾学生书局，1964年，第285页。"日本最安谧，美次之，英又次之，德最骚扰。"《恽毓鼎庚子日记》，载于《义和团运动史料丛编》第1辑，第65页。

❸ A. S. Daggett, *American in the China Relief Expedition*, p. 135. Conger to Hay（Telegram），August 22，1900，*American diplomatic and public papers*：*The United States and China*，series III，the Sino – Japanese War to the Russo – Japanese War 1894—1905，Vol. 5，p. 188. J. T. Dickman to Chaffee，November 5，1900，United States. War Dept.，*Annual Reports of the War Department*，1900，Washington：G. P. O.，1900，p. 483.

❶ ［美］明恩溥：《动乱中的中国》；司米德：《中国内幕：中国危机的故事》，载于《义和团运动文献资料汇编》英译文卷上，第225、358页。

❺ 高枏：《高枏日记》，载于《庚子记事》，第178页。《恽毓鼎庚子日记》，载于《义和团运动史料丛编》第1辑，第61页。

❻ 杨典诰：《庚子大事记》，载于《义和团运动史料丛编》第1辑，第24页。

的生计问题。❶

　　沙飞将美军在外城和内城的占领区，分别归属第十四步兵团的基尔邦（Kilbourne）少尉和海军陆战队的柯立芝（Coolidge）中校管辖，前者任常设宪兵司令，后者任内城宪兵司令。与古巴一样，美国在北京占领区建立的是军政府统治。基尔邦少尉面对满目疮痍的北京城，首先组织了一支队伍掩埋死尸，打扫街道，其次将在一个仓库中发现的大量小麦、玉米分发给饥饿的居民，在不到一个月时间内就吸引了众多民众回迁，商业也渐渐在恢复，居民们还送给基尔邦少尉一把万民伞。❷

　　当9月6日威尔逊准将到达北京，沙飞就将管理北京的任务交付给了他这位副手，威尔逊将军此后担任了驻京美军的司令官。1885年的时候威尔逊就曾来过中国，对中国有过许多观察，曾见过前文提到的对外远征中英军想要焚毁的白塔，因而他"不能允许毁灭一个如此美丽的建筑"；他也曾参加过美西战争，在古巴，他十分擅长展现美国政府进步与仁慈的一面，通过建筑道路、改善港口等措施，既确立了美国的权威和影响，又获得了当地人的支持。❸ 因此威尔逊将军一到北京，马上投入对美国占领区改造管辖的工作中。他以梯尔逊（Tilson）上尉取代了基尔邦少尉管控外城，以罗伯仓（Robertson）少校接管内城，古巴模式比之前得到了更广泛深入的推进。❹

　　威尔逊秉持着美国人崇尚的"自我克制"精神，看不惯其他欧洲联军表现出来的暴行。他在回忆录《在古老的旗帜下》中说，"他们看起来自然地退回到了原始人的残忍"，此后甚至直言不讳地向瓦德西抗议，谴责暴力、凌辱与抢掠的"野蛮主义"大规模的复发。❺ 因此他也尤其注意约束美国军队，并致力于维持治安、救助民众和公共卫生。❻ 其中，在面积广大的外城美军占领区，梯尔逊上尉彻底实施了威尔逊将军的计划，他比基尔邦少尉拥有更多的军队，并建立了一整套改进该地区的管理制度。治安方面，昼夜巡逻的美兵，不仅制止乱民抢劫，而且还曾在夜间帮助民户灭火。由于德兵曾越界入户抢劫，美军追回赃物后，随即出示禁止其他国家士兵入界滋扰，规定入美界之别国兵丁不准佩戴军

---

　　❶ General Orders from Corbin, No. 16, February 14, 1901; General Orders from Corbin, No. 17, February 15, 1901, United States. War Dept., *Annual Reports of the War Department*, 1901, pp. 92 – 93. 仲芳氏：《庚子记事》，载于《庚子记事》，第50页。

　　❷ A. S. Daggett, *American in the China Relief Expedition*, pp. 111, 130.

　　❸ 李元明编：《世界近代国际关系史》下册，北京：中共中央党校出版社，1988年，第607页。

　　❹ A. S. Daggett, *American in the China Relief Expedition*, pp. 130, 134.

　　❺ James Harrison Wilson, *Under the Old Flag: Recollections of Military Operations in the War for the Union, the Spanish war, the Boxer Rebellion*, Vol. 2, pp. 522 – 523.

　　❻ James Harrison Wilson, *Under the Old Flag: Recollections of Military Operations in the War for the Union, the Spanish war, the Boxer Rebellion*, Vol. 2, pp. 524 – 525.

械，不准入胡同，如有擅入者，美国巡兵即行拿送。❶ 卫生方面，为防止战后暴发传染病，制定了卫生规章，严格清扫街道，派军医为妓女检查疾病❷，还曾在宣武门大街开设医馆，"三医生皆山西人，每诊一脉，配一方，三人同酌写于簿"，翰林院编修高枬赞叹说："以视往年厂肆之医学堂，其认真疏懈相去天渊。"❸

梯尔逊上尉的整治措施取得了良好的效果，时人有评论："美兵官在京，善政不可枚举，此举尤足令人生感也。"❹ "美国为地球上称极治之国，今观其来京举动，不若各国之横行强夺，奸淫惨杀；惟一意保护地方，俾阛阓高枕无忧。"❺到达北京后的清政府全权代表李鸿章在 1900 年年底也曾给梯尔逊递送一封感谢信，感谢他在战后有效地保护了南城居民的生命和财产。当听说美军要离开京城时，当地居民在 1901 年 3 月 28 日集合前往湖南会馆前试图挽留梯尔逊，由翰林院试讲学士恽毓鼎宣读了一封代表了美军占领区居民和两千户店铺业主的信件，恳请美军延期撤离。❻ 这一集体挽留活动，可能有对美军离开后由德军接管此地的恐惧，但客观上还是反映了南城居民对美军的认可与好感。在美军离开后，恽毓鼎还主笔起草了一份给梯尔逊上尉的表扬信，其中不乏溢美之词，甚至由美军的礼貌与守纪律夸赞到了美国的人道主义与国际和谐。美国政府有关"中美和谐"的设想得到了一定程度的实现，自是心满意足。❼

梯尔逊的成功，除了美军自身的因素外，还很大程度上来源于当地中国官绅的合作，其中很重要的人物就是这位翰林院官员恽毓鼎。而与当地人维持良好的关系这点，也是来自古巴的经验。

（2）从"寄官于绅"到"渐复官权"

京城沦陷，宫廷出亡，在两宫西巡之后，北京俨然已成"无主之城"。在这种情况下，联军建立的军事统治暂时发挥了临时政府的作用。美国军官各种稳定地方的举措，都表明他们努力想要扮演好地方官的角色，他们迫切需要熟悉地方情况、并对地方事务热心的当地人的合作。时人有记："旧日汉官，非大臣有赐第或值枢廷者，皆居外城，在宣武门外。"❽ 可见在南城美军的占领区，有大量中下级汉族官员及未及第的士子在此居住。其中最活跃的包括有都察院左副都御

---

❶　杨典诰：《庚子大事记》，载于《义和团运动史料丛编》第 1 辑，第 28 - 29 页。

❷　《拳乱纪闻》，载于《义和团》第一册，第 216 页。

❸　高枬：《高枬日记》，载于《庚子记事》，第 227 - 228 页。

❹　《拳乱纪闻》，载于《义和团》第一册，第 231 页。

❺　杨典诰：《庚子大事记》，载于《义和团运动史料丛编》第 1 辑，第 35 页。

❻　A. S. Daggett, *American in the China Relief Expedition*, pp. 132 - 133. 高枬：《高枬日记》，载于《庚子记事》，第 224 页。

❼　Squires to Hay, May 2, 1901, *Despatches from U. S. Ministers to China*, April 1 - May 30, 1901, M92, R112, National Archives of the United States.

❽　夏仁虎：《枝巢四述·旧京琐记》，沈阳：辽宁教育出版社，1998 年，第 118 页。

史曾广銮、翰林院侍讲学士恽毓鼎等人。严格来说，这些人都在朝堂之上有个一官半职，所谓"京官"，而非传统概念的士绅，但以他们的官职是不能与洋人往来或管理地方事务，换句话说，在"无政府""无主"状态的北京，他们同美军合作，并非由于他们的官职，而是以本地"士绅""绅董"的身份进行交涉并参与地方管辖。

曾广銮❶身为曾国藩之孙，曾纪泽的小儿子，当时虽然只有 27 岁，但显赫的家世让他在当地很受人尊敬。8 月底，他携家人暂时避居在美国占领区内的湖南会馆，也很有可能是在他的建议下美军此后选取这里作为驻京指挥官的办公地点。他年少时曾随父曾纪泽出使英、法等国，并跟英国传教士学习过，能说流利的英语，这点让他在占领初期，在处理美国占领者与当地居民的矛盾方面发挥了重要作用。他帮助沙飞办理华人案件，如高枏就有记载，沙飞请曾广銮一同去处理一起华、洋人同劫当铺的案件，按照美军军律沙飞枪毙了一个洋人，对华人则请曾广銮以大清律法惩办，曾氏罚以做苦工三个月。他还帮助化解中外之间的误会，有一次美兵到法源寺，与僧人语言不通，用手比画烧火的姿态，僧人以为美国人要将寺庙烧毁，曾广銮去后才知道，美兵是想要借用寺庙的炉灶生火做面包，误会得以消除。但 1900 年 11 月，曾广銮就在一支美国军队的护送下带着大批家属离开了北京，回到其家乡湖南。❷

恽毓鼎❸虽然没有曾广銮那样雄厚的背景，但在城陷之后表现活跃，在当时的汉族留京官员中间十分抢眼。恽毓鼎著有"澄斋日记"，庚子辛丑年间的部分虽丢失，却能从《庚子拳变系日要录》中辑录出来，且其同翰林院编修高枏过从甚密，高枏在日记中记载了他的许多活动，从这些亲密史料中我们可以窥探恽毓鼎在这个过程中的心路和行动轨迹。城破后，在"觅庆王不得"的情况下，他先是访吏部尚书敬信，约分头联系满汉大臣，致函俄国公使格尔思，共约得 12 人，其中汉官仅曾广銮、恽毓鼎二人。8 月 25 日，恽毓鼎同敬信单独拜访格尔思。虽然没有获得什么实质效果，但这次拜访却让恽毓鼎"暴得大名"。他在返回后，被各路人士探询消息，"厅无隙地，扰攘良久而散"。这让恽毓鼎很是感慨：

> 余一讲官学士，未进总理衙门一步，无端办此交涉，岂非大奇！而余挺身为国之名，数日间遂满都下，下至妇人走卒，亦知姓名。如此忝窃，真堪

---

❶ 曾广銮（1873—1920），字君和。曾国藩之孙，曾纪泽第三子。清正一品荫生，花翎郎中衔，承袭一等毅勇侯，云骑尉世职，都察院左副都御史，诰授光禄大夫、建威将军。辛亥归田。

❷ 高枏：《高枏日记》，第 182 页。

❸ 恽毓鼎（1862—1917），字薇荪，号澄斋，直隶大兴人。光绪十五年（1899 年）进士，官至翰林院庶吉士、日讲起居注官、翰林院侍讲、国史馆协修、文渊阁校理、咸安宫总裁、侍读学士、国史馆总纂和宪政研究所总办。撰有《崇陵传信录》和《恽毓鼎澄斋日记》。参见贾逸君编：《民国名人传》，长沙：岳麓书社，1993 年，第 582－583 页。

愧死。❶

这次"挺身为国"数日间遂名满都下的经历无疑给了恽毓鼎极大的鼓励，成为他此后不断"挺身而出"的强大动力，当下"无政府"的非常时期正可成为他发挥能量、获得中外认可的大好机会。8 月 31 日，他以安稳地方为名与美军外城宪兵司令梯尔逊会晤，商议弹压示谕的方法。此后他就将整个注意力和工作重心转移到与外城美军的合作上来。9 月初，他与王瓘等多位官绅、商人商议在南城的南横街设立平粜总局，向美军索取护照，运送粮食贩卖，以保证当地居民的生计。此后，为了恢复商业，他又向美国军官领取签字护照，分发给商人们，美国占领区内瞬间有八十多家店铺一齐开门，先是以存货出售，后领取运货照亦能够采办物件，"人烟稠密，渐有生机"，恽毓鼎对此颇是满意自得："余每过其间，顾而乐之。"❷

9 月底，加入到与美军合作的中国士绅越来越多，其中包括翰林院侍读学士黄思永❸、江苏道员王瓘❹、刑部主事乔树枏❺、刑部郎中董康❻、国子监学正学录贾景仁❼等人。❽ 其中，黄思永在联军入京前曾被义和团"诬为汉奸""下刑部

---

❶ 恽毓鼎：《恽毓鼎庚子日记》，载于《义和团运动史料丛编》第 1 辑，第 63 页。

❷ 恽毓鼎：《恽毓鼎庚子日记》，载于《义和团运动史料丛编》第 1 辑，第 64 - 66 页。

❸ 黄思永（1842—1914），字慎之，号亦瓢，江苏江宁人。光绪六年（1880）状元。历任翰林院修纂、军机处章京、右春坊右中允等职。后开办北京工艺商局，还投资天津北洋烟草公司，组建北京爱国帐烟厂。光绪二十九年，清政府设商部，黄思永被尚书载振聘为头等顾问，与张謇并称"商部实业两状元"。不久工艺商局停办，黄思永遂南归浦口任商埠督办。辛亥革命后，卒于上海。

❹ 王瓘（1847 - ?），字孝禹，又作孝玉，重庆铜梁人。清末举人，官至候补知府、道员。光绪二十七年醇亲王载沣奏调出使德国参赞官。参见秦国经主编：《中国第一历史档案馆藏清代官员履历档案全编》第 6 册，上海：华东师范大学出版社，1997 年，第 677 页。

❺ 乔树枏（1849—1917），字茂轩，晚号损庵，四川华阳人。同治癸酉贡生，授小京官，分刑部。历任刑部主事，累迁郎中，擢御史。光绪末年，迁学部左丞。宣统三年，保路运动后受命四川宣慰使。民国期间，寄居燕京法源寺。参见《华阳县志》，台北：台湾学生书局，1967 年，第 12 - 13 页；黄濬著，李吉奎整理：《花随人圣庵摭忆》上册，北京：中华书局，2013 年，第 40 页。

❻ 董康（1867—1947），字授经，号涌芬室主人，江苏武进人。光绪十五年中举人，次年中进士。历任刑部主事、刑部郎中、大理院推丞，法律馆编修，与汪荣宝合编《大清新律》，为修律大臣沈家本的得力助手。民国后，东渡日本留学，回国后先后任北洋政府中央高等文官惩戒委员会委员长、全国选举资格审查会会长、法律编查会副会长兼署大理院院长、法制编纂馆馆长、司法总长、财政总长、地方捕获审查厅厅长、法官训练所所长、广东高等法院院长等司法要职。参见汪文超主编：《江苏省志·人物志》，南京：凤凰出版社，2008 年，第 993 - 994 页。

❼ 贾景仁，山西夏县人。由廪生中式，光绪十一年中举，十六年考取国子监学正学录。光绪二十三年经山西巡抚胡聘之奏调回籍办理山西全省铁路矿务商务事宜。光绪二十六年三月回京，后被庆亲王委派议和随员。议和告成后，经全权大臣奏保以道员分省补用，后经盛宣怀委派总办山西正太铁路。参见秦国经主编：《中国第一历史档案馆藏清代官员履历档案全编》第 7 册，第 242 页。

❽ 《恽毓鼎奏议选》，恽毓鼎：《恽毓鼎澄斋日记》第二册，杭州：浙江古籍出版社，2004 年，第 801 页。

狱"❶。这些居住在南城的中下级汉族官员同美国军政府的合作日益紧密，甚至直接参与修议管理章程。在恽毓鼎看来，梯尔逊"沉静勤恳，甚乐余辈出而与闻"，美国指挥官亲近、乐于倾听士绅建议的态度是中外合作的良好基础。双方商议决定，在每条街巷添派中国巡捕两名，"稽查奸宄，扫除街面"，又设灯夫一名，掌管夜灯的点熄，并出示禁止华人冒外国衣冠，招摇撞骗。

9月28日，恽毓鼎等人正式向美国军官建议，设立一办事机构，名曰"协巡公所"，地点在南横街奉直八旗义塾，专办美界地面交涉事宜。当日，王瓘、贾景仁作为代表拜谒此时在北京主持中外大局的庆亲王奕劻，禀请其允准。❷ 庆亲王回复一札件批准。❸ 于是在10月1日，美国就在南城占领区张贴告示，举曾广銮、黄思永、恽毓鼎、王瓘、贾景仁、董康六人为理事官，设协巡公所于南横街；募华捕四十名，会同美兵专司巡街弹压之事；立章程九条以安民，并奉庆亲王札谕遵行。❹ 胡思敬探得消息，在理事官中"惟毓鼎最专，夷酋亦倾心倚任"❺，可见在与美军的合作中发挥了最大作用的还是恽毓鼎，他也最受美国人的器重。

协巡公所的建立标志着美国军方与中国士绅的合作进入了一个新的阶段，双方正式建立起了某种正式的工作联系，由恽毓鼎日记中可见他几乎每日都要去公所办公，似乎有种代理政府的含义，只是实际权力仍旧掌控在美国军政府手中，公所主要起的是协助和辅佐的作用。这个模式得到了其他国家的效仿，随后在英、日、德、俄、法等占领区纷纷也建立了安民公所、保安公所、普安公所等，虽然名称稍有区别，但内容与功用大致雷同（表3-2）。

表3-2　各国在北京占领区设立的办事机构

国别	机构名称	地点	负责人
美国	协巡公所	内城南横街	柯立芝中校；10月9日后罗伯仓少校
		外城	基尔邦中尉；9月7日后梯尔逊上尉
日本	安民公所	东四牌楼之八条胡同	柴五郎中佐
俄国	安民公所	东华门外之锡蜡胡同	拉楚尔大尉
法国	保安公所	西安门一带	不详
意大利	安民公所	东安门一带	不详
英国	保安公所	花儿市之法华寺	巴罗少将

❶ 继昌：《拳变纪略》，载于《义和团史料》下册，第561页。
❷ 恽毓鼎：《恽毓鼎庚子日记》，载于《义和团运动史料丛编》第1辑，第67-69页。
❸ 宋廷模：《京师日记录要》，国家图书馆古籍馆藏，铅印本，1900年。
❹ 杨典诰：《庚子大事记》，载于《义和团运动史料丛编》第1辑，第32页。恽毓鼎：《恽毓鼎庚子日记》，载于《义和团运动史料丛编》第1辑，第68页。
❺ 胡思敬：《驴背集》，载于《义和团》第二册，第517页。

国别	机构名称	地点	负责人
德国	巡防普安公所	西城之长春寺	科达士；11 月 1 日后格尔少将

（资料来源：A. S. Daggett，*American in the China Relief Expedition*，pp. 130，134.《义和团运动史料丛编》第 1 辑，第 27、30、32、35、121 页；《八国联军在天津》，第 146、159、162 页；［俄］德米特里·扬契维茨基：《八国联军目击记》，许崇信等译，第 356 页）

治安保护是各公所主要的功能，其内部设有巡捕房，巡捕由华人担任，单协巡公所就招募有华捕四十名，因而这普遍被视为现代警察机关在中国的萌芽。❶与曾广銮独立断狱不同，协巡公所建立后，遇到有牵涉华人的案件，就可由公所依据大清律例统一办理。其次，协巡公所在社会救济方面给予了美军许多协助和支持，在恽毓鼎的建议下，梯尔逊不仅护送许多经济拮据的京官回乡，而且采用中国传统赈灾的方法，仿照往常南横街之圆通观每年冬间施粥的旧例，设立粥厂，在冬天到来的时候由协巡公所代美军发放给贫民食用。在行政管理方面，各国以冬防紧要，10 月开始均征收捐税，"美界分上下两等，上户月捐当十大钱六千文，下户二千文"，主要也由协巡公所负责。❷但这项工作却造成了梯尔逊与恽毓鼎之间的隔阂，可能由于恽毓鼎没有充分告知梯尔逊，后者怀疑恽私吞了捐款，"始稍稍疏之"❸。

虽然协巡公所对美军占领区的秩序恢复做出了重要贡献，连庆亲王在 11 月间给清廷的奏折中也承认"现在英、美洋兵暂驻处所，居民迁定安集，市面渐复旧规"❹，但清政府内部对恽毓鼎和协巡公所的不信任也一直存在，尤其来自以陈璧为首的"正牌"北京地方官员，并且随着京城地方政权的逐渐恢复，他们同协巡公所的权力斗争愈演愈烈。

恽毓鼎从一开始就自认为其设立协巡公所的初衷是"存中国之体""盖京城未退，五城不能出面，故寄其权于公所也"，所谓"官权未复，窒碍仍多，再四筹维，只可仍寄官于绅，默施禁制"❺。可见在清朝北京政权尚未恢复的时候，恽毓鼎希望以"寄官于绅"的方式暂时管理地方。庆亲王由于"地面一切事宜一时难复旧制""官办不无窒碍"，暂时同意"寄官于绅"❻，但在他看来，这只

---

❶ 朝延龙、苏亦工：《中国近代警察史》上册，北京：社会科学文献出版社，2000 年，第 82 - 86 页。

❷ 杨典诰：《庚子大事记》，载于《义和团运动史料丛编》第 1 辑，第 37 页。

❸ 胡思敬：《驴背集》，载于《义和团》第二册，第 517 页。

❹ 《陈明五城地面大概情形并现在筹办事宜折》，陈璧：《望岩堂奏稿》，近代中国史料丛刊（第十辑 93），台北：文海出版社，1967 年，第 135 页。

❺ 恽毓鼎：《恽毓鼎庚子日记》，载于《义和团运动史料丛编》第 1 辑，第 69 页。陈璧：《咨呈庆亲王》，光绪二十六年九月三十日，《五城公牍汇存（选录）》，载于《义和团史料》下册，第 713 页。

❻ 据恽毓鼎记："奉庆王札，毓鼎等会同各城绅士筹办地方事宜，严缉土匪，以安善良。遇有紧要事件，与五城酌办。"恽毓鼎：《恽毓鼎庚子日记》，载于《义和团运动史料丛编》第 1 辑，第 69 页。

是一种权宜之计，最终目标还是必须要寻求一切办法尽快恢复清政府对北京的统治，在这点上他获得了顺天府尹陈夔龙和五城御史陈璧的大力支持。其中陈璧对华人在与洋人合作中的"积弊"尤其厌恶，1900年底他还奉命署理顺天府尹❶，是与协巡公所斗争的主力。

在接到协巡公所创办消息的同时，陈璧也在中城地面中正义学处设立了五城办事公所，作为北京地方官暂时的行政机构，并且酌留原有练勇200人，配穿中国号衣，筹给口粮，认真巡查。❷且从一开始，奕劻、陈璧等就将协巡公所的功能严格限定在对外交涉上，在上报清廷时说："嗣后遇有洋人交涉事件，由该绅董公所协助商办，至于地方应办一切事宜，由臣等酌量办理。"且"所有各绅董公所，均由臣等稽查，勿令扰民并划规一。俟各国退兵后，即行裁撤"。❸意思是，协巡公所等必须在清政府的完全控制下才可活动，并在洋兵撤离后，是一定要裁撤的。因此，为了对协巡公所进行兼管，陈璧选派了北城指挥陈文熙堪充正办问案官，中城署指挥丁惟忠堪充帮问案官，前往协巡公所督导办公。❹派巡丁入公所工作，陈璧并非针对协巡公所或恽毓鼎，他认为"戡奸禁乱本我中国自主之权，日后和议告成，一切善后事宜亦均系地方官应办之责"，因此对所有的安民公所，都应一体酌核办理。❺然而，北京地方官与地方士绅的冲突还是最先在协巡公所爆发出来。

陈璧自认为"现在洋兵虽尚未退，地方官自有应办之事，应以渐复官权为第一要义"，现在五城办事公所也已正式办公，地方告示均可张贴，办理的地方诉讼案件逐渐增多，练勇等也已上街巡视等，正是地方官办事之权可逐渐收回之时，"冀复旧制"指日可待。在这种情况下，恽毓鼎却仍旧坚称"现在地面一切事宜难复旧制，官办不无窒碍，是以暂归绅士商同洋官办理"，对地方政府的权威并不承认，这下彻底激怒了陈璧。他向庆亲王进呈了一篇很长的公函，里面痛批恽毓鼎之非："若如该学士所咨，一切事宜均归绅士办理，是洋人并未尽掣我肘，而我自行撤去官权。必俟洋兵尽撤，地方官始出办事，则官民之气久隔，恐将来骤难措手。地方事尽归绅董，亦非所以存政体杜弊端。"虽然十分气愤，但在洋兵未退、官权尚未完全恢复时，陈璧不得已还得同恽毓鼎等人合作，经过商

---

❶ 1901年1月12日再奉上谕兼理奉天府府丞。《署理顺天府府丞谢恩折》，陈璧：《望岩堂奏稿》，第139页。《奏为奉旨补授顺天府府丞谢恩事》，光绪二十六年十一月二十二日，中国第一历史档案馆藏，军机处全宗-录副奏折，档案号：03－5395－042。

❷ 《陈明五城地面大概情形并现在筹办事宜折》，光绪二十六年十月十五日，陈璧：《望岩堂奏稿》，第135页。

❸ 《陈明五城地面大概情形并现在筹办事宜折》，光绪二十六年十月十五日，陈璧：《望岩堂奏稿》，第135页。

❶ 《照会协巡公所》，光绪二十六年闰八月初九日，《五城公牍汇存（选录）》，载于《义和团史料》下册，第709页。

❺ 《请调营兵筹拨练勇经费呈》，《五城公牍汇存（选录）》，载于《义和团史料》下册，第710页。

酌，最后双方议定，"嗣后遇有洋务交涉，未便径由五城办理，及地方新增事件，由该学士居间承办。至地方应办事宜，如词讼、练勇缉捕，及一切常年各处粥厂、暖厂等事，则由五城随时设法措办"。陈璧认为此法正是仿效外省洋务通商各局与牧令道府之间的职责分工，似可暂时让双方"不相侵夺"❶。但更重要的是，从此以后，陈璧就开始专注于利用各种方法逐渐从协巡公所手中收回官权。

1900 年 12 月，陈璧首先开始接管了美国占领区内正在运行的避难所和粥厂。❷ 其次，他试图通过将练勇的数目从 200 名增加到事变之前的 1000 名，以此来重新掌握对地方治安的控制权，在获得清廷的认可后，他接管了此前由各个公所招募的华人巡捕，包括协巡公所。❸ 他也逐步将审理华人案件的权力全部收归刑部和五城公所，并且开始从户部拨款给美军，通过支付他们在管理地方事务上的某些开支来增加清政府的影响力。一旦权力收复得差不多，在联军未撤军之前，陈璧就借机在 1901 年 1 月 27 日将协巡公所裁撤了。恽毓鼎只能感叹说是因为五城与公所争权，"所以倾轧牵掣之者甚"❹。

与裁撤协巡公所差不多同时，还有一件必须要交待的事件，就是八国联军统帅瓦德西为施展自己的"威权"，1900 年 12 月 10 日在北京建立了所谓统一的管理机构"管理北京委员会"。虽然瓦德西标榜这个组织的职责包含"一切公安秩序、军队营养、居民粮食、卫生事项、财政税务"等问题❺，但实际上各占领区最主要的军事统辖权仍归各国军队，各项民事权利也已逐渐被清朝地方政府收回，"管理北京委员会"并没有发挥多大的实际作用。美军仍继续管控着它在北京的占领区，直到 1901 年 5 月 19 日全部撤出，此后该地区被交由德军控制，最后于 1901 年年底完全交还给清政府。

第二节　议和的酝酿

一、美国的撤兵决定

北京陷落后，美国政府被迫接受了联军完全凭借武力救出公使的事实，虽然

---

❶ 《咨呈庆亲王》，光绪二十六年九月三十日，《五城公牍汇存（选录）》，载于《义和团史料》下册，第 713－714 页。

❷ 《开办粥厂以惠灾黎折》，光绪二十六年十月十六日，陈夔龙：《庸庵尚书奏议》，近代中国史料丛刊（第五十一辑 507），台北：文海出版社，1970 年，第 47－49 页。

❸ 《筹办防范事宜恳恩酌复练勇原额以资得力而靖内匪折》，光绪二十七年正月十七日，陈璧：《望岩堂奏稿》，第 153－156 页。

❹ 恽毓鼎：《恽毓鼎庚子日记》，载于《义和团运动史料丛编》第 1 辑，第 71 页。

❺ ［德］瓦德西：《瓦德西拳乱笔记》，王光祈译，第 81 页。

它此前更期待能在清政府的协助下完成这项目标，若那样的话对和平谈判似乎也更加有利。另外，作为中方议和全权代表的李鸿章，也很快接受了阻止联军进京的失败，转而从 8 月 19 日开始恳请列强停止敌对，任命代表开始谈判。李鸿章甚至建议美国国务院可以直接任命熟悉情况的北京公使为全权代表，并连续寄送多封电报，可见其对停战议和的迫切。❶ 美国政府对李鸿章的请求迅速做出了欢迎的姿态，于 8 月 23 日率先通过驻美公使伍廷芳回复说美国愿意会商停战。❷ 同时代理国务卿艾地在给美国公使康格的指示中，表明美国已准备好随时欢迎任何停火的提议，在北京秩序恢复后美国将会任命一个代表加入谈判，以实现 7 月 3 日照会中的目标，并训令康格将这个意见转达给其他国家。❸ 然而，美国公使似乎还没有从围困的痛苦中解放出来，他自称对 7 月 3 日的政府照会并不知情，倡议严惩义和团的领导者和支持者，保证从中国方面获得赔偿，而且他直截了当地否认了清政府曾有保护使馆的努力。❹ 此种情况下，美国政府事实上很难指望康格能在跟李鸿章的合作中贡献多大的力量。

美国本想通过迅速赞同李鸿章提议并通知各国，以一致行动之准则迫使其他列强也加入，但实际上其他列强均各有打算，并不买美国的账。各国对李鸿章求和的迟疑，一半是由于它们不愿在充分获得北京方面的可靠消息之前贸然行动，另一半则是出于对李鸿章的不信任，对他过分亲俄的警惕。就连此时刚到中国的美国特使柔克义也认为不应该只由李鸿章一人担任谈判代表，他更属意的交涉对象是两江总督刘坤一。❺ 在大沽的各国海军将领们甚至在酝酿如何在李鸿章到达大沽后将其扣留，并禁止他同中国当局取得联系。美国政府在接获俄国的抗议后，马上向在大沽的美军司令官雷米上将求证，得知确有此事，雷米本人已经在各国联席会议上明确反对过这项提议。❻ 华府赞许了雷米的做法，因为它认为与中国全权的联系对尽快促成停战是必要的，随后美国政府还将它在此事上与俄国

❶ Cablegram from Viceroy Earl Li Hung - chang, August 19, 1900; Cablegram from Viceroy Li Hung - chang, August 21, 1900, *Notes from the Chinese Legation in the United States to the Department of State*, Jan. 1, 1898 - Dec. 31, 1901, M98, R4, National Archives of the United States.

❷ 《华盛顿伍使来电并致江鄂督》，光绪二十六年七月二十九日到，《李鸿章全集》第 27 册，第 216 页。

❸ Adee to Conger, August 22, 1900, *Despatches from U. S. Ministers to China*, March 1 - September 30, 1900, M92, R108, National Archives of the United States.

❹ Mr. Conger to Mr. Hay (Telegram), August 29, 1900, *Papers relating to the foreign relations of the United States*, 1900, p. 199. Conger to the Secretary of State (Telegram received in Cipher), September 3, 1900, *Despatches from U. S. Ministers to China*, March 1 - September 30, 1900, M92, R108, National Archives of the United States.

❺ Rockhill to the Secretary of State (Telegram), September 2, 1900, *Despatches from U. S. Ministers to China*, March 1 - September 30, 1900, M92, R108, National Archives of the United States.

❻ 《俄国驻美代办致代理国务卿函》，1900 年 8 月 4—17 日；《代理国务卿致俄国驻美代办函》，1900 年 8 月 25 日，《1901 年美国对华外交档案》，第 13 - 15 页。

一致的意见明确通知各国，并训令驻华公使康格。❶ 在美、俄的坚持下，在大沽
扣押李鸿章的计划遂作罢。然而，各国继续在接纳李鸿章全权资格的问题上拖
延，尤其是德国和英国，因前者的大军还未到达中国，而后者仍陷于南非的战争
泥淖，都极力阻止开始谈判。❷ 这个过程中，各国也随时观察哪个国家能够提出
较为可行的解决方案。

这时候，俄国政府率先于 8 月 25 日抛出撤军的建议，宣称鉴于解救使馆的
目的已达到，清政府也已撤离北京，俄国政府"拟将其公使四等文官格尔思及所
有使馆人员召至天津，俄国军队将结伴送他们到上述地点"，倡导各国政府"和
我们的看法完全一致"❸。俄国首倡撤军的意图，除了在外交上再次试图展现同
中国的"友好"外，政治军事方面还为其增兵东三省考虑，列强多数于此时并
不能参透后一层，但就是前一层，各国政府普遍并不认可。德国对此尤感气愤，
因为瓦德西及其大军甚至还没有到达中国；法国虽然表达了支持盟友的意愿，但
担心撤军会威胁到教徒的生命；英国在窦纳乐公使的建议下亦认为时机未到。❹
俄国的照会并没有要求各国回复，它们以沉默拖延的方式表达了对这个提案的不
满。美国是最早做出回应的国家，而且麦金莱总统训令各驻外使节将美国对俄国
的回复备忘录传递给相关各国，使得这个回复看起来更像是一种政策声明，声明
美国在联军攻陷北京之后的总体宗旨。

这则于 8 月 28 日发出的备忘录的内容颇值玩味。美国政府首先肯定了俄国
在照会中重申它坚持中国完整性的部分，强调了在援军抵达北京后各国政府重申
坚持这一立场，门户开放将得到保障。随后美国提出，"尽管我们同意各国军队
合作的直接目的——解救北京的各国公使——已经达到，但是，各国仍然有着其
他共同的目的"，因此，"按照我们的看法，通过各国在充分的谅解下联合占领
北京，直至重新建立中国政府，并能够缔结包括适当的赔款规定和为今后的安全
提供保证的新条约等，这些目的是能够完全实现的"。概言之，就是美国认为应
该继续联合占领北京直到中国恢复秩序。这似乎是对俄国倡议的明确拒绝。然而
照会中还充满了极其模糊的甚至会引发歧义的一些内容，这些看似跟拒绝撤军观
点矛盾的语句包括：

---

❶ 《代理国务卿致美国驻柏林、维也纳、巴黎、伦敦、罗马、东京和圣彼得堡外交使节的电报》，
1900 年 8 月 24 日，《1901 年美国对华外交档案》，第 15 - 16 页。Adee to Conger, August 24, 1900, *Despatches from U. S. Ministers to China*, March 1 – September 30, 1900, M92, R108, National Archives of the United States.

❷ 各国对李鸿章的不同态度，可以参见李德征、苏位智、刘天路：《八国联军侵华史》，第 287 - 291 页。

❸ 《代理外交大臣致巴黎、柏林、伦敦、维也纳、罗马、华盛顿及东京外交代表密电》，1900 年 8 月 25 日，《红档杂志有关中国交涉史料选译》，第 239 页。

❹ Sir C. MacDonald to the Marquess of Salisbury, September 4, 1900; Mr. Herbert to the Marquess of Salisbury, September 12, 1900, *F. O.* 881/7505, pp. 45, 51.

随着这一政权的建立并得到承认，美国愿意从北京撤出它的军队，并将我们的正当要求通过和平谈判的途径加以解决。……至于撤军的时间和方式，鉴于电报联系中断所导致的对军事形势的了解不足，我们认为应当指令在北京的各国军队司令一起协商，……我们将命令在华美军司令在与其他各国司令适当地商议撤退的时间和方式之后，从北京撤出美国军队。❶

语言实在是过于暧昧、模糊，以致其他列强在收到这份声明后仍无法摸清美国是支持还是反对撤军，正如德国外交大臣看来，美国的答复只表明美国政府对这件事到目前为止还没有采取任何决定。❷ 美国政府此时对是否撤军与何时撤军还没有特别明确的想法，它的政策目标在于继续追求联军的行动一致，既想要以此原则迫使俄国收回单独撤军行动，又想要推动各国就撤军问题达成统一意见。跟俄国明白提出立即撤军不同的是，美国提倡了一个各国可商议的可能会被多数国家接受的方案，它也试图在其中发挥领导作用。然而，美国的努力随着俄国执意推行单独行动遭到了破坏，而且它本身对撤军问题的想法也随着各方意见的汇入而发生着改变。

最早倾向于撤军的是美国军方。陆军部早在 8 月 23 日就通知沙飞将军不会再增派军队给他，已在途中的也都将转向马尼拉，在中国留给沙飞大约 5000 名美军；美军的下一个目标是尽快撤军，但在实现这个目标前美军还必须继续占领北京。❸ 25 日，陆军部再次训令沙飞做好离开的准备。❹ 沙飞在报告中似乎也敦促撤军，以鼓励清廷回銮。他的意见得到了总统和陆军部长鲁特的支持，由于担心继续留守会让美国变成外交博弈中"漂浮在其他列强阴谋和野心洪流表面的一叶扁舟"，鲁特甚至提出一个大胆而激进的设想，即将所有美军与美国人都撤到海边，而由国会另外授权一支军队去敦促中国政府完成 7 月 3 日照会的内容，以更好地实现外交与军事目标的统一。❺ 美国公使此前发来的关于北京现状的报告也增强了美国总统想要尽快撤军的想法，康格报告说大量军队留在北京过冬势必会造成饥荒，而且多国的军事占领正在造成不可修复的毁坏，甚至可能引发和平

---

❶ 《代理国务卿致美国驻柏林、维也纳、巴黎、伦敦、罗马、东京和圣彼得堡外交使节的电令》，1900 年 8 月 20 日，《1901 年美国对华外交档案》，第 17 – 19 页。

❷ 《外交大臣布洛夫伯爵奏威廉皇帝二世公文》，1900 年 8 月 30 日，《德国外交文件有关中国交涉史料选译》第二卷，第 103 页。

❸ Cobin to Chaffee, August 23, 1900, Cablegrams Received, July 1900 – Mar. 1901, *China Relief Expedition*, RG395, National Archives of the United States.

❹ Cobin to Chaffee, August 25, 1900, Cablegrams Received, July 1900 – Mar. 1901, *China Relief Expedition*, RG395, National Archives of the United States.

❺ Chaffee to McKinley, September 9, 1900; Root to McKinley, September 11, 1900, *McKinley Papers*, Library of U. S. Congress.

省份民众的排外暴动。❶ 因此美国一度渴望能够尽快撤军。

由于美国 8 月 28 日的备忘录实在表述太过模糊，美政府内部一部分支持撤军的官员将总统和陆军部正在酝酿的这项计划透露给媒体，导致美国新闻界普遍认为从北京撤军只是时间问题，外加美国最近在支持李鸿章和撤军问题上都跟俄国采取了几乎一致的立场，由此还引发了一场对美国与俄国联盟的新政策的大讨论。❷

然而，媒体的猜测很快就被证明是无稽之谈。美国政府从来没有考虑过与俄结盟之事，美国的政策制定始终是出于自身利益的考量，而其内部同样有反对撤军的强烈声音。国务院 9 月 12 日收到了康格关于俄军正在从北京撤退的报告，说明美国原本期待的联合行动已无可能。就在同一封电报内，康格强烈敦促，对北京的联合军事占领对于谈判的成功是绝对必要的，并应继续占领直到谈判结束。❸ 而且康格已开始觉察到，俄国将军队撤出是要将其驻扎在山海关、牛庄和满洲等地。❶ 美国的另外一位特使柔克义此时虽然还没到达北京，但他在这个问题上跟康格的意见完全一致，他早在 9 月 2 日从李鸿章处听到俄国撤军的消息时就斥责这种行为是敌对的、靠不住的，并且在此后一再敦促美国政府在初步谈判结果出来之前不应该减少在北京的军队。❺ 国务卿海约翰仍未回到华盛顿，但他也密切关注此事，比麦金莱、鲁特等人更加不信任俄国，他担心俄国之所以提出撤军是因为跟中国已经达成某种私下协议，若美国一道撤军，将冒着被完全排除出未来谈判的危险。海约翰告诉艾地，尽管出于政治原因，尽快撤出美国军队很重要，但更重要的是不要在最后的谈判中失去影响力。❻ 不撤军的意见还得到了美国寓华传教士与商人团体的积极支持，他们害怕失去美军的直接保护，通过康格和柔克义呼吁美国政府在谈判结束前不要撤军。❼

在康格等人的坚持下，美国政府暂时中止了已经着手的撤军准备。事实上，不管对俄国 8 月 25 日的撤军提议做过怎样的回复，除了俄国以外，没有一个国

❶　Mr. Conger to Mr. Hay（Telegram），August 29，1900，*Papers relating to the foreign relations of the United States*，1900，p. 199.

❷　Russo – American Combination：Note Sent to Powers Informs Them of Administration's Decision，*New York Times*，August 31，1900. Withdrawal Now Probable，*New York Times*，September 17，1900.

❸　Conger to Hay（Telegram），September 12，1900，*Despatches from U. S. Ministers to China*，March 1 – September 30，1900，M92，R108，National Archives of the United States.

❹　Conger to Hay，September 13，1900，No. 411，*Despatches from U. S. Ministers to China*，March 1 – September 30，1900，M92，R108，National Archives of the United States.

❺　Rockhill to the Secretary of State（Telegram），September 2，1900，*Despatches from U. S. Ministers to China*，March 1 – September 30，1900，M92，R108，National Archives of the United States. Commissioner Rockhill to Mr. Hay，Shanghai，October 1，1900，No. 8，*Papers relating to the foreign relations of the United States*，1900，p. 205.

❻　Hay to Adee，September 14，1900，*John Hay Papers*，Library of U. S. Congress.

❼　Rockhill to the Secretary of State（Telegram received in cipher），September 4，1900，*Despatches from U. S. Ministers to China*，March 1 – September 30，1900，M92，R108，National Archives of the United States.

家在 9 月份把军队撤出北京。俄国也将其公使一同撤到了天津，还曾就此询问过美国的意见，遭到了华府的明确拒绝。❶

经过一个月的利弊权衡，美国总统和陆军部虽然中止了全部撤军的计划，却转而开始策划逐步撤军。一则由科宾（Henry C. Corbin）将军起草的训令，在经总统、陆军部长和司法部长批准后，于 9 月 25 日传递给了在北京的沙飞将军，命令他将所有的美国远征军撤离到菲律宾，除了一个步兵团、四个骑兵连和一支轻型炮兵部队将留下来作为使馆卫队直到谈判结束。❷ 按照这个指示，沙飞指挥的美军将从大约 5000 人缩减到 1500 人。

沙飞作为第一个倡议撤军的人，却在这时候开始渴望将更多的人留在中国，他在 10 月 3 日向科宾建议多留下一个步兵团，以让使馆卫队的总人数维持在 2800 人左右，因为他认为需要足够的力量来维持美国的威望。❸ 沙飞想法的改变很大程度上跟他在北京的占领经历有关，他目睹了联军内部的矛盾与斗争，而这背后需要强有力的军事力量支持。但美国陆军部仍旧否定了这个请求。沙飞不得不按照原训令执行，从 10 月初开始到 11 月底，陆续分批将除了留作使馆卫队的军队撤出北京，前往马尼拉，最终留下过冬的有 1876 人。❹ 但这也比华盛顿方面早先预计的多出将近 400 人，大概是沙飞有意为之。除了俄、美之外，联军中仅还有日本于 10 月底撤出了 2000 人。

表 3 - 3　美国撤军时间表

撤离时间	撤离地点	部队
1900 年 10 月初	北京	海军陆战队第一团
1900 年 10 月 21 日	北京	第十四步兵团
1900 年 11 月 2 日	北京	第六骑兵团的团部及第一、第二、第三骑兵中队以及第三骑兵团的第一、第二、第九、第十五炮连
1900 年 11 月 25 日	天津	第九步兵团的团部和第一营
1901 年 4 月 28 日	北京	第六骑兵团的骑兵中队
1901 年 5 月 19 日	北京、天津	除使馆卫队外的其他部队

（资料来源：A. S. Daggett, *American in the China Relief Expedition*, pp. 135 – 146）

---

❶ Mr. Hill to Mr. Conger, September 22, 1900, *Papers relating to the foreign relations of the United States*, 1900, p. 202.

❷ Corbin to Chaffee (Telegram), September 25, 1900, *Correspondence relating to the war with Spain: Including the Insurrection in the Philippine Islands and the China Relief Expedition*, April 15, 1898 to July 30, 1902, vol. 1, p. 478.

❸ Chaffee to Corbin (Telegram), received October 5, 1900, *Correspondence relating to the war with Spain: Including the Insurrection in the Philippine Islands and the China Relief Expedition*, April 15, 1898 to July 30, 1902, vol. 1, p. 482.

❹ A. S. Daggett, *American in the China Relief Expedition*, p. 143.

美国原本希冀联军一致行动，却在俄国单独撤军后，也独自大幅削减驻华军队，与此同时德、英、法等国却仍在继续增兵。美国撤兵对局势产生的效果是多方面的。首先，它进一步削弱了联军的统一战线，留下来的美军均以使馆卫队名义，虽然没有证据直接证明美国这样做的目的是将这部分美军剥离出远征军，让其免受远征军统帅瓦德西的指挥，但沙飞接到的训令以及此后美军的行动都充分显示美军只接受沙飞的指挥，保有完全的行动自由，这部分美军的主要工作是独立管辖占领区、保卫使馆，并拒绝参与联军远征。其次，随着美军的逐渐撤退与德、英、法等军的逐渐增加，美军在联军中的人数比例不断下降，虽然保有了行动自由，但这势必也一定程度削弱美军在联军中的影响力，甚至削弱美国在接下来的外交谈判中发挥的作用。对此，伍廷芳就曾担心美国撤军后，对其他国家的逗兵行动难以劝阻，"恐坏大局"[1]。美国公使康格也曾认为撤军"是一个严重的错误"，因为"中国人将怀疑我们的力量，我们会失去一个促使中国政府接受我们条件的最有力的杠杆，京城附近数以千计的中国教徒将会立刻遭到屠杀"[2]。

撤军问题在清政府方面同样引起了反响。李鸿章、刘坤一、张之洞等人将俄国撤兵视为停战求和的一大转机，纷纷请俄国出面调停，尤其要平抚德国[3]，而在撤兵问题上较为缓和的美国与日本，也顺势成为了清政府请求的重点对象，不仅督抚们倡议通过不同渠道咨商美、日，而且 10 月 14 日清政府还以光绪皇帝的名义专门向美国递送了一封国书，尤其感谢美国"允为排解，并先撤兵"[4]。对比之下，李鸿章对英国于撤兵上的态度暧昧很是不解，乃至严厉斥责驻英公使罗丰禄为何不努力争取。李鸿章北上期间，亦恳请美国军官给予随时保护。[5] 再次证明其"就俄"是真，但也绝非"弃美"，美国仍然是他和其他清朝官员重要的求和对象，此后在多个问题上双方亦有诸多合作。

美国撤军的积极与快速行动，还跟它占有菲律宾这一亚洲重镇有莫大关系。由于在中国北方缺乏一势力范围或海军基地，长途跋涉而来的美军不得不暂借日本的长崎作为中转基地，外加需要运输大量军队过冬所需的补给，各方面均很不便。[6] 而若将大军直接撤至菲律宾，一可免除前述不便，二是若中国北方再生变乱，从菲律宾仍可迅速出兵北上。亦是出于这点考虑，到次年 3 月，在和谈仍远

---

❶ 《盛京堂转华盛顿伍使来电》，光绪二十六年九月二十六日到，《李鸿章全集》第 27 册，第 407 页。

❷ Conger to Hay, September 13, 1900, No. 411, *Despatches from U. S. Ministers to China*, March 1 - September 30, 1900, M92, R108, National Archives of the United States.

❸ 《寄彼得堡杨使》，光绪二十六年八月初八日辰刻，《李鸿章全集》第 27 册，第 248 页。

❹ 《清政府为伸谢悃并祈转商各国尽捐嫌隙速定和议事致美国国书》，光绪二十六年闰八月二十一日，《庚子事变清宫档案汇编》第 9 册，第 77 页。

❺ 《寄伦敦罗使》，光绪二十六年八月初十日未刻；《华盛顿伍使来电》，光绪二十六年八月二十日到，《李鸿章全集》第 27 册，第 259、299 页。

❻ Gallagher to Adjutant General, Tientsin 9th file, 1900, Telegrams Received, 1900—1901, Sep. to Oct. 1900, *China Relief Expedition*, RG395, National Archives of the United States.

未结束的时候，美国政府就下达了最终撤军的命令。虽然继续遭到了柔克义等人的反对❶，华盛顿方面只是允许延长撤军时间，仍旧敦促执行，最终在四五月间，剩余所有的美国远征军都撤离了中国，沙飞将军及其所有军官也在这时候一同离开，美国成为第一个彻底结束庚子赴华远征的国家。

二、美国先允开议

联军撤兵在清政府看来并非纯粹的军事行动，而是关系到能否开始议和的关键外交问题。正如李鸿章指出，"洋兵果能退出北京，议和较易"，他恳请俄、美等国敦促其他国家一齐撤兵，并保证他作为直隶总督将承担起"重整太平，保护洋人，剿办团匪"等一系列的义务。❷ 但由于李鸿章本人仍未到达北京，清廷已经离开，北京实际上处于无政府状态，列强认为谈判必须建立在重建秩序的基础上，且担心远遁的清朝当政者继续遭到拳党的挟持，由此提出要清廷回銮的要求。❸ 作为清廷全权代表的李鸿章和庆亲王为了尽快促成中外和谈，都曾多次奏请两宫回銮，他们获得了刘坤一等地方督抚的支持；却也有另外一些督抚，如袁世凯和张之洞，认为"必须各国皆允退兵，始可议及回銮"，对此事抱持谨慎观望的态度❹。回銮与撤军的争论交织在了一起，让和议的迅速开始变得错综复杂、难以预测。

美国政府十分支持两宫回銮，曾托伍廷芳询问李鸿章是否有回銮的可能性。❺ 美国公使康格、特使柔克义也都相信回銮会成为未来谈判的基础❻。为此，康格专门致函总署，请庆亲王再敦促两宫回銮，因为这是能商谈和局最"易而且速"的方法。❼ 柔克义在1900年10月初还专门到南京、武汉拜访两江总督刘坤一与湖广总督张之洞，除了对他们之前的友好行为表示感谢外，此行的主要目的在于探询总督们对回銮以及恢复秩序等问题的看法。由此他也发现，由于联军一时难以全退，刘坤一和张之洞均不愿邀请回銮，他们剀切申明西幸无迁都之意，

---

❶ Hay to Rockhill (Telegram), March 21, 1901, *Diplomatic Instructions of the Department of State*, China, June 24, 1899 – August 14, 1906, M77, R43, National Archives of the United States.

❷ 《复美国纽约达理表晔报馆》，光绪二十六年八月初七日申刻，《李鸿章全集》第27册，第246页。

❸ 俄国最先敦促，并向李鸿章施以压力。Acting Consul – General Warren to the Marquess of Salisbury, September 9, 1900, *F. O.* 881/7505, p. 39.

❹ 《东抚袁来电并致江鄂督盛京堂》，光绪二十六年八月初十日到，《李鸿章全集》第27册，第256页。

❺ 《寄江督刘鄂督张》，光绪二十六年八月十七日，《李鸿章全集》第27册，第282页。

❻ Conger to the Secretary of State (Telegram received in cipher), September 24, 1900, *Despatches from U. S. Ministers to China*, March 1 – September 30, 1900, M92, R108, National Archives of the United States.

❼ 康格致总署函：《请回銮由》，1900年10月26日，《总理各国事务衙门档案》，台湾"中央研究院"近代史研究所藏，档案号：01 – 14 – 025 – 03 – 002.

并转而恳请美国政府从中斡旋，务须先请开议，一面撤退联军，"而后由我肃清京城，迎回圣驾，方为稳著，方是正办"。柔克义深以为然，答应密电华府请示。❶ 由于各地方督抚不再坚持回銮，日本方面亦传来"缓回銮似可行"的消息❷，回銮问题在陷入僵局之前各国似乎已放弃坚持，原本对此事很积极的康格也向美国政府报告说，李鸿章已告知他没有迹象表明皇帝会回銮，因此只能接受以恢复秩序和惩办祸首作为清廷权威的证据。❸ 议和的前提又再次回到全权代表的资格问题上。

跟英、日、德等国对李鸿章亲俄的倾向抱有警惕不同，美国从一开始对李鸿章被授予全权代表就没有提出任何异议，此同它一贯对清政府的求和持欢迎态度一致，攻陷京城后面对李鸿章的停战请求，美国也第一时间表示赞同并准备配合。然而随后，以德国为首的多个国家对李鸿章的全权资格提出质疑，甚至宣称他是由拥护义和团的流亡政府任命，不具有效力。❹ 即便是支持李氏的俄国，由于已将公使撤至天津，并没有要在北京开始谈判的迹象，反而意图将议和移向天津进行。❺ 英、法、日等国也迟迟不肯接受李鸿章作为谈判代表。

清政府看来，增加一些列强更欢迎的官员参与谈判，或许能缓和局面。由于留京官员崑冈等上奏与总税务司赫德会谈得悉各国属意庆亲王奕劻，清廷遂于9月初多次命令奕劻前往北京同李鸿章商办一切事宜，并于9月13日授予其全权，同时命令刘坤一、张之洞"仍遵前旨会商办理，并准便宜行事"❻至此，李鸿章、庆亲王、刘坤一、张之洞四人均获得清政府授予的交涉权利，前两人为在北京谈判的全权代表，后两人则因无法离开总督职守，采取函电会商的方式参与。

清朝还曾有过添派荣禄的意向，却在列强的反对下没有实行，反对最强烈者

---

❶ 《张之洞收江宁刘制台来电》，光绪二十六年闰八月十六日，《近代史所藏清代名人稿本抄本》第二辑第十七册，第 422 页。《致江宁刘制台》，光绪二十六年闰八月十七日，苑书义等主编：《张之洞全集》第 10 册，第 8342 页。

❷ 《张之洞致上海李中堂、盛京堂、江宁刘制台电》，光绪二十六年八月二十一日，《近代史所藏清代名人稿本抄本》第二辑第十七册，第 87 页。

❸ Conger to the Secretary of State（Telegram received in cipher），October 24，1900，*Despatches from U. S. Ministers to China*，October 1 – December 15，1900，M92，R109，National Archives of the United States.

❹ 《皇帝侍从参事梅特涅公使致外部电》，1900 年 8 月 21 日；《威廉二世谕外部电》，1900 年 8 月 22 日，《德国外交文件有关中国交涉史料选译》第二卷，第 88 – 89、91 – 92 页。

❺ Mr. Peirce to Mr. Hay（Telegram），September 24，1900，*Papers relating to the foreign relations of the United States*，1900，pp. 375.

❻ 《寄谕庆亲王奕劻等著奕劻即日回京李鸿章速来京仍会同妥商办理一切事宜》，光绪二十六年八月初三日；《军机处奉旨著派刘坤一等函电荣禄会商办办军务俟李鸿章到京再行请旨》，光绪二十六年八月初七日；《庚子事变清宫档案汇编》第 9 册，第 19、23 页。《致伦敦罗钦差、巴黎裕钦差、彼得罗堡杨钦差、柏林吕钦差、华盛顿伍钦差、东京李钦差》，光绪二十六年九月初九日亥刻发，苑书义等主编：《张之洞全集》第 10 册，第 8374 页。

正是美国。1898 年戊戌政变后，荣禄被召入军机，同时执掌北洋各军，恩宠正盛、权势正隆。庚子事变期间，由于他是最有希望影响慈禧决策的军机大臣，并有能力同被围的外国公使取得直接联系，颇受东南督抚的看重与拉拢。清廷在西巡时，原本派荣禄留京办事，荣禄却在京城陷落后亦逃至保定，主要办理仍与军务有关。❶ 后在李鸿章、张之洞等人的建议下，清廷于 9 月 7 日颁布上谕添派荣禄与李、刘四人"会同办理，并准其便宜行事"❷。荣禄稔熟官场权术，对于会办议和这样的"苦差事"并不情愿，他一面以经营防务为由向清廷上奏"自难分身参与议和"，一面又向其他督抚剖白"里边无人主持赞襄，掣肘堪虑"❸。后者恰是东南督抚忧虑所在，遂获得支持，盛宣怀曾有电告李鸿章，"请荣赴行在，刘、张以外愿列衔者尚多，当拟电奏商办"❹，可见在督抚们看来，让荣禄入枢远比担任议和大臣有用得多。但行在方面仍有人不愿他回到太后身边，最终促使清廷将荣禄剔除出议和大臣名单的，还是因为列强的反对。

虽然自李鸿章奏请添派庆、荣同议后，德国驻汉口领事曾因荣军攻使馆向张之洞提出异议（在张之洞的辩解后德领谅解）❺，英国公使窦纳乐也在报告中向英国政府表示反对❻，但查考可见史料，曾明确向清政府提出抗议的还主要是美国。美国政府对荣禄的认识绝大部分来源于驻华公使康格。义和团事起之初，康格就曾报告称，清军统帅荣禄十分排外，同庆亲王不友好，虽然尚且中立，但基于他同慈禧的紧密关系，他将随时拥护慈禧的任何决定。❼ 8 月初驻京公使于围困末期获允发送电报，康格又多次向华府指控，是由荣禄指挥的清军将他们围困

---

❶ 清廷在西逃的第一时间，颁布上谕："前因英窦使有各使在京和局较易转圜之语，并据函订王大臣等，于十九日往谈，嗣因事务倥偬，未及前往，即有二十一日之变。现在局势大坏，只此一线可以援为向议之据，著荣禄、徐桐、崇绮彼此熟商，迅速设法办理，是所至盼"，所办仍是议和事。荣禄至保定后，清廷亦同意其驻扎获鹿、保定调度各军事。参见《寄谕荣禄等著熟商设法办理和局事》，中国第一历史档案馆藏，军机处全宗－电寄谕旨档，档案号：1－01－12－026－0049；《寄谕荣禄著扼扎获鹿驻保定调度各军事》，中国第一历史档案馆藏，军机处全宗－电寄谕旨档，档案号：1－01－12－026－0084。

❷ 《寄谕大学士荣禄著即迅回保定俟李鸿章到京后妥为商办款议事宜》，光绪二十六年八月十四日，《庚子事变清宫档案汇编》第 9 册，第 31 页。

❸ 《大学士荣禄折》，光绪二十六年八月初七日，《义和团档案史料》上册，第 530－531 页。《致全权大臣李鸿章电》，光绪二十六年八月十五日，《袁世凯全集》第 6 册，第 325 页。

❹ 《盛京堂来电》，光绪二十六年闰八月初一日巳刻到，《李鸿章全集》第 27 册，第 316 页。

❺ 《鄂督张来电并致江督东抚盛京堂》，光绪二十六年八月初六日到，《李鸿章全集》第 27 册，第 240 页。

❻ 窦纳乐在报告中甚至建议以闽浙总督许应骙代替荣禄。索尔兹伯里既没有回复，窦纳乐也从未向中方正式提出过该建议。《窦纳乐爵士致索尔兹伯理侯爵电》，1900 年 9 月 10 日发自北京，《英国蓝皮书有关义和团运动资料选译》，第 214 页。

❼ Mr. Conger to Mr. Hay, June 4, 1900, No. 386, *Papers relating to the foreign relations of the United States*, 1900, p. 140.

了两月之久。❶ 美国政府对荣禄的成见由此产生。9 月 9 日李鸿章收到驻美公使伍廷芳的电报称，美国总统谓"中国所派会议大员，须与前在京残害西人之事毫无干涉者，方可会商"，理由为"前围攻各使馆，荣相所统各军在内"。李鸿章遂于次日专门致电荣禄，请荣禄自己奏请"因各国谓团攻使馆有甘军在内"，"恐涉嫌疑，请暂留行在"❷。美国的公开反对来得正是时候，恰能配合上东南督抚以荣禄"入值"取代"议和"的设想。❸ 在李鸿章与荣禄的分别奏请下，10 月 6 日清廷寄谕荣禄，命其"前来行在、入值办事"，荣禄遂顺势赶往西安行在重新掌控了枢府大权。事后李鸿章同康格、沙飞、威尔逊等美国官员会晤，也再趁机向美方示好，声称因为美国反对，清廷不会派荣禄为议和代表。❶

美国剔除了荣禄这一不受欢迎的交涉对象，再次正面考虑接受李鸿章全权的问题。9 月 12 日美国国务院请驻美公使伍廷芳，向李鸿章转达了对他是否确实有"合式全权"的疑问，并答应李鸿章若能切实声明保护所有寓华美人的生命财产，美国就将派员会议。李鸿章在明确声明"实有合式全权"，"与各国开议以后，必可保寓华美人性命财产"之后，责备了曾经在其幕府任职的伍廷芳"尔何不切实声明"，其实他并不明白美国政府的真实用意是在于直接从他本人处获得这项保证。❺ 不管怎么说，李鸿章做出了保证，外加刘坤一、张之洞联合发送电报再向美国请求开议，美国政府于 9 月 17 日就透露出愿意承认李鸿章与庆亲王的全权资格以及任命其在北京的公使康格为谈判代表的意愿，并最终于 9 月 21 日将这两层意思正式通知了清朝驻美公使伍廷芳，提倡"先行开议，以便政府回京办事"❻。美国是列强中第一个公开承认李、庆二人全权代表资格的国家，也是第一个任命代表、允许开始谈判的国家。

---

❶ Mr. Conger to Mr. Hay（Telegram），August 11，1900，*Papers relating to the foreign relations of the United States*，1900，p. 159.

❷ 《复江督刘鄂督张东抚袁》，光绪二十六年八月初五日巳刻；《寄荣中堂》，光绪二十六年八月十七日，《李鸿章全集》第 27 册，第 239、286 页。

❸ 刘坤一告各督抚称，"武卫军攻使馆各语，似与荣相有碍。其全权旋请旋撤，亦碍体制。不若由傅相据外人言入奏，回晋可办议，幸陕则中变，较为切实动听"。《两江总督刘坤一来电并致湖广总督张之洞督办铁路大臣盛宣怀》，光绪二十六年闰八月初十日，《袁世凯全集》第 6 册，第 456 页。

❶ 《寄谕荣禄著前来行在入直办事》，中国第一历史档案馆藏，军机处全宗 - 电寄谕旨档，档案号：1 - 01 - 12 - 026 - 0157。Conger to Hay，October 15，1900，No. 420，*Despatches from U. S. Ministers to China*，October 1 - December 15，1900，M92，R109，National Archives of the United States.

❺ 《华盛顿伍使来电》，光绪二十六年八月十九日到；《复华盛顿伍使》，光绪二十六年八月十九日亥刻，《李鸿章全集》第 27 册，第 291、294 页。

❻ Cablegram from Viceroy Liu Kun - yih of Nanking and Viceroy Chang Chih - tung of Wuchang，September 19，1900，*Notes from the Chinese Legation in the United States to the Department of State*，Jan. 1，1898 - Dec. 31，1901，M98，R4，National Archives of the United States. Mr. Hill to Mr. Conger，September 22，1900，*Papers relating to the foreign relations of the United States*，1900，p. 202. 《华盛顿伍使来电》，光绪二十六年闰八月初一日巳刻到，《李鸿章全集》第 27 册，第 316 页。

美国政府从不隐晦它渴望尽快开议的意图，因为担心拖延会增加中外矛盾和双方损失，甚至造成中国的瓜分，"每拖延一天都意味着，不仅可能列强增加要求，而且给联军开展进一步军事行动的可能性"❶。助理国务卿希尔（Hill）说，军人在中国的任务已经完了，外交家必须走到他的位子上去。❷ 康格和柔克义也都表达了谈判应该马上开始的观点，他们对议和提出许多设想，包括有：

> 宣布外国派军队来华的目的，中国方面同时同意停战，恢复秩序，尽快给各国公正、合理的赔偿并弥补所有外国人的损失，保证未来保障所有国家的条约和国际权利，保护所有外国公民的利益和财产，互相承认全权代表；一旦各国任命全权代表，除了各使馆留守不超过100人的使馆卫队，所有外国军队都应撤离到最近的海岸，等待谈判完成。这将是一个开端，它将为随后各国可能认同的另一地点举行的谈判打下基础，北京和沿海各处的联军将能迫使中国人至少在谈判期间遵守信义。如果无法尽快做到这点，事情将会变得复杂，列强间会产生分歧，导致各自单独进行谈判和中国的瓜分。❸

从后见之明看来，美国公使的设想像是一个脱离了现实的空中楼阁，充满了理想化的成分，低估了列强之间的分歧与矛盾，而假设所有国家都渴望尽快和谈。事实上，最不想尽快开始谈判的德国，想要阻止"俄国正进行的和平车辆"，在外交大臣布洛夫的建议下，决定提出一个障碍以阻止在瓦德西到来之前达成任何协议，这个障碍就是一个全新的开始谈判的先决条件，它偏离了原本正在进行的恢复秩序和代表资格的讨论轨迹。9月18日，德国政府向所有列强提出："应该把交出那些确定为在北京发生的反国际法罪行的首犯和真正的罪犯，作为同中国政府开展外交谈判的先决条件。"同时它也直接向清廷指出"必俟中国朝廷先将有罪诸人，严行惩办"，方可开议。❶

尽管各国都同意必须严惩祸首，但对德国倡议的具体细节都表达了一定的反对意见。9月21日，美国政府明确表示不同意由各国确定并惩罚祸首，提出应该由中国自行处置，即"最有效的惩罚措施就是由帝国最高当局自己去罢黜和惩办肇事者；应当先给中国一个这样的机会，从而使它在世界面前恢复自己的名誉，只有这样，对中国才算是公道的"。而且美国也反对将惩办祸首作为外交谈

---

❶ Rockhill to Hay, October 25, 1900, No. 13, *Despatches from U. S. Ministers to China*, October 1 – December 15, 1900, M92, R109, National Archives of the United States.

❷ 《外交副大臣李福芬男爵致时在斯德定的皇帝侍从参事公使梅特涅伯爵公文》，1900 年 9 月 7 日，《德国外交文件有关中国交涉史料选译》第二卷，第 112 页。

❸ Conger to Hay, September 27, 1900, *Despatches from U. S. Ministers to China*, March 1 – September 30, 1900, M92, R108, National Archives of the United States.

❶ 《德国驻美代办致国务卿函》，1900 年 9 月 18 日，《1901 年美国对华外交档案》，第 23 页。《致上海李中堂、盛京堂、江宁刘制台、济南袁抚台》，光绪二十六年八月十六日巳刻发，《近代史所藏清代名人稿本抄本》第二辑第十七册，第 44 - 45 页。

判的先决条件。❶ 鉴于对开议失败的担忧，康格和柔克义尤其反对以惩凶为前提。❷ 俄国完全赞同美国的观点。英国也担心需要花费过多时间逮捕相关人员，从而造成和议的无限期拖延，间接地在反对先决条件上支持了美国。❸

与此同时，在德国未正式向列强提出惩凶要求前，张之洞、刘坤一等人从新任德国公使穆默、日本外务部等处探询得多国已有要惩办有罪诸人的动向，他们随即同李鸿章酝酿一先发制人、釜底抽薪的办法。❹ 9 月 15 日李鸿章、刘坤一、张之洞、袁世凯四人合奏，请将载勋、刚毅、载澜、英年、载漪、赵舒翘六人革职撤差，听候惩办，并明降谕旨，宣告各国，与之克期开议。❺ 以各国不停战理由来胁迫清廷惩办祸首，并兼弃车保帅的功效，遂得 9 月 25 日两宫下谕，惩办载勋等 9 名王公大臣。这一行动，恰与美国 9 月 21 日由中国自行惩办祸首的意见不谋而合，虽对端王等人的惩处细节存有遗憾，但美国政府果断表达了对清政府这项措施的满意，将其视为是中国"希望满足各外国为它们的使馆和侨民在中国遭到歹徒们的伤害和凌辱所提出的合理要求的一个证据"。就连德国也认为"这是使中国走向和平和安定的第一步"❻。间接地，德国默默地放弃了以惩凶为先决条件，在它的建议下，这项问题被提交给各国驻京公使详细讨论，此后各国又在具体细节方面展开了热烈的讨论，但却并未影响到开始谈判的程序。

德国拖延谈判的努力虽然在一定程度上牵扯了列强讨论开议的精力和时间，但在客观上却提醒了其他列强应该避免发生无限期拖延和谈的情况，在美国的带动下，各国随后也逐渐接受了李、庆二人作为和谈对象。美国政府在 9 月 21 日正式通知伍廷芳承认中国全权代表资格的同时，还以循环电报的形式将这份备忘录的内容传递给了其他国家。❼ 9 月 24 日，俄国表示赞同美国对中国全权的认可。❽ 25 日，日本也表明，由于庆亲王在北京已经跟各国公使联系，李鸿章在北

---

❶ 《代理国务卿致德国驻美代办函》，1900 年 9 月 21 日，《1901 年美国对华外交档案》，第 24 页。

❷ Conger to Hay, September 27, 1900, *Despatches from U. S. Ministers to China*, March 1 – September 30, 1900, M92, R108, National Archives of the United States.

❸ 《驻伦敦大使哈慈菲尔德伯爵致外部电》，1900 年 9 月 25 日，《德国外交文件有关中国交涉史料选译》第二卷，第 130 – 131 页。

❹ 《致上海李中堂、盛京堂、江宁刘制台、济南袁抚台》，光绪二十六年八月十六日巳刻发；《刘制台来电并致李中堂、袁抚台》，光绪二十六年八月十七日戌刻到，苑书义等主编：《张之洞全集》第 10 册，第 8275、8278 页。

❺ 《全权大臣李鸿章奏请将王大臣载勋等六人先行惩处即可宣告各国克期开议折》，光绪二十六年八月二十二日，《庚子事变清宫档案汇编》第 9 册，第 46 页。

❻ 《德国驻美代办致国务卿的备忘录》，1900 年 10 月 2 日；《国务卿致德国驻美代办的备忘录》，1900 年 10 月 3 日，《1901 年美国对华外交档案》，第 25 – 26 页。

❼ Mr. Hill to Mr. Herdliska (Circular Telegram), September 21, 1900, *Papers relating to the foreign relations of the United States*, 1900, pp. 305 – 306.

❽ Mr. Peirce to Mr. Hay (Telegram), September 24, 1900, *Papers relating to the foreign relations of the United States*, 1900, p. 375.

上的途中，它不会撤离北京公使，而且只要清政府任命的四位代表联合一致开始谈判，日本随时准备好加入。❶ 同一日，英国方面也表明了同样的立场，外交部长索尔兹伯里宣布其愿意与英国驻京公使认可的清政府官员谈判，因为窦纳乐已建议接受李鸿章和庆亲王。❷ 德国虽然没有就此发表公开意见，但它的想法正在悄然发生变化。尽管外交大臣布洛夫将美国的行动归结于"麦金莱先生仅仅由于竞选动机以及对于菲律宾的忧虑等所决定的政策"，但他承认对美国没有任何反对情绪，而且意识到清政府任命全权代表对列强是一个强大的挑战，"使它们最后不顾轻微的不同的见解而联合起来，采取一个明显的及坚决的态度"❸。这意味着，只要多数国家同意，德国会被迫采取联合行动。美国国务卿海约翰从德国10月3日对清廷惩凶谕旨的意见中察觉到他们由之前立场的巨大退让，德国似乎已经改变了策略。❹ 事实证明，德国外交部长布洛夫在10月9日给德皇的电报中建议，在李鸿章已经被其他各国承认为全权代表后，"也许宣布我们要进行审查李鸿章的全权时候到了"，并安慰说或许德国可以将李鸿章理解为庆亲王的一位专门委员，应当让瓦德西接见李鸿章。❺

美国政府对推动议和开始做出的贡献是关键的，然而长久以来鲜有研究者注意到这一点。因为尚有诸多事情悬而未决，多少掩盖了美国取得的阶段性成果。但确实是美国对德国惩凶倡议的鲜明立场，获得了其他国家的一致支持，避免了将惩凶作为谈判先决条件而可能造成的无限期拖延，而且是在美国的引领下，列强逐渐接受了李鸿章和庆亲王的代表资格。海约翰事后无比自豪地总结道："我们成功地阻止了德国的首个荒谬行动，当整个世界似乎都要加入它时，当欧洲大陆的媒体和许多美国媒体赞同的时候，这将一直是让我很满意的一点。当我们行动的时候，世界静止了，最终倒向了我们这边；德国政府总体上比较残忍，但很少愚蠢，改变了它的立场，提出了另一个完全跟我们立场一致的倡议。"❻ 至此，可能阻碍谈判开始的最大障碍被清除了，各国开始进入讨论的第二阶段，以提出一个方案作为对华谈判的基础。

---

❶ Mr. Buck to Mr. Hay (Telegram), September 25, 1900, *Papers relating to the foreign relations of the United States*, 1900, pp. 365 – 366.

❷ Sir C. MacDonald to the Marquess Salisbury (Telegram), September 23, 1900, No. 372, *China No. 1 (1901)*, *Correspondence respecting the Disturbances in China (in continuation of China No. 3, 1900)*, London: H. M. Stationery Office, 1901, p. 181.

❸ 《外交大臣布洛夫伯爵致外部电》，1900年9月25日，《德国外交文件有关中国交涉史料选译》第二卷，第132页。

❹ Hay to McKinley (Hay), October 2, 1900, *McKinley Papers*; Hay to McKinley, October 3, 1900, *John Hay Papers*, Library of U. S. Congress.

❺ 《外交大臣布洛夫伯爵奏威廉二世电》，1900年10月9日，《德国外交文件有关中国交涉史料选译》第二卷，第137页。

❻ Hay to White, October 16, 1900, *John Hay Papers*, Library of U. S. Congress.

三、美国与联合照会

自北京陷落后，清政府就急切地想要开始同列强的议和谈判，张之洞认为"补救之法，似不外迅与议约"，只是"各国不开口，我何从知其注意之所在"，李鸿章亦为此抱怨说"总须各国允派全权方可开议，徒焦急于事无济"❶。美国率先任命代表同意谈判，客观上响应了清政府的求和请求，李鸿章等人借此机会，以"美先允开议矣"大力敦促其他国家派任全权，启动和谈会议。❷ 面对德国的惩凶倡议，驻美公使伍廷芳还代表清政府多次向美国国务院表示，要在谈判开始前完结惩凶问题，对中国人来说是不可能的。❸ 李鸿章等人也试图利用美廷"以首祸人须请中国自惩"来抗阻德国"欲中国交出主谋之人"的请求。❹ 清廷欲借美之力开启谈判。美国虽相信清廷促和之心，却对它的能力、作为不抱希望。9 月底，康格公使在报告中，仍在抱怨清政府没有做出明显的努力；而且他认为，根据他对庆亲王和李鸿章的了解，他们无法提出任何可行的方案，这个方案必须由各国拟就。❺ 但是，康格本人除了提出前文所述那些不切实际的设想之外，也没能说出什么有效的建议。美国政府同样既没有对他的建议发表任何评论，也没有单独拟出可行的方案，它只是在任命康格为谈判代表的训令中，要求他在与中国代表的谈判中，参考美国政府 7 月 3 日的通电，因为"从中可以得到有关本政府宗旨有价值的指导，这份通电充分阐述了本政府的主要意图"❻。可知即便中外战争已结束，美国政府仍打算继续贯彻"门户开放"政策，也说明此时它对于中外谈判的几个关键议题仍没有形成很明确的设想。这跟国务卿海约翰尚未回到华盛顿颇有关系。促成谈判基础的工作遂被法国人抢了先。

10 月 4 日，法国政府向各国提出了 6 个条件作为开始谈判的基础：（1）惩办由各国驻北京外交使节提出的罪魁祸首；（2）继续禁止输入武器；（3）对各国政府、团体及个人提供公平的赔偿；（4）在北京组成一支常驻公使馆的卫队；

---

❶ 《寄济南袁抚台、上海李中堂、盛京卿、江宁刘制台》，光绪二十六年八月初四日辰刻发，苑书义等主编：《张之洞全集》第 10 册，第 147 页；《张之洞寄上海盛京堂电》，光绪二十六年八月十一日丑刻发，《近代史所藏清代名人稿本抄本》第二辑第十七册，第 4 页；《复江督刘鄂督张东抚袁》，光绪二十六年八月初五日巳刻，《李鸿章全集》第 27 册，第 239 页。

❷ 《复彼得堡杨使》，光绪二十六年闰八月初九日巳刻，《李鸿章全集》第 27 册，第 327 页。

❸ Conversation between the Chinese Minister and Mr. Adee, September 19, *Notes from the Chinese Legation in the United States to the Department of State*, Jan. 1, 1898 – Dec. 31, 1901, M98, R4, National Archives of the United States.

❹ 《盛京堂转日本李使来电》，光绪二十六年闰八月初三日戌刻到，《李鸿章全集》第 27 册，第 320 页。

❺ 《康格致海电》，1900 年 9 月 12 日；《康格致国务卿电》，1900 年 9 月 27 日，《1901 年美国对华外交档案》，第 406、407 页。

❻ 《希尔致康格电》，1900 年 9 月 29 日，《1901 年美国对华外交档案》，第 408 页。

（5）拆除大沽炮台；（6）对天津到北京之间道路上的二三处地点实行军事占领，从而使这条道路对从各国使馆前往海边或者由海上前往京城的各国军队始终保持通行无阻。❶

刚回归岗位的美国国务卿海约翰认为，总的说来这个提议是合理的。❷ 在 10 月 10 日给法国的回复中，他列出了几点保留意见，包括认为禁止输入武器不能理解为永久性的；赞同俄国政府的建议，如有关赔款观点有分歧，可提交海牙国际仲裁法庭考虑；在获得关于中国局势的进一步报告前保留对拆除大沽炮台的意见；对使馆卫队和军事占领津、京沿线的据点，则声明总统不能使美国长期参与这种占领。❸ 日本亦不赞同永久禁运武器。❹ 但总体而言，没有列强从根本上反对这项提议，法国遂于 10 月 17 日宣布"各有关国家都同意法国照会提出的基本原则"，并建议有分歧的部分可由各国驻京公使在未来的谈判中讨论。❺ 这个循环备忘录中有句话引起了美国的特别关注，即法国在其中宣称，"现在，首要的事情是向业已宣称准备谈判的中国政府表明：各国本着相同的精神；各国决定尊重中国领土的完整及其政府的独立（respect the integrity of China and the independence of its Government），但他们依然决心要获得他们有权得到的赔偿"。为此，美国政府开始寻求让各国在最初宣言中一致声明"他们决心维护中国的领土完整和行政统一"（to preserve the territorial integrity and the administrative entirety of China）。海约翰首先在给法国的回复中表达了这个愿望❻，获得赴华特使柔克义的坚定支持，虽然多数公使反对再重复各自政府已经多次宣告过的内容，但柔氏看来，列强仍旧有必要在对华条约或协定中明确写明这一点，因此敦促国务院直接向各国政府交涉，这样的正式宣言将很有价值。❼ 然而，显然列强此时更关心的是从中国方面获得具体的承诺，而非整体向清政府做出保证，没有国家对美国政

---

❶ 《法国驻美代办致国务卿的备忘录》，1900 年 10 月 4 日，《1901 年美国对华外交档案》，第 27 页。

❷ Hay to McKinley, October 4, 1900, memorandum of October 10, 1900, *John Hay Papers*, Library of U. S. Congress.

❸ 《国务卿致法国驻美代办的备忘录》，1900 年 10 月 10 日，《1901 年美国对华外交档案》，第 28 - 29 页。

❹ Mr. Buck to Hay, October 16, 1900, *Papers relating to the foreign relations of the United States*, 1900, p. 266.

❺ 《法国驻美代办致国务卿的备忘录》，1900 年 10 月 17 日，《1901 年美国对华外交档案》，第30 页。

❻ The French Charge d'affaires to the Secretary of State, October 17, 1900；The Secretary of State to the French Charge d'affaires, October 19, 1900, *Papers relating to the foreign relations of the United States*, 1901, *Appendix*, *Affairs in China*, pp. 29 - 30. 美国此时公开提出维护中国的领土与行政完整，同第二次"门户开放"照会最大不同在于，此处并非美国单独宣言，而是寻求各国联合声明。亦再次说明美国虽不愿单独保证维护中国的完整性（为攫取领土留下余地），但这个原则仍是其"门户开放"政策题中之意，它也就此反复向各国确认，以列强统一声明维护中国的完整性为目标。

❼ Rockhill to Hay, December 10, 1900, No. 24, *Despatches from U. S. Ministers to China*, October 1 - December 15, 1900, M92, R109, National Archives of the United States.

府的这个建议做出回应，最终关于维持中国完整性的宣言既没有出现在联合照会，也没有出现在最终的条约文本上。

反而是10月16日的英德协定在一定程度上承认了"门户开放"政策，即双方同意"无歧别地对一切国家人民的贸易及其他各种正当方式的经济活动继续自由开放""不得利用目前的混乱状况，为它们自己在中国的领域内获得任何领土利益，并应使它们的政策以维持中华帝国领土状况不遭削减为目标"❶。这个原则被仅限于"中国沿河和沿海的各口岸"，不包含争议最大的东三省，因而其作用颇为有限。尽管海约翰对德声称因列强认可美国7月3日宣言而很是欣慰，但其实海氏本人对英德协定的态度是复杂的，他向朋友倾诉说："当'英德协定'公布以后，我曾经用过一两天工夫去推敲它的含义是什么。"❷英德协定对一贯致力于追求同英国保持默契的美国国务卿来说是个不小的打击，造成的结果必然是美国的对外政策越发地独立。

正当各国政府均对法国提出的六点谈判条件表示同意之时，李鸿章和庆亲王亦于10月15日联合向北京公使团递交了一份由海关总税务司赫德帮忙拟就的条约草案，其中包含了悔过保证、自认赔偿和修改商约的内容。赫德设想立此专约为中国与各国通行之大纲，然后由各国与中国分定某国之分约。❸仅列这三项条件的大纲在外国公使看来是远远不够的，据康格报告，公使们更倾向于让最初谈判尽可能包括和解决更多的问题。❹康格本人就认为除了以上三项，总条约中还应包含如下八点：（1）对出兵中国的目的的全面说明；（2）恢复秩序和帝国政府回京，或证明帝国政府的实际存在；（3）帝国政府对攻击所有外国人和外国公使承担责任；（4）对各项耗费、遭虐待、受损失的赔偿，计算和偿付赔款的总计划以及对将来的有效保证；（5）对于可以设防的使馆区以及使馆和铁路卫队的规定；（6）设置外务大臣以代替总理衙门；（7）开放中国首都为商埠；（8）对攻击使馆及外国人的首犯和教唆犯的适当惩罚。❺海约翰对康格新增的第7条建议称赞有加，并向康格传递了法国的六条提议。两相相比，法国的提议无疑更能满足列强的需求。康格宣布将以法国六点要求作为议和工作之基点。10月26日，各国公使在都接到本国同意法国提议的训令后，召开会议正式开始讨论向中国全权代表提出的解决条件。❻

随后，北京公使团又召开多次会议，接连达成多项共识：按照各国意见禁止

---

❶ 外交学院编：《中国外交史资料选辑》第1册，北京：外交学院，1957年，第85－86页。
❷ William Roscoe Thayer, *The Life and Letters of John Hay*, II, p. 248.
❸ ［日］佐原笃介：《拳乱纪闻》，《义和团》第一册，第221－222页。
❹ 《康格致海函》，1900年10月19日，《1901年美国对华外交档案》，第44页。
❺ 《康格致国务卿电》，1900年10月16日，《1901年美国对华外交档案》，第410页。
❻ 《海致康格电》，1900年10月19日；《康格致海函》，1900年10月25日；《康格致海函》，1900年10月27日，《1901年美国对华外交档案》，第41、47、48页。

输入武器；在肇祸地区，停止文武考试两年，诏令今后加入义和团者处死；对外国政府、社团、个人以及外国人雇用的中国人进行赔偿；使馆有权在使馆区设防，有权建立常驻卫队，有权占领一些地方以保证首都到海上交通的畅通；摧毁妨碍交通的大沽与其他炮台；设置外务大臣代替总理衙门；制定类似欧洲各国的宫廷礼仪；中国政府以后应按各国提出的适当方式，商讨对有关通商、行船条约做必要修改；中国政府应采纳外国提出的财政措施，以保证赔款和政府借款利息的偿付；为进一步保证将来不发生动乱，应颁布一道谕旨并在全国各地张贴，谕令所有总督、巡抚和地方官吏对各自管辖区的治安负责，在其辖区内，无论何时发生排外骚动或其他任何违约事件而未能及时镇压和惩治罪犯，该官员都应立即革职，永不叙用。❶ 框架定下，但谈判过程中暴露出各国的分歧巨大，康格感到很难保证十位公使对所有各条都取得一致意见，每位公使都不得不做出若干妥协。康格承认他在一些问题上也做出了让步，因为他充分意识到尽快结束谈判的重要性，但尽管如此，他还是认为不应达成内容不够全面、不能持久或不能为今后提供充足保证的解决方案。❷

由于开始涉及具体内容的谈判，对各条款的详细讨论也很多由此时就被开启了，这部分内容将在下一章分门别类的叙述中展开。美国政府在此阶段最重要的作用体现在删除"死刑"与取消"不可更改"一词两件大事上，前者属于惩凶问题将于下文论述，本处主要讨论后者，并牵涉到联合照会的最后签署。

公使们经过激烈争论与妥协，11 月底准备好联合照会的十二条款，发电报请求各自政府批准。11 月 27 日，美国公使康格收到国务卿海约翰的答复，内称总统不赞成使用"不可更改"（irrevocable）一词，因为该词明显地与据他了解所有国家都反对使用的"最后通牒"一词意义相同。❸ 由 11 月麦金莱总统接连亲自向康格传达的命令可以看出，他很是担心目前的谈判会由于提出一些使中方难以接受的要求，或因为各国之间缺乏融洽的合作而导致失败。❹ 清政府可能无法接受的要求中，麦金莱最担心中国无法执行死刑，此外还有禁止输入用于制造军火的原料等。康格严格遵循华府的指示，在他的建议、坚持下，各国公使反复讨论，最终于 12 月 4 日同意用"最严厉的处罚"（severest punishment）代替"死刑惩罚"（death penalty），并且以"绝对必要"（absolutely indispensable）代替了"不可更改"。当天晚些时候，康格就向国务院发送了这份按照美国政府要求修改过后的照会文本，并报告说虽然获得了英国、俄国和日本公使的协助，但

❶ 《康格致海电》，1900 年 11 月 1 日；《康格致海电》，1900 年 11 月 6 日，《1901 年美国对华外交档案》，第 413 – 415 页。
❷ 《康格致海函》，1900 年 11 月 20 日，《1901 年美国对华外交档案》，第 56 页。
❸ 《海致康格电》，1900 年 11 月 27 日，《1901 年美国对华外交档案》，第 421 页。
❹ 《海致康格电》，1900 年 11 月 20 日，《1901 年美国对华外交档案》，第 418 页。

绝大多数公使（德、法、奥、意、西、比）都更倾向于保留"不可更改"，他们暂时的退让只是为了避免继续拖延而妨碍谈判的进行；此时除了英国公使外，其他人都得到了各自政府的签字许可，康格也请求国务院尽快下达签字命令。❶ 至此，美国政府获得想要的结果，海约翰随即致电命令康格"按送来的文本签署联合照会"（Sign joint note as transmitted）❷。

却始料未及，该电报在传递过程中产生错误，康格收到的指令在最后一个字上被更改，变成了"按多数意见签署联合照会"（Sign joint note as majorities）。康格遂于 12 月 7 日通知其他公使美国政府已允许接受"不可更改"一词。海约翰显然对这个突然变故大为光火，他要求康格做出解释，并于 19 日再次下令康格坚决删除"不可更改"。但由于他国公使已将美国接受"不可更改"通知了各自政府，英国公使也已获得签字授权，并同意保留该词，因此康格感到当日完全无法删掉"不可更改"，当讨论的问题剩下仅此一个时，继续坚持可能会导致照会永难一致，他遂决定必须立即表示同意，否则美国政府将对无限期的拖延和谈判的可能失败负责。❸ 20 日当天，其他公使都签署了联合照会。为了更好地说服海约翰，康格还让柔克义也发电报敦促美国政府尽快授权签字。❹ 12 月 21 日，海约翰下达了给康格的授权。次日，美国公使最后一个在联合照会上签字。

究竟"不可更改"是否重要，又为何会在此关键时刻发生训令被改动的情况？事后康格仍惴惴不安地向国务院再三解释是因为密电在翻译中出现的错误，他本人认为"不可更改"并非要不得，因为死刑已被删去，英国的修正案也没有任何参与联合军事行动的权力。❺ 其实 12 月 4 日其他公使已经同意删去"不可更改"，若按既定训令行事，康格并不会遇到多大的障碍，可以说还不至于会由他本人或指使其他人擅自篡改电报，那么就只能归咎于美国使馆工作人员的疏忽，导致了意外发生。虽然康格再三为这个疏忽开脱，声称保留"不可更改"并不至于带来严重的麻烦，然而事实上清政府方面确有人将此看得特别重要。议和大纲尚未公布前，张之洞就尤其担忧"条款与哀的美敦书（最后通牒）同来最为强狠"。张氏由美先允议和之态度推断，美国或可调停，他为此专门致电庆、

❶ Mr. Conger to Mr. Hay，December 5，1900，No. 466，*Papers relating to the foreign relations of the United States*，1900，pp. 237 - 238.《康格致海电》，1900 年 12 月 4 日，《1901 年美国对华外交档案》，第 421 页。

❷ Mr. Hay to Mr. Conger（Telegram），December 5，1900，*Papers relating to the foreign relations of the United States*，1900，p. 238.

❸ 《海致康格电》，1900 年 12 月 17 日；《康格致海电》，1900 年 12 月 19 日；《海致康格电》，1900 年 12 月 19 日；《康格致海电》，1900 年 12 月 20 日；《康格致海电》，1900 年 12 月 20 日，《1901 年美国对华外交档案》，第 423 - 425 页。

❹ Rockhill to the Secretary of State（telegram received in cipher），December 20，1900，*Despatches from U. S. Ministers to China*，December 16，1900 - January 31，1901，M92，R110，National Archives of the United States.

❺ 《康格致海函》，1900 年 12 月 23 日，《1901 年美国对华外交档案》，第 66 - 67 页。

李二人，请他们与公使团婉商，"并托美国劝阻，万勿发此照会"❶。伍廷芳自华盛顿发回的电报似乎也充满希望，美国"允改原议，列款不作美教书，祸首由中国严惩，赔款暂不列数"，据此清廷内有"此次送公照会，不限期不加美教书，据伍廷芳艳电，尚是美国调停"之赞美。❷可见最后通牒事恰也是清朝议和官员最看重之事，试图依赖美国从中转圜，美国的努力亦获得他们的充分认可，只是结果仍不尽如人意。

由于担心在联合照会签署的最后阶段造成拖延和失败，美国政府不情愿地在"不可更改"一词上做了妥协。出于相同原因，美国政府的让步还包括对英国最后阶段提出的修正案，即英国在12月15日授权其公使萨道义（Satow）签字的同时，建议在照会中增添一段："在中国政府遵照以上各款并使各国满意之前，下列签字者不认为联军对北京和直隶省的占领能够结束。"英国声称目的是把日后采取军事行动的范围，限制在仅继续占领北京和直隶省，大多数北京公使则将它解释为具有一种允诺从北京撤军的性质，前提是清政府务必按列强要求执行。❸美国不愿意参与联军对北京和直隶的无限期占领，海约翰指示康格也应反对英国修正案，但多数公使均表同意，美国遂也随后放弃。❹

美国在签署照会前的被迫妥协，固然有电报传递的意外因素，也由于美国的反对实际上都是独立做出，它从来没有试图征询过其他国家的支持，即使在"不可更改"一词上它本来拥有英国强有力的配合，但它没能采取任何行动巩固之，以致德国通过公开赞同伦敦的修正案，利用英德协定促使英国放弃了对"不可更改"的反对❺，美国最后处于孤立无援的状态被迫同意其他大多数国家的意见。

1900年12月24日，各国公使与庆亲王举行会议，向他呈递了联合照会文本。由于此前"各使自行会议，各请本国训条，从未与邸相面议条款"❻，可以说庆、李二人尽管早已到达北京，但直到递交联合照会，各国公使都拒绝让中国全权代表参与讨论，盛宣怀等人对此满腹怨言，认为"彼但求众无异议，不容我赞一词，否则各使在京会议，全权固应预闻也"❼，因此若能提前得知内中情报

❶ 《致上海盛京堂转庆亲王、李中堂》，苑书义等主编：《张之洞全集》第10册，第8419-8420页。

❷ 《庆亲王奕劻等为由美使署传抄草约条款内容事电》，光绪二十六年十一月初一日；《督办铁路大臣盛宣怀为各国商定条款事电》，光绪二十六年十一月初一日，《庚子事变清宫档案汇编》第9册，第157-158页。

❸ Mr. Conger to Mr. Hay, December 17, 1900, No. 478, *Papers relating to the foreign relations of the United States*, 1900, p. 239.

❹ 《海致康格电》，1900年12月17日，《1901年美国对华外交档案》，第439页。

❺ Andrew Thomas Ford, *The Diplomacy of the Boxer Uprising*, Doctoral Degree thesis, University of Wisconsin, 1971, pp. 146-147.

❻ 《督办铁路大臣盛宣怀为各使签订条款订于日使馆开议赔款系第一难事如能重办祸首撤兵可速事电》，光绪二十六年十一月初一日，《庚子事变清宫档案汇编》第9册，第159页。

❼ 《督办铁路大臣盛宣怀为更议续议条款事电》，光绪二十六年十一月初三日，《庚子事变清宫档案汇编》第9册，第161页。

相当重要。24 日会议前，美国公使康格曾私下里将草约各条传抄给中国全权代表。但庆、李二人经过在京等待之几月，心已拔凉，他们消极地认为只能等待公使照会到来，再论会议如何情形，而不论远在东南之盛宣怀、张之洞等人着急焦虑。待到公使确以最后通牒形式呈来照会，张之洞感叹"所以苦求各国勿来哀的美敦书者，正为今日议约计也"，上奏请全权万勿遽行画押，而先与婉商酌改多条。❶ 同时，刘坤一也接到驻美公使伍廷芳的电报，声称他已就各条款向美国政府约请更改，包括有祸首中国自办、赔款不列数、军火暂停购、议款不作哀的美敦等各项，美国政府虽已电允康格画押，但并无不允商改之意；欧洲亦传来美国对赔款各事多不以为然、已饬康格调停的消息。❷ 依此，刘坤一也认为须再细与磋磨。然而，早在接到照会次日，李鸿章和奕劻通过与俄国公使格尔思的密谈，就已笃定"各国昨交条款，经再三斟酌，极为持平"，若不速允，再与磋磨，恐至谈判决裂，他们逐条驳斥了张之洞的建议，认为张的建议多于字句间苛求，未免自生枝节，讽刺他仍是"二十年前在京书生之习气也"❸。12 月 27 日，清廷颁布上谕"所有十二条大纲，应即照允"❹。1901 年 1 月 16 日，清政府以递送给各国公使一份由他们正式签署和盖印的议定书以及载明接受他们全部要求并盖有玉玺的上谕，正式接受了列强的全部要求。此后，中国全权代表才参与到同外国公使的讨论之中，进入了真正的中外谈判的阶段。

第三节　美国传教士的损失与争论

事变期间，在中国内地有许多外国人被杀，其中绝大多数为传教士，因来华商人等多聚集在各通商口岸，由当地官员较好地保护，故教士教民死难最多、损失最重。美国政府对于美国公民的伤亡情况十分关切。1900 年 9 月 7 日，柔克义在给国务卿海约翰的报告中，就附有一份由美国圣经公会（the American Bible Society）干事海格斯（Dr. John R. Hykes）拟就的义和团运动后被杀与失踪的新

---

❶ 《两江总督张之洞为告全权大臣万勿遽行画押事电》，光绪二十六年十一月初九日；《两江总督张之洞为请告全权大臣婉商各使将遵奉内廷谕旨数字删去事电》，光绪二十六年十一月初十日，《庚子事变清宫档案汇编》第 9 册，第 184、186 页。

❷ 《美京伍大臣致岘帅电》，光绪二十六年十一月初一日，《愚斋存稿》卷四十七，电报二十四，第 1080 页。《致南洋大臣刘电》，光绪二十六年九月二十六日，吕海寰：《庚子海外纪事》，近代中国史料丛刊第五辑 46，台北：文海出版社，1967 年，第 62 页。

❸ 《庆亲王奕劻等为俄格使来寓所密谈条款事电》，光绪二十六年十一月初四日；《庆亲王奕劻等为惩办一节惟董为难并议复张之洞所称回銮等事电》，光绪二十六年十一月十四日，《庚子事变清宫档案汇编》第 9 册，第 163、194 – 195 页。

❹ 金家瑞、林树惠：《有关义和团上谕》，《义和团》第四册，第 76 页。

教传教士名单，该名单不分国别，较为简略粗糙。❶ 柔克义于 10 月 27 日再向海约翰报告称，他在 22 日收到美国圣经公会北京代表的通知，说迄今被害的美国人数达 66 人。❷ 事后看来，该数字与事实是有明显出入的，应是将当时失踪的人数也算入了其中。美国官员们大概也感到有必要全面了解这场骚乱对美国在华传教事业的影响，驻华公使康格遂于 1900 年年底致函所有美国领事，令其报告自义和团运动后各自领区内美国传教士与传教事业的全部情况。❸ 截至 1901 年 1 月 17 日康格向海约翰汇报时，他共收到七份报告，分别来自美国驻镇江、福州、厦门、汉口、芝罘、天津、广州领事。领事们分别对各自管辖区内的传教士伤亡以及教会财产损失情况做了一个通报，但这些信息仍不完整，原因有二：一是美国领事多驻扎在南方与通商口岸，领事辖区未能覆盖到整个中国的范围，因而这些报告多数宣称其领区内并未有美国公民被害，仅天津领事详细罗列了 1900 年 7 月 1 日在保定府遇难的公理会传教士名单，而对于遇害人数最多的山西等地，则没有报告直接涉及；二是就各领事目前掌握的信息来看，也尚不完全，领事们的主要信息来源同样是各区域内的传教士，本质上是分散的，以天津领事的报告为例，他掌握有美国公理会（the American Board Mission）与卫理公会（The Methodist Episcopal Mission of North China）的数据，却缺乏长老会（the Presbyterian Mission）的准确数字，虽然知道他们既有人员死亡也有财产损失。❹

但结合领事报告与各差会的报告，美国公使馆已能基本掌握并统计出在庚子事变期间遇难的美国侨民，康格在 1901 年 1 月 17 日给海约翰的报告中附上一张 1900 年被杀害的美人名单，包括姓名、年龄、美国居住地、遇害地点与时间等信息，共计有 30 人。❺ 至 1901 年 3 月 13 日，美国驻华公使馆参赞、代理公使司快尔（Squiers）进一步补充完善了康格的报告，向国务院提交了一份由中国内地会（the China Inland Mission）负责人史蒂文森（Rev. J. W. Stevenson）整理的遇害新教传教士及其家属名单。❻ 其中，分别按照国别与地区划分，列表如下：

---

❶ Rockhill to Hay, September 7, 1900, No. 7, *Despatches from U. S. Ministers to China*, March 1 – September 30, 1900, M92, R108, National Archives of the United States.

❷ Rockhill to Hay, October 27, 1900, No. 16, *Despatches from U. S. Ministers to China*, October 1 – December 15, 1900, M92, R109, National Archives of the United States.

❸ Mr. Conger to Mr. Martin (Enclosure No. 1 with Despatch No. 504), September 14, 1900, *Despatches from U. S. Ministers to China*, December 16, 1900 – January 31, 1901, M92, R110, National Archives of the United States.

❹ Conger to Hay, January 17, 1901, No. 504, *Despatches from U. S. Ministers to China*, December 16, 1900 – January 31, 1901, M92, R110, National Archives of the United States.

❺ List of Americans killed in China during "Boxer" Troubles, 1900 (Enclosure No. 12 with Despatch No. 504), September 14, 1900, *Despatches from U. S. Ministers to China*, December 16, 1900 – January 31, 1901, M92, R110, National Archives of the United States.

❻ Squiers to Hay, March 13, 1901, No. 572, *Despatches from U. S. Ministers to China*, February 5 – March 29, 1901, M92, R111, National Archives of the United States.

表 3 - 4　史蒂文森整理庚子事变期间遇害传教士概况

国籍	成人	小孩	合计
英国	70	28	98
瑞士	40	16	56
美国	24	8	32
总计	134	52	186

省份	成人	小孩	合计
山西	112	45	157
直隶	13	4	17
浙江	8	3	11
山东	1	—	1
总计	134	52	186

　　此处列出的美国遇害人数 32 人，与康格前列 30 人相去不远，可见此数目尚可采信。而义和团运动百年之后黄锡培牧师编制了《1900 年义和团事件中殉道之宣教士名录》，共列出 189 位殉道者，其中美国国籍者有 31 人[1]，也再次印证了于义和团运动期间遇难的美国教士人数为 31 或 32 人。美国教士、差会的损失虽不及英国，但对于义和团运动的反应却很是激烈，甚至引发了教会内部、教会与外界的众多争论，并对美国政府施加了不小的压力与影响。

　　由于在义和团运动期间遭受的巨大灾难与痛苦，寓华传教士们在事变后首先表现出对中国相当强硬的态度，甚至出于报复心理反对对中方宽大处理。1900年 8 月 22 日，以明恩溥（Arthur H. Smith）为首的 20 位在京美国传教士向美国公使康格呈递了一份备忘录，宣称已经过传教士们充分讨论一致通过，要求严厉惩罚祸首、赔偿中国教徒、进行教育改革并改革法律制度。除了详细举出具体改革内容，如废除科举、引介西方学科、终止孔子崇拜、所有人无论宗教信仰都应遵守法律程序、官员若受贿应受惩罚等，该备忘录还强调应向清政府寻求足够的赔偿，包括有由于义和团造成的时间损失、旅行费用、未来可能增长的建筑材料与人工价格的补偿、被破坏的书籍等。[2] 9 月 7 日，来自 20 个不同团体的大约400 名美国和英国传教士在上海集会，采纳了一个措辞严厉的宣言，敦促严惩所

---

　　[1]　《附件 1：1900 年义和团事件中殉道之宣教士名录》，黄锡培编著：《回首百年殉道血：一九〇〇年义和团事件殉道宣教士的生命故事》，香港：美国中国信徒布道会，2010 年。

　　[2]　Conger to Hay, August 22, 1900, No396, *Despatches from U. S. Ministers to China*, March 1 - September 30, 1900, M92, R108, National Archives of the United States.

有参与骚乱的高官，由慈禧太后开始，而且坚持应当归政光绪皇帝，并对中国事务施行外国监督。❶ 此后当得知美国政府决定从中国撤军以及接受李鸿章为谈判对象等消息，美国在华传教士也表达了激烈的反对。

传教士们的强硬立场集中表现在向中国政府寻求赔款的问题上，既要求对差会遭受的损失，也坚持对中国教徒足够地补偿，但又由于传教事业的特点以及近年来在教会内部兴起的反对索要赔偿的观点，传教士们分成不同派别，纷纷撰文发表在美国寓华传教士最重要的期刊《教务杂志》上，围绕是否应该索要赔偿展开激烈论战。

支持赔款的一方，如方法敛（F. H. Chalfant）牧师撰文《赔款的争论》将对传教士财产的恶意破坏分成四种形式：被当地暴徒故意破坏；以抢劫财产为目的的抢夺；由地方官绅煽动的暴力行为；被看守的士兵趁机抢掠。他认为不论是哪种形式都应要求中国政府全部赔偿，这是差会的权利，唯一需要视情况方便而定的仅在于是由中央还是地方政府赔付，因为这不仅是为了维护国家尊严和荣誉，也是为了对遭受损失者的公平，并且防止袭击的再次发生。❷ 师图尔（Geo. A. Stuart）牧师以《要求赔款》为题主张赔偿是避免此类事件再次发生的必要措施，并指出赔偿应包括为重建所有建筑和重新购买被毁坏的家具仪器等足够的金钱、对被害者亲属的抚恤金、旅行费用、对中国教徒的损失补偿等。❸ 柏尔根（P. D. Bergen）牧师也极力主张应该采取一切措施保证对外国人和中国基督徒在义和团骚乱中遭受的损失进行赔偿，因为像抢劫、屠杀、毁坏这样的行径应该被严惩，尤其还涉及对无辜个体的迫害，不仅要补偿遭受了损失的差会，而且因帮助外国人而遭到迫害的中国人也应获得赔偿。至于赔偿的方式，最好由当地士绅出面解决，若地方官员要直接处理的话，也可以接受。❹

反对赔款的一方，如杜博斯（Hampden C. Dubose）率先提出传教士是否应该对中国这次的骚乱负一定的责任的疑问，通过分析主张有理由认为他们至少应该负有责任。❺ 许德成（A. Goold）明确发文反对赔偿，并罗列要求赔偿是不正确的多点理由：（1）不可能要求或强迫有罪的人赔偿，因此无论是由中央政府还是当地赔偿，可以确定的是最终都是由无辜的人们承担大部分；（2）在支付

❶ Marilyn Young, *The Rhetoric of Empire: American China Policy*, 1895—1901, p. 188.

❷ Rev. F. H. Chalfant (Wei – hisen), An Argument for Indemnity, *The Chinese Recorder and Missionary Journal*, Vol. 31, No. 11, November 1900, pp. 540 – 542.

❸ Rev. Geo. A. Stuart (Nankin), The Demand for Indemnity, *The Chinese Recorder and Missionary Journal*, Vol. 31, No. 11, November 1900, pp. 543 – 544.

❹ Rev. P. D. Bergen (Tsing – tao), Remarks on the Subject of Securing Indemnity for Losses in Connection with Mission Work, *The Chinese Recorder and Missionary Journal*, Vol. 31, No. 11, November 1900, pp. 548 – 550.

❺ Hampden C. Dubose (Soochow), Are Missionaries in any Way Responsible for the Present Disturbances in China, *The Chinese Recorder and Missionary Journal*, Vol. 31, No. 12, December 1900, pp. 606 – 607.

赔款的地区都会对福音的传播产生障碍；（3）在中国的传教士们来自不同的国家，但首先都属于基督徒，而不是各自国家的代表，要求赔偿可能会让中国人对传教士产生误解，造成对传教事业的长久阻碍。❶

还有一些传教士持较温和中立的态度。慕稼谷（Moule）主教在《传教士团体是否应该要求赔偿》一文中提出，虽然他还没有查证国际法，但过往的历史说明一国的公民为由于其他国家政府的疏忽造成的损失寻求赔偿是国际惯例，因此他认为，在条约的规定下外国人与财产在中国土地上受到损害，不论是被中国官员，还是被官员纵容的暴徒伤害，受害者所属的国家都有权要求完全补偿损失。但他反对要求数目过大的赔款，不使它成为向中国基层士绅勒捐的借口。❷

赔款善后等问题除了在寓华传教士内部，也在美国差会团体间引发了热烈讨论。为了充分了解传教士们的意见，美国长老会总部将8位于庚子事变期间回美国避难的长老会传教士召集到纽约，当面听取他们的意见。为了联合其他差会，1900年9月21日长老会又召集了一个各派别的会议，共有来自几乎所有差会的32名传教士代表到纽约出席了这次讨论。尽管所有传教士在赔款问题上的意见并不一致，但都一致同意不应该夸大或过分要求赔偿，因为担心中国官员会压榨无辜的百姓。会议最后投票决定：索偿不应包括传教士遭受的痛苦、丧失的生命、工作中断的损失，而只能是实际遭到毁坏的财产数量以及直接来自骚乱的额外开支；除了因为死者去世，其妻儿失去生活来源，这种情况也可以要求赔偿。该会议在赔款问题之外，也充分讨论了未来重新开始在华传教事业的相关事宜，决定采纳一个更有野心的国内政策，任命一个委员会准备一封给所有美国差会的联合信件，重申传教士的义务与中国传教事业的重要性。会议还达成了一个最主要的决定，即传教差会不应试图干涉政府的中国政策。尽管许多代表对于美国政府应该做什么有很鲜明的观点，一些差会主席也收到了其在华传教士请求向华盛顿抗议从北京撤军和慈禧复位，但没有人认为传教士适合给出政治建议。❸

事实上关于传教士是否应该介入美国政治、干涉政府的对华政策也一直是传教士们争论的焦点，总体呈现出在华传教士更加激进强硬，而美国国内差会较为温和的特点。在山东的谢卫楼（D. Z. Sheffield）牧师1900年年底在《教务杂志》上发表《在华差会应该被西方国家保护》一文，提出西方国家不仅要保护

---

❶ Mr. A. Goold, An Argument against Indemnity, *The Chinese Recorder and Missionary Journal*, Vol. 31, No. 12, December 1900, pp. 617 – 619.

❷ Bishop Moule (Hangchow), Should Missionary Societies Claim Indemnities, *The Chinese Recorder and Missionary Journal*, Vol. 31, No. 11, November 1900, pp. 537 – 540.

❸ Rev. Arthur J. Brown, DD. (New York City, Secretary of the Presbyterian Board of Foreign Mission), Future Missionary Policy in China: A Notable Conference of Missionary Secretaries, *The Chinese Recorder and Missionary Journal*, Vol. 32, No. 8, August 1901, pp. 398 – 403.

传教士，也要保护中国教徒，而且必须迫使中国履行其条约义务。❶ 1900 年 12 月由各国谈判代表拟就的联合照会被呈递给中国代表，照会内容公布后，在北京的美国和英国传教士联合签署了一份信件，呈送给美、英两国公使。传教士们在信件中直言不讳地提出联合照会的四点缺陷：没在序言里说明中国政府参与了对外国人的袭击；没有足够谴责中国对条约的公然违背；没有为中国教徒要求赔偿；没有建议保卫和促进传教事业的条款。因此，他们建议在未来达成的中外条约中，应包含如下几点：（1）再次确认和强调对外国传教士和中国教徒的保护；（2）中国政府承认宗教信仰自由；（3）明确指出传教士在内地居住、为经营其事业租借和购买土地的权利；（4）传教士远离通商口岸到中国内地居住或旅行，要携带经合法授权的护照，地方当局要尽全力保护他们的生命和财产；（5）中国官员们应公正审判各类案件，鼓励传教士同官员们友好交往；（6）应给中国教徒赔偿；（7）草拟一个关于未来传教事业的新的条款。❷ 北京传教士试图趁此机会为将来的传教事业捞取更多的利益，其中赔偿中国教徒、在新条约中添入一传教条款等都被美、英公使采纳落实于下一阶段的中外谈判，允许传教士到中国内地购买土地的权利也被美国公使采纳用于 1902 年开始的中美商约谈判，说明传教士们对政府行动的干涉与介入切实起到了一些作用与影响。

但这种对政治活动公然、生硬的介入遭到美国国内差会的反对，并且引发了一系列更加深入的争论。美国国内差会虽然对在华传教士的报复情绪很是同情，但他们还是被 9 月 7 日在上海的传教士们采取的行动震惊了，反对传教士们参与任何的政治行动。❸ 对于传教士们积极深入内地为其教徒寻求赔偿的行为，不仅各差会提醒他们要注意人身安全，美国驻华外交官也向他们提出警告。

与此同时，美国国内有许多人开始注意到某些寓华传教士参与联军的抢劫与报复行动，批判之声由此产生。新闻媒体率先披露了传教士们在中国的行动。《纽约太阳报》（New York Sun）系列报道了有野心的传教士占用清廷废弃的宫殿、王府等，搜刮其中的财物，为其教徒获取赔款等。其中，还点名美国公理会的梅子明（W. S. Ament）牧师在联军的支持下，"已经为每位被害者索取赔款 300 两，并且强迫中国人对基督徒所有被毁坏的财产都给予全部赔偿，他还征收了相当于赔款十三倍的罚金，这笔钱将被用来传播福音"。《纽约太阳报》的报道引起了美国著名作家马克·吐温（Mark Twain）的高度重视，他连夜写作一篇名为《给坐在黑暗中的人》的文章发表在《北美评论》（North American Review）

---

❶ Dr. D. Z. Sheffield (Tungchow), Christian Missions in China should be Protected by Western Nations, *The Chinese Recorder and Missionary Journal*, Vol. 31, No. 11, November 1900, pp. 544–545.

❷ Conger to Hay, February 13, 1901, No. 532, *Despatches from U. S. Ministers to China*, February 5 – March 29, 1901, M92, R111, National Archives of the United States.

❸ Editorial Comment, *The Chinese Recorder and Missionary Journal*, Vol. 31, No. 12, December 1900, pp. 631–632.

上。文中，马克·吐温引用《纽约太阳报》的报道，严厉批判了美国传教士在中国的种种暴行，并提出"我们是否要继续将我们的文明强加在那些坐在黑暗中的人们，还是我们应该让那些可怜的人们休息一下"的疑问。❶ 马克·吐温的文章在美国国内获得强烈的反响，教会方面又惊又惧，他们急于否认，要求马克·吐温撤回对在华传教士的揭发，然而马克·吐温继续发文反驳，并利用各种演讲机会宣传他的观点❷，削弱了教会的气焰。

义和团运动结束后，寓华传教士们由于在事变期间遭受的巨大损失迅速反应，试图影响美国政府采取严厉的善后对华政策，然而由于其国内差会的制约以及来自美国媒体与马克·吐温等人的大力抨击，传教士们的行动受到了一定的限制，强硬的态度也在一定程度上被中和。此后，不论是在辛丑议和中，还是再往后的商约谈判，美国政府更多地都是考虑商人团体的利益。商人们的态度本就较为温和，是麦金莱政府的坚定支持者，也更符合"门户开放"政策的目标，同时还为了 1900 年年底的美国大选，麦金莱与海约翰在下一阶段的对华政策中不大可能强硬要求中国，但却势必会更加注重争夺商业利益。

附表 1　驻华公使馆列义和团运动期间被害美国人名单

姓名	年龄	在美国的住址	遇难地点	遇难日期
Miss J. E. Desmond			Kuchau	July 21
Miss M. Manchester			Kuchau	July 21
F. E. Simcox	32	PenngrevePa.	Paotingfu	June 30
Mrs. Simcox	31	PenngrevePa.	Paotingfu	June 30
Paul G. Simcox	5	PenngrevePa.	Paotingfu	June 30
Francis R. Simcox	3	PenngrevePa.	Paotingfu	June 30
Simcox, Infant				
C. V. R. Hodge	27	Philadelphia	Paotingfu	June 30
Mrs Hodge	25	Philadelphia	Paotingfu	June 30
Dr. G. Y. Taylor	37	Burlington, N. Y.	Paotingfu	June 30
H. T. Pitkin	29	New York	Paotingfu	July 1
Miss A. A. Gould		Portland, MN	Paotingfu	July 1
Miss M. S. Morrill			Paotingfu	July 1

---

❶ Mark Twain, To the Person Sitting in Darkness, *North American Review*, February 1901, pp. 161 – 176. 中文译文参见［美］马克·吐温：《给坐在黑暗中的人》，《世界文学》1959 年第 8 期。

❷ 较有代表性的有他在《北美评论》上的反驳文章《答传教士对我的批评》，以及他在纽约公共教育协会上的演讲《我也是义和团》。参见 Mark Twain, To My Missionary Critics, *North American Review*, April 1901, pp. 520 – 534. Mark Twain, I am a Boxer, too, *Mark Twain's Speeches*, Oxford：Oxford University Press, 1997, p. 116.

续表

姓名	年龄	在美国的住址	遇难地点	遇难日期
Miss H. J. Rice			Lucheng	July 13
Miss M. R. Houston			Lucheng	August 31
D. H. Clapp	53	Clarksfield, C.	Taikuhsien	July 31
Mrs Clapp	50	Clarksfield, C	Taikuhsien	July 31
G. L. Williams	41	Southington, GGNH	Taikuhsien	July 31
F. W. Davis	40	Oberlin, C.	Taikuhsien	July 31
Miss R. Bird	33	N. Greenfield, Wis.	Taikuhsien	July 31
Miss M. L. Partridge	39	Oberlin, C.	Taikuhsien	July 31
E. R. Atwater	33	Oberlin, C.	Fenchoufu	August 16
Mrs Atwater		Oberlin, C.	Fenchoufu	August 16
Atwater, children 4		Oberlin, C.	Fenchoufu	August 16
C. W. Price	51	Oberlin, C.	Fenchoufu	August 16
Mrs Price	44	Oberlin, C.	Fenchoufu	August 16
Price, child 1		Oberlin, C.	Fenchoufu	August 16

（资料来源及说明：List of Americans killed in China during "Boxer" Troubles, 1900（Enclosure No. 12 with Despatch No. 504），September 14, 1900, *Despatches from U. S. Ministers to China*, *December* 16, 1900 - *January* 31, 1901, M92, R110, National Archives of the United States. 表中列出遇难美国人共 30 人。）

附表 2   1900 年义和团事件中殉道之宣教士名录

姓名	差会名称	出生日期	来华日期	宣教地区	殉道日期/年龄	殉道地点	国籍
Hodge, Cortlandt Van Rensselear, Dr. 侯德祚医生	American Presbyterian, North 美北长老会	Jul. 1, 1872	Apr. 1899	北京	Jun. 30, 1900/ 27 岁	直隶省保定府	美国
Hodge, Mrs, nee Elsie CampbellSinclair 侯德祚师母	American Presbyterian, North 美北长老会	Dec. 15, 1874	Apr. 1899	北京	Jun. 30, 1900/ 25 岁	直隶省保定府	美国
Simcox, Frank Edson, Rev. 莘恪思牧师	American Presbyterian, North 美北长老会	Apr. 20, 1867	Oct. 7, 1893	直隶省保定府	Jun. 30, 1900/ 33 岁	直隶省保定府	美国

续表

姓名	差会名称	出生日期	来华日期	宣教地区	殉道日期/年龄	殉道地点	国籍
Simcox, Mrs., nee May Gilson 莘恪思师母	American Presbyterian, North 美北长老会	Feb. 5, 1868	Oct. 7, 1893	直隶省保定府	Jun. 30, 1900/32 岁	直隶省保定府	美国
Simcox, Paul Gilson, elder son	American Presbyterian, North 美北长老会	Mar. 1894	Mar. 1894	直隶省保定府	Jun. 30, 1900/6 岁零 3 个月	直隶省保定府	美国
Simcox, Francis Raymond, 2nd son	American Presbyterian, North 美北长老会	Jan. 10, 1896	Jan. 10, 1896	直隶省保定府	Jun. 30, 1900/4 岁半	直隶省保定府	美国
Simcox, Margaret, younger daughter	American Presbyterian, North 美北长老会	Aug. 6, 1899	Aug. 6, 1899	直隶省保定府	Jun. 30, 1900/10 个月	直隶省保定府	美国
Taylor, GeorgeYard-ley, Dr. 罗子云医生	American Presbyterian, North 美北长老会	May 18, 1862	Jan. 1888	直隶省保定府	Jun. 30, 1900/38 岁	直隶省保定府	美国
Gould, Annie Allender, Miss 顾姑娘	American Board Mission 美国公理会	Nov. 18, 1867	Oct. 1893	直隶省保定府	Jul. 1, 1900/32 岁	直隶省保定府	美国
Morrill, Mary Susan, Miss 莫姑娘	American Board Mission 美国公理会	Mar. 24, 1863	May 1889	直隶省保定府	Jul. 1, 1900/37 岁	直隶省保定府	美国
Pitkin, Horace Tracy, Rev. 毕得经牧师	American Board Mission 美国公理会	Oct. 28, 1869	May 7, 1897	直隶省保定府	Jul. 1, 1900/30 岁	直隶省保定府	美国
Atwater, Ernstine, elder daughter of Rev. Ernest Atwater	American Board Mission 美国公理会	Nov. 25, 1889	Sep. 1892	山西省汾州府	Jul. 9, 1900/10 岁	山西省太原府	美国

续表

姓名	差会名称	出生日期	来华日期	宣教地区	殉道日期/年龄	殉道地点	国籍
Atwater, Mary Sanders, 2nd daughter of Rev. Ernest Atwater	American Board Mission 美国公理会	Jan. 7, 1892	Sep. 1892	山西省汾州府	Jul. 9, 1900/7 岁	山西省太原府	美国
Rice, Hattie Jane, Miss 米姑娘	China Inland Mission 内地会		Jan. 1, 1893	山西省潞城	Jul. 13, 1900/41 岁	山西省泽州府	美国
Young, Mrs, nee Sarah AliceTroyer 容有光师母	China Inland Mission 内地会		Jan. 30, 1896	山西省吉州	Jul. 16, 1900/28 岁	山西省河津	美国
Desmond, Josephine Elizabeth, Miss 戴芸诗姑娘	China Inland Mission 内地会		Jan. 4, 1899	浙江省衢州	Jul. 21, 1900/33 岁	浙江省衢州	美国
Ward, Mrs., nee Etta L. Fuller 王道明师母符兰英女士	China Inland Mission 内地会		Jan. 14, 1895	浙江省常山	Jul. 22, 1900/34 岁	浙江省衢州	美国
Manchester, Mariette Etta, Miss 马姑娘	China Inland Mission 内地会	Nov. 11, 1871	Sep. 14, 1895	浙江省衢州	Jul. 23, 1900/28 岁	浙江省衢州	美国
Bird, Susan Rowena, Miss 贝如意姑娘	American BoardMission 美国公理会	Jul. 31, 1865	Oct. 1890	山西省太古	Jul. 31, 1900/35 岁	山西省太古	美国
Clapp, Dwight Howard, Rev. 来浩德牧师	American Board Mission 美国公理会	Nov. 1, 1848	Oct. 1884	山西省太古	Jul. 31, 1900/51 岁	山西省太古	美国
Clapp, Mrs., nee Mary Jane (Jannie) Rowland 来浩德师母	American Board Mission 美国公理会	Feb. 18, 1845	Oct. 1884	山西省太古	Jul. 31, 1900/55 岁	山西省太古	美国
Davis, Francis Ward, Rev. 德富士牧师	American Board Mission 美国公理会	Sep. 8, 1857	Oct. 1889	山西省太古	Jul. 31, 1900/42 岁	山西省太古	美国

续表

姓名	差会名称	出生日期	来华日期	宣教地区	殉道日期/年龄	殉道地点	国籍
Partridge, Mary Louise, Miss 露美乐姑娘	American Board Mission 美国公理会	May 27, 1865	1893	山西省太古	Jul. 31, 1900/35 岁	山西省太古	美国
Williams, George Lewis, Rev. 卫禄义牧师	American Board Mission 美国公理会	Oct. 4, 1858	Sep. 1891	山西省太古	Jul. 31, 1900/41 岁	山西省太古	美国
Huston, Mary Elizabeth, Miss 胡姑娘	China Inland Mission 内地会		Jan. 30, 1896	山西省潞城	Aug. 11, 1900/34 岁	湖北省云梦	美国
Atwater, Ernest Richmond, Rev. 艾渥德牧师	American Board Mission 美国公理会	Aug. 20, 1865	Sep. 1892	山西省汾州府	Aug. 15, 1900/34 岁	山西省汾州府	美国
Atwater, Celia Bell, 3rd daughter	American Board Mission 美国公理会	Jun. 12, 1895	Jun. 12, 1895	山西省汾州府	Aug. 15, 1900/5 岁零 2 个月	山西省汾州府	美国
Atwater, Bertha Bowen, youngest daughter	American Board Mission 美国公理会	Nov. 16, 1896	Nov. 16, 1896	山西省汾州府	Aug. 15, 1900/3 岁零 9 个月	山西省汾州府	美国
Price, Charles Wesley, Rev. 贾侍理牧师	American Board Mission 美国公理会	Dec. 28, 1847	Oct. 1889	山西省汾州府	Aug. 15, 1900/52 岁	山西省汾州府	美国
Price, Mrs., nee Elsa Nilson 贾侍理师母	American Board Mission 美国公理会	Aug. 19, 1855	Oct. 1889	山西省汾州府	Aug. 15, 1900/44 岁	山西省汾州府	美国
Price, Florence Muriel, daughter	American Board Mission 美国公理会	Mar. 18, 1893	Mar. 18, 1893	山西省汾州府	Aug. 15, 1900/7 岁零 5 个月	山西省汾州府	美国

（资料来源及说明：《1900 年义和团事件中殉道之宣教士名录》，黄锡培编著：《回首百年殉道血：一九〇〇年义和团事件殉道宣教士的生命故事》，香港：美国中国信徒布道会，2010 年。该表列出遇难美国人 31 人，对比两附表可知，两表重合人数 29 人，后表比前表遗漏了 Mrs Awater 1 人，多出了 Mrs Young 和 Mrs Ward 2 人。）

注：表中中文人名乃该名录原翻译。

小　结

1900 年 8 月 14 日京城陷落，是庚子局势大坏的顶点。作为中央政权的清廷一路西奔，权威跌落谷底；清军已无招架之力，外国联军却仍在四处侵扰，毫无终止之意。停战议和成为清朝南北官员的一致目标。以往研究鲜少涉及这段"天下大乱"的历史，本章则专注于揭示这条荆棘重重的通往议和之路。求和是此时清政府的唯一关键词，列强却不露声色、各怀鬼胎。美国率先推动议和，同清朝官员展开有限互动，并非为中国考虑，而是继续依循其 7 月 3 日"门户开放"照会的思路，以维护中国的完整性为"门户开放"做好铺垫。

联军占领京、津后，实行军事殖民统治，美军参与其中，并不例外。只是美国虽承认瓦德西统帅的权威，却从根本上仍把握着完全的独立指挥权，遵照华府的意旨行事，不愿过分惩罚中国，致力于恢复地方秩序也更有助于议和进行、清朝统治复原。主要表现有三：一是拒绝参加大部分的"惩罚性远征"；二是在天津，虽接受天津临时政府领导，但更关注当地的民生与经贸问题，在北京，创设协巡公所作为殖民统治机关，将协调地方社会民情之事直接放手协巡公所承办，依靠留京士绅的协助管理地方事务（协巡公所反映了联军统治下官、绅、夷三者的互动联系）；三是在占领京、津尚未结束时就撤军，成为第一个结束庚子赴华远征并殖民统治的国家。

此处还须指出，协巡公所乃美军于北京设立的殖民统治机关，其办事职责俨然已同于美占领区之临时地方政府。当地士绅主动"配合"美军统治，虽一定程度有助于调和美军同占领区居民的关系，夷、绅尚能有限合作，但终究同清朝体制并不相符，更不为渐在恢复的京城地方政权所容许，只要清朝政权仍旧延续，京城官、绅的权力之争必以官的胜利而告终，协巡公所被裁撤乃是必然之举。

朝廷出走后，清政权是否得能延续，完全仰仗列强共同的考量。在局势未明的情况下，各国皆不愿轻举妄动。俄国首倡撤军，美国曾试图促成各国同撤，失败后亦不愿单独与俄结盟，转而独立设计分批撤军方案。美国撤军，固然有志愿军被征期限不宜超时、菲律宾叛乱仍需兵力等现实因素，但这更是配合其推动议和的战后政策的重要举措，向中外释放出停战议和的讯号。清朝官员顺势呼请美国调解，开始议和。张之洞相信，此时议和，京城必复，天津必还，东三省必退，虽或暗据形势，不能明言侵吞，即使要约多端，国体尚存，尚可休养支持，若一误再误三误，全局糜烂，逼成瓜分。❶ 美国不愿看到拖延导致中外矛盾深

---

❶　《致福州善将军》，光绪二十六年闰八月初三日未刻发，苑书义等主编：《张之洞全集》第 10 册，第 8303 页。

化、损失增大（联军每在华多待一日，就多一日的花销；中国的秩序一日不恢复，对商贸的损失就仍在扩大），甚至瓜分割据的局面（俄军已占东北，意图吞并；德军刚至，图华之心亦蠢蠢欲动），同样渴望尽快开议，它不仅成功挫败了德国以惩凶作为前提拖延谈判的阴谋，而且率先公开承认李鸿章、庆亲王二人的全权代表资格，率先任命代表、允许对华开议，在美国的带动下，各国相继接受了庆、李，准备开始谈判。美国在推动列强由伺机观望、盘算多端勒索到走向对华议的作用是显著的，李鸿章、刘坤一、张之洞、伍廷芳等清政府官员瞅准这点，不仅多次向美剖白各国施压之难处，寻求帮助，而且借美先允开议之力敦促其他各国勿再拖延。

　　美国渴望尽快议和，但除继续贯彻"门户开放"政策外，对中外谈判的具体细节仍未有足够设想，暴露出对领导远东事务经验的缺乏。它曾试图在联合照会中添入维护中国完整性的保证，也曾应中方请求为避免以最后通牒口吻，试图删去"不可更改"一词，均以失败告终。美国公使不信任清政府议和的能力，李鸿章亦怀疑美国究竟能协商列强做出多大让步，在德、俄等国的威胁下，清廷迅速接受了联合照会的所有十二条大纲，其间中、美的联络互动深受多方限制。

　　在通往议和的道路上，还不可忽视美国在华团体的影响。由于在事变期间有30 余名美国传教士及其家属被杀，寓华传教士首先联合起来向美国政府施压，反对对中国宽大处理，要求充分赔偿教会、教士以及中国教民的损失，在传教士内部亦引发激烈争论。传教士对政治的介入遭到其国内差会的制约，他们对军事报复行动的参与亦遭到美国国内媒体和反帝人士的抨击，强硬态度有所缓和。出于对未来"门户开放"的考量，在随后的中外谈判中，美国政府虽兼顾传教士的需求，在赔款与传教权益上有所照顾，但无疑更多考虑的是商人团体的意见，更加注重维护和追求商贸利益，也不愿过分惩罚和削弱中国。

第四章　议和阶段的美国政策及中国因应

关于美国在辛丑议和中的行动与作用，以往研究者着墨甚少，一般如美国学者韩德认为"美国在那些难堪的、复杂的谈判中，只是出席的十一个谈判国之一"❶。过去仅有《美国在辛丑条约谈判过程中的活动》❷ 和《美国与〈辛丑条约〉谈判》❸ 两篇短文有过简要概述，且仅举几点作例因循学界一贯的看法，认为美国在惩凶、赔款问题上态度温和，却缺乏对美国在谈判过程中的整体考察，尤其没能探究美国在此期间所有活动的政策出发点与内在逻辑，给研究留下了较大的拓展空间。此外，由清政府的视角考察中国方面对美国的观感，梳理谈判期间中美交涉的内容，也非常值得重视并深入发掘。

第一节　惩办问题谈判

此前，未见有文章专门论述美国在惩凶问题上的态度与行动。《美国在辛丑条约谈判过程中的活动》和《美国与〈辛丑条约〉谈判》两文虽有简要涉及，都以美国反对"死刑"为理由认为美国最温和，美国俨然已成中国利益的代言人。殊不知这仅是惩凶谈判中的一点，美国对于"死刑"亦有前后两种态度，美国是否为华"代言"及其内在动机也还须深入探查。

一、"最严厉的处罚"

由于将近两个月围困中的痛苦经历，美国公使康格一获得解救，就竭力向美国政府控诉清政府的暴行："中国政府的善变与野蛮无情是无人能及的，它的任何成员在未来都不能被任何文明的列强所承认。"❹ "中国让它自己成为世界所有文明领先的国家的敌人，朝廷要为其不被文明国家承认负责。"❺ 他强烈建议处

---

❶　[美] 韩德：《中美特殊关系的形成：1914 年前的美国与中国》，项立岭、林勇军译，第 200 页。

❷　肖立辉、李宝军：《美国在辛丑条约谈判过程中的活动》，《渭南师范学院学报》2000 年第 6 期。

❸　方勇：《美国与〈辛丑条约〉谈判》，《文史精华》2008 年第 2 期。

❹　Conger to Hay（telegram），August 14，1900，*Despatches from U. S. Ministers to China*，March 1 – September 30，1900，M92，R108，National Archives of the United States.

❺　Conger to Hay，August 17，1900，No. 395，*Despatches from U. S. Ministers to China*，March 1 – September 30，1900，M92，R108，National Archives of the United States.

罚所有领导和支持义和团的人。❶ 公使对这点的坚持贯穿了整个惩办交涉的始终，尽管他也严格遵守了美国总统和国务院在一些关键问题上的指示，但他既在具体问题上充分发挥了他的职权，也试图影响华府决策。

如前所述，当德国于 9 月 18 日提出将惩办祸首作为谈判前提时，美国坚定地站出来予以反对，主张应由中国最高当局自己罢黜与惩办，获得其他多数国家的支持，有效地阻止了德国拖延谈判的计划。但就在同一封给德国的回复函件中，美国充分肯定了惩办祸首是它一贯的准则：

> 美国政府从一开始就宣布，她的宗旨是坚持，任何侵犯在中国的美国公民及其利益的肇事者都应承担最大的责任，在本政府 7 月 3 日致各国的照会中已经阐明了这一立场。……对这些犯罪者的惩罚，我们认为是实现防止此类暴行再度发生和给中国带来持久安全与和平的任何有效解决的必要因素。……无论如何不放弃她经过深思熟虑的宗旨，即迫使那些使我们在中国遭受侵害的肇事者负最完全的责任。❷

由此看出，美国并不反对，甚至是完全支持惩办祸首，只是反对由列强实施处罚以及将此事作为谈判的前提条件。基于此，《知新报》在报道此事时，并不认为美国拒绝了德国，反而觉得美国许可惩治"祸首"，并将此概括为美德和议。❸为了更好地达到惩办的目的，美国政府还率先建议不仅限于北京之首犯，还应惩办各地方的肇事者。

依照德国的建议，针对清政府 9 月 25 日的自行惩办谕旨，海约翰训令康格报告：（1）祸首是否正确无误和令人满意地列入了该谕旨的名单；（2）所提出的处罚是否与所犯罪行的轻重相符；（3）用何种方法使各国确信这些惩处已经执行。❹ 在康格发表意见之前，美国总统麦金莱根据此前由北京获得的相关信息对于这份谕旨先已有一预判，认为上谕对某些被告人应得的惩罚含糊其辞；麦金莱特别指出，端王是最主要的被告人之一，按其罪行应受到最高惩罚，刚毅、赵舒翘也没有得到他们应有的惩罚。❺ 康格的报告同样指出这份谕旨的严重不足，"皇帝显然是在谨慎行事，但必须将其他人列入名单，并最终坚持给予最严厉和

---

❶ Conger to Hay（Telegram received in cipher），September 6，1900，*Despatches from U. S. Ministers to China*，March 1 – September 30，1900，M92，R108，National Archives of the United States.

❷ 《代理国务卿致德国驻美代办函》，1900 年 9 月 21 日，《1901 年美国对华外交档案》，第 24 页。

❸ 《美德和议》，《知新报》1900 年第 129 期，第 16 – 17 页。清朝官员亦普遍认为美国同意德国的惩凶主张，如东南督抚在向广西布政使张曾敭传递消息时称："德国所陈欲办端郡王及刚中堂等云云，美国甚以为是。"《张曾敭任广西布政使时抄存庚子事变东南各省督抚及山陕等处电报共二十七张》，北京大学历史学系图书馆藏，第 A3 函。

❹ 《海致康格电》，1900 年 10 月 3 日，《1901 年美国对华外交档案》，第 409 页。

❺ 《国务卿致德国驻美代办的备忘录》，1900 年 10 月 3 日，《1901 年美国对华外交档案》，第 26 页。

持久的惩罚"❶，"上谕中提到的惩罚太轻了。贵族的爵位很容易恢复。对一个中国官员来说，革职后不久又复职，或者又高升，都是司空见惯的事。巡抚毓贤和董福祥将军是除端王以外的首恶分子，在上谕中却没有提到他们"❷。美国政府赞同了康格的看法，在回复法国六条谈判基础时，就其中第一条"惩办由中国驻北京外交使节提出的犯罪者"增述说，各国驻北京使节可以在谈判开始时对此名单提出补充。❸

为此，美国国务院还专门致函中国公使伍廷芳，指出"中朝惩办诸王大臣，足见推诚相待，惟细译旨意，仍多疑虑"，敦促清政府"应将致乱诸王大臣分别从严治罪安置，万不可仍随行在，使各国有所借口，致稽开议"❹。在回复光绪皇帝请求开议的国书中，美国亦特别强调了清廷须显示出公正严办祸首的能力与权力以使各国政府满意这一条。❺

可见尽管热烈欢迎中国政府自办，对清廷 9 月 25 日惩办上谕的内容，不管对于处罚的人数还是处罚的力度，美国同其他国家一样很不满意。因此在 10 月 26 日的公使团会议上，包括美使在内的所有公使一致决定，要求对 11 名中国官员处以死刑。除了清廷谕旨中指出的载勋、溥静、载濂、载滢、载漪、载澜、英年、刚毅、赵舒翘 9 人外，公使们还追加了毓贤和董福祥，这 2 人恰是康格在报告中指明需要补充的祸首。这次会议上还曾第一次关于"死刑"有过争论，据英国公使萨道义记载，会谈中德使穆默、意使萨尔瓦葛和萨道义本人都建议"处以死刑"，只有俄国公使格尔思建议"处以最严厉的惩罚"❻。据穆默观察，美国公使康格大致站在英使一边，西班牙公使不重要，比利时公使暧昧，日本公使则由于语言不通没法表态。❼ 康格在向美国国务院报告时阐述了他的观点："我们再三讨论了处死他们的方式，但我们相信，无论怎样要求，他们当中多数都将自愿或奉旨自尽，因此我们只提'死刑'。"在此康格故意没提俄使引发的争论，只陈述最终结果，说明他本人在此时并不反对使用"死刑"，而且认为应该执行

---

❶ 《康格致国务卿电》，1900 年 10 月 8 日，《1901 年美国对华外交档案》，第 409 页。

❷ 《康格致海函》，1900 年 10 月 4 日，《1901 年美国对华外交档案》，第 42 页。

❸ 《国务卿致法国驻美代办的备忘录》，1900 年 10 月 10 日，《1901 年美国对华外交档案》，第 28 页。

❹ 《庆亲王奕劻等转美外部谓各国请严惩祸首事致中国外务部电》，光绪二十六年闰八月十九日，《庚子事变清宫档案汇编》第 9 册，第 69 页。

❺ 《美国总统致中国皇帝书》，1900 年 10 月 18 日，《1901 年美国对华外交档案》，第 29 页。《商务大臣盛宣怀转呈出使大臣伍廷芳递美国为严惩罪首使各国深信和局即可开议事致中国国书》，光绪二十六年闰八月二十七日，《庚子事变清宫档案汇编》第 9 册，第 83 页。

❻ 边文锋：《英国驻华公使萨道义与〈辛丑条约〉谈判》，北京大学博士学位论文，2012 年，第 65 页。

❼ 《致北京公使穆默致外部电》，1900 年 10 月 26 日，《德国外交文件有关中国交涉史料选译》第二卷，第 142 页。

这样严厉的惩罚，他在报告最后宣称相信"中国政府会被他们竭力驱除外国人所造成的可怕后果深深触动，从而很快答应我们的要求，除非朝廷大权控制在那些应受这种惩罚的人手中。但无论如何，必须使他们接受要求，并对要求的执行情况提供充分的和令人满意的证据"❶。

事态陡然又激进至由列强直接提出对 11 人处以"死刑"的地步，明显同美国坚持由中国自办的原则并不一致。美国总统训令康格要先警告清政府外国公使已经充分掌握了控诉祸首的证据，然后要求清政府说明他们的惩处办法，但因为对清政府的自办能力没有信心，他也补充说，如果惩罚不当，可以考虑和决定进一步采取行动。❷ 美国政府明确要对祸首处以严厉的惩罚，但力图迫使清政府自己先行惩办，这样一来也让康格感觉到了实施的困难程度，他回复说，如果要求中国政府按照公使们提出的要求惩办，谈判将会受到危害。❸ 进入 11 月，美国总统麦金莱遂陷入一种担忧谈判会随时失败或破裂的焦虑之中。11 月 9 日，麦金莱在指示康格要坚持对祸首"予以严厉和适当的惩罚"的同时，也指出"谈判既不能失败，也不要拖延太久"，11 月 16 日再次向康格强调"务必不要提出不能实现的条件，那只能导致预期目的的失败"❹。

与此同时，在列强的压力下，清政府于 11 月 13 日颁布谕旨，不仅加重了对先前 9 人的惩处力度，而且添入了对毓贤的惩罚。但这份将多人圈禁、革职的谕旨仍旧让北京公使团很不满意，康格声称："所有的惩罚都是完全不恰当的，外交团都认为是令人可笑的。"❺ 美国公使在报告中一一指出，对端王和其他亲王的处理太宽容，英年和赵舒翘也只受到革职留任的处分，对毓贤的惩罚稍为重些，但他认为应该判处毓贤死刑才合适。❻ 由此北京公使团再次一致决定要求清政府将列举之人均处以死刑。这次，康格建议排除董福祥，因为目前看来惩董仍困难重重，他掌管着随扈军队，"需要他去执行对别人的处罚"；但其他公使坚持将他纳入，认为可视中国政府的反应后再修改。❼ 这让康格颇感为难，根据他本人和柔克义从中国官员处获得的情报，他深知此时要清政府惩罚董福祥几乎是不可能的，因此他开始试图在文字上下功夫，首先促成的是，在给中方的联合照会中并不指出祸首姓名，而只笼统地说"9 月 25 日谕旨中提到的所有人员以及

---

❶ 《康格致海函》，1900 年 10 月 27 日，《1901 年美国对华外交档案》，第 48 页。
❷ 《海致康格电》，1900 年 10 月 29 日，《1901 年美国对华外交档案》，第 412 页。
❸ 《康格致海电》，1900 年 11 月 1 日，《1901 年美国对华外交档案》，第 413 页。
❹ 《海致康格电》，1900 年 11 月 9 日；《海致康格电》，1900 年 11 月 16 日，《1901 年美国对华外交档案》，第 416 页。
❺ 《康格致海电》，1900 年 11 月 19 日，《1901 年美国对华外交档案》，第 417 页。
❻ 《康格致海函》，1900 年 11 月 20 日，《1901 年美国对华外交档案》，第 54 页。
❼ 《康格致海函》，1900 年 11 月 20 日；《康格致海电》，1900 年 11 月 23 日，《1901 年美国对华外交档案》，第 55 - 56、419 页。

将被提出的其他人员"❶。这样就至少暂时免除了清廷无法公开惩处董福祥而可能造成谈判破裂的危险。

原本从授权康格开展谈判起，美国政府对他的训令一直较为宽松，总统、国务院只把握方向，具体细节交由康格酌情处理。然而随着递交联合照会时间的迫近，北京公使团与清政府在惩凶问题上显示出巨大分歧，由于中方无法满足列强要求而导致谈判失败的可能性逐渐增大，美国总统麦金莱越发地不安，终于按捺不住直接向康格发号施令。11 月 27 日，总统严肃地询问康格"所有死刑判决是否都能执行"？可知他深深地在为清廷无法接受而忧virtuous，由于不愿以最后通牒形式将谈判成败捆绑在清政府能否处死几个官员的问题上，他进而命令康格努力删除"不可更改"一词。❷

事实上，在谈判前提被取消后，惩凶问题就一直与联合照会平行进行着，不料到联合照会递交前的最后阶段，这两个问题又重新纠葛在了一起，并成为影响谈判成败的关键。在总统的指示下，为了避免清政府无法接受联合照会中的惩凶条件，康格再次试图在照会的文字上做文章。12 月 4 日的公使会议上，康格提议以"最严厉的惩罚"取代"死刑处罚"。这本是俄使格尔思早先建议，但当时并未获得什么支持，此时经过美国方面不断强调有造成谈判失败的危险，虽然德、奥、意公使投了反对票，但这项修改最终获得了多数公使的赞同。康格认为这得益于俄、英、日三国公使的鼎力协助，因为俄使已获其政府授权签字，条件是必须删去死刑惩罚，日使也担心清廷无法执行死刑，英使虽尚未接到明确的训令，但萨道义本人倾向于删除死刑。❸

虽然由于电报密码翻译错误美国没能最终删除"不可更改"，但康格认为既然"死刑"已经删除，"不可更改"就并非要不得了。美国删除"死刑"的努力被后人视为对中国温和、友好的象征。其实，康格本人很清楚，本处的删除仅仅是字眼上的变更，是为了让清廷接到联合照会时更容易接受，而并非列强承诺放弃对中国官员处以死刑。在 12 月 4 日的会议上，各国公使就已经达成谅解，"对现在已经指出应处死刑的人，今后很可能坚持应执行死刑"，即"最严厉的处罚"事实上仍旧包含了在未来实施死刑处罚的可能性。康格默认了这个谅解，只是在给华府的报告中略去了这层内涵。不论对美国总统，还是国务院来说，他们最关心的始终也不是对清政府官员处以具体的哪样惩罚，而是能否尽快、成功地促成中外和谈，因此面对可能阻碍谈判的"死刑"，他们毫不犹豫地努力促成列

---

❶ Rockhill to Hay, October 28, 1900, No. 17, *Despatches from U. S. Ministers to China*, October 1 – December 15, 1900, Vol. 109, National Archives of the United States. 《康格致海函》，1900 年 11 月 26 日，《1901 年美国对华外交档案》，第 57 – 58 页。

❷ 《海致康格电》，1900 年 11 月 27 日，《1901 年美国对华外交档案》，第 412 页。

❸ 《驻北京公使穆默致外部电》，1900 年 12 月 4 日，《德国外交文件有关中国交涉史料选译》第二卷，第 158 页；《康格致海函》，1900 年 12 月 5 日，《1901 年美国对华外交档案》，第 61 页。

强的妥协，表现出温和的态度，但当谈判破裂的危机解除后，待到次年英国重提坚持要处死所有祸首的之前，他们就又率先谈及死刑。可见美国政府同其他列强立场一致，并非不愿"严厉"处罚"祸首"，只是在严惩祸首与尽速和谈的权衡下，美国更看重中外谈判的尽快、顺利进行，并为此愿意做出有助于中方接受的让步。

二、惩办中央官员

既然康格在围困之后一再宣称清政府应该对义和团造成的骚乱负责，那么在对"祸首"的定义上，清政府最高统治者自然脱离不了干系。德国提出要清廷交出"首要的及真正的主谋者"，目标指向慈禧太后。从北京、上海亦频频传来各国请太后"归政"之说。东南督抚焦灼万分，张之洞将此视为"难行之事"，试图托请英、日、美等国代为排解。❶

京城陷落前，刘坤一、张之洞已开始为联军勿要惊动两宫而奔走呼吁。确认慈禧已携光绪帝出走后，8月17日、19日二人再接连致电各国总领事与驻外使臣，恳请列强勿要伤害两宫，唯有如此南部各省才能继续维持秩序。❷ 以东南之稳定换取对慈禧之宽免，以弱国之力作此威胁列强之说，反映了江楚二督的胆气魄力与忠君思想。除去此前已得驻日公使透露，日本允诺保护两宫外，美国答复最早。8月20日，美总领事古纳回电称，奉华府命令转达："美国意见，以体念未仇害西人之华人为主，美国当按照分位尊敬中国皇太后、皇上。美国于七月初三日曾致各国书云，美国意见系为求一办法，可使中国永远平安，并可保中国土地及政治完全者。"❸

战后美国的首要目标乃消弭战争影响、恢复中外秩序，最迅捷便利之法莫过于延续清政府的统治。因此，美国重申保全中国领土与行政完整，连带继续接受慈禧作为清朝统治者，以防因权力交替而政局动荡。9月19日，中国公使伍廷芳再为此事拜访美国国务院，忧心忡忡地提出德国的惩凶要求似乎包含太后，代理国务卿艾地明确告知他，慈禧太后是中国人心中"神圣的统治者"（divine rul-

---

❶ 《盛京堂来电并致刘制台》，光绪二十六年八月十六日辰刻到；《致上海李中堂、盛京堂，江宁刘制台》，光绪二十六年八月二十一日卯刻发，苑书义等主编：《张之洞全集》第10册，第8277、8284页。《代总领事法磊斯致索尔兹伯里侯爵函（摘要）》，1900年10月6日发自汉口，11月15日收到，《英国蓝皮书有关义和团运动资料选译》，第359－362页。

❷ 《张之洞致上海英法俄德美日各国总领事电》，光绪二十六年七月二十三日，《近代史所藏清代名人稿本抄本》第二辑第十六册，第528－529页。Cablegram from Viceroys Liu Kun－yi and Chang Chih－tung, August 20, 1900, *Notes from the Chinese Legation in the United States to the Department of State*, Jan. 1, 1898－Dec. 31, 1901, M98, R4, National Archives of the United States.

❸ 《张之洞收驻沪美国总领事来电》，光绪二十六年七月二十六日，《近代史所藏清代名人稿本抄本》第二辑第十六册，第530－531页。

er），中国同英国的政体类似，如果政府犯错，应该被归咎的是内阁，而并非统治者。❶ 艾地以一种近乎为慈禧开脱的理由，表明美国对太后权威的尊重与支持，获得了伍氏的"感激"。

待到美国特使柔克义 10 月间过访南京、武汉，刘坤一和张之洞再次利用这一大好机会托请美国，二人提前互通声气，统一口径，以"保两宫"为重要内容。柔克义报告说，总督反复为慈禧太后开脱，"他说她唯一的错误就是听信了那些大臣，让他们大展身手"，他们还提到许多外国媒体将慈禧移除出权力核心的舆论。柔克义依此推断刘、张二人颇为列强要求直接惩处太后烦恼，答以美国并无如此舆论，他们大可放心。❷ 其实不然，早于 9 月初美国最大的在华商人团体"美国亚洲协会"就曾以整个协会名义请柔克义代向美国政府请求三点，除了勿要撤军外，另外两点即为撤换慈禧和让光绪亲政。❸ 柔克义故意无视在华美人的请求，是因为美政府始终并无惩罚慈禧之意向，遂乐于接受中国公使、督抚们的商请，免除慈禧太后的战争责任。

在为慈禧开脱的同时，两位总督还都向柔克义提出了另外一个请求——严厉惩罚有罪官员，甚至对有罪王公处以死刑。美国政府档案显示，刘坤一和张之洞曾于 9 月初派专员向美总领事古纳透露，他们希望美国政府能领导严厉处罚支持排外的官员。❹ 此时德国尚未提出惩凶要求，疆臣们亦尚未论及"先发制人"之法，刘、张二人率先恳请外国政府惩办"祸首"，办法辛辣大胆，与其在清廷内部担忧受到"外臣挟制"的非议而讳莫如深形成了极大反差，东南督抚企图借外力将政见不合者排除出权力核心，以求自保之"私心"隐然若见。袁世凯声称"况诸人实有罪，即无外人要请，亦应惩办"❺。此后在列强不断施压下，督抚们在促请清廷不断加重处罚的道路上愈走愈远，在他们看来还有更进一步深层次的理由，就是"办首祸所以安两宫，办董所以保荣相"❻。

1901 年 1 月 16 日，康格报告国务院清政府已全盘接受了联合照会，没有发

---

❶ Memorandum, September 19, 1900, *Notes from the Chinese Legation in the United States to the Department of State*, Jan. 1, 1898 - Dec. 31, 1901, M98, R4, National Archives of the United States.

❷ Rockhill to Hay, October 25, 1900, No. 13; Rockhill to Hay, October 27, 1900, No. 18, *Despatches from U. S. Ministers to China*, October 1 - December 15, 1900, M92, R109, National Archives of the United States.

❸ Rockhill to the Secretary of State (Telegram received in cipher), September 4, 1900, *Despatches from U. S. Ministers to China*, March 1 - September 30, 1900, M92, R108, National Archives of the United States.

❹ Goodnow to Hay (telegram), September 5, *Despatches from U. S. Consuls in Shanghai, China*, August 1, 1900 - May 29, 1901, M112, R47, National Archives of the United States.

❺ 《济南袁慰帅来电》，光绪二十六年闰八月二十四日，《愚斋存稿》卷九十五，补遗七十二，第1987 页。

❻ 《致西安鹿尚书》，光绪二十六年几月十九日子刻发，苑书义等主编：《张之洞全集》第 10 册，第8389 页。

生华府担心的谈判破裂之事，麦金莱和海约翰都松了口气，不再对惩办问题下进一步的具体指示，而由美国公使依据此前指示判断，同其他国家以及清政府进行交涉。康格为此向海约翰陈述了他对于下一阶段惩办谈判的整体设想：

> 我们应尽快指出人名及其应受的惩罚，并坚持立即惩办。当然，我们不能完全确定哪些人是中国政府能够执行的，但我敢肯定我们以前所提应处死刑的人，可能除端郡王、辅国公载澜及董福祥将军外，其余均会处决。我还相信从速从严惩处极少数应负首要责任的王公大臣，在中国人中所产生的影响，要比惩办百名次要罪犯更为广泛。所以，我将按我对您训令的理解，力求查明尽可能多的应负首要责任的高级官员，选出其中我可以合理地断定能由中国政府惩处的，再提出惩办他们的要求。❶

其中要求对除载漪、载澜和董福祥三人外的另外九人处以死刑，再次说明了康格此前要求从联合照会中删除"死刑"仅是文字上的表示，实际在他看来，"最严厉的处罚"一直默认的就是死刑。而且根据康格的判断，美国政府对惩凶的要求是"从速从严"，唯一担心的就是清政府在对某些王公大臣的处决上有困难而难以执行，因此他建议将载漪等三人排除出死刑名单，但只要查明是清政府能够惩处的官员，康格也并不讳言他力求"尽可能多的"。

端王载漪为列强公认义和团动乱与围攻使馆的罪魁祸首。美国政府先是通过多个渠道打探是否有处死端王的可能。柔克义认为列强肯定会赞同对端王处以死刑，赫德说他相信中国会愿意对端王、庄王等人处以最严厉的刑罚，只是应该在谈判开始了之后提出，甚至是驻美公使伍廷芳也敦促美国必须在这件事情上给清政府施加压力，坚持严惩端王。❷ 针对清廷前两次谕旨仅对其革去爵位、永远圈禁的处罚，康格嚷嚷惩罚实在太轻了，美国总统麦金莱亦认为端王应受到最高惩罚。但清廷辩解说"至懿亲，除大逆不道外，例无死罪，若发往盛京永远圈禁，即系极重法律"❸，东南督抚们也开始向美国探询列强是否能接受将"祸首"王公流放，以取代死刑的做法❹。可见从清政府角度要处死端王实有难处，美国遂改变了观点，放弃处死端王的要求，并以"懿亲不加刑"的同样理由放弃了对

---

❶　《康格致海函》，1901 年 1 月 19 日，《1901 年美国对华外交档案》，第 77 页。

❷　Rockhill to Hay, October 28, 1900, No. 17, October 1 – December 15, 1900, Vol. 109, National Archives of the United States. Commissioner Rockhill to Mr. Hay, Shanghai, October 1, 1900, No8, *Papers relating to the foreign relations of the United States*, 1900, p. 208. Memorandum, September 19, 1900, *Notes from the Chinese Legation in the United States to the Department of State*, Jan. 1, 1898 – Dec. 31, 1901, M98, R4, National Archives of the United States.

❸　《军机处致全权大臣奕劻李鸿章电信》，光绪二十六年十一月初一日，《义和团档案史料》下册，第 833 页。

❹　Rockhill to the Secretary of State (Telegram received in cipher), October 17, 1900, *Despatches from U. S. Ministers to China*, October 1 – December 15, 1900, M92, R109, National Archives of the United States.

辅国公载澜的死刑要求。

在康格看来，董福祥和毓贤是仅次于端王的首恶分子，但鉴于由清朝官员处得知董福祥仍掌管着兵权并护卫着清廷，冒然惩处他不仅有相当困难，而且极其危险，虽然各国公使早已将其添入死刑名单，为了防止出现清政府无法执行对董的处罚而导致谈判失败，康格不得不在联合照会中避免点出其姓名，并率先放弃了处死董的要求。然而，仍有诸多证据表明康格本人对于董福祥充满怨恨。1900年11月19日，美国公使专门照会总理衙门，声称："兹闻董福祥尚在行在，因其于今日祸事办理最为首要，本大臣想其现时随扈行在，实为不应，理应即行逐退。"❶ 可见虽无法直接惩处董氏，康格仍试图首先将其逐出随扈队伍。在听说董福祥被调往甘肃的谕旨后，康格评价说，这种措施似乎含有惩罚之意，但仍与他的罪行是不相称的。康格期望调董之后，清廷能够放手惩办其他罪犯，并在适当的时机，不受阻碍地回到北京；也仍念念不忘在稍缓之后，再相机提出加重惩办董福祥的要求。❷

康格想以对载漪、载澜、董福祥三人放弃死刑主张，换取清政府能切实执行对另外九人的死刑处罚。但在1901年1月22日的公使团会议上，英国公使正式通知说，他收到英国政府训令，坚决要求将1900年9月25日谕旨中指出的人员以及董福祥、毓贤都处以死刑。由于谕旨中溥静、载濂、载滢三人本就是清政府为避重就轻找的"替罪羊"，公使们谁也不知道他们的情况，故决定不宜再要求对他们加重惩处。就剩余的九人而言，美国公使认为目前仍无法使端王、载澜或董福祥接受死刑，反对英国的建议，俄、日、比三国公使亦表认同。❸ 事实证明，美、俄等四国公使的意见确是预测了清政府的反应。2月5日各国代表与中国全权大臣开会讨论"祸首"问题，公使团在英、德等国的强硬坚持下，向中国代表宣称，即使是谕旨中罪行最轻者也应判处死刑，因为死刑是能够加予的最严厉惩罚，并且增添了总理衙门大臣、礼部尚书启秀和刑部左侍郎徐承煜两人。李鸿章和庆亲王相当震惊，反复申明无法对端王和载澜执行死刑，只能同意将他们永远流放新疆，令庄王自尽，将毓贤正法，但严惩董福祥仍有困难。❹

当天下午，各国公使再开会达成一致，通过了一个列明罪行的惩办名单，并以照会形式递交中方代表，内容为：将载漪、载澜发往新疆极边，永远监禁；令载勋自缢；英年、赵舒翘、毓贤、徐承煜、启秀，均当定以斩立决；刚毅、李秉衡、徐桐，亦当定以斩立决，既系已死，其干系地步应与生罹斩罪同；从速剥夺

---

❶ 《董福祥不应随员由》，1900年11月19日，《总理各国事务衙门档案》，档案号：01-14-004-01-005。

❷ 《康格致海函》，1900年12月12日，《1901年美国对华外交档案》，第63页。

❸ 《康格致海函》，1901年1月26日，《1901年美国对华外交档案》，第80页。

❹ 《康格致海函》，1901年2月7日，《1901年美国对华外交档案》，第83-84页。

董福祥兵柄，再照所许各节定罪。在各犯处决之日，应由各国派员监视。❶ 由此可见英国公使最后时刻的让步，萨道义在德、意等公使的附和下，原本一直坚持英国的死刑建议，经过反复商榷才最终同意，以某种方式将他们判处死刑记录在案，然后再立即赦免。俄国公使因为处罚仍旧太重单方面退出了联合照会，宣称与此项要求无关。❷ 美使康格则继续留在了多数阵营中，他反而对此结果相当满意，兴奋地宣称"一个适合这样的惩处并相信能为朝廷接受的中国式的办法终于找到了"，同时在报告中故意忽略了俄国的单独行动。❸

在清廷看来，这项类似于惩凶谈判之"最后通牒"同样是难以接受的，因为里面的处罚比去年 11 月的谕旨重太多，毕竟在那份谕旨内最重的惩罚只是圈禁，况且在 12 月的联合照会中也有"惩办祸首，分别轻重"的字样，因而慈禧认为列强的要求是"明系与朝廷为难"❹。所谓"分别轻重"字样还源于更改后的"最严厉的处罚"在翻译成中文后产生的歧义，李鸿章在核对法文文本后确认并无此句，上奏解释"系由译汉错误，以致臣等皆已误会"❺。东南督抚亦认为列强通牒实有损中国体制，还试图通过外国领事和驻外公使呼吁各国减轻惩罚，但这项努力收效甚微。❻ 2 月 13 日，清廷发布第三次惩办"祸首"谕旨，自行减轻了许多处罚（表 4-1），可见慈禧并不愿完全遵照列强的意愿，仍期待有所"磋磨"。公使团对此大为光火，康格察觉到清廷在明知公使团照会的情况下却丝毫没有提及，认为"这些都是中国人惯用的手法"，他坚定地跟所有公使联合抵制，以逼迫清廷最终执行所有要求。❼ 而美国总统麦金莱却大方地对清廷这份谕旨表示了满意，他通知康格说惩办谈判应该结束了，应着手处理其他的问题。❽ 看来在惩办问题上，总统认为"从速"比"从严"来得重要，但康格却在"从严"的问题上跟其他公使保持了相当程度的一致。美国总统的满意并没有起到什么作用，在列强的施压下，清政府于 2 月 21 日第四次发布"惩凶"上谕，完全满足了北京公使团的要求。康格将清廷妥协的原因归结于瓦德西的军事威

❶　章开沅主编：《清通鉴》第四卷（同治朝、光绪朝、宣统朝），长沙：岳麓书社，2000 年，第900 页。

❷　Sir Charles Scott to Lansdowne, February 20, 1901, *China No.*6（1901）: *Further correspondence respecting the disturbances in China*, London: H. M. Stationery Office, 1901, p. 86.

❸　《康格致海函》，1901 年 2 月 7 日，《1901 年美国对华外交档案》，第 84 页。

❹　《盛宗丞转西安来电》，光绪二十六年十二月二十三日到，《李鸿章全集》第 27 册，第 563 页。

❺　《寄西安行在军机处》，光绪二十六年十二月二十三日申刻，《李鸿章全集》第 27 册，第 564 - 565 页。

❻　Viceroys at Nanking and Hankow to the Chinese Minister, February 18, 1901, *China No.*6（1901）: *Further correspondence respecting the disturbances in China*, p. 77. Martin to Hill, February 16, 1901, *Despatches from U. S. Consuls in Chinkiang, China*, January 6, 1900 - June 18, 1902, M103, R7, National Archives of the United States.

❼　《康格致海函》，1901 年 2 月 20 日，《1901 年美国对华外交档案》，第 96 - 97 页。

❽　《海致康格电》，1901 年 2 月 19 日，《1901 年美国对华外交档案》，第 436 - 437 页。

胁，亦故意忽视他本人与总统在最后解决时刻的严重分歧。❶ 过程一波三折，总体而言康格 1 月 16 日的设想基本达成，而麦金莱总统由于没有在早些时候提出，最后想要降低一点要求却没能成功。

表 4-1　清廷上谕惩办详情对照表

上谕日期	处罚	史料来源
1900 年 9 月 25 日	庄亲王载勋（革去爵职）、怡亲王溥静（革去爵职）、贝勒载濂（革去爵职）、贝勒载滢（革去爵职）、端郡王载漪（撤去一切差使，交宗人府严加处置，停俸）、辅国公载澜（严加议处）、都察院左都御史英年（严加议处）、协办大学士礼部尚书刚毅（交都察院、吏部议处）、刑部尚书赵舒翘（交都察院、吏部议处）	《谕内阁著将载勋等革职并将载漪载澜英年刚毅赵舒翘严加议处》，光绪二十六年闰八月初二日，《庚子事变清宫档案汇编》第 9 册，第 56 页
1900 年 11 月 13 日	载漪（革去爵职，暂行交宗人府圈禁，俟军务平定后，再行发往盛京永远圈禁）、载勋（已革，暂行交宗人府圈禁，俟军务平定后，再行发往盛京永远圈禁）、溥静（已革，交宗人府圈禁）、载滢（已革，交宗人府圈禁）、载濂（已革，闭门思过）、载澜（停公俸，将一级调用）、英年（降二级调用）、刚毅（已病故，免其置议）、赵舒翘（革职留任）、山西巡抚毓贤（已革，发往极边充当苦差，永不释回）	《上谕》，光绪二十六年九月二十二日，《义和团档案史料》下册，第 771 - 772 页
1901 年 2 月 13 日	载勋（已革，赐令自尽）、载漪（已革，发往新疆永远监禁）、载澜（革去爵职，发往新疆永远监禁）、毓贤（已革，即行正法）、刚毅（已病故，追夺原官，即行革职）、董福祥（已革职留任，即行革职）、英年（已降调，加恩革职，定为斩监侯罪名）、赵舒翘（已革职留任，加恩革职，定为斩监侯罪名）、徐桐（已死，革职，撤销恤典）、李秉衡（已死，革职，撤销恤典）、礼部尚书启秀（先行革职）、刑部左侍郎徐承煜（先行革职）	《上谕》，光绪二十六年十二月二十五日；《上谕》，光绪二十六年十二月二十五日，《义和团档案史料》下册，第 939 - 940 页
1901 年 2 月 21 日	载漪（定为斩监侯罪名，加恩发往极边新疆永远监禁，即日派员押解起程）、载澜（定为斩监侯罪名，加恩发往极边新疆永远监禁，即日派员押解起程）、刚毅（定为斩立决，业经病故，免其置议）、英年（已定斩监侯，赐令自尽）、赵舒翘（已定斩监侯，赐令自尽）、启秀（已革职、即行正法）、徐承煜（已革职、即行正法）、徐桐（定为斩监侯，业经革职，撤销恤典）、李秉衡（定为斩监侯，业经革职，撤销恤典）	《上谕》，光绪二十七年正月初三日，《义和团档案史料》下册，第 967 页

---

❶ 《康格致海函》，1901 年 2 月 21 日，《1901 年美国对华外交档案》，第 98 - 99 页。

三、惩办地方官吏

惩办地方官吏的建议，首先由美国政府提出。1900 年 9 月 21 日，美国代理国务卿希尔（Hill）❶ 在回复德国的惩凶要求时，提醒列强："惩办肇祸首犯，不但包括北京的，也包括在中国各地的。"❷ 待到北京公使团讨论联合照会条款时，就有公使建议，"应把所有那些在农村积极参与屠杀的官员们包括在惩罚的范围之内，那些官员的姓名以后由各国使节查明"，获得一致认可。11 月 6 日康格向国务院报告了各国公使们达成的这项条款："为了进一步保证将来不发生动乱，应颁布一道谕旨并在全国各地张贴，谕令所有总督、巡抚和地方官吏对各自管辖区的治安负起责任。在其辖区内，无论何时发生排外骚动或其他任何违约事件而未能及时镇压和惩治罪犯，该官员都应立即革职，并永远不得叙用或接受奖叙。"❸ 麦金莱总统认为这个条款过于把责任推给地方当局，在强调中央政府应负首要责任的同时，他指出"提出失职的地方官吏应负有责任和规定对他们的惩罚，仅是对违约事件实行镇压、惩罚和适当赔偿等最高义务的一个方面"，流露出缓和惩处地方官吏的迹象。❶

1901 年 2 月，北京公使团就中央"祸首"达成初步一致后，开始着手开列另一份名单要求惩办那些曾经附和或直接屠杀、虐待教士的地方官吏，名字来源于法使毕盛要求寓华法国传教士、外交官等拟就的报告。❺ 2 月 21 日，康格就惩处地方官员问题请求政府指示，24 日收到回复说，由于距离遥远，美国难以充分理解促使公使们坚持进一步起诉的全部情况，麦金莱指示康格向各国公使说明"总统真诚地希望和平和停止流血以及恢复正常关系"，但同时不要提反对意见。❻ 按此指示，康格通知其他公使，美国总统希望，现在要求将十至十二名罪名最重之官员判处死刑，对其他许多人仅要求降职和永不叙用。❼ 从总统指示"希望和平和停止流血"到康格传递的"要求将十至十二名罪恶最严重的官员判处死刑"，二者相去甚远，颇值玩味。麦金莱似乎是想先定一和平解决的基调，并充分尊重其他列强的意见，康格则试图利用华府无法遥制而授予他的具体操作权利，继续推进对一部分地方官员的严厉惩处。但很快康格即请假归国，谈判事宜全行移交柔克义负责，严惩遂被后者放弃了。康格在 2 月 28 日的报告中继续故意忽略俄国在惩

---

❶ 希尔于 1900 年 9 月初接任艾地，在海约翰继续缺席的情况下担任代理国务卿。

❷ 《代理国务卿致德国驻美代办函》，1900 年 9 月 21 日，《1901 年美国对华外交档案》，第 25 页。

❸ 《康格致海电》，1900 年 11 月 6 日，《1901 年美国对华外交档案》，第 414 - 415 页。

❶ 《海致康格电》，1900 年 11 月 9 日，《1901 年美国对华外交档案》，第 415 页。

❺ 《康格致海函》，1900 年 2 月 7 日，《1901 年美国对华外交档案》，第 84 页。

❻ 《康格致海电》，1901 年 2 月 21 日；《海致康格电》，1901 年 2 月 23 日，《1901 年美国对华外交档案》，第 437、438 页。

❼ 《康格致海函》，1900 年 2 月 28 日，《1901 年美国对华外交档案》，第 101 页。

凶谈判中同其他公使的严重分歧，仍旧强调各国之协调一致，但在同一日柔克义的报告中，这个分歧被首次提及，美国政府才了解到北京公使团的真实讨论状况。

2月27日，各国代表集会讨论惩办地方官吏问题，名单列有100人，提出对其中的10人判处死刑，其余的撤职、永不叙用，甚至终身流放。柔克义报告，俄使在会议上称，俄国政府反对再向中国提出死刑惩罚，他不能同意目前的要求。柔克义根据美国总统2月24日给康格的训令，做了如下声明：

> 总统殷切地希望停止流血；鉴于最近暴乱的首要肇事者已处死刑以及加于中国的物质惩罚的严酷，如果各国同意不再要求死刑惩罚，他将感到愉快。……虽然如此，总统并不是建议就这些要求的必要性做出决定。

柔克义最后声称，如果各国公使继续赞同死刑，"我并不反对，但我自己将不提出对任何人处死刑的要求，虽然我将要求免去一些人的官职"❶。以同一则总统训令为依据，柔克义和康格做出了南辕北辙的两个声明，一方面反映了美国政府训令的"模糊"程度以及它给谈判代表的自由裁量权之大；另一方面也说明了柔克义比康格和缓许多。虽然美国有意反对增加死刑处罚，但由于麦金莱有不应反对其他公使的训令，柔克义也直接坦白，美国的声明在其他公使看来并不是什么值得考虑的影响因素。

英使萨道义由于早已接到英国政府的明确训令，表示要对死刑坚持到底。❷德、日、法等国都支持英国的立场。3月12日公使团再开会议，俄使格尔思宣称不能参加有关惩罚的任何进一步讨论，随后退出了谈判。柔克义一面重复了他上次会议的声明，一面继续按多数公使的意愿投了票，支持英国的提议。❸ 最终于4月1日，一份由除俄使外所有国家代表签字的联合照会被递交给中国全权代表，内附有修改后的两份惩办名单，共计142人，请清政府从速饬行。第一份96人，"系由各本大臣查明后，以为其罪足有确证，应如何严惩者"，内容是将白昶、郑文钦、周之地、文星4人处以死刑，此外，判处死刑、减为终身流放者11人，终身流放13人，终身监禁4人，判处有期徒刑2人，革职永不叙用58人，申饬2人，追夺官职2人；第二份56人，"系获重罪被控，因证据不足，请中国政府另行查办者"。❹

---

❶ 《柔克义致海函》，1901年2月28日，《1901年美国对华外交档案》，第103－104页。

❷ Lansdowne to Satow（Telegram），February 23, 1901, *China No. 6 (1901)*: *Further correspondence respecting the disturbances in China*, p. 87.

❸ Rockhill to the Secretary of State（telegram received in cipher），March 23, 1901, *Despatches from U. S. Ministers to China*, February 5－March 29, 1901, M92, R111, National Archives of the United States.

❹ Commissioner of the United States of America to China, April 2, 1901, No54, *Despatches from U. S. Ministers to China*, April 1－May 30, 1901, M92, R112, National Archives of the United States. 《柔克义致海函》，1901年4月2日，《1901年美国对华外交档案》，第148－149页。第一份名单的详情参见《要求惩处的主犯名单》，《1901年美国对华外交档案》，第254－256页。第二份名单柔克义甚至认为没有必要寄呈给国务院，因为"我推测它们无论如何不会是非常严重的"。

　　柔克义就此请示国务院，并说，除非接到来自华盛顿的另外指示，他将继续投票赞同。这时他才首次表露出他个人对惩办的整体看法："我坚决主张应当向中国政府提出进一步的惩罚要求，首先，因为对许多有罪的的地方官员必须予以惩罚。然而我已声明，我将接受经过大家同意的任何惩处意见，决不坚持死刑要求。"❶ 由此可知柔克义同样支持严惩祸首，只是在死刑的要求上比康格缓进一些。国务院批准了柔克义的举措，海约翰复电说，"鉴于柔克义对各种情况的了解，对于签署联合照会问题应当由他自行决定"，并称"总统不愿由于给以更多的明确指示而延误行动，或使谈判遭致失败的危险"❷，暗示了麦金莱对此前发出的明确指示有些后悔。尽管有意"停止流血"，美国总统最关心的仍是"从速"完成谈判，为了这个目的既可以在之前删除"死刑"，也可以在之后承认"死刑"。

　　由于惩办名单开具的依据主要来自法国传教士，递交清廷后，柔克义仍会收到美国传教士或其他侨民对其中证据的最新核实情况，据此他对名单进行了几处交涉修改，既有增加惩处，也有减轻，甚至撤销的。1901 年 4 月初，两位美国人上呈了对江西省吉安府安福县令的指控，美国公使馆随即照会中国全权代表，并派人调查。❸ 6 月 3 日，又据一位到山西行医的美国传教士禀报称，去夏戕害美国教士时，该县县令胡德修不在任上，且他平日接待保护教士甚为周到，柔克义遂请中国全权大臣进行认真调查，经交涉撤销了对胡德修的惩罚。❹

　　清政府在接到联合照会后，也开始为减轻惩罚、援救一些官员而努力。❺ 其中李鸿章、庆亲王同公使团交涉最频繁的，还属由衢州教案引发的对刘树棠等人的惩处。衢州教案发生于 1900 年 7 月，有 7 名英国传教士、2 名美国传教士遇害，英国政府不依不饶，公使、领事多番施压，东南督抚左右为难，清廷被迫撤去了浙抚刘树棠的职务，并允将道台鲍祖龄发遣永不释回。❻ 待到此番惩办地方官吏，列强又加重了对衢案官员的处罚，要求判处刘树棠和臬司荣铨革职并终身流放。由于此前已从盛宣怀处得悉衢案详情，李鸿章、奕劻马上照会各国公使为刘、荣二人求情。❼ 柔

　　❶ 《柔克义致海函》，1901 年 3 月 22 日，《1901 年美国对华外交档案》，第 128 页。

　　❷ 《海致柔克义电》，1901 年 3 月 23 日，《1901 年美国对华外交档案》，第 444 页。

　　❸ Squiers to Hay，April 3，1901，No. 598，*Despatches from U. S. Ministers to China*，April 1 – May 30，1901，M92，R112，National Archives of the United States.

　　❹ 《太谷县胡德修暂停治罪由》，1901 年 6 月 3 日，《总理各国衙门档案》，档案号：01 – 14 – 004 – 03 – 040。《太谷县胡德修请予免议已电达行在更正由》，1900 年 8 月 6 日，《总理各国衙门档案》，档案号：01 – 14 – 004 – 03 – 059。

　　❺ 《军机处致全权大臣奕劻李鸿章电信》，光绪二十七年二月二十七日，《义和团档案史料》下册，第 1027 – 1028 页。

　　❻ 《寄京李傅相》，光绪二十六年十月二十二日，《愚斋存稿》卷九十五，补遗七十二，第 1994 页。

　　❼ 《宗人府丞盛宣怀将衢州教案全案抄送全权大臣在京核办事致行在军机处电》，光绪二十七年正月初七日（1901 年 2 月 25 日），中国第一历史档案馆、福建师范大学历史系合编：《清末教案》第 3 册，北京：中华书局，1998 年，第 1 页。

克义的回复最速，却措辞强硬，声称衢案爆发源于道台鲍祖龄，而颁发谕旨的人正是刘树棠，还有荣铨从中相助，"伊等既已推波助澜致教士身体罹惨凶，自应从严惩办，毫无可原之情"，只念在刘树棠年逾七旬，并有中国全权求情，将其原拟罪名减为革职永不叙用，勒令回籍交地方官严加管束，并将其家产查抄入官，荣铨则并无可原之处，未便稍为轻减，仍需照原拟处罚办理。❶ 柔克义总体较和缓，但念在美教士被戕，在对他掌握有确实证据的官员治罪方面并不手软。清廷虽一再下谕，特别点出刘树棠和荣铨既应得处分，亦不致革职永不叙用之重，李鸿章和庆亲王只能明确表示此事难以再驳。❷

而对于一些没有实在证据的，柔克义既乐于听从美国传教士的建议，也愿意卖一些人情给他认为友好的清朝官员。比如，山东按察使胡景桂一案，山东巡抚袁世凯直接致信柔克义，反驳了胡有"帮扶拳匪"情事，而且声称胡氏事实上帮同巡抚极力弹压保护，柔克义就率先向各国公使提出应由中国当局先做调查，再行定罪，获得同意后，他在致外务部的电文中说，胡景桂被列入名单并非他本意，因为他很是信任袁世凯，佩服袁氏去年在山东办事周妥，甚愿意按其电文的意思办理，将胡景桂排出免议。❸

经过中外反复交涉，1901 年 8 月 19 日朝廷宣布了一个最终名单，惩凶问题才算得到解决。在联合照会的惩办祸首同一条款中，还有在肇祸地区禁止科考一项，与惩办地方官员几乎同时议结。柔克义在 2 月 27 日的公使团会议上，提交了一份要在五年内停止一切科举考试的城镇名单，经所有公使修改后，随同惩凶名单一道递交中国全权代表。❹ 清政府颇不容易地将 69 个地点删减至 64 个，发布谕旨后，联合照会第二款的实施完成。

四、抚恤辑睦官员

在惩办祸首、停止科举的同时，美国政府也极力争取抚恤已故的对外友好官员，在曾经的驻美公使张荫桓一事上尤为坚持。

早在 1900 年 9 月各国仍在为寻求开启谈判的渠道而意见分歧之时，美国政府率先注意到这个问题，源于驻美公使伍廷芳的倡议。伍廷芳在 9 月 25 日拜访美国国务院时，向代理国务卿希尔建议，谈判开始时，不应该忽视这批对外国人友善的中国官员的命运，由于他们都已被清廷处死，可以考虑增加他们的身后恤

---

❶ 《函覆刘树堂罪名减为革职永不叙用勒令回籍交地方官严加管束并将其家产查抄入官荣铨未便稍微轻减由》，1901 年 4 月 7 日，《总理各国衙门档案》，档案号：01 - 14 - 004 - 03 - 012。

❷ 《1354 著奕劻李鸿章等于续办各员务当切实磋磨不得株连过多过重事上谕》，光绪二十七年二月十九日（1901 年 4 月 7 日），《清末教案》第 3 册，第 23 页。

❸ 《山东臬司胡景桂免议由》，1901 年 8 月 6 日，《总理各国衙门档案》，档案号：01 - 14 - 004 - 03 - 060。

❹ 《柔克义致海函》，1901 年 2 月 28 日，《1901 年美国对华外交档案》，第 104 页。

典。伍廷芳在这里提到三人：前驻美公使张荫桓、前驻德国和俄国公使许景澄、以及总理衙门大臣袁昶。在得知端王、李秉衡等对这些官员的死负有一定的责任后，希尔询问是否有惩处他们的可能。❶ 美国政府接受了伍廷芳的建议，训令康格在公使团会议中提出对这三位辑睦中国官员的恤典问题。❷

11 月 20 日康格回复说，他已就此事与其他公使交换了意见，认为即使要提出，也必须等到谈判的下一阶段，因为"除张荫桓以外，我们不了解其他人与外国人和外交方面有多么深的关系。就我们同他们在总理衙门时的关系而言，他们对外国人的友好，只是在与他们的同僚的那种狂热的排外情绪相比之下，才值得注意"❸。尽管各国公使还需要一些时间来进一步了解这些官员同外国人的羁绊深浅，且多数公使仍未从围困的痛苦中走出，更致力于惩办祸首，但美国的提议已逐渐获得他们的认同。11 月 27 日，公使团向中国代表递送一封要求撤销李秉衡及其子孙恩典的同文照会，其中首次明确指控李秉衡陷害并致死六名"与泰西辑睦"的中国官员。12 月 7 日清廷颁布谕旨同意了公使们的请求。❹

待到 1901 年 1 月 22 日的公使团会议，恤典问题开始被正式提上谈判议程，康格称"我们做出了一项与惩罚问题有联系的决定"。公使们一致赞成要求对主张与外国人保持友好，而在联军抵达前不久被草草处死的五位大臣给予某种形式的褒恤，包括有许景澄、徐用仪、联元、袁昶四位总理衙门大臣以及户部尚书、内务府总管大臣立山。❺ 除了美国本就倡议抚恤的许、袁二人，增加的另外三人来自英、俄等国的提议。张荫桓不在其列，康格说"我试图把张荫桓的名字也列入这个名单"，但没有获得其他公使的支持。

2 月 8 日，与惩办照会同时向中方递交的，还有一份要求清政府颁布谕旨为 5 位大臣恢复名誉的联合照会。此时，各国公使已经获得这些官员与泰西辑睦的证据，康格热烈欢迎这项工作，并且在给美国国务院的报告里附寄了袁昶和许景澄的三篇奏折译文，宣称这是他们"为敦促政府停止消灭外国人做出的努力"，"他们就是为这些忠言而死的"，力赞他们是"何等明智"!❻ 2 月 13 日，清廷满

❶ Interview of Acting Secretary Hill and the Chinese Minister, September 25, 1900, *Notes from the Chinese Legation in the United States to the Department of State*, Jan. 1, 1898 – Dec. 31, 1901, M98, R4, National Archives of the United States.

❷ 《海致康格电》，1900 年 11 月 16 日，《1901 年美国对华外交档案》，第 416 页。

❸ 《康格致海函》，1900 年 11 月 20 日，《1901 年美国对华外交档案》，第 55 页。

❹ 《庆亲王奕劻等为开议和局万不可败请俟条款到时撤销李秉衡恤典以示大公事致行在军机处电》，光绪二十六年十月十四日；《奕劻李鸿章奉电旨着遵旨酌复办理仍速催开议事》，光绪二十六年十月十六日，《庚子事变清宫档案汇编》第 9 册，第 144 页。

❺ 《康格致海函》，1901 年 1 月 26 日，《1901 年美国对华外交档案》，第 80 页。

❻ 《康格致海函》，1901 年 2 月 7 日，《1901 年美国对华外交档案》，第 85 页。

足公使团要求，颁布谕旨将徐用仪等五人官复原职。❶

但张荫桓的恤典问题尚未解决，美国政府仍不愿放弃。张荫桓（1837—1900），广东南海人，字樵野，历任知县、道员、按察使等职，入值总理衙门，又任户部左侍郎。1885 年至 1889 年任出使美国、日斯巴尼亚、秘鲁三国大臣。中日甲午战争期间曾与邵友濂为全权大臣赴日谈判。1897 年出使英、美、法、德、俄诸国。1898 年还曾协助李鸿章与俄国签订《旅大租地条约》。戊戌变法时，调任管理京师矿务、铁路总局，倾向变法。戊戌政变后遭弹劾充军新疆。1900 年被杀。

1901 年 2 月底，柔克义在接管谈判事宜后，主动告知海约翰，他希望能在最近请求给予张荫桓身后恤典，正酝酿推进此事。❷ 但随着对张荫桓与其他列强的关系乃至与清朝当政者内在联系的深入了解，柔克义才逐渐意识到这件事情的困难程度。首先他在争取其他公使的支持时，遭到了俄国公使的反驳，格尔思告诉他俄国政府曾被错误地指控，导致了张氏 1898 年的流放，因此俄国不愿意因为参加为其复官的请愿而重提此事。柔克义无奈放弃各国公使联合照会，转而寻求单独向清政府提出要求。他向李鸿章试探能否上奏请求给张恤典，李鸿章答称他和庆亲王都不敢这么做，因为此事与慈禧太后密切相关，即太后怨恨张氏直接导致了他与光绪皇帝的隔膜，戊戌政变才由此发生。❸

慈禧太后确实对张荫桓成见颇深。据载，戊戌政变时"太后深恶张侍郎蛊惑皇上，定欲杀之"❹，但在英国和日本的外交干涉下，慈禧只能暂将他从"康党"中剔除，从轻发落，颁布谕旨斥责其"居心巧诈，行踪诡秘，趋炎附势，反复无常"，并着发往新疆。❺ 张氏于 1899 年 4 月到达新疆，清廷闻报后复令对其"严行监禁"。❻ 1900 年 7 月 3 日，朝旨密令新疆巡抚饶应祺将张荫桓"着即正法"❼。可见张荫桓被杀，源于慈禧从戊戌开始积累的"旧恨"，隐忍而至庚子始得如愿，跟另外五位大臣因"力驳攻击使馆"获罪实属有所不同，庆、李二人

---

❶ 《谕内阁著兵部尚书徐用仪户部尚书立山吏部左侍郎许景澄内阁学士联元太常寺卿袁昶均开复原职》，光绪二十六年十二月二十五日，《庚子事变清宫档案汇编》第 9 册，第 262 页。

❷ Rockhill to the Secretary of State（telegram received in cipher），February 27，1901，*Despatches from U. S. Ministers to China*，February 5 – March 29，1901，M92，R111，National Archives of the United States.

❸ Rockhill to Hay，March 24，1901，No. 55，*Despatches from U. S. Ministers to China*，April 1 – May 30，1901，M92，R112，National Archives of the United States.

❹ 苏继祖：《清廷戊戌朝变记》，载于翦伯赞等编：《戊戌变法》第一册，上海：神州国光社，1953 年，349 页。

❺ 关于英、日如何在戊戌政变后如何援救张荫桓，可参见王树槐：《外人与戊戌变法》，台北："中央研究院"近代史研究所，1980 年，第 193 页；马忠文：《张荫桓与戊戌维新》，载于王晓秋、尚小明主编：《戊戌维新与清末新政：晚清改革史研究》，北京：北京大学出版社，1998 年，第 83 – 84 页；茅海建：《戊戌变法史事考初集》，北京：生活·读书·新知三联书店，2012 年，第 485 – 490 页。

❻ 《清实录》第 57 册，北京：中华书局，1987 年，卷四四四，第853 页。

❼ 《清实录》第 58 册，卷四六五，第 87 页。

深谙内情，不敢为此冒然触怒慈禧。为了避免因慈禧拒绝请求而使美国处于尴尬的地位，柔克义也不得不暂时搁置此事，建议留待谈判接近尾声之时再提出来。

1901 年 6 月底，柔克义过访李鸿章，重提张荫桓一事。李鸿章建议说，若能得到英国同样的请求，奏折会更迅速地获得应允。由于张荫桓曾在已故维多利亚女王即位六十周年的时候被派作特使访英，并接受了英国政府颁发的大十字勋章，英国公使对此事也有关注。因此，柔克义就邀同英使萨道义于 7 月初分别向中国全权递送了请求为张荫桓平反的照会。柔克义的照会充满了悲天悯人的色彩：

> 为照会事。上年六七月间中国诛戮各大员时，曾将从前发遣新疆大员张荫桓亦经诛戮，追忆一千八百八十五至八十九年间，张大臣奉使本国时尽心尽力，使两国邦交日益加厚，无论公私各事无不使人心均佩服。计由本国回华迄其受刑时虽已十一载，本国华盛顿人民闻其被戮犹无不均为悼惜，本国国家亦以心契之友今已云亡，中国如此宣力之臣竟尔弃市，深为悲悯，此等宣力大员不得善终，本国大伯理玺天德深以为贵国大皇帝猝然刑一多年出力之大员另有确据，不过系因彼时地方变乱摇动之所致，嗣后必将按公允予昭雪，是以嘱本大臣转请贵王大臣据情入奏，请将张荫桓一切罪名开除，赏还原衔，追予谥典，诚能允如所请，本国国家与人民更必以贵国素敦睦谊，向于交涉一切悉秉至公系为格外有据也。为此照会贵王大臣查照，须至照会者。❶

虽然张之被戮的确"另有隐情"，但柔克义在此处特意强调了"系因彼时地方变乱摇动之所致"，意在要求清政府援引同于变乱中被杀的五大臣之例做相同处理。7 月 29 日，李鸿章、庆亲王上奏呈递英、美公使照会，并谨慎吁请说："伏查张荫桓前曾出使英美两国，与彼都人士颇能联络，是以英美政府令其使臣代为呼吁，溯查张荫桓发遣时，所奉上谕并无不可赦宥之罪，谨将英美使臣照会录呈御览，可否格外施恩，将张荫桓开复原官，以敦英美两国邦交之处。"❷

庆、李措辞小心，奏折却仍石沉大海，至 8 月底始终未见清廷做出反应。是以柔克义再次照会中方，催促此事，"兹甚盼不日有好音见复，俾得转报本国政府已蒙中国大皇帝俞允可也"❸。虽然柔克义对清政府答应美之请求持乐观态度，

---

❶ 《具奏据英美两使照会恳将已革户部左侍郎张荫桓开复原官一折抄稿知照由》，1901 年 7 月 29 日，《总理各国事务衙门档案》，台湾"中央研究院"近代史研究所藏，档案号：01 - 14 - 031 - 07 - 002。

❷ 《具奏据英美两使照会恳将已革户部左侍郎张荫桓开复原官一折抄稿知照由》，1901 年 7 月 29 日，《总理各国事务衙门档案》，台湾"中央研究院"近代史研究所藏，档案号：01 - 14 - 031 - 07 - 002。

❸ 《照催昭雪前驻美张大臣罪名由》，1901 年 8 月 27 日，《总理各国事务衙门档案》，台湾"中央研究院"近代史研究所藏，档案号：01 - 14 - 031 - 07 - 005。

李鸿章处似乎也流露出比较令人满意的保证❶，但慈禧太后显然在这件事情上仍旧很不情愿，她一拖再拖，就是不愿松口，甚至拖到了谈判结束，柔克义完成使命归国，康格回到公使任上。11月23日，康格再次代表美国政府承催此事，强调"俾大皇帝得知美国深以此事为极要"❷。五日后，慈禧终于返京途中被迫下谕："已故户部左侍郎张荫桓，著加恩开复原官，以敦睦谊。"❸为张荫桓平反事历经半年多往复交涉，遂以美国的要求得到满足作结，这跟伍廷芳的提醒，美国政府的坚持与反复敦促分不开；清廷一再拖延，且徐用仪等五大臣被昭雪后，还都被赐予了隆重的谥恤，相比之下，张荫桓仅得"开复原官"，足见慈禧对其成见之深。

总的说来，相较于德、英等国的强硬，美国在惩凶问题上相对"温和"，这同以往研究带给我们的普遍观感并无二致。但拨开现象看本质，美国政府在惩办问题上，始终贯彻两个原则："从严"与"从速"。

"我们不放弃我们毋庸置疑的权利：坚决要求对使我们和其他国家遭受严重损失的犯罪行为的肇事者和煽动者予以严惩。"❹这是麦金莱总统在1900年国情咨文中宣称的对惩办问题的整体看法。因此，美国坚决要求惩罚端王、毓贤、刘树棠等人，并不放弃实施死刑，坚决要为张荫桓恢复名誉，因为这是它认为的"公道"所在。"从严"是美国与其他列强高度一致之处，既是出于给清政府一些教训的考量，也有受到德、英等国意见的影响。

但美国还有一特有的原则与利益所在，即它想要尽快结束谈判，因为这样既能尽快促成各国从中国撤军，也能减少中国因长久无法恢复秩序造成的巨额损失，进而减少对中外贸易造成损害以及由拖延可能带来的瓜分局面。美国更看重对华商业，决定了它与其他并不着急撤军或结束谈判的国家很不相同。而且对美

---

❶ 《柔克义致海函》，1901年8月29日，《1901年美国对华外交档案》，第401页。《照复昭雪张大臣罪名已剧情陈奏俟奉到朱批再行知照由》，1901年8月28日，《总理各国事务衙门档案》，台湾"中央研究院"近代史研究所藏，档案号：01 – 14 – 031 – 07 – 006。

❷ 《前二次照会请为入奏将张荫桓开复原官现尚无音信本国政府特请再奏即以允准谕旨作复由》，1901年11月23日，《总理各国事务衙门档案》，台湾"中央研究院"近代史研究所藏，档案号：01 – 14 – 031 – 07 – 007。

❸ 《清实录》第58册，卷四九，第474页。协助前怀来县令吴永回忆庚子年事、记述《庚子西狩丛谈》的刘治襄对美国干涉清廷处置官吏颇有微词，评论称："张荫桓并未革职，'开复'二字，实无根据，但此犹不过前此上谕中文字之疏漏。中国之官，何以由美使奏请？即使徇美使之请，上谕中亦何必叙明。结尾以敦睦谊四字，尤为多赘。开复本国处分人员，于睦谊上有何关系耶？从前因其与外人相识而杀之，杀固杀得无理由；此时又因其与外人相识而复之，复又复得无根据。吁嗟张公，何不幸而与外人相识？抑又何幸而与外人相识耶？"吴永口述、刘治襄记：《庚子西狩丛谈》，桂林：广西师范大学出版社，2008年，第200页。

❹ 阎广耀、方生选译：《美国对华政策文件选编：从鸦片战争到第一次世界大战》，第440页。James D. Richardson (ed.), *A Compilation of the Messages and Papers of the Presidents*, New York: Bureau of National Literature, 1901, vol. 19, pp. 6417 – 6425.

国来说，"从速"比"从严"更加重要，甚至可以为了"从速"，牺牲"从严"。因此，美国反对德国以惩办问题为前提条件，反对将"死刑处罚"写入联合照会，反对英国坚决要对载漪、载澜、董福祥处以死刑，因为这些都有可能因为中国无法实现而造成谈判失败。美国在议和期间最重要的目的就是促使谈判尽快成功，防止谈判破裂，为此它愿意在一些问题上采取中国方面更能够接受的方式或做出一些让步。这也是为什么美国会在惩办谈判中时常展现出宽大处理的根本原因。

第二节 总赔款问题谈判

在近代中国战争赔款史上，庚子赔款是空前绝后的一笔，由于对中国的影响和危害巨大，兼具物质与精神双重惩罚，故而在辛丑谈判中成为最重要的议题。学界关于庚子赔款谈判的研究，除了台湾地区学者王树槐的专著《庚子赔款》第一章以分门别类的方式梳理了谈判涉及的主要内容❶，近年来也有学者就其中的某些具体问题单独撰文展开❷。在这些研究中，美国及其主张偶尔被提及，但缺乏对美国整体方针及其在谈判过程中政策转变的探究和分析。因此，本节考察美国在赔款谈判中的角色与作用，论述美国中央政府与谈判代表的互动、政策调整，尤其还有中、美政府之间就相关内容的交涉往来。

一、赔款总数的确定

（一）美国提议一个赔款总额

与惩凶问题类似，美国政府对赔款的最初反应亦来自其驻华公使康格的报告与建议。康格在 1900 年 9 月 6 日给国务院的密码电报中首次提出，中国政府应该保证付给赔偿，并重建秩序，而且务必尽快付诸实践，否则"瓜分"将不可避免，不然可能各国的索偿数额会巨大到中方只能通过割让土地偿还。❸康格的推测似乎过于耸人听闻，毕竟各国均已多次声明会维护中国的领土完整，但为了防止夜长梦多，尽快推进和约大纲的商定、防止赔款数额过于巨大就逐渐成为美国在 1900 年下半年的主要目标。

10 月 4 日法国倡议的六条谈判基础中，第三条规定"对各国政府、团体及

---

❶ 王树槐：《庚子赔款》，"中央研究院"近代史研究所专刊 31，台北："中央研究院"近代史研究，1974 年，第 1－102 页。对赔款谈判的过程及原委并未展开。

❷ 周志初：《庚子赔款本息的计算方法及应付数额》，《历史档案》1992 年第 4 期；薛鹏志：《中国海关与庚子赔款谈判》，《近代史研究》1998 年第 1 期；侯中军：《庚子赔款筹议方式比较研究》，《清史研究》2014 年第 2 期。

❸ Conger to Hay（Telegram received in cipher），September 6，1900，*Despatches from U. S. Ministers to China*，March 1－September 30，1900，M92，R108，National Archives of the United States.

个人提供公平的赔偿"。美国国务卿海约翰在回复时，特意首先强调了美国的目的"是从中国政府那里取得对过去事件的适当赔偿和对今后的确实保证"，奠定了美国政府于赔偿问题的基调。还由于对列强间分歧的弥合不抱什么希望，美国总统麦金莱提请各国注意俄国的提议，即假如观点差异过大，可将整个赔款议题提交海牙国际仲裁法庭裁量。❶ 10 月 19 日海约翰给康格的训令体现了美国对赔款的最初两点原则：其一是要防止领土赔偿，只接受金钱赔偿；其二是可以由海牙国际法庭仲裁以帮助各国达成统一意见。❷

10 月 28 日，公使团开会，首先讨论了赔款的范围，英国公使提议，也应该赔偿所有被外国人雇用的中国人在最近发生的动乱中遭受的损失，获得通过。同时又讨论了是否应赔偿中国教徒受到的损害，美国公使康格认为清政府实际上已承认对此负有责任，"这将是一种非常人道的举动，并给今后的传教事业带来极大的威望"。然而，俄国公使强烈反对。公使团最后同意赔偿教会和教士的损失，而教民方面则可由传教士跟地方官员解决。英国公使说，教士也只能以一般外国人看待，不应在大纲中另外列出。❸ 赔偿的范围就限定为"外国政府、社团、个人以及外国人雇用的中国人"❹。1900 年 12 月 24 日联合照会第六条即在此基础上规定："凡有各国、各会、各人等，当肇乱时被害亏累，中国咸宜从公赔偿，华人员从事他国之故身躯家产殃及者同，中国务须筹出以上偿款及分还各欠之来源，适诸大国之意，斟酌允行。"❺

这个条款其实只是提出了一个框架，除了赔偿对象之外，没有涉及任何相关的具体问题。但这并不代表列强在 1901 年以前还没有讨论到那些问题，相反地，1900 年 11 月美国政府受到同时期有关最后通牒、死刑讨论的影响，试图将赔款问题也控制在中国可以接受的范围内。为了防止由于提出中国难以接受的条件而导致谈判失败，美国总统麦金莱率先发出"要求一笔不超出中国支付能力的总数，然后在有关国家之间公正分配"的倡议。❻ 12 月 29 日，国务卿海约翰进一步训令康格，为了确保中国有能力偿付，应尽可能使赔款总额保持在适当的限度以内，而且，在分配赔款时，美国要根据损失和利息的多少，按比例得到应得的一份。❼

---

❶ 《国务卿致法国驻美代办的备忘录》，1900 年 10 月 10 日，《1901 年美国对华外交档案》，第 27 - 28 页。

❷ 《海致康格电》，1900 年 11 月 19 日，《1901 年美国对华外交档案》，第 411 页。

❸ Conger to the Secretary of State（Telegram received in cipher），October 28，1900，*Despatches from U. S. Ministers to China*，October 1 - December 15，1900，M92，R109，National Archives of the United States. 《康格致海函》，1900 年 10 月 30 日，《1901 年美国对华外交档案》，第 50 页。

❹ 《康格致海电》，1900 年 11 月 1 日，《1901 年美国对华外交档案》，第 414 页。

❺ 《全权大臣奕劻李鸿章电报》，光绪二十六年十一月初二日，《义和团档案史料》下册，第 837 页。

❻ 《海致康格电》，1900 年 11 月 20 日，《1901 年美国对华外交档案》，第 418 页。

❼ 《海致康格电》，1900 年 12 月 29 日，《1901 年美国对华外交档案》，第 427 页。

美国公使康格对此深表赞同，他认为如果采纳这一计划，将会加速最后解决的实现，因此他报告说将在适当时机力主对一次总付赔款达成协议。❶ 美国的提议实际上包含了两个关键问题：一是赔款以列强统一要求一笔总数的形式；二是这笔总数不能超过中国的支付能力。一笔总数相当于将列强的众多分歧压缩到一起解决，既能有助于谈判的尽快完成，也能起到一定程度约束其他国家的作用；不超过中国的支付能力，则再次反映了美国的对华目标不在攫取一时的利益，而更着眼于未来的商业贸易价值。

然而很快地，康格就认识到了事情并没有想象中的容易。前者由于直接反对了与清政府单独商议赔款数额的情况，遭到俄国的抵制。在各国签署联合照会之前，曾有大纲议定后由各国单独谈判的舆论。由于清政府已经任命杨儒为驻圣彼得堡全权代表，俄国设想将所有的后续谈判移交圣彼得堡进行，以便更好地"勒索"中国。❷ 而后者因为要求限制对中国的索偿数额，德国满腹牢骚，德国公使告诉康格，他认为德国政府不会同意赔款一次总付，或者削减德国的赔偿要求。德使反复宣称他们坚持赔款最大化，尽可能地夸大它的战争花销，康格看来日本亦是如此。❸ 因此，在尚未将华府提议公开提交公使团讨论时，康格通过私下密询已失去信心，他对各国能够在北京取得磋商结果颇感怀疑，以为这是"不切实际的想法""这一点已日益明显"，他开始向海约翰建议将赔款以及相关的财政措施、修改条约等全部移交各国在欧洲或美国举行的会议上解决。❶

美国政府却不顾康格提到的重重困难，于1901年1月29日再次指示他尽最大的努力，促成：

> （1）使公使们同意一次总付赔款；（2）使这项数额尽可能合理。根据这里得到的最可靠消息，中国政府支付数额不能超过一亿五千万美元。这很可能需要对各国的要求做一定的缩减；（3）当一次总付赔款获得一致同意并被批准之后，康格要坚持美国应按比例得到公平的份额，美国政府将把它公正地分配给申请人；（4）如果在赔款问题上拖延不决，他应提议按海牙法规的规定将该问题提交仲裁。❺

这四点训令反映了美国在赔款问题上的基本政策，说明美国政府对该问题的设想

---

❶ 《康格致海函》，1900年11月20日，《1901年美国对华外交档案》，第55页。

❷ Conger to Hay, January 12, 1901, No. 499, *Despatches from U. S. Ministers to China*, December 16, 1900 – January 31, 1901, M92, R110, National Archives of the United States. 清政府实际也并不排斥单独谈判，一部分清朝官员以为能再施以夷制夷旧法在单独谈判中争取权益。

❸ 《康格致海函》，1901年2月5日，《1901年美国对华外交档案》，第82页。

❶ 《康格致海函》，1900年12月17日；《康格致海函》，1901年1月5日，《1901年美国对华外交档案》，第65、74 – 75页。

❺ 《海致康格电》，1900年1月29日，《1901年美国对华外交档案》，第432页。

不断完善。然而，此处提出的总额不超过一亿五千万美元（约合银二亿零二百万两），同德国公使宣称中国可以偿付的二亿五千万至三亿美元相去甚远，后一数字获得包括赫德在内的多数人认可，这又增加了康格对实现美国政策的怀疑，他报告说迅速解决赔款问题的前景不是很有利。❶ 其实，康格本人相当认可国务院要求总付赔款的指示，他甚至说若每个国家单独谈判并坚持全部赔付，势必造成"瓜分"，故而最好的方法无疑是列强都接受中国能够赔付的数目的合理份额，维持帝国的完整性，并相信未来的贸易会弥补它们的损失。❷ 只是康格似乎被谈判的困难吓住了，他抱怨说有多少公使差不多就有多少种不同的意见。

直到 2 月 16 日惩凶谈判基本议结后，北京公使团才就赔款问题展开一般性讨论。美使康格正式向各国公使提出，应该在中国偿付能力范围内要求一笔总付赔款。除了日本，其他公使都以没有接到训令为由不表赞同。德使重申其政府要求赔偿他们的一切费用和损失。❸ 结果乃预料之中，那次会议的作用只是促使公使们就需要解决的具体问题请示各自政府。当康格小心地向国务院询问各国是否保留有单独要求的权利，即刻遭到了反驳，海约翰严肃地指出，由每个国家向中国提出赔款细目并采取分别偿付，是完全行不通的；海约翰训令康格务必坚持促成一个合理的总付数目。❹

这项在康格看来近乎无法完成的任务，待到 2 月底柔克义接手后则被寄予了极高的期待。柔克义投入了相当的热情，他不仅联同德、比及荷兰公使组成了负责为评定索赔要求拟定条例的委员会，盼望这个报告经过修改后能被各国采纳，据此确定各国的索赔要求，而且他乐观地将多数公使的不表态，视为"至今没有强烈的反对意见"，希望一笔付的建议最后能被通过。❺ 3 月 12 日公使团会议后，虽然海牙仲裁的可行性遭到其他人的反对，柔克义却相信数日内多数公使就会赞同"必须把各国希望取得的战争赔偿及私人索赔要求的合计总数通知会议"❻。3 月 14 日的会议上，除了俄国公使宣称保留单独提出赔偿要求的权利外，各国代表们都表示可以把战争赔偿和其他对国家的赔偿，计入赔偿要求的总数。3 月 18 日，英国公使说，依据 1896 年君士坦丁堡会议先例，各国代表形式上应当把他们准备向中国提出的本国国民各项具体赔款要求的数额以及本国要求赔偿的战争费用数目等，提交外交团会议。奥地利公使由此指出，应当提交政府、公

---

❶ 《康格致海函》，1901 年 2 月 5 日，《1901 年美国对华外交档案》，第 82 页。

❷ Conger to Hay, January 12, 1901, No. 499, *Despatches from U. S. Ministers to China*, December 16, 1900 – January 31, 1901, M92, R110, National Archives of the United States.

❸ 《康格致海函》，1901 年 2 月 18 日，《1901 年美国对华外交档案》，第 95 页。

❹ 《康格致海电》，1901 年 2 月 17 日；《海致康格电》，1901 年 2 月 19 日，《1901 年美国对华外交档案》，第 434、436 页。

❺ 《柔克义致海函》，1901 年 2 月 28 日，《1901 年美国对华外交档案》，第 104 页。

❻ 《柔克义致海函》，1901 年 3 月 12 日，《1901 年美国对华外交档案》，第 114 页。

司和社团、私人这三类赔款每一类的总额。柔克义顺势再建议由各国提交一笔总额。经表决，各国公使通过了这项提议，即由每个国家提交包括政府要求在内的索偿数额，然后再将各国要求的总和向中方提出。❶ 虽然表决是非正式的，但因为从中体现出多数代表的支持，柔克义有信心最终向清政府提出赔款要求时，会是以一笔总额的形式。至此，实现美国赔款政策第一个目标的前景是比较光明的。

各国最终同意美国提议，既同柔克义的热烈推荐、多方游说有关，根本上还在于随着谈判时间延长，列强均逐渐意识到保证和谈成功的紧迫性。英、德、意三国公使虽然投了反对票，实际上他们也并不十分反对一笔总额的形式，主要是不愿意被总数的限额束缚住，从而无法满足自己想要的巨额索赔。相反地，美国想要促成一次总付赔款，目的正在于将总数控制在一个范围内，柔克义声称这个目标的达成"使他以后能敦促将赔款总数平均缩减至中国的支付能力以内"。可见总付与其相应的数额始终密不可分，各国势必继续纠缠，尤其在确定一个具体的数字上。

（二）讨价还价与美国的一再退让

美国力图将赔款总额控制在中国可接受的范围之内，就必须了解中国能够承担之上限在哪里，但华府缺乏了解中国实际财政状况的途径与渠道，主要信息仍来自于中国海关的英籍雇员赫璧理。1900 年 11 月赫璧理在美国约翰·霍普金斯大学发表了一个关于中国财政状况的演说，事后他特意将演说词寄给海约翰。赫璧理的设想曾构成"门户开放"政策的重要来源，此次他对中国财政收入的评估再次体现了对中国的深切同情。听说各国有意要求赔偿的总数不少于两亿美元，不超过六亿美元，他评论道即使是让中国赔付上述最少的数额，也是完全办不到的。❷ 他向海约翰呼吁，若坚持要求超出中国偿付能力的总数，不仅将威胁中国的独立，也会损害西方各国之间的友好关系。美国政府深以为然，随即指示驻华公使康格要寻求一个中国有能力支付的总数。1901 年 1 月 3 日，赫璧理再向海约翰呈递了他给李鸿章的建言复本，再次强调在没有任何改进方案的情况下，如果要求赔偿两亿美元，肯定会使中国破产。❸ 按赫璧理推断，两亿美元（约合银二亿七千万两）显然中国都无法负担，因而 1 月 29 日美国国务院在给康格的训令中首次提出要求的总额不能超过一亿五千万美元（约合白银二亿零二百万两），并且透露美国的损失大约为二千五百万美元。

---

❶ 《柔克义致海电》，1901 年 3 月 15 日；《柔克义致海电》，1901 年 3 月 18 日，《1901 年美国对华外交档案》，第 441、442 页。

❷ Extract from Address to John Hopkins University, *Despatches from U. S. Ministers to China*, February 5 - March 29, 1901, M92, R111, National Archives of the United States.

❸ Settlement of Difficulties in China: Suggested Financial Arrangements, *Despatches from U. S. Ministers to China*, February 5 - March 29, 1901, M92, R111, National Archives of the United States.

前者显然是受贺璧理报告的影响；后者则因为当时尚未获得私人求偿的数据，更像是美国国务院自己的一个估算值，海约翰在这一数值后表示："我们不期望完全赔付这样一个总数，像其他列强那样提出某些超出中国支付能力的极端要求。"❶ 美国政府深知，若要将总额控制在一亿五千万美元以内，就很可能需要各国都做出一定的削减，美国此时若提出一个较大的数值，就能保证在削减之后仍旧足够抵销美国政府与民间的实际损失。只是，这个数字大得有些离谱，尤其是同其他一些比美国多派了许多军队的国家相比。以德国为例，德使曾私下向康格透露，德国花费了大约四千五百万美元，但德军人数是美军的六倍之多。以至于康格以为是信息传递的问题，发电报向国务院再三确认数字是否有错，在得知二千五百万美元无误后就不再作声。❷ 柔克义接手后对这个数字亦有疑问，试图向国务院秘密探询其中军事开支与私人索偿的部分。❸ 海约翰随后的回复仍是相当笼统，他称各式各样的赔偿要求都包含在了这个数值内，"要经过公证和成比例的缩减"，再次说明二千五百万美元并非实数，而是美国留待将来谈判的筹码。在这封电报内，海约翰还指示柔克义要努力将总数控制在四千万英镑（约合银二亿六千七百万两）以下，向中国要求一笔总数，既不说明要求赔偿的理由，也不列出各国所要求的赔款份额，以后由各国按比例进行分配。❹

3月28日，柔克义将美国政府所有的提议以备忘录形式正式递交北京公使团。直到4月初，各国陆续提出他们的赔款数额❺，柔克义也才公布了美方的数字。结果不出所料，所有国家的索偿相加达到了三亿美元，两倍于美国最初设想的一亿五千万美元，也大大超出了四千万英镑。美国总统麦金莱直接训令柔克义向各国力陈总额不超过四千万镑的好处，重申只能以现金偿付，不用领土抵偿，

---

❶ Hay to Conger（Telegram），January 29，1901，*Diplomatic Instructions of the Department of State*，June 24，1899 – August 14，1906，M77，R43，National Archives of the United States. 这句话在1901年出版的美国外交文件中被删去，见《海致康格电》，1900年1月29日，《1901年美国对华外交档案》，第432页。

❷ Conger to Hay，February 11，1901，No. 530；Hill to Conger（telegram），February 13，1901，*Despatches from U. S. Ministers to China*，February 5 – March 29，1901，M92，R111，National Archives of the United States.

❸ Rockhill to the Secretary of State（telegram received in cipher），March 12，1901，*Despatches from U. S. Ministers to China*，February 5 – March 29，1901，M92，R111，National Archives of the United States.

❹ 四千万镑这个数字约合两亿美元，即贺璧理报告中称各国普遍接受总赔款的下限。Hay to Rockhill（Telegram），March 21，1901，*Diplomatic Instructions of the Department of State*，June 24，1899 – August 14，1906，M77，R43，National Archives of the United States.

❺ 德国在5月1日前索偿12 000 000马克；私人索偿有7 700 000两。荷兰和西班牙合起来索偿1 000 000两。奥地利的索偿到5月1日是35 200 000克朗，私人索偿大约为210 00两。俄国的索偿是170 500 000英镑，包括铁路的赔偿。日本要求45 000 000日元。法国要求208 000 000法郎。比利时要求30 000 000法郎。参见Rockhill to the Secretary of State（telegram received in cipher），April 5，1901；Rockhill to the Secretary of State（telegram received in cipher），April 8，1901，*Despatches from U. S. Ministers to China*，April 1 – May 30，1901，M92，R112，National Archives of the United States.

而且美国政府"愿意把自己的要求降低到各国可以接受的任何公平的份额"❶。
美国按照既定思路，试图劝说其他列强共同按比例削减索偿数额。

4月23日，应美国特使柔克义的请求，北京公使团开会研究美国的建议。
柔克义详细陈述了美国的理由，认为赔款应当是"公平的"，即正当的和合理
的，"不应超过中国的支付能力，不应因此造成严重的财政困难，从而损害这个
国家的行政以及行政的改革和所有外国的利益，并可能迫使中国不得不求助于所
有国家都要谴责的财政上的应急手段，从而危害帝国的独立和完整"。这些陈述
充分展现了柔克义的"门户开放"设想，但美方提出的四千万英镑限额遭到其
他公使的集体攻击。俄国公使虽然承认应考虑中国的财政，但认为得出四千万英
镑的限额太过仓促，法国公使质疑了该数字的来源，对柔克义来自哲美森与赫德
的解释并不满意，他宣称中国能付出更多的钱。其他公使大多表现出或多或少缩
减的意愿，但在数额上普遍支持法使的意见。柔克义最后不得不向海约翰报告说
"他们中多数人认为，您确定的限额确实太低了"❷。

4月26日，英使萨道义拜访柔克义，提出一个英国政府设想的折中方案，
即将现在已达到六千七百万镑的索赔总额减少到五千万镑（约合银三亿三千四
万两），可以由中国在公开市场上举债偿付二分之一，用海关和常关做抵押并以
各国商定支付的方式和时间偿付另外二分之一。萨道义认为他可以劝说法国做一
定比例的缩减，但担心德、意、奥三国反对。柔克义未做表态，只是依据华府此
前指示，声称只要提议被拒绝，美国就会将整个问题提交海牙国际法庭仲裁。❸

出于对各国能够达成一致的深切怀疑，美国由一开始就有意将整个赔款问题
提交给海牙仲裁。但这遭到其他国家的强烈反对，俄使甚至声称不知他的政府曾
有过如此建议。美国政府不为所动，仍多次训令谈判代表一旦赔款讨论陷入僵
局，就提出此倡议。❹ 直到4月26日萨道义特意解释了英国反对仲裁的理由，因
为仲裁势必会使问题的解决大为延宕，影响到撤军，进而可能招致最后索赔的数
额大大超出现在的要求。❺ 这同样是美国不愿看到的结果，在接到柔克义的报告
后，海约翰遂不再坚持非提议即仲裁的政策，而是赋予了柔克义自行处理赔款事
宜的权利，只是指示他要保持适度的原则。❻ 不仅表明美国在海牙仲裁上的让

❶ 《海致柔克义电》，1901年4月8日，《1901年美国对华外交档案》，第446页。

❷ 《柔克义致海函》，1901年4月23日，《1901年美国对华外交档案》，第178-181页。

❸ 《柔克义致海函》，1901年4月26日，《1901年美国对华外交档案》，第182页。

❹ Hay to Conger（telegram received in cipher），November 16，1900，*Despatches from U. S. Ministers to China*，October 1 - December 15，1900，M92，R109，National Archives of the United States.《柔克义致海函》，1901年3月12日，《1901年美国对华外交档案》，第114页。Rockhill to the Secretary of State（telegram received in cipher），April 9，1901，*Despatches from U. S. Ministers to China*，April 1 - May 30，1901，M92，R112，National Archives of the United States.

❺ 《柔克义致海函》，1901年4月26日，《1901年美国对华外交档案》，第182页。

❻ 《海致柔克义电》，1901年4月29日，《1901年美国对华外交档案》，第450页。

步，而且显然是美国愿意放弃四千万英镑底线的讯号。

柔克义本就倾向于接受英国五千万英镑的折中方案，获得国务院授权后遂试图促成各国一致。然而各国的索偿额在此时已经达到六千七百五十万镑（约合银四亿五千万两），这是北京公使团在 5 月 1 日开会审议了赔款偿付委员会报告之后的结果，报告将赔款总数暂定为六千五百万镑，俄使格尔思声称，只要能够联合担保，中国完全有财力支付六千五百万镑，这个数字也获得了多数公使的赞同。❶ 柔克义见此情形，转而寻求另外的途径，他征得了所有公使的同意，于 5 月初通知中国全权代表"各国付出款项的总额……到 7 月 1 日截止，共计四亿五千万两"。柔克义这样做的目的是想提供给清政府一个同列强讨价还价的机会，中方可以借此显示它的困难，以便削减数额或找出一条最终的解决途径。这很有可能是说服其他列强的良策，但条件是需要中国方面的"配合"。

（三）中国与美国的"配合"

虽然讨论都在北京公使团内部进行，早已到达北京的清廷全权代表一直被排除在外不得预闻，清政府内部的许多官员，尤其是东南督抚，自 1900 年 10 月开始就表现出对赔款问题的极大担忧，感慨"惟赔款甚巨，实无办法""各国索款亦必出乎意计之外，势使然也"❷。12 月 23 日盛宣怀上奏建议"至赔偿各款，系第一难事，须待磋磨"，赔款事乃清廷心头一大患，苦于没有切实可与商量的国家，德、英等国私下里表现出的强硬态度让清政府很是沮丧，张之洞甚至无奈地表示"赔款求减彼必不理"❸。1901 年 2 月，清政府拟以国书形式恳请英德俄法美日意各国将赔款酌减数目，以防民穷生变。其中，由于美国在此前最后通牒与惩凶问题上表现出来的调和态度，在接到驻美公使伍廷芳的报告后，清廷遂有"此次兵事，惟美国最为和平，即平日交涉亦公允"的议论，产生了专门另致美国国书托其向各国妥商赔偿事宜的意向。军机处为此特意密询盛宣怀能否将其办理铁路借美款之事作为额外利益许给美国，以增加美国调停的动力。❹ 可见在商减赔款上，清政府已将美国与其他国家区分开来，最渴望倚赖它的帮助。尽管盛宣怀以"美素不贪"为理由婉转拒绝了以铁路款事许给美国，但致美国国书仍照旧发送，驻美公使伍廷芳亦奉命拜访了代理国务卿希尔，请美国政府在中外正

---

❶ 《柔克义致海函》，1901 年 5 月 1 日，《1901 年美国对华外交档案》，第 183 页。

❷ 《盛京堂来电》，光绪二十六年九月初一日戌刻到；《刘制台来电》，光绪二十六年九月二十九日亥刻到，苑书义等主编：《张之洞全集》第 10 册，第 8344、8408 页。

❸ 《督办铁路大臣盛宣怀为各使签订条款订于日使馆开议赔款系第一难事如能重办祸首撤兵可速事电》，光绪二十六年十一月初二日，《庚子事变清宫档案汇编》第 9 册，第 159 页；《致江宁刘制台、济南袁抚台、上海盛大臣》，光绪二十六年十一月二十一日亥刻发，苑书义等主编：《张之洞全集》第 10 册，第 8488 页。

❹ 《军机处为即拟另致美国国书托其力代向各国妥商偿恤是以并许以利益事致会办商务大臣盛宣怀电》，光绪二十六年十二月二十三日，《庚子事变清宫档案汇编》第 9 册，第 257 页。

式谈判之前将总数尽量压低。❶ 这本与美国政策相符，希尔遂欣然应允，并将美国希冀一总付之数等目标透露给伍廷芳。

与此同时，东南督抚密切注视各国索偿的实际数额。1901 年 4 月张之洞致电日、英、美、德各驻外公使，请其就赔款总数与年限等密探各国外部，并恳求"量从轻减"。张之洞素仰赖日本，但日本不仅在战争调停上不出力，此时又以偿款各节尚未议定为由，不愿透露详细内幕，加藤宣称"此次日本帮助，只能择最重之一两事向各国劝止，若商改太多，实难办到，且启各国之疑"，张之洞深感失望。同时却从美国政府处泄露出各国的索偿数额，"俄一千八百万镑，德一千四百万镑，法八百万镑，美五百万镑，日本六百万镑，英四百八十万镑，比一百十五万八千镑，义、西、奥三国共六百万镑云。"❷ 驻美公使伍廷芳的回复也是颇为缓和：

> 赔款，外部谓："宜订一总数，由各国自派。如不妥，请万国公会评断。各国约索美洋三百兆，美廿五兆，已电柔转商各使轻减。各国允减，美必递减。如何摊还，须后酌。"❸

同其他公使反映的情况相比，美国政府告以的实情最多，而且体现了最大的削减倾向。但慑于英、德之强硬，张之洞以为"商减恐不易"，转而将全部期望寄托在了偿付方式"分年免利、作保不苛"之上，甚至赞同美国请海牙仲裁的提议。从中可以感觉到，张之洞对此时探得各国索赔约需五亿两这个数字并没有太过反对，他看来似乎只要偿付方式合适，中国就有能力支付这样的数额，故而将精力集中在力争赔付方式上。

5 月初，北京公使团在通知中国全权代表赔款总额为四亿五千万两的同时，柔克义另外向其他代表提出条件是"绝不应把其中提到的总数看成是向中国提出的赔款要求或者要求中国对偿付赔款做出任何许诺，而仅仅是将其送交全权大臣，使他们能够正式表明中国偿付能力的限度以及准备采取的偿付方法"。美国特使希望由清政府出面说明赔付之种种困难，以达到减低赔款的目的。为此，他

❶ 《督办商务大臣盛宣怀为请美妥商各国偿款减少及宽期事使兵费直还各国免受银行行挟制必酬美利益事致行在军机处电》，光绪二十六年十二月二十六日，《庚子事变宫档案汇编》第 9 册，第 266 页。Private Memorandum, February 16, 1901, *Notes from the Chinese Legation in the United States to the Department of State*, Jan. 1, 1898 – Dec. 31, 1901, M98, R4, National Archives of the United States.

❷ 《致东京李钦差》，光绪二十七年二月二十六日寅刻发；《李钦差来电》，光绪二十七年二月二十九日到；《李钦差来电》，光绪二十七年三月初一日到，苑书义等主编：《张之洞全集》第 10 册，第 8548 – 8549 页。Chang Chih – tung, Viceroy of the HU Kuang Provinces to Mr. Wilcox, U. S. Consul, Hankow, April 30, 1901, *Despatches from U. S. Ministers to China*, April 1 – May 30, 1901, M92, R112, National Archives of the United States.

❸ 《致西安行在军机处、江宁刘制台、上海盛大臣转全权大臣》，光绪二十七年三月初一日卯刻发，苑书义等主编：《张之洞全集》第 10 册，第 8551 页。

还专门致电美国驻南京、汉口领事，请他们秘密告诉总督，这是一个中国方面可以说明偿付能力和打算采取的财政措施的良机，"总督应通过中国全权大臣力陈他的观点，美国将尽力阻止使中国遭受持久的财政困难。我们宁愿实行行政改革和为外国贸易增加优惠，而不要大笔轻易得到的赔款"❶。柔克义本意是要向刘坤一、张之洞二人说明美国愿意调停商减赔款数额的原因，却不料反而引起张之洞的警觉，张之洞询问美国领事柔克义电文中的改革与贸易优惠项目所指何事。❷ 张氏的怀疑也是事出有因，适时德国外交部有传闻赔款事"有从中渔利之人"，虽然张之洞根据当时情形推测德国所指系赫德想要趁机控制盐税❸，但这也增加了他对各种试图从其他方面获利的举措的警惕。相比赔款数额，张之洞无疑更担心美国借此机会侵占中国的贸易利权，故而他对柔克义的倡议并不积极。

两江总督刘坤一则认为这是一个绝佳机会，接见完美国领事后当即电奏清廷，请求按照美使柔克义的意见办理，即"须由全权将中国为难情形详细照会各使商请减数展期，柔使即可持此再商各国，从中斡旋"，而且驻美公使伍廷芳于此时也有电报称"美肯减让四分之一，为各国倡，可谓实力相助，但不肯先言，以致各国之疑"，刘坤一推测日、法外部都曾允力助，或因美使调停，得以就范，认为"此机似不可失"❶。清廷随即于 5 月 10 日转达给庆亲王和李鸿章，命其可否即将此意照会各国公使，使柔克义可以借此居间调停，"惟不可漏出美使之意"❺。可见清朝执政当局已会意，甚愿与美国特使里应外合，演出一场"双簧"。

庆、李二人奉命与各国公使商议赔款减数，但他们很快发现公使们的态度仍旧强硬，无论如何不肯商减，遂迅速对柔克义的调停失去信心，向清廷报告说："美使所称三万一千万，据云屡商各国不允，似美廷借此讨好，并无实在把握。"外加德使穆默密告李鸿章，"美兵少，且早撤，故允减，别国断不能比，必以四万五千万为定数，若迟则兵费须加"，他们更加认定了赔款无可再减。庆、李之论显然对美国有诸多误解，以为美意只在借机见好中国，并无削减实力，在德国威胁若赔款不早议定，各国无法撤军，届时索赔更多的压力下，二人迅速抛弃了美国方案，转而相信德国建议，即先允四亿五千万两为定数，以期各国早日撤

---

❶ 《柔克义致美国驻南京领事电》，1901 年 5 月 7 日，《1901 年美国对华外交档案》，第 211 - 212 页。

❷ 《美国驻汉口领事致柔克义电》，1901 年 5 月 11 日，《1901 年美国对华外交档案》，第 224 - 225 页。

❸ 《致西安行在军机处、江宁刘制台》，光绪二十七年三月十九日寅刻发，苑书义等主编：《张之洞全集》第 10 册，第 8567 页。

❹ 《两江总督刘坤一为希照美使所言将中国为难情形照会各使商请减数展期事电》，光绪二十七年三月二十二日，《庚子事变清宫档案汇编》第 9 册，第 524 页。

❺ 《军机处为可否将中国为难情形照会各使商请减数事致庆亲王奕劻等电》，光绪二十七年三月二十三日，《庚子事变清宫档案汇编》第 9 册，第 524 页。

兵。❶ 对于全权代表准备接受四亿五千万两的倾向，刘坤一很是不解，他联合张之洞上奏，声称"美使尚愿调停，何以初次照覆并不请减，实难索解"，全权代表"既已许以三十年分还四百五十兆，不提利息，是赔数全不减矣"❷。江楚二督同全权代表的隔膜益深。

中、美配合之"组合拳"没能奏功，先是因为中方谈判代表过早放弃，后也缘于美国在商减数额谈判后期遇到了相当大的阻力，主要由于英国在最后时刻的突然强硬。如前所述，英国向柔克义提出过五千万英镑的折中方案，促使美国放弃了四千万英镑的底线，然而英国却始终没有正式向公使团公布过这一数字。5 月 20 日，英使萨道义还曾私下向柔克义透露，英国政府主张将总数减少到四亿两，接柔氏报告后，美国政府也指示他准备接受四亿两的提议，然而到 22 日，英国政府突然宣称支持四亿五千万两。并在当日，北京公使团投票是否同意截至 7 月 1 日要求中国赔偿的总数为四亿五千万两，除柔克义之外，其他公使均投了赞成票，公使团长葛络干随后就照会中国全权大臣，正式通知了这个数字。❸ 会后柔克义沮丧地报告称，"美国所提出的削减赔款的建议实际上已被各国代表否决"，不仅如此，这也意味着中美代表里应外合削减赔款的设想以失败告终。事后柔克义才得知，英国的中途变卦，乃是为了换取德国在担保等赔款偿付问题上的支持。❹ 海约翰仍不愿放弃，他指示柔克义说"如果还有一点考虑美国建议的可能，就应力促提交海牙国际仲裁法庭裁决，或者减少赔款总数"❺。但这样的陈述只会显得美国更加可悲，尤其当清政府在 5 月 30 日正式接受了四亿五千万两后。至此，美国虽然实现了一个总付赔款的大目标，却没能按其预期控制金额，海牙法庭仲裁之提议更是始终不受待见。其他列强紧咬利益、相互勾结固然是主要原因，美国的孤立于外也让它在谈判中缺乏同其他国家可以利益交换或讨价还价的筹码。柔克义一直以为英国与己方目标较为亲近，没想到最后时刻英国为了现实需要背离了它的初衷。

二、偿付方式的交涉

（一）美国反对联合担保

赔款谈判中，美国首要目标是防止各国损害中国财政，甚至是瓜分领土，前期主要精力集中在促成一次总付、压低赔款数额上，而对于另外一个重要问

---

❶ 《寄西安行在军机处》，光绪二十七年四月初七日，《李鸿章全集》第 28 册，第 214 页。

❷ 《两江总督刘坤一等为请切嘱全权不可率行照复径允盐务抵还洋款事电》，光绪二十七年三月二十五日，《庚子事变清宫档案汇编》第 9 册，第 528 页。

❸ 《柔克义致海函》，1901 年 5 月 22 日，《1901 年美国对华外交档案》，第 226 – 227 页。

❹ 《柔克义致海电》，1901 年 5 月 22 日，《1901 年美国对华外交档案》，第 453 页。

❺ 《海致柔克义电》，1901 年 5 月 28 日，《1901 年美国对华外交档案》，第 455 页。

题——中国偿付的方式与办法，随着北京公使团的议论才逐渐显露出它的态度。美国特使柔克义在 1901 年 3 月 28 日的报告中，首次提到了各国代表对赔款方式的议论，其中一些人正极力提倡中国应当借外债支付。柔克义反对，因为尽管这是清偿赔款最迅速的方法，但也耗费最大，不可避免还会导致建立某种形式的国际财政管制，从而影响中国行政权的完整性，是与"门户开放"政策相抵触的。为此，柔克义也反对了一些在华美国商人试图贷款给中国的努力。随同该报告，柔克义还附上了萨道义与赫德的备忘录。其中英国公使和海关总税务司都建议只用现有的岁入分期摊还，并且提出了多项增加收入的方式，柔克义对此大加赞赏，声称"备忘录中大力提倡的措施给我以良好的印象"❶。

　　早在中外谈判开始前，赫德即将赔款视作最难之事，他反对由一个国际管理委员会管控中国财政，因为"过去在中国没有取得利益的一班人，现在都尽力想搞一个这样的机构"；反对向外国借债，因为"各银行都准备发一笔大财"，他提出希望各国同意分年摊还。❷ 赫德"久任中国"，身兼洋人与中国雇员双重身份，擅长在中外间纵横捭阖，成为议和期间清政府极为倚重的对象，庆、李二人常与其商议赔款事宜。❸ 他的建议获得许多中国官员的支持，盛宣怀说："赫德前拟四五十年内每年须筹三千万，系指分期四五十年本利一并在内，如能不借银行之款，即与各国商定担保之法，分年归还，免出利息，数目不必商减，便宜实多。"袁世凯、张之洞、刘坤一等人也极为赞同，认为此法"既省息又免扣，可省数万万，极为善策"❶。可见在列强议及之前，受赫德影响，清政府就已倾向于以分期摊还的方式偿付赔款。英国方面，海关税务司贺璧理以非官方形式为其提供各项关于中国财政与筹款方式的资料，英国由此展现出了类似的观点。

　　持相似立场的还有美国。1901 年 3 月 2 日，美国特派全权委员约翰·凯森（John A. Kasson）向国务卿海约翰递交了一份关于中国的赋税、赔款及拟议中的协定条款的报告。虽然这份报告最终目标在于修改对华通商条约，只是提出了增加关税、废除厘金等建议，并未对具体偿付方式发表议论，但其中对中国财政收入的调查仍为美国此后决定筹议赔款的具体政策奠定了基础。凯森参考了大量的文献，除了中美条约、美国驻华领事的报告、美国亚洲协会的信件等美方资料

❶ 《柔克义致海函》，1901 年 3 月 28 日，《1901 年美国对华外交档案》，第 130 页。

❷ 《1901 年 2 月 6 日北京去函 Z 字第 881 号》；《1901 年 3 月 18 日北京去函 Z 字第 885 号》，中国近代经济史资料丛刊编辑委员会主编：《中国海关与义和团运动》，北京：中华书局，1983 年，第 17、19 页。

❸ 《那桐日记》上册，第 376、378 页。

❶ 《盛京堂来电并致刘制台、袁抚台》，光绪二十六年十一月初八日辰刻到；《致上海盛京堂转庆亲王、李中堂，江宁刘制台，安庆王抚台，济南袁抚台》，光绪二十六年十一月十三日寅刻发，苑书义等主编：《张之洞全集》第 10 册，第 8473、8478 页。

外，贺璧理的报告也在其中。❶

随着赔款谈判的推进，不论为决定总额，还是为确定如何偿付，都需要对中国的财政收入做深入调查。1901 年 3 月 22 日，北京公使团指定英、法、德、日四国公使组成赔款偿付委员会，专门研究中国的财源。5 月 1 日，该委员会向公使会议提交了一份报告，其中指出可供选择的四种偿付方式：（1）不由各国担保的中国借款；（2）按照一次付清的赔款总数借款，保证分期偿还并由各国联合担保；（3）发行中国债券；（4）实行年金。❷ 报告没有明确支持何种，暗示了委员会内部的分歧，从其对四种方式的利弊分析又可以发现分歧主要集中在由各国联合担保的借款与发行债券上。

分歧的端倪自 4 月开始呈现出来。4 月 17 日的各国代表会议讨论了偿付问题，柔克义为敦促各国先同意一次总付赔款，对各项提议均表弃权，但他开始意识到必须获知美国政府在偿付方式上的政策，遂马上请示了海约翰，因为各国不可能接受没有利息的分期摊还，他仅询问了美国政府能否接受由各国担保借款或发行债券。4 月 24 日海约翰指示说，愿意接受债券，但联合担保有困难。❸ 美国反对联合担保的理由很明显，因为它既拥有过剩的财富，不需要尽快赔付，也拥有极好的信用等级，不愿意承担高风险的连带责任，包含任何可能由贷款带来的国际金融管制。这点英国与美国类似。俄国却恰恰相反，俄国的索偿数额巨大，位列各国之首，但它的信用度却是较低的，联合担保对其最有利。柔克义报告说，中方希望联合担保或由他们发行债券，俄国也希望联合担保。❹

5 月 1 日赔款委员会宣读完报告，俄国公使格尔思就向会议递交了一份备忘录，正式建议由各国联合担保向中国贷款。他分别以赔款总数为六千五百万镑和四千万镑为例，说明担保能够让利息由七厘减少到四厘，佣金也大为降低，可为中国节省巨大的数额。柔克义从格尔思的陈述中感受到，他和其他一些公使的观点是：不将海关税率提高到值百抽十，中国所需借款不由各国联合担保，要使中国偿付六千五百万镑是绝对不可能的。由于已经奉得明确指示，柔克义断然拒绝了联合担保。❺ 5 月 7 日的公使团会议呈现出一边倒的态势，俄、法公使奉命主张联合担保，获得奥地利和日本公使的支持。美国代表柔克义表示反对，虽然其他公使还未接到指示，但从他们的发言中柔克义预感其他人都很可能将赞成联合

---

❶ Report on Questions relating to Chinese Taxation, Indemnity, and Proposed Conventional Provisions, March 2, 1901, *Despatches from U. S. Ministers to China*, February 5 – March 29, 1901, M92, R111, National Archives of the United States.

❷ 《赔款偿付委员会报告》，1900 年 5 月 1 日，《1901 年美国对华外交档案》，第 187 – 188 页。

❸ 《柔克义致海电》，1901 年 4 月 18 日；《海致柔克义电》，1901 年 4 月 23 日，《1901 年美国对华外交档案》，第 448、449 页。

❹ 《柔克义致海函》，1901 年 4 月 24 日，《1901 年美国对华外交档案》，第 176 页。

❺ 《柔克义致海函》，1901 年 5 月 1 日，《1901 年美国对华外交档案》，第 184 页。

担保，因为这似乎是现阶段看来"中国可能偿付由目前各项赔款要求所达到的巨额总数（即四亿五千万两）的唯一希望"，柔克义感受到了巨大的压力。❶

美国政府肯定了柔克义的立场，麦金莱总统指示柔克义在请求各国减少总额的同时，提议各国接受中国没有国际担保的债券，美国愿意接受这种三厘利息和不付佣金的债务，作为自己应得的赔款。❷ 事实上，各国的联合担保对中国是有好处的，也是最简易的偿付方式，但美国担心有损自身利益而明确反对，这势必影响了另一在华商贸强国英国，随后英国提出发行债券的方案，并最终改变了偿付谈判的走向。

（二）发行债券与分期偿还方案

正当柔克义准备提出美国总统的提议时，1901 年 5 月 14 日英使萨道义秘密向他透露了英国政府的态度，英国跟美国一样反对联合担保，而且英国建议：中国按照票面价格，把相当于各有关国家应得份额的债券付给各国，债券利息为四厘，并备有百分之零点五的偿债基金；以盐税、常关税以及对从海上和陆地出口的货物按从价值百抽五征税所增加的收入，大米和鸦片除外。❸ 5 月 22 日的会议正式宣读了英国提案，柔克义也趁机表示美国主张中国政府为赔款发行的债券不由国际担保，接受三厘的利息。英、美建言大同小异，互为配合。俄国渴望尽快获得现款，俄使当即提出反对，声称债券只是一种对支付的允诺，将来怎样毫无把握。❹

5 月 23 日，外交团继续讨论英国提案，俄、法继续坚持有担保借款；日本公使愿意支持多数；德国公使声称赞成发行债券；奥、比、荷三国公使尚未接到训令；意使表示意大利政府认为两种方式均可。❺ 从中可见与此前最大的不同是德国明确支持了发行债券，这显然跟英德之间的交易密不可分，英国通过对赔款总数的让步换取了德国在偿付方式上的支持。德国的决定至关重要，因为奥、意两国总是追随它。原本反对联合担保的只有美国，英国的加入形成了与法、俄对峙的局面，而德国就成为足以影响哪一边是大多数的关键力量。5 月 25 日，德、意公使正式通知外交团支持英国的提议。在答复法、英、俄等国的询问时，美国政府也继续明确告知美国强烈反对共同担保，并愿意接受没有这种担保的中国债券。28 日，俄使宣布接受英国关于设立收款委员会的建议，柔克义将此理解为俄国政府放弃了国际担保贷款的计划。❻ 发行债券遂获得了多数国家的通过。

与此同时，清政府接受了四亿五千万两赔款的要求。各国代表遂开始具体讨

---

❶ 《柔克义致海函》，1901 年 5 月 7 日，《1901 年美国对华外交档案》，第 204 – 205 页。

❷ 《海致柔克义电》，1901 年 5 月 10 日，《1901 年美国对华外交档案》，第 452 页。

❸ 《萨道义爵士 1901 年 5 月 14 日备忘录》，《1901 年美国对华外交档案》，第 223 页。

❹ 《柔克义致海函》，1901 年 5 月 22 日，《1901 年美国对华外交档案》，第 226 – 227 页。

❺ 《柔克义致海函》，1901 年 5 月 23 日，《1901 年美国对华外交档案》，第 230 页。

❻ 《柔克义致海函》，1901 年 5 月 25 日；《柔克义致海函》，1901 年 5 月 28 日；《海致柔克义电》，1901 年 6 月 8 日，《1901 年美国对华外交档案》，第 233、236、456 页。

论中国分期偿付的种种方案。6 月 1 日的会议首先讨论了汇丰银行和赔款偿付委员会的方案，此后还有华俄银行与赫德的方案，前后共有四种，不同在于偿款年限以及利息的计算方式。在那之前，赔款偿付委员会还收到了中国全权大臣交来的两种方案，一种计划在前三十年付清本金，后三十年付清利息；另外一种打算用四十年付清，将全部利息加入本金，分四十等份分期偿付。从赔款偿付委员会与李鸿章、徐寿朋、那桐等人的会谈记录可以看出，德使穆默、英使萨道义等委员会成员当面驳回了中国代表的方案，李鸿章随后表示他的建议已不可能实行，转而请求委员会为其拟制分期付款表。❶ 此后分期偿付的方案仍旧围绕着各国拟订的几项进行讨论。

柔克义在给美国政府的报告中仔细比较、分析了各方案之间的利弊：

方案一，由汇丰银行的驻京代表制订，计划将全部债务四亿五千万两连同利息四厘，分 50 年偿清，将债券分成系列，分期赔付分别开始于 1906 年、1915 年和 1932 年。柔克义评价说这个方案主要缺陷在于没有将中国因为逐步清偿了其他债务而可利用的款项用于分期赔付，而且将债券分成系列可能会造成债券分配上的不便，中国赔款的巨大压力会在接下来的十六七年间，此后才逐渐减少。

方案二，被称作委员会方案，原则是把随着中国外债减少而剩下的全部应计余额用于赔款，另外除作为四厘利息的一千八百万两必须支付外，不再让中国背负新的负担。柔克义评论说这个方案跟前一个一样，都规定了每年最小的赔付额，45 年周期，但提出了比方案一更公平的赔付分配。

方案三，来自华俄银行，柔克义直接指出这无疑是个不好的方案，因为它通过平衡利息和本金的赔付让整个 40 年间每年的赔付额一致，但没能考虑到被其他债务的赔付解放出来的收入。

方案四，来自赫德的计算，他将赔付时间延长到 50 年，每年赔付 2100 万两。柔克义评论说这个方案同方案三用一样的方法平衡了本息，除了每年赔付的数额减少一些，赔付时间延长了十年外，效果是一样的。

柔克义认为，总体看来，委员会的方案是最科学的，但可能赫德的方案是最能被接受的，因为它从一开始要求赔付的数额是最少的。❷ 各国代表在 6 月 1 日的会议上也原则上接受了委员会方案。

6 月 15 日，俄国宣布不再坚持国际担保借款，愿意接受所有其他国家达成的协议。法国公使也说明其政府愿意接受两种偿付方式中的任何一种。至此，赔款偿付方式的谈判以英、美的胜利告终。其中，美国政府为了促进谈判尽快结

---

❶ Rockhill to Hay, June 1, 1901, *Despatches from U. S. Ministers to China*, June 1 – July 31, 1901, M92, R113, National Archives of the United States.

❷ Rockhill to Hay (memorandum), July 17, 1901, *Despatches from U. S. Ministers to China*, June 1 – July 31, 1901, M92, R113, National Archives of the United States.

束，放弃三厘利息之提议，赞同四厘。虽然日本由于现实因素在接受四厘上会有损失，但很快就不再坚持，利息问题亦达成一致。❶ 7 月 27 日，外交团长葛络干向中国全权大臣递送照会，传达各国对赔款的最后决定，即要求赔款的最后总数为四亿五千万海关两，按 1901 年 4 月 1 日的汇率用金币支付，利息四厘。正式的分期摊还，从 1902 年 1 月 1 日开始实行，持续到 1940 年为止。中国在 1902 年 1 月 1 日，只需要偿付从 1901 年 7 月 1 日至 1902 年 1 月 1 日这六个月间四亿五千万两总数的利息。不过，为了方便中国偿清这笔欠款，各国愿意中国在 1902 年至 1905 年这三年期间分期偿还，条件是支付复利。❷

（三）柔克义力争取得通商补偿

不论是发行债券，还是担保贷款，归根结底中国必须要能增加收入以偿还贷款，自赔款议论开始，各国代表也提出了许多方案讨论赔款来源，涉及可能增加收入的诸多建议（表 4 - 2）。此后随着讨论的逐步深入，关注点被集中到了海关税、常关税、盐税等几项上来。尤其围绕着增加关税的问题，北京外交团争执不休，美国提出的贸易补偿最后获得通过。

表 4 - 2　赔款来源提议分类表

	海关税	常关税	盐税	北京落地税	漕粮	满人津贴	田赋	厘金	房捐	印花税	土产鸦片
萨道义	√	√	√		√						
赫德	√	√	√	√	√		×	×			
赔款偿付委员会	√	√	√	√	√	√	×	×	×	×	×
格尔思	√	√									

在论及是借款还是发行债券前，经过外商提议，外交团中就有一些公使赞成增征关税用来偿付赔款，因为目前的进口税率名义上是值百抽五，实际上只抽百分之三点五左右。❸ 萨道义在他 1900 年 3 月 25 日的备忘录中，也建议将目前的进口税提高到切实值百抽五，除去外国谷物或大米外，对免税进口货物都应征税。赫德分析了实际没有达到值百抽五是银价下跌的结果，认为只要恢复税则规定的海关两的价值就可做到切实的值百抽五。赔款偿付委员会也赞成，除鸦片与大米外，将进口税增加到值百抽五。❹ 俄使格尔思在正式主张联合担保借款的同

---

❶ 《柔克义致海函》，1901 年 6 月 15 日，《1901 年美国对华外交档案》，第 327 - 328 页。Hay to Rockhill（telegram），July 12，1901，*Diplomatic Instructions of the Department of State*，China，June 24，1899 - August 14，1906，M77，R43，National Archives of the United States.

❷ 《葛洛干致中国全权大臣照会》，1901 年 7 月 27 日，《1901 年美国对华外交档案》，第 381 页。

❸ 《康格致海函》，1901 年 2 月 5 日，《1901 年美国对华外交档案》，第 82 页。

❹ 《备忘录》；《关于中国偿付赔款的备忘录》；《赔款偿付委员会报告》，《1901 年美国对华外交档案》，第 134 - 135、140 - 141、190 页。

时，提出要将关税追加到值百抽十。对此，柔克义拒绝考虑，因为他看来这对美国来说无法接受，除非"立即为我们的贸易提供相等的补偿"。由于美国在对华贸易中占有相当的比重，增加关税意味着加重在华美商的负担，影响对华贸易，威胁到美国的商业利益，美国对此很是敏感，甚至从根本上反对加税。但各国似乎都赞同了将关税提到切实值百抽五，柔克义虽认为"这对中国来说是完全公道的"，同时他也开始酝酿由其他途径获得补偿，方法就是让清政府答应美国商界呼吁多年的几项要求，"这一点中国更容易做到"❶。

针对将进口税率提高到值百抽五还是值百抽十，北京外交团再次分裂成了两边。俄、法、德三国赞成值百抽十，因为这样能更快地取得赔偿；在中国拥有大量商业利益的英国、日本同美国意见一致，英使萨道义在 5 月 14 日的备忘录中也明确声明英国的原则是，进口税的提高不允许超过从价值百抽五，除非以圆满的方式解决修改商约的问题。❷ 可见受到柔克义的影响，英国和日本也开始寻求获得通商上的优惠，作为提高税率的补偿。俄、法等国多次试图将财政与通商问题划分开来，都遭到美、日公使的拒绝，柔克义认为这对圆满地解决通商问题是有利的，否则就会失去一个"能对中国施加压力的强大杠杆"。

通商补偿完全由柔克义个人提议，事实上在关税问题上，他表现得比美国政府更不愿意妥协。柔克义对英国向德国的让步相当不满，为了维护英德同盟并获得德国在发行债券上的支持，英国不仅接受了四亿五千万两的赔款数额，而且放弃了以通商利益作为提高海关税率的补偿。5 月 25 日柔克义发电请示国务院是否同意日本向英国提出的建议，即以废除所有进口厘金税作为把中国的进口关税提高到值百抽十的补偿。他建议可以另外获得其他的补偿。海约翰则很快同意了日本增加进口关税，同时废除厘金税和给予其他补偿的建议。❸ 美国政府的态度显然受到最大的在华商人团体美国亚洲协会的影响，由于该协会先前就修改税则一事向美国总统表示，他们认识到清帝国的财政需要，对于增加外国进口货物的关税并无异议，即便是值百抽十再加值百抽五的子口税。❹

鉴于美国政府的态度以及由于英国放弃导致的困难形势，柔克义本也可以不再坚持，但他仍于 6 月 4 日以备忘录的形式向外交团正式递交了贸易补偿的请求。其中他以这些补偿是外国贸易界迫切要求实现的事项为由，具体建议：

若将进口税提高到值百抽五，需要（1）海关现行的进口税率应由从价税改为从量税，并为此目的任命一个国际委员会来办理，在此项工作未完成前，所有

---

❶ 《柔克义致海函》，1901 年 5 月 1 日，《1901 年美国对华外交档案》，第 184 - 185 页。

❷ 《柔克义致海函》，1901 年 5 月 20 日，《1901 年美国对华外交档案》，第 222 - 223 页。

❸ 《柔克义致海函》，1901 年 5 月 25 日；《柔克义致海电》，1901 年 5 月 25 日；《海致柔克义电》，1901 年 5 月 28 日，《1901 年美国对华外交档案》，第 232、454、455 页。

❹ Memorandum on the Revision of the Commercial Treaties with China, *Despatches from U. S. Ministers to China*, June 1 - July 31, 1901, M92, R113, National Archives of the United States.

海关进口税率仍继续按价征收；（2）疏浚通往上海和天津的河道，中国政府对此项工程拨款襄助；（3）目前实施的关于外国人为通商贸易在内河航行的规章应予以修改，俾内河对从事这种贸易的各类船舶均保持开放。若将进口税提高到值百抽十，需要（1）全面修订关税税则，改从价税为从量税；（2）撤销禁止输入大米的规定；（3）废除一切厘金税，包括子口税及对所有进口的外国商品课征的各种内地税；（4）修改对供输出的土产，特别是茶叶、棉花、生丝及其他输出的重要商品所征的厘金税率。（5）中国政府参与疏浚通往上海和天津的河道。❶

6月11日北京外交团召开会议讨论了柔克义的倡议。日本公使完全赞同。值百抽十的方案遭到了英国公使的强烈反对，萨道义反对对厘金只做部分裁减，主张废除全部厘金制度，并加上一系列其他的补偿，才能作为增加进口税到值百抽十的补偿。由萨道义接到的训令可知，英国政府实际上完全反对值百抽十的方案，英使主张其他各种补偿无非就是刁难，因为其他公使在促进贸易上并不积极。外加值百抽十增加的收入还可以从盐税中获得，外交团遂集体抛弃了这项计划，而接受以盐税为担保，同意将进口税提高到值百抽五。英使之计谋得逞了，对美方也没有什么损失，柔克义继续宣称，即使是值百抽五，也必须要求贸易方面的补偿。修改内河通行章程一条遭到俄使格尔思的反对，鉴于这条本就是为获得其他公使支持而加上的，并无特别实际好处，柔克义遂建议美国政府只接受前两条。为使谈判迅速完成，海约翰批准了柔克义在关税与贸易补偿方面的自行处置权，同意接受带有两点补偿的切实值百抽五关税。❷

6月19日，俄、法两国最终放弃了增加关税到值百抽十，而选择以盐税代替。但他们提出一个保留条件，即如果中国不能定期偿付赔款，应讨论把关税最终提高到值百抽十以补充不足之数。柔克义看来，这是一个很合理的要求，可以说是对两国放弃联合担保及值百抽十的承诺。然而，英国公使却突然宣称，其政府不能同意仅仅为了支付赔款利息，而把关税最终增加到值百抽十以上，因为它认为准许中国这样增税应该取得补偿，如废除厘金税以及消除通商方面的其他障碍等。柔克义对英国甚不通情达理既惊又气，他看到了谈判因此受到拖延的危险性，希望能够说服英国。❸ 事实上，虽然在反对过分增加关税和寻求贸易补偿上立场一致，但美、英、日三国的底线却有相当的差距，并呈现出随着时间推移，美国愈发妥协，而英国越发强硬的特点。总的来说，日本最有弹性，同意值百抽五和值百抽十中的任何一个，只要有通商补偿；美国同样两个都接受，但在补偿

---

❶ 《柔克义致海函》，1901年6月11日，《1901年美国对华外交档案》，第306－308、310－311页。

❷ 《海致柔克义电》，1901年6月12日，《1901年美国对华外交档案》，第457页。

❸ 《柔克义致海函》，1901年6月19日；《柔克义致海电》，1901年6月19日，《1901年美国对华外交档案》，第330－331、458页。

的具体条款上不愿过多让步；英国反对任何值百抽五以上的提案。

正如柔克义担忧的，英国的态度确实导致了赔款谈判的拖延，直到 7 月，英国仍坚决反对俄国将值百抽十作为附加条件，谈判陷入僵局。美国已无所谓英国还是俄国的方案，只求议和尽快完成，出于对英国拖延的愤慨，柔克义甚至在 7 月 18 日倾向于接受俄国的提议。然而，在英国不惜以拖延谈判为代价的强硬立场下，俄国最终妥协，俄使格尔思在 7 月 26 日发表声明，不坚持要求把进口关税最后提高到值百抽五以上作为预备担保，只是如指定支付债券的岁入不够，各国将及时共同研究订出弥补缺额的必要措施。这只能算是一种姿态，并无实际效用，英国遂欣然接受。❶ 关税谈判才落下帷幕。

由于各国在同意关税增加到值百抽五时，也接受了盐税作为赔款收入的保证，随着赔款总数、利息以及海关税收的增加等谈判结果的浮现，各国在赔款来源上最后并无太大分歧，最终决定以增收的关税余额、常关税以及盐税作为中国发行债券的担保。7 月 27 日外交团长葛络干在致中国全权的照会中明确说明了这点，美国提出的将关税提高到值百抽五的前两个补偿贸易的条件。❷

第三节　地方赔款的解决

庚子赔款，实际包括两项内容：一是我们熟知的四亿五千万两的总赔款；二是地方赔款，大约有两千余万两，虽然数目远比不上总赔款，但却比总赔款复杂得多。❸ 为何已设总赔款，仍出现有地方赔款？二者在谈判过程、赔付方式方面有何异同？是否有交叉、重叠的部分？本节利用美国索偿委员会的珍贵档案，配合以中文史料，尝试由美国入手梳理地方赔款各相关议题，着重探究美国对地方赔款的态度、行动以及中美地方赔款谈判的内容、结果、影响等。

一、地方赔款的源起

促成地方赔款的出现主要有两个方面的因素：一是在北京的各国代表决定中国教徒的赔偿由传教士与当地政府自行解决；二是一些清政府地方官员主动与当地外国人接触并付给补偿。

---

❶ 《柔克义致海函》，1901 年 7 月 18 日；《柔克义致海函》，1901 年 7 月 26 日，《1901 年美国对华外交档案》，第 360 – 361、370 页。

❷ 《葛络干致中国全权大臣照会》，1901 年 7 月 27 日，《1901 年美国对华外交档案》，第 381 – 382 页。

❸ 台湾地区学者王树槐的文章《庚子地方赔款》（《中央研究院中国近代史研究所集刊》，1972 年第 3 期）为迄今为止笔者仅见的论述庚子地方赔款问题的研究成果，对该问题有一初步的梳理，实属难得。但限于史料，该文不论是对地方赔款的源起、地方赔款与大赔款的关系等关键问题的论述，还是对地方赔款本身的研究深入程度，都远远不够，尚留有许多疑点和含糊之处。

　　赔款论题被提上议程之初，北京公使团首先商议的就是要对哪些人进行赔偿，1900 年 10 月 28 日的会议确定了赔偿的范围包括"外国政府、社团、个人以及外国人雇用的中国人"❶。因此根据赔付对象，赔款可分为政府赔款与民间赔款；其中民间赔款又可分为对外国人（包括社团、个人）的赔款和对外国人雇用的中国人的赔款。这些内容都被纳入了总赔款。此外，还有对中国教徒的赔款，北京公使团经过激烈的讨论后放弃了这一项目，因为担心为此需要展开无边无际的调查而延误了谈判。就这样在总赔款之外，遗留了这样一部分的赔款问题，各国公使希望由传教士自己同中国当地政府交涉解决教民的损失。事实上，正如美国公使康格注意到的，"一些地方的士绅已经在打算重建被毁坏的教堂和教士住地"❷，因此公使们并不担心这部分赔款无法得到落实。

　　在各国公使的许可下，传教士热衷于为他们的教徒争取赔偿，一旦形势允许，他们就为此奔走于各处衙门与乡间。甚至有的传教士不顾个人安全，深入尚未稳定的地区，发生了伤亡事件。❸ 在奔走过程中，传教士发现他们自身也非常渴望就地解决，因为那样他们能够很快地从地方政府处取得现金，迅速开展重建，重启当地的传教事业，而不用长久地等待不知何时才能拨付的总赔款。不仅传教士，许多清朝地方官员也主张就地解决，尤其以刘坤一、张之洞为首的东南督抚为了不影响北京的谈判，主张将事态控制在地方，也以此作为向各国示好的重要手段，努力配合甚至主动邀请传教士到当地索偿。衡州教案发生后，张之洞几次三番发电报告诫湖南巡抚俞廉三："赔款必须湘出，不能归入条约""此事似不宜径商外部，萨使必推，霍领必怒，更难疏解。"❹ 地方官员担忧若由北京解决，只会徒增谈判的困难，若归入条约，也会让赔款数额增加许多。因此，地方政府在与传教士交涉对中国教徒的赔偿时，通常会连同对当地教会、传教士个人的赔偿一并处理，受到了外国传教士的欢迎。浙江衢州教案、湖南衡州教案等均是在发生之后很快议结，袁世凯在山东也连续议结了多起上两年遗留的教案，后期针对直隶京师的教案、山西的教案等，也都经当地官员与各国传教士往复交涉得以完结。

　　然而，这却引发了一个复杂的问题。清朝地方官员以为教案已在各地层面解决，不会添入总条约之中，却不知道在从地方政府处获得赔偿以前，外国传教士多数已经向各自政府递交了索偿请求，各国政府根据这些请求也已汇总成一个总额向中国全权代表提出，因此四亿五千万两的总赔款数额事实上包含有这部分清

---

　　❶ 《康格致海电》，1900 年 11 月 1 日，《1901 年美国对华外交档案》，第 414 页。

　　❷ 《康格致海函》，1900 年 10 月 30 日，《1901 年美国对华外交档案》，第 50 页。

　　❸ Squiers to Hay, March 27, 1901, No. 588, *Despatches from U. S. Ministers to China*, February 5 - March 29, 1901, M92, R111, National Archives of the United States.

　　❹ 《致长沙俞抚台》，光绪二十六年十月十六日丑刻发；《致江宁刘制台、上海盛大臣、杭州恽抚台》，光绪二十六年十二月初八日子刻发，苑书义等主编：《张之洞全集》第 10 册，第 8446、8496 页。

政府官员们以为应该被各国主动剔除的内容，传教士的这部分赔款实际上造成了双重索赔的情况。各国政府起先也并不知情，直到收到传教士撤销索偿的申请以及核实赔款的工作开展后，才逐渐意识到这个问题。以下试图以美国为例加以分析。

二、美国政府对民间索偿的核实

中外史料关于已获得地方赔偿之传教士于中央的索偿内容记载十分有限，许多国家甚至不主动提及此事。笔者有幸在美国国家档案馆中发现美国索偿委员会的档案，从中能够勾勒出事情的诸多细节。还得从对赔款进行核实讲起。

1901 年年初确立了赔款范围后，在北京的各国代表深知必须规定若干原则以确定其数额。战争费用须由各国政府自行确定。公使们经过讨论，也决定由各国使馆或政府负责批准本国人民的申请，同时又一致认为，必须规定出私人可以提出赔偿要求的一般准则，由各国政府同意并遵照执行。因此，2 月 25 日成立了一个由德、比、荷、美四国公使组成的赔款委员会，该委员会制定了一些适用于所有民间赔偿要求的条例，于 3 月 13 日拟出报告。该报告首先确立了提出赔偿的标准，即"只有 1900 年排外运动当时的和直接造成的损失，才得提出赔偿要求"，然后详细规定、列举了一系列构成 1900 年事件当时的和直接造成的损失的情况以及不应视为 1900 年事件当时的和直接造成的损失的情况。❶ 俄、法、德、荷等国率先接受了这一报告后，事实上赔款委员会制定的这些原则成为了各国民间索偿的基本准则，虽然当时美国公使康格为了促成一个总付赔款，对其他问题不做表态，但美国无疑仍将这些原则贯彻到了此后的赔款核实中，并在美国政府内部引发系列讨论。

赔款谈判期间，由于时间仓促，各国只能根据已报的私人索偿加上军费开支预估一索赔数额先行提出，美国甚至在并未收集私人索偿申请之前就径直指出二千五百万美元这一数字，事后难免必须核对实际的花费与损失。清政府方面曾经有官员将核实赔款视为削减数额的关键手段，盛宣怀、张之洞等人从 1900 年年底就开始注意及此，多次建议"赔款务期核实""赔款求减彼必不理，赔款核实彼不能驳"❷。但出于尽快结束谈判的时间压力，作为中方全权代表的李鸿章和庆亲王并没有向列强提出这个要求，各国政府也并不着急核实，多于中国开始支付赔款前后乃至几年后才逐步核实清楚了实际损失与花费。而且调查、核对的过程与结果均由各国政府独立进行，清政府与其他国家无从知晓。

---

❶ 《赔款委员会报告》，1900 年 3 月 13 日，《1901 年美国对华外交档案》，第 118 – 123 页。

❷ 《督办铁路大臣盛宣怀为更议续议条款事电》，光绪二十六年十一月初三日，《庚子事变清宫档案汇编》第 9 册，第 161 页。《致江宁刘制台、济南袁抚台、上海盛大臣》，光绪二十六年十一月二十一日亥刻发，苑书义等主编：《张之洞全集》第 10 册，第 8488 页。

1902 年 5 月 5 日，美国索偿委员会（The United States Claims Commission）在美国公使康格的任命下，于北京公使馆开会，公使馆二等秘书边必济（William E. Bainbridge）和驻天津领事若士得（James W. Ragsdale）二人担任委员，负责对美国的各项民间赔款进行审查，另有罗利（Edward K. Lowry）担任秘书。❶ 委员会于当天宣誓，并开始工作，直到 1902 年 11 月 17 日提交总报告，前后花费了半年多的时间，在北京、保定、天津、北戴河、牛庄、芝罘、上海等地开庭审议美国公民以及受美国人雇用之中国人在义和团运动期间遭受损失的索偿要求。查考美国国家档案馆藏该委员会的详细工作记录，能够整理出所有申请之基本情况，见表 4 - 3，表 4 - 4：

表 4 - 3　美国公民对华索偿金额及审核结果（1901—1902）

序号	姓名	索偿金额			委员会审核结果
		美金	墨西哥币	银两	
1	Mrs John L. Mateer	2383.00			部分许可
2	Gertrude Gilman	850.00			部分许可
3	W. A. P. Martin		6615.00		部分许可
4	F. M. Chapin	1125.00			部分许可
42		3407.00			
5	Peter Turner			5130.00	不是美国人，撤回❷
6	J. L. Whiting	3280.00			部分许可
7	Charlotte M. Jewell	1793.00			部分许可
8	George R. Davis	1840.00			全部许可
9	Edward K. Lowry	15878.80			部分许可
10	Miss J. G. Evans	2530.00			部分许可
11	Mary E. Andrews	2000.00			部分许可
12	Woman's Foreign Missionary Society of the Methodist Episcopal Church	38296.00			部分许可
166		26690.36			
13	John M. Moore			4070.00	部分许可
14	RobertColtman, Jr.	35135.00			部分许可
15	George D. Lowry	3993.00			部分许可

---

❶ Journal of the United States Claims Commission in China, May 5, 1902, *Records of Diplomatic Post: China*, vol. 0749, RG84, National Archives of the United States.

❷ Conger to Hay, February 21, 1901, No. 541, *Despatches from U. S. Ministers to China*, February 5 - March 29, 1901, M92, R111, National Archives of the United States.

序号	姓名	索偿金额			委员会审核结果
		美金	墨西哥币	银两	
16	Misses Emma & Lizzie Martin	848.60			部分许可
17	Charles E. Ewing	2860.00			部分许可
18	H. S. Galt	1599.50			部分许可
19	CourtenayH. Fenn	7285.00			部分许可
20	Chauney Goodrieh	10900.00			部分许可
21	William T. Hobart	1595.00			部分许可
22	Anna D. Gloss	4000.00			部分许可
23	Alice Terrel	1625.00			完全许可
24	Ada Haven	1500.00			部分许可
25	Peter Turner			8800.00	不是美国人，撤回❶
26	W. N. Pethick	909.00			部分许可
27	W. S. Ament	5300.00			部分许可
28	Mary ElizabethSheffield	1394.00			部分许可
29	NellieN. Rusell	1783.00			部分许可
30	Gilbert Reid			19200.00	部分许可
31	William B. Stelle	5215.30			部分许可
32	Charles Denby, Jr.			20415.00	部分许可
33	Charles A. Killie	4848.65			从三河县令处获得一笔272.76美元的赔偿❷部分许可
34	John Wherry	3247.00			部分许可
35	Eliza E. Leonard	1489.00			部分许可
36	PresbyterianBoard of Foreign Missions	54472.00			全部许可
44		11850.00			
37	A. M. Cunningham	2280.00			部分许可
38	Maud A. Mackey	697.00			完全许可

---

❶　Conger to Hay, February 21, 1901, No. 541, *Despatches from U. S. Ministers to China*, February 5 - March 29, 1901, M92, R111, National Archives of the United States.

❷　Conger to Hay, February 12, 1901, No. 531, *Despatches from U. S. Ministers to China*, February 5 - March 29, 1901, M92, R111, National Archives of the United States.

续表

序号	姓名	索偿金额			委员会审核结果
		美金	墨西哥币	银两	
39	Janet C. McKillican	1049.00			不是美国人，撤回❶
40	North China Mission of the American Board of Commissioners for Foreign Missions	64410.00			部分许可
86		409.43			
136		317.78			
229		25000.00			
41	J. H. Ingram	3650.50			完全许可
43	J. Albert Miller	3450.00			部分许可
45	D. Matilda Douw	8160.00			部分许可
46	Frank T. Davis			5472.00	部分许可
47	H. H. Montell			16412.00	部分许可
48	Lewis L. Etzel			6750.00	部分许可
49	Amelia P. Lowrie	3093.00			部分许可
50	B. C. Atterbury	8400.00			部分许可
51	CharlesSturmann		397.50		部分许可
102			220.00		
52	International Bicycle Co.			6197.00	部分许可
53	Rachel R. Benn	2596.00			部分许可
54	R. M. Tismar		899.20		部分许可
55	Margaret H. WilsonCrofts			3810.00	部分许可
56	Jane M. Moore			15172.00	部分许可
57	George W. Verity	2655.35			部分许可
58	Rocky Point Association			3600.00	部分许可
59	J. H. Pyke	7248.50			部分许可
60	FrankD. Gamewell	7725.00			部分许可
61	Mary H. Porter	2805.00			部分许可
62	George D. Wilder	424.80			部分许可
63	Mrs. F. D. Wilder	349.00			全部许可
64	Gertrude Wyckoff	50.00			全部许可
65	FrancesO. Wilson	2780.00			部分许可

---

❶ Squiers to Hay, April 25, 1901, No. 619, *Despatches from U. S. Ministers to China*, April 1 – May 30, 1901, M92, R112, National Archives of the United States.

续表

序号	姓名	索偿金额			委员会审核结果
		美金	墨西哥币	银两	
66	M. Ida Stevenson	2950.00			部分许可
67	H. P. Perkins	3063.00			部分许可
68	Edward R. Wagner	1200.00			部分许可
69	John Strong		5146.50		
70	Wilbur F. Walker	4647.00			部分许可
71	James W. Ragsdale	1397.00			单独解决，撤回❶
72	HenryD. Porter	2237.00			部分许可
73	Maclay and Company	41987.00			部分许可
148		7520.00			
74	Edward B. Drew			4565.06	部分许可
75	Sara J. Ragsdale	500.50			部分许可
76	GeorgeButland	2340.50			部分许可
77	N. Blanchard			1000.00	部分许可
78	North China Mission of the Methodist Episcopal Church	75720.00			部分许可
79	E. G. Adams, Jr.			10407.39	部分许可
80	CharlesD. Tenney			34449.90	部分许可
96			12000.00		
132				3071.90	
81	Young Men's Christian Association	1016.00			全部许可
82	CharlesD. Jameson		1945.00		完全许可
83	D. Willard Lyon	1500.00			部分许可
84	Robert R. Gailey	2977.05			部分许可
85	ArthurH. Smith	3173.83			完全许可
87	D. Z. Sheffield	7176.00			部分许可
88	J. Herrings		50000.00		
89	American Trading Company			172998.85	部分许可
111				6256.00	
113				159686.00	
134				2005.28	

❶　Squiers to Hay, June 13, 1901, No. 653, *Despatches from U. S. Ministers to China*, April 1 – May 30, 1901, M92, R112, National Archives of the United States.

续表

序号	姓名	索偿金额			委员会审核结果
		美金	墨西哥币	银两	
90	W. S. Emens			14587.65	部分许可
98				6500.00	
91	Thomas A. Standring			1129.50	部分许可
92	Mrs. J. Woodberry	1116.00			部分许可
93	H. C. Hoover	52707.00			部分许可
94	Denton E. Peterson	6683.50			部分许可
95	N. J. Sargent			1460.00	部分许可
97	Zella Maynard		1330.00		部分许可
99	HiramH. Lowry	3452.00			部分许可
100	Harry E. King	8826.30			部分许可
101	Peking University	72171.25			部分许可
103	Eldwood G. Tewksbury	15945.00			部分许可
104	D. Z. Sheffield	60375.00			
105	D. Z. Sheffield	49450.00			
106	D. Z. Sheffield	5800.00			
107	Franklin M. Chapin	68600.00			
108	Luella Miner	2581.00			
109	Abbie G. Chapin	487.00			全部许可
110	American Bible Society	18194.00			全部许可
149			10542.42		
176			10542.42 (duplicate)		
112	A. H. Talpey			400.00	全部许可
114	J. Rasmussen	5490.00			部分许可
115	American Trading Company	68111.42			部分许可
116	J. R. Goddard		5937.00		单独解决，撤回❶
117	A. S. Fobes			2379.00	部分许可
119				6472.00	

---

❶ Squiers to Hay, June 13, 1901, No. 653, *Despatches from U. S. Ministers to China*, April 1 – May 30, 1901, M92, R112, National Archives of the United States.

续表

序号	姓名	索偿金额			委员会审核结果
		美金	墨西哥币	银两	
118	CharlesMcCaslin			9235.48	部分许可
122				19606.82	
123				11602.65	
120	American Trading Company, Newchwang			16909.52	部分许可
121				29475.30	
124	Harry Emmerson	2615.00			部分许可
125	Equitable Life Assurance Society	6942.27			主动请求撤回索偿❶
126	Lewis L. Etzel			6750.00	
127	Fearon，Daniel & Company			22556.19	部分许可
137				8408.15	
128	A. L. Smith		2460.00		部分许可
129	T. W. Connor	4390.00			部分许可
130	Standard Oil Company			40808.66	许可 34408.66两❷
141					
131	D. B. Nye		100.00		
133	C. B. Sherman		2005.00		部分许可
135	H. S. Lawrence			960.48	全部许可
138	Frazar & Company			13372.61	部分许可
139	Z. CharlesBeals		250		被退回以求证❸撤回
140	China & Japan Trading Co.			Haikuan 822388.89	部分许可
142	Enoch Emery	Rubles 841.56			不许可
143	William N. Pethick	15000.00			

❶ Squiers to Hay, June 5, 1901, No. 644, *Despatches from U. S. Ministers to China*, June 1 – July 31, 1901, M92, R113, National Archives of the United States.
❷ Squiers to Hay, June 13, 1901, No. 649, *Despatches from U. S. Ministers to China*, June 1 – July 31, 1901, M92, R113, National Archives of the United States.
❸ Squiers to Hay, May 23, 1901, No. 637, *Despatches from U. S. Ministers to China*, April 1 – May 30, 1901, M92, R112, National Archives of the United States.

序号	姓名	索偿金额			委员会审核结果
		美金	墨西哥币	银两	
144	Niles J. Friedstrom	985.00			全部许可
145	O. C. Clifford	1475.25			部分许可
146	North China Tract Society	10000.00			部分许可
147	Charles F. Gammon	2471.00			部分许可
150	South Chihli Mission	5978.00			部分许可
151	James H. McCann	423.25			全部许可
152	Edwin H. Conger	4850.00			全部许可
153	Herbert G. Squiers	1825.00			全部许可
154	Fleming D. Cheshire	530.00			全部许可
155	William E. Bainbridge	490.50			
156	C. V. Pustau & Company	45000.00			
157	Estate of Susan Rowena Bird	10635.50			部分许可
158	Estate of C. W. Price	101170.00			部分许可
159	Effie G. Young	350.00			
160	Isaac T. Headland	9653.98			全部许可
161	Miranda Croucher	7034.49			部分许可
162	Estate of Horace Trecy Pitkin	115653.68			部分许可
163	Charles Denby			15000.00	部分许可
164	Mary L. B. King	2575.00			部分许可
165		1150.00			
167	Estate of Ernest Richmond Atwater	105000.00			部分许可
168	Nehemiah S. Hopkins	9313.99			部分许可
169	Edna G. Terry	3012.20			
170	J. Fred. Hayner	5986.00			部分许可
171	Estate of F. E. Simcox	55800.00			部分许可
172	D. Matilda Douw	8160.00 (duplicate)			
173	James W. Ragsdale	3197.05			
174	Sara J. Ragsdale	500.50 (duplicate)			
175	John Inglis	5508.00			部分许可
177	Estate of Mary E. Huston	20000.00			部分许可

序号	姓名	索偿金额			委员会审核结果
		美金	墨西哥币	银两	
178	Charles H. C. Moller	21910.00			部分许可
179	Estate of George Yardley Taylor	60000.00			部分许可
180	Estate of Etta Ward	150000.00			不许可
181	Flint, Eddy & American Trading Company	6000.00			部分许可
182	Estate of Annie A. Gould	9210.00			部分许可
183	Estate of Mary S. Morrill	6820.00			全部许可
184	D. A. Emery		471.51		
185	Enoch Emery	Rubles 8408.22			不许可
219		Rubles 17003.98			
220		Rubles 9900.00			
186	Bessie C. McCoy	965.50			部分许可
187	Estate of Hilda S. Anderson	30400.00			部分许可
188	James H. Roberts	2995.75			部分许可
189	Jennie E. Chapin	1465.00			部分许可
190	I. J. Atwood	1050.00			部分许可
191	Mark Williams	1076.10			部分许可
192	Miss Wyett	858.00			部分许可
193	Estate of Dwight H. Clapp	26552.00			部分许可
194		25500.00			
195	John G. Stewart	30000.00			不许可
196	Charles A. Stanley	2456.75			部分许可
197	Laura N. Janes	150.00			全部许可
198	Emily Hammond Ament Memorial School	1200.00			全部许可
199	William P. Sprague	2559.52			部分许可
200	Supplemental Claim of the Presbyterian Board of Foreign Missions in U. S. A	8819.70			部分许可
201	Willis C. Noble	5678.50			部分许可
202	George H. Ewing	9019.50			部分许可
203	A. P. Peck	600.00			

续表

序号	姓名	索偿金额			委员会审核结果
		美金	墨西哥币	银两	
204	American Trading Company			10040.54	
205	George Warren	103800.00			部分许可
206	Frances B. Patterson	144.00			部分许可
207	E. Bavier & Company			23527.00	不许可
208	J. De Witt Jansen		1181.90		部分许可
209	Edwin E. Aiken	605.00			全部许可
210	W. S. Jackson			2340.00	部分许可
211	Estate of Hattie J. Rice	10000.00			全部许可
212	A. S. Fobes & Company	6318.76			部分许可
213	Grace Newton	1717.00			部分许可
214	The Christian and Missionary Alliance	75000.00			
215	Bertie Lewis		5016.00		部分许可
216	Virginia C. Murdock	3775.00			部分许可
217	Estate of George L. Williams	21222.00			全部许可
218	Estate of F. W. Davis	21500.00			全部许可
221	George B. Wilson	6807.71			部分许可
222	Estate of Mary L. Partridge	1446.00			部分许可
223	Jacob F. Peat	425.00			全部许可
224	HenryOlin Cady	1472.25			部分许可
225	Perdinand L. Seeberg		61260.00		不许可
226	Scandinavian Alliance Mission of Chicago, Illinois	4700.00			部分许可
227	Estate of Hannah K. Lund	500.00			全部许可
228	Estate of Carl J. Suber	750.00			全部许可
230	Joseph S. Lord	3817.00			部分许可

（资料来源：List of the Claims of Citizens of the United States Against the Chinese Government, Growing out of the So – called "Boxer" Uprising, of 1900, *Records of Diplomatic Post: China*, vol. 0749, RG84, National Archives of the United States. ）

表4-4 美国人雇用的中国人的索偿金额及审核结果（1901—1902）

序号	雇主	受雇的中国人	索偿金额			总计	审核结果
			美金	墨西哥币	银两		
	Arthur H. Smith	Tuan Chen - hai	349.60				
		Liu P'an - lung	55.08				
		Ch'I Pen - chen	12.48				
		Wang Wen - kao	9.30				
		Tsu Shen - ch'ao	20.81				
		Chang Ch'ing - yun	5.73				
		Sung Ch'eng - k'uei	22.98				
		Wang Yuan - chih	51.78				
		Li Ch'un - hua	30.77				
		Chang Chia - i	1593.53				
		Ho Ch'i - yu	24.85				
		Ho Ch'i - ying	35.19				
		Li Ch'ao - tu	15.76			撤回，共7341.16 美元	
		Mrs. Liu K'e - chih	17.79				
		Kuan T'ing - tsun	126.75				
		Kuan T'ing - mou	337.29				
		Chu Kuang - k'uei	82.50				
		Mrs. Shih	15.04				
		Chang Ch'eng - jui	28.56				
		Chia Nai - chen	1665.94				
		Chou Ju - chai	120.87				
		Wang Shu - t'ien	81.95				
		Ha Wen - ying	55.58				
		ChiaHsin - i	647.04				
		Chang Feng - hsiang	17.29				
		Lu Kuo - shun	52.02				
		Ts'ao Hu	3.67				
		Ho Tien - yin	189.00				
		Kuan T'ing - jung	433.71				

续表

序号	雇主	受雇的中国人	索偿金额			总计	审核结果
			美金	墨西哥币	银两		
	Arthur H. Smith	YangHis – hsiang	211.75				
		Ho Ch'i – liang	22.64				
		Wang Li – yen	3.89				
		Chu Mao – lin	15.54				
		Yang Hsiu – pang	34.90				
		Jen Chi – ch'uan	20.20				
		Chiang Yu – shan	147.80				
		Chou Ch'ao – wen	450.98				
		Liu Yu – chang	42.84				
		Liu Pei – lung	55.57				
		Liu T'ing – yuan	9.18				
		Wang Fa – ling	8.35				
		Chang Wan – ch'un	37.38				
		Su K'e – hung	177.28				
2	F. M. Chapin	Chang Lung – chou		29.28		共54.38墨西哥元	全部许可
		Mrs. Chiao		25.10			
16	H. H. Lowry	Liu Wan – ho			564.00		部分许可
17	M. Ida Stevenson	Li Te – jen		197.00		共357.00墨西哥元	部分许可
		Mrs. Chang		101.00			全部许可
		Mr. Liu		59.00			
	Frank H. Chalfant	Lu Wen – t'ai		94.55			
		Chang Chung – en		136.25			
		Chang Lien – yuan		393.60			
		ChangTeh Fen		32.55			
		Tai MeiKuei		32.40			
		Chang Ch'ung T'ai		67.40			
		Chu Kin Chang		92.00			
		Wang YuanTeh		189.90			
		Ha King T'ang		24.15			
		LiuTso Che		6.45			

序号	雇主	受雇的中国人	索偿金额			总计	审核结果
			美金	墨西哥币	银两		
	Frank H. Chalfant	Ch'ang Tai Hsien		8.25		单独解决后撤回，共2714.9墨西哥元	
		Chang Tao Ch'ing		40.70			
		Ting Wen Ping		78.95			
		Huang Lo Shu		70.10			
		Mrs. Shao		5.05			
		Tsou Mei Kuei		9.80			
		Mrs. Wang		341.50			
		Ting T'ung Ch'un		40.25			
		Sun K'e Li		11.60			
		Lu WenChih		157.65			
		Han KunSsu		83.65			
		Wang Ch'ang Lo		19.70			
		Liu The Lin		38.50			
		Liu Ming Chung		6.75			
		Liu Ch'ien Yu		48.80			
		Sun Lo K'un		11.70			
		Ko Shih Hsia		324.00			
		Wang Hsiao & Sun Wei Kao		30.50			
		Tien I. Fa & Han Lao Liu		37.05			
		Chu Pu Ying		120.15			
		Li Fang Kuei		17.00			
		Mrs. Sui		24.30			
		Wei Yuan Chung		11.15			
		Huang Lo Teh		15.05			
		ChuHsueh Wen & Chu Hsueh Hai		15.45			
		An Ch'ing Kuei		3.75			
		Ting Liang Kwang & Chao Hsiu Ying		17.40			
		Chang Fu Cheng & Liu Pan Wang		50.50			
		Li Kuei Chen		6.40			

续表

序号	雇主	受雇的中国人	索偿金额			总计	审核结果
			美金	墨西哥币	银两		
8	H. W. Houlding	Ch'ih Shan – chiao	531. 56			共 561.14 美元	部分许可
		K'ang Yueh – t'ing	29. 58				全部许可
7	Gilbert Reid	Liu Chih Wen		2840. 00		共 4043. 00 墨西哥元	部分许可
		Chang Luh		147. 00			
		Tsai Fang		900. 00			
		Hao San		156. 00			
	J. B. Hartwell	Sun Hwe Teh			1000. 00	撤回	
	John W. Lowe	Dr. Sen Chen – t'si	100. 000			撤回，共 561.046 美元	
		Su En – ch'ing	102. 000				
		Dan Sing – an	100. 000				
		Arthur Choo	44. 546				
		Kiangta – sah	20. 000				
		Mr. Yuen	73. 500				
		Tsei Trang – shin	17. 500				
		Sen – t'ien Hien	50. 000				
		Pao Ring	15. 000				
		Yuen Lo	16. 000				
		Yang Shi – fu	22. 500				
3	Robert H. Maclay	Ch'en Lien – ti			109. 93	共海关银 2392. 21 两	部分许可
		Wang Chi – san			385. 98		
		Liu Yin – ch'ih			1167. 30		
		HanTsu – wu			433. 50		
		China Wen – tsao			197. 00		
		Ma Mc – lin			98. 50		
11	H. C. Hoover	Hsieh Feng – ming		144. 00		共 1257. 30 墨西哥元	部分许可
		Kuo Hung – hsun		1113. 30			
13	C. D. Jameson	Turn Tsun – ho		1294. 50		1294. 50 墨西哥元	部分许可
18	W. T. Hobart	Liu Mark		537. 00		537. 00 墨西哥元	部分许可

序号	雇主	受雇的中国人	索偿金额			总计	审核结果
			美金	墨西哥币	银两		
5	American Trading Co.	Nieh Chung – yen			459.00	共海关银 16143.00 两	部分许可
		Mau Za – dong			2727.00		
		TuTse Ming			3967.00		
		YinTse Ming			3967.00		
		Lu Chen – cho			1853.00		
		Zia Ze – ding			3170.00		
4	J. W. Ragsdale	Ku Ming – te			242.00	撤回 242.00 两，共海关银 1786.00 两	撤回
		Wang En – kuei			948.00		部分许可
		Mrs. Wang Li			28.00		全部许可
		Sao Erh			93.00		部分许可
		Chia Ping – wen			64.00		全部许可
		Wang Ch'ing – hsiang			50.00		全部许可
		Wang Yu – shan			603.00		部分许可
14	Edwin N. Conger	Chang Yu – t'ing		303.40		共 615.60 墨西哥元，海关银 139.50 两	全部许可
		Wang Ch'un – lin		240.00			
		Wang Yu – ch'ing		40.20			
		Pai T'ung – ch'un		32.00			
		Lin Ch'un – p'u			139.50		
15	William E. Bainbridge	Chao			705.00	海关银 705.00 两	部分许可
21	F. D. Cheshire	Liu Wei – ch'ing			181.10	海关银 181.10 两	部分许可
22	C. D. Tenney	Kuo Che – nan			557.00	共海关银 15429.50 两，533.80 墨西哥元	部分许可
		Kuo Che – nan			1196.00		
		HsuYung – chun			3408.00		
		Sui Ping – chih		533.80			
		Shen Tsun – ying			8700.00		
		Chang Wen – tao			1568.50		
23	H. P. Perkins	Servants					部分许可

续表

序号	雇主	受雇的中国人	索偿金额			总计	审核结果
			美金	墨西哥币	银两		
6	Robert R. Gailey	Chang Mao – en			384.70	共海关银996.10两，174.80 墨西哥元	部分许可
		T. B. Hsia			452.40		全部许可
		Ch'in Chen – lung			159.00		部分许可
		Chang Tien – wu		145.00			部分许可
		Chang Tien – wu		29.80			部分许可
19	Equitable Life Insurance Co. of New York	Yang Tsze – hang			700.00	海关银700.00 两	部分许可
20	The Great China Dispensary		5811.75				不许可
12	Dr. W. A. Martin	Pai（Cook）			90.00	共海关银255.00 两	全部许可
		Kao（Boy）			40.00		
		Chang（Mafoo）			80.00		
		Ch'I Wu（Coach-man）			20.00		
		Zu Kuei（2nd Mafoo）			15.00		
		Li Zhusi（Wash-man）			10.00		
1	Frances B. Patterson	Mrs. Chang		14.50		14.50 墨西哥元	全部许可
9	Charles Denby, JR.	Yang Kuo – pin			2991.93	共海关银4345.93 两	部分许可
		Liu Yu – ting			1354.00		
10	W. N. Pethick	Shao Wan – chung			232.00	共海关银1173.10 两	部分许可
		Chou Kuo – lin			208.00		
		Chin Pao – chang			101.00		
		Lou Wan – shun			192.00		
		Tsai Shun			110.00		
		Chu Te – lin			95.30		
		Chang Pei – lin			183.00		
		Li Chang – fa			51.80		全部许可

（资料来源：List of Claims of Chinese in American Employ, *Records of Diplomatic Post*：*China*, vol. 0749, RG84, National Archives of the United States. ）

由这两份表格可以获得许多信息：首先，美国公民的民间赔偿申请共有230件，其中有个人的、也有社团或公司的，总计3 308 036美元。有些个人或团体有不止一件申请，审核时委员会将其合并进行调查。其次，对于大部分的申请，索偿委员会给出的结论都是部分许可，能够获得全部许可的相当有限，甚至有一些申请，委员会直接驳回不予许可。这是因为不论是美国在华团体、个人，还是被美国人雇用的中国人，在做索偿申请时，都很大程度上过高估计了他们的损失，索偿的数额掺杂了较大的水分，美国政府的索偿委员会参照一个相对恒定的标准，从法理层面驳回了许多个人不合理的索赔要求。

再参考索偿委员会详细的工作记录（表4-5试举了几例），可以看出，获得委员会允准的索偿项目主要是房屋、家具、书籍、个人与家庭财产等，被驳回的主要有照片、衣服、房屋装饰、杂物、运费、租金、工资等，委员会针对每个索偿案件的每一条目都一一审核。将两大类项目进行对比，可以看出，相比于被允准的房屋、家具、书籍、个人财产等类别，照片、衣服、房屋装饰、杂物等物品不仅难以估算出准确的价值，而且难以统计，因而多数被驳回了；运费、租金、工资等则很难算作是由义和团运动直接造成的损失，也被驳回了。

虽然索偿委员会以北京公使团赔款委员会制定的索赔原则为参照，撤销了许多美国民间不合理的索赔，但它却给通过审核的民间索偿额外以5%的利息，从1900年6月20日算起。这无疑也是一笔很可观的数目。在列强议定总赔款时，经过讨价还价和反复勒索，最终也只决定了四厘的利息，而此处美国政府随随便便就默认给予民间索偿以五厘的利息，确实过高。而且，美国索偿委员会的标准本身实际并不严苛，反而是相对公平合理，甚至有些方面是向索偿人倾斜的，但最终委员会撤销和不准许的数额高达1 804 385.69美元。美国公民的索偿中被允许的总数，包括从1900年6月20日开始计以5%的利息，是1 514 292.88美元，外加中国人的索偿被允许的有17 669.60美元，满打满算索偿委员会批准的赔偿数额总共只有1 531 962.48美元，仅占原索赔数额的46.31%，连一半都不到。这样的结果只能再次说明，最初美国的民间索偿确实有许多是过分勒索的。

表4-5　美国索偿委员会工作记录举例

序号	姓名	索偿金额			允许（美金）	不允许（美金）
		美金	墨西哥币	银两		
1	Mrs John L. Mateer	2383.00			2210.25 书、家具和个人财物、从1900年6月20日开始5%的利息	380.00 运费和其他，行李箱（在路上被劫走）

续表

序号	姓名	索偿金额			允许（美金）	不允许（美金）
		美金	墨西哥币	银两		
2	Gertrude Gilman	850.00			851.58 除照片、衣服外的其他索偿，从1900年6月20日开始5%的利息	85.00 照片、衣服
3	W. A. P. Martin		6615.00		2582.73 其他索偿，从1900年6月20日开始5%的利息	828.24 地毯、席子、衣服、房屋装饰物、Dr. Reid 的房子
4 42	F. M. Chapin	1125.00 3407.00			4003.80 其他索偿，从1900年6月20日开始5%的利息	922.66 杂物、砖头、仆人的损失、木材、煤和电报、从最初索偿中撤回的部分
5 25	Peter Turner			5130.00 8800.00	驳回，不是美国人	
6	J. L. Whiting	3280.00			3337.20 家庭财产，运费的20%，从1900年6月20日开始5%的利息	229.60 家具等、忘记的东西
7	Charlotte M. Jewell	1793.00			1606.86 其他索偿，从1900年6月20日开始5%的利息	341.00 墙画、照片、衣服
8	George R. Davis	1840.00			2012.90 全部索偿，从1900年6月20日开始5%的利息	
9	Edward K. Lowry	15878.80			14551.43 其他索偿，从1900年6月20日开始5%的利息	2584.00 打印机、运费、岬角的房子、以上三项的租金、东悬崖的房子及其租金

续表

序号	姓名	索偿金额			允许（美金）	不允许（美金）
		美金	墨西哥币	银两		
10	Miss J. G. Evans	2530.00			1969.50 其他索偿，从1900年6月20日开始5%的利息	730.00 照片和底片、在教会财物上花的钱
11	Mary E. Andrews	2000.00			1942.07 其他索偿，从1900年6月20日开始5%的利息	225.00 照片等、杂物
12	Woman's Foreign Missionary Society	38296.00			70039.85 其他索偿（北京、敦化、天津），从1900年6月20日开始5%的利息	1602.56
13	John M. Moore			4070.00	2938.90 其他索偿，从1900年6月20日开始5%的利息	80.10 工资
14	Robert Coltman, Jr.	35135.00			20866.19 在北京的两处房子、在北戴河的房子、手术器材、药品、医学图书馆、总图书馆、相机、家具等，从1900年6月20日开始5%的利息	16079.70

除了被美国索偿委员会全部或部分驳回的索偿外，从表4-5我们还能看出，还有一部分金额是在委员会审核之前就被撤回了的，主要有两种类别：一类是经过美国公使馆查证，该索偿人并非美国公民，如第5、25、39号和第180号案件。其中，美国公使康格曾以第5号和第25号索偿人特纳（Peter Turner）已宣布放弃效忠英国政府为由，试图帮他争取从美国政府处递交赔偿申请，但遭到了美国国务卿海约翰的指责，他认为不论索偿人是否宣称过这样的意向，在必要的正式手续完成前，他仍然是英国公民，因此美国公使馆最终撤销了特纳的申请。❶

---

❶　Conger to Hay, February 25, 1901, No. 545, *Despatches from U. S. Ministers to China*, February 5 - March 29, 1901, M92, R111, National Archives of the United States. Hay to Squiers, April 6, 1901, *Records of Diplomatic Post: China*, vol. 0749, RG84, National Archives of the United States.

另一类就是已经从中国地方官员或地方政府处获得赔偿者，如美国公民索偿申请中的第33号从三河县县令处获得了一部分赔偿，第71号和第116号也都由于获得了地方赔款，遂从总赔款中撤出，还有第125号和第130号同样是因为同中国地方当局单独解决后就撤回了全部或部分的索偿要求。此外，美国人雇用的中国人的申请也有由于地方赔偿而撤回的，最主要的就是史密斯（Arthur H. Smith）和查尔方特（Frank H. Chalfant）二人，他们都有非常多的中国雇员需要申请索偿，由于在山东获得了当地政府的补偿，在审核前主动撤销了全部请求。

由此可见，在美国政府登记的索偿请求中，不论是美国公民，还是华人的，都有一部分随着地方教案的议结，从中国地方政府层面获得了补偿，这部分金额先于总赔款获得，有助于传教士尽快恢复在中国内地的传教事业，因而受到教会的认可与欢迎，美国公使康格甚至一度认为很大部分的传教士赔款都会通过这样的形式解决。

但美国国务院对于这样的地方赔款形式却有颇多顾虑，1900年年底就在给美国驻华领事的训令中，指示说不鼓励美国公民个人与中国地方官员的谈判，并嘱咐领事不要介入，以防给在北京的总谈判带来麻烦。在1901年7月接到代理驻华公使司快尔（Squiers）关于山东与直隶教案谈判的报告后，海约翰重申了尽管不能强迫在各省的美国公民不要与地方官员协商他们的索偿，美国政府并不鼓励这样的行为。❶ 面对纽约基督教宣道会（The Christian and Missionary Alliance）想与中国地方政府单独解决的请求，海约翰继续表明了美国政府在这件事情上的中立立场。❷ 可见美国政府担心会有损美国在总谈判中的利益，并不愿意传教士与中国地方政府单独解决赔偿问题，但又没有充分的法理理由反对，只能命令其在华外交官不鼓励、不参与这类行动，并且声明不认可这样零星的索偿，在赔款执行上美国政府也没有任何义务。同时，海约翰开始意识到这类谈判会造成对同样损失的重复索偿，他指示驻华公使与领事要尽可能地随时报告，以供备案。❸

然而事实上，从美国索偿委员会的工作记录中，我们还可以看出，几乎所有已获地方赔款的申请撤回，均由索偿人主动提出，这就在很大程度上仰赖于索偿人的自觉。若是索偿人有意隐瞒，特别是跟中国县一级自行处理的小教案，美国公使、领事并未参与，也无从了解，重复索偿的情况在所难免。义和团运动过后中国各地解决的大大小小教案少则也有上百起，即便如美国政府这般注意防止重

---

❶ Hay to Squiers, July 17, 1901, No. 355, *Diplomatic Instructions of the Department of State*, June 24, 1899 – August 14, 1906, M77, R43, National Archives of the United States.

❷ Hay to Squiers, August 14, 1901, No. 361, *Diplomatic Instructions of the Department of State*, June 24, 1899 – August 14, 1906, M77, R43, National Archives of the United States.

❸ Hay to Squiers, July 17, 1901, No. 355, *Diplomatic Instructions of the Department of State*, June 24, 1899 – August 14, 1906, M77, R43, National Archives of the United States.

复索偿发生者，仍无法掌控，其他有意或无意疏忽此事的国家，其重复索偿的部分有多大则无法估量。

三、美国参与的地方赔款具体事例

尽管美国政府并不赞同地方赔款解决，1901年年初北京总谈判也正在进行，美国驻华公使馆发来的报告则向海约翰等人充分说明了地方解决仍旧不会被放弃的原因。司快尔称，"出于某些原因中国想要就地解决类似的索偿，不希望公使馆插手，似乎全中国皆如此"，而且通过这样的解决，传教士有可能为自己及其教徒获得全部赔款，若是通过公使馆渠道则不确定了。[1] 因为通过地方解决，传教士能够避免按照北京赔款委员会制定的原则来申请和补偿损失，有希望获得更大一笔赔款。故而，尽管司快尔对传教士由于其身份特殊而享有此种好处颇有微词，并承认这样的单独解决不仅遭到许多在华外国人和中国人的批评，对领事和公使馆有时也是巨大的麻烦。但权衡利弊，他最终仍旧认为这对传教士及传教事业是利益最大化的办法，默认并接受了多项地方赔款。[2]

以下将分别叙述美国获得的几笔较为重要的地方赔款：

（1）京城及顺直教案

义和团运动期间，京城内外乃至整个直隶地区都发生了严重的闹教事件，所谓"每县少或毙命数十，多数百；屋毁数百、数千间不等""直隶全省杀人焚屋之案，几于无县无之，其杀人多者，一县竟至一二千名口"，各国教会损失惨重。[3] 中外谈判尚未结束时，法国北京教区主教樊国梁与驻华公使毕盛向中国全权代表率先提出，要先行"议定赔款办法，早为清理"[4]。在此建议下，1901年2月，李鸿章和庆亲王遂派内阁侍读学士张翼与各国主教商办赔补之事。[5] 张翼先是以身体不适，"外感喘嗽"，且以无地方之权，"力难兼办"，极力想要推却责任，后干脆以经办矿务、差务繁重为由，滞留天津，庆、李二人只能添派直隶

---

[1] Squiers to Hay, April 18, 1901, No. 616, *Despatches from U. S. Ministers to China*, April 1 – May 30, 1901, M92, R112, National Archives of the United States.

[2] Squiers to Hay, May 28, 1901, No. 640, *Despatches from U. S. Ministers to China*, April 1 – May 30, 1901, M92, R112, National Archives of the United States.

[3] 《复太原抚、藩台东电》，四月初一发，载于郝庆元辑注：《周馥辛丑办理教案电稿》，中国社会科学院近代史研究所近代史资料编辑组：《近代史资料》总59号，北京：中国社会科学出版社，1985年，第10页。《直隶布政使周馥等为京内外各州县应赔天主耶稣教案各款归入大赔款内议结事致庆亲王奕劻等详文》，光绪二十七年四月二十七日，《庚子事变清宫档案汇编》第10册，第579页。

[4] 《寄西安行在军机处》，光绪二十七年二月二十二日，《李鸿章全集》第28册，第128页。

[5] 美国公使柔克义致总署：《张京卿商办教会赔款事自应斟酌办法由》，光绪二十七年一月十一日（1901年3月1日），《总理各国事务衙门档案》，台湾"中央研究院"近代史研究所藏，档案号：01 - 12 - 027 - 01 - 003。

布政使周馥与张翼"会同办理"。❶ 张翼、周馥二人均经全权大臣奏明在案，并奉得明旨负责商办京内及顺直教案，但事实上，由于张翼不在北京，教案交涉几乎全由周馥一人主持。

周馥在庚子事变时任四川布政使，李鸿章奉命北上议和后，奏调周馥进京相助，此时恰逢时任直隶布政使的廷雍为联军所杀，1900 年 10 月清廷将周馥调任直隶布政使，由于"该省洋务军务均甚紧要"，多次催其前行并令他"迅赴京师，随同奕劻、李鸿章办理和议条款事宜，详细磋磨，务期妥协"❷。1901 年 2 月抵京后，周馥作为庆、李二人的助手，参与了停止考试、惩办祸首并觐见仪节等多项中外谈判，此次又被派为会办京师、顺直教案的全权代表。一经奉旨，周馥首先拜访了在北京的各国公使，询问如何进行教案善后谈判，美国代理公使司快尔告诉他公使馆不会参与，应由传教士和中国人自行解决。❸ 因此，美国传教士直接向周馥提出了索偿申请，以美国公理会为例，该会于 1901 年 4 月 23 日向周馥递交索赔清单，主要包括有三项内容：一是该会在通州损害的教堂和其他财产的索赔；二是美国公理会、卫理公会和长老会为其在西山的卫生所财物损坏的索赔，外加一份不完整的教民索偿；三是自 1900 年 6 月 5 日后为解救教徒的花费。❹

在接到各国传教士开列的清单后，周馥据此逐项展开调查核实。首先，他实地走访了京城内被焚毁的各国教堂、书院、医院、育婴堂及各教士住屋，"但见败瓦颓垣，累累成堆……惟西什库地方，光绪十二年奉旨移建之堂，尚未全毁"，通过两个多月同传教士的往复商议，最终议定了京城内各处教会产业的赔款数额，除了英国安立甘会教堂应赔洋银 6 万元情愿不索赔外，应赔法国天主教徒一应房屋物件等银 150 万两，美国耶稣各教会教堂房屋物件等银 859 099 两，英国耶稣伦敦会教堂房屋物件等银 122 379 两，俄国教堂赔款，议以房屋地基抵换，另具合同。实计各教堂洋人产业共应赔银 2 481 478 两，将近 250 万两。可见法国天主教会索赔最多，远超新教各国；因美国新教教会在直隶发展迅猛，受损索偿亦不少，远胜英国。

---

❶ 《上海张京堂来电》，正月十八日到，载于郝庆元辑注：《周馥辛丑办理教案电稿》，《近代史资料》总 59 号，第 2 页。总署致各国公使：《京内教会之教堂养病院育婴堂等所失财产以派张京卿与主教商赔并望见复由》，光绪二十七年一月二十五日（1901 年 3 月 15 日），《总理各国事务衙门档案》，台湾"中央研究院"近代史研究所藏，档案号：01 - 14 - 018 - 01 - 001。

❷ 《奏为奉旨调补直隶布政使谢恩事》，光绪二十六年九月二十四日，中国第一历史档案馆藏，军机处全宗 - 录副奏折，档案号：03 - 5392 - 131。《盛宣怀转西安来电》，光绪二十六年十一月十八日，《李鸿章全集》第 27 册，第 497 页。

❸ Squiers to Hay, April 18, 1901, No. 616, *Despatches from U. S. Ministers to China*, April 1 - May 30, 1901, M92, R112, National Archives of the United States.

❹ 事后传教士将申请向美国公使馆备案。Squiers to Hay, April 30, 1901, No. 621, *Despatches from U. S. Ministers to China*, April 1 - May 30, 1901, M92, R112, National Archives of the United States.

其次，对于京内受难教民的抚恤，周馥则督同同知刘焌、林绍清等地方官吏，细加访查实在焚毁砖土房屋、伤害人口、损失财物各若干，与传教士开列单册逐条核对，将其浮开不实及家道稍厚并绝户无人者一概剔减，最终算得法国天主教、美国公理会、美以美会、长老会、英国伦敦会、俄国东天主教会，各教民应给抚恤银总计 143 万两。其中，美国各差会占有比例最高，达近 86 万两，分计长老会 97 560 两，公理会 352 458 两，美以美会 409 080 两。❶

此外，议和大纲第四款内有各国人民坟墓曾遭污渎发掘之处，均须建立碑碣之说，且中国全权大臣接获北京公使团长葛络干照会通知，各国代表核定，京师一带污渎各坟茔，每处付银一万两，在外省污渎各坟茔，每处付银五千两。庆亲王遂命周馥一同查办，经其实地踏看，计阜成门外法国茔地 5 处，安定门外俄国茔地 1 处，西直门外英国茔地 1 处，"实系均被毁掘"，总计各国茔地共有 7 处，每处给建碑银 1 万两，共银 7 万两。❷

总此三项，京城教案解决共须银约 400 万两。按照各地教案解决之惯例，理应当地自行赔付。周馥在访查时发现，去夏联军入京后，仗着联军威势，已有许多传教士、教民同地方官绅、平民议结的情况，赔款来源"先尽拳匪家产变抵，再由公款挪垫，如仍不足，再由地方摊捐"，然而"拳匪多系贫户，地方公款无多，全恃地方捐凑，捐法亦不一律，有专按习拳之村派捐者，有按村按亩摊捐者，历经各州县禀报督部堂有案。当时洋兵压境，教民欲逞，官无治理之权，库无铢两之积，小民欲求安免祸，非捐无以保身家，而拳匪远扬，出资者多属良民，念之恻然"。地方摊捐实则危害贫民、良民，周馥对此深切同情，思忖变通之法。恰通过与各国传教士的频繁往来，他了解到教堂赔款部分，有些传教士已经列单向各自政府公使馆报备，被汇入大赔款之中，只是传教士多贪图现银，遂又向其就地索赔。❸

据此，周馥认为可以同传教士商议，请他们将可归入大赔款内的索偿仍归入大赔款内汇算，以免地方索赔过巨，摊捐导致地方贫困、动荡，周馥自认"明知剜肉医创，而舍此别无善法"。经过再三商酌，美、英两国传教士率先允准。而法国主教樊国梁称，由于西什库教堂北面住屋全被地雷轰毁以外，各大教堂片瓦无存，教士苦无栖身之所，因此力求先给赔款以资建造。周馥在察看了情形后，同意先付给现银 50 万两，法国教会剩余 100 万两的索偿同英、美一样，由传教

---

❶　《直隶布政使周馥等为京内教会赔款商办情形并请奏报教民抚款等事致庆亲王奕劻详文》，光绪二十七年四月二十七日，《庚子事变清宫档案汇编》第 10 册，第 582 页。

❷　杨典诰：《庚子大事记》，《义和团运动史料丛编》第 1 辑，第 44 页。

❸　如美国公理会在给周馥的索偿申请中，明确说明有一部分已递交美国公使馆汇入大赔款之中，并表达了若在周馥处能获得现银，该会将主动从美国公使馆撤出申请的意愿。Squiers to Hay, April 30, 1901, No. 621, *Despatches from U. S. Ministers to China*, April 1 – May 30, 1901, M92, R112, National Archives of the United States.

士向法政府申请汇入总赔款内。❶ 因此，美、英、法三国传教士同意汇入大赔款的金额共有大约 200 万两，占京城教案应赔金额的一半之多，极大减轻了顺直当地的负担。

至于对教民之抚恤以及各国茔地修碑的费用，均因不在总赔款的议内无法汇入，仍须由当地筹付，外加允许先付给法国教士的 50 万两，这部分金额也在 200万两左右。周馥遂以此 200 万两"皆系急需之款，如解倒悬，碍难久持"，请庆亲王念及京城教案，关系至重，上奏请旨从户部指拨并由户部电知各省径汇来京，以免迟误。❷ 1900 年 7 月 5 日，庆亲王依议上奏；29 日，周馥再以个人名义补奏一则，痛切陈明地方困难情形，最终获得清廷的批准❸，由户部指派各省拨款赔付。❹ 京内教案获得较为圆满的解决。

按此方法，周馥也曾试图将京外各州县的教士索款纳入大赔款之中。周馥虽奉命负责办理京城顺直教案，但实际上，由他全权主持的只有京内教案，京外直隶省份的教案则均由各州县官绅独立办理。面对山西巡抚请教办理教案之经验，周馥亦告以实情，"直教案京都归馥办，余归各州县自办""京外各州县闹教案几遍全省，皆各自办"，直到 1901 年 5 月底京内教案大致有了眉目时，京外各州县仍尚未报齐，周馥估计总数大约有三四百万两。❺ 与此同时，他又征得直隶各地传教士同意，将其中一部分教堂赔款从中剔除，归入大赔款，按他自己的话重点在于"顺天保定天津久困洋兵之州县并其余民力万难筹足之处"，连同京内的二百万两，总计归入大赔款的有 3 300 977 两。❻

然而，相比于被归入大赔款的教堂教士赔款，直隶各州县教案中占有比重最大的还得算对教民的抚恤，而且随着直隶地区秩序的恢复，传教士们逐渐回到各地，仍源源不断地有增加的索偿，或各自办理，或到达周馥处。比如，美国在京

---

❶ 《直隶布政使周馥等为京内外各州县应赔天主耶稣教案各款归入大赔款内议结事致庆亲王奕劻等详文》，光绪二十七年四月二十七日，《庚子事变清宫档案汇编》第 10 册，第 579 页。

❷ 《直隶布政使周馥等为京内教会赔款商办情形并请奏报教民抚款等事致庆亲王奕劻详文》，光绪二十七年四月二十七日，《庚子事变清宫档案汇编》第 10 册，第 584 页。

❸ 《全权寄行在户部电》，五月二十日；《致西安行在军机处电》，六月十四日，收于郝庆元辑注：《周馥辛丑办理教案电稿》，《近代史资料》总 59 号，第 20 - 21 页。《军机处为照拨直隶赔款二百万两并妥办善后事宜事致直隶布政使周馥电》，光绪二十七年六月二十一日，《庚子事变清宫档案汇编》第 10 册，第 631 页。

❹ 事后美国长老会传教士纪力宝申请由上海兑付其所管教民的抚恤银，计京二两平足银一万八百七十四两，由江海关道拨江苏折漕运费付给。参见江海关袁树勋致外务部：《苏省漕折款内拨付美教士银两数目由》，光绪二十七年七月十一日（1901 年 8 月 24 日），《总理各国事务衙门档案》，台湾"中央研究院"近代史研究所藏，档案号：01 - 12 -027 - 02 - 018。

❺ 《复太原抚、藩台东电》，四月初一发；《复太原岑抚台真电》，四月十一日发，载于郝庆元辑注：《周馥辛丑办理教案电稿》，《近代史资料》总 59 号，第 10、15 页。

❻ 《庆亲王奕劻等奏呈御览京城及各州县教堂赔款商归大赔款数目清单》，光绪二十七年五月初六日，《庚子事变清宫档案汇编》第 10 册，第 592 页。

城的教案已办结长老会、公理会、美以美会三家，不料到 1901 年 7 月又有宣道会前来索偿，因其女传教士人在美国，故托美国公理会牧师谢卫楼代交索偿清单，请求抚恤其教民，共计合银八百二十八两，周馥仔细核查后认为尚无浮冒，拟请付京平足银八百两了结。美以美会牧师刘海澜又增加了对其在大兴县属黄村青云店两处会堂的赔款，并抚恤各教民家产，共须银五千四百两，周馥最终准给京平四千五百两结案。❶ 可见后期增加的赔款数目亦不在少数，尤其是无法汇入总赔款的部分，仍须由地方摊捐，负担较重。以致在深州等处发生了聚众二十余万人抗不承捐的事件，为了防止激成民变，清廷谕令直隶总督李鸿章同户部妥筹办理教案赔款，务必体察地方情形，并且再另外拨给两百万两，才算基本了结。❷ 顺直教案最终共有一百二十多个州县议计结案，除了户部前后拨给京城和各州县的四百万两以及划归大赔款的四百万两外，仍应赔付大约七百五十万两❸，数目之巨，为各省各地之首。

京师教案最值得注意之处，多亏周馥能够敏锐地捕捉到各国传教士的索偿与大赔款之间的关系，巧妙说服美、英、法等国传教士勿索现银，既为突遭重创的京城政府、百姓减轻了一定负担，又杜绝了该部分赔款重复索偿的弊端，体现了周馥个人的才干与突出的外事能力。❹ 周馥在李鸿章死后一度出任直隶总督、北洋大臣，1902 年 5 月，升任山东巡抚，赏加兵部尚书衔。

（2）山西教案

周馥在主持办理京城教案期间，山西巡抚岑春煊同他保持了频繁紧密的联系，后者主要为请教教案交涉的办法、秘诀以及缩减赔款的途径等，周馥也尽力出谋划策。当周馥告知他仅办理京城教案，其他由各州县自办时，岑春煊认为山西教案繁难，州县得力之官员太少，万难如顺直州县各结各案，因此山西只能由巡抚牵头合并办理。❺ 岑春煊于 1901 年 4 月 9 日接任山西巡抚，他上任后的第一件事就是将其前任锡良为办教案设立的教案局改为洋务局，并且派沈敦和担任总办。❻ 沈敦和刚

❶ 直隶总督周馥致外务部：《详报美国宣道各会抚恤教民银两由》，光绪二十七年六月初九日（1901年 7 月 24 日），《总理各国事务衙门档案》，台湾"中央研究院"近代史研究所藏，档案号：01-12-027-01-030。

❷ 《寄谕直隶总督李鸿章直隶教案赔恤过巨着再行体察地方情形迅筹妥办》，光绪二十七年五月二十四日；《军机处交片谕着户部迅速筹拨直隶赔款一百万两》，光绪二十七年六月十六日，《庚子事变清宫档案汇编》第 10 册，第 604、622 页。

❸ 《庆亲王奕劻等为顺直教案赔款数目致西安军机处电》，光绪二十七年六月十九日，《清末教案》第 3 册，第 90 页。

❹ 周馥的能力亦获得多位外国交涉者的肯定，如德国统帅瓦德西就曾评价说："彼系一位识见通达之人，在（中国）议和代表中，为余最喜悦者。"［德］瓦德西：《瓦德西拳乱笔记》，王光祈译，第 162 页。

❺ 《太原岑抚台鱼电》，四月初八日到，载于郝庆元辑注：《周馥辛丑办理教案电稿》，《近代史资料》总 59 号，第 14 页。

❻ 《察哈尔都统奎顺奏请留道员沈敦和仍在察哈尔办理教案交涉折》，光绪二十七年正月二十四日，《清末教案》第 3 册，第 5-6 页。

在张家口办理教案，既有能力又有经验，此后在山西教案的议结中发挥了重要的作用。

山西教案之繁重，不亚于直隶，因为 1900 年仅在这一省份就有一百五十多名外国传教士被杀，超过九十座教堂被毁，教民被杀与其房屋财产被劫者不计其数。这均与时任山西巡抚的毓贤有关，美国驻华公使康格曾向清政府强烈反对过将毓贤调任山西，但无济于事。1900 年 7 月底上海开始出现山西官员屠杀洋人的传闻；10 月 5 日，美国公理会向国务卿海约翰报告，上海领事古纳获得消息，美国公理会在山西的全体人员都遭到了屠杀；与此同时，一位在山西任教的中国教徒侥幸逃出，他向在天津与芝罘的美国传教士口述了他的经历，大屠杀的传闻获得证实，传教士们将他的叙述整理成详细的报告上呈给美国政府。❶ 他们都强烈要求在未来的谈判中，不能姑息此种残忍行径。

事后经美国公使馆确认，在山西遇害的美国人共有 15 人，包括 5 男 5 女和 5 名儿童，全部为美国公理会传教士及其家属。因此，山西省教案交涉中很重要的一项就是对死者的抚恤。

表 4－6　在山西被害的美国人名单❷

姓名	年龄	在美国的居住地	被害地点	被害时间
D. H. Clapp	53	Clarksfield，C.	太谷县	1900. 7. 1
Mrs Clapp	50	Clarksfield，C	太谷县	1900. 7. 1
G. L. Williams	41	Southington，GGNH	太谷县	1900. 7. 1
F. W. Davis	40	Oberlin，C.	太谷县	1900. 7. 1
Miss R. Bird	33	N. Greenfield，Wis.	太谷县	1900. 7. 1
Miss M. L. Partridge	39	Oberlin，C.	太谷县	1900. 7. 1
E. R. Atwater	33	Oberlin，C.	汾州府	1900. 8. 16
Mrs Atwater		Oberlin，C.	汾州府	1900. 8. 16
Atwater，children 4		Oberlin，C.	汾州府	1900. 8. 16
C. W. Price	51	Oberlin，C.	汾州府	1900. 8. 16
Mrs Price	44	Oberlin，C.	汾州府	1900. 8. 16
Price，child 1		Oberlin，C.	汾州府	1900. 8. 16

---

❶ Goodnow to Cridler（telegram），July 13，*Despatches from U. S. Consuls in Shanghai，China*，July 5，1899 – July 31，1900，M112，R46，National Archives of the United States. Mr. Smith to Mr. Hay，October 5，1900，*Papers relating to the foreign relations of the United States*，1901，p. 185. Report of Rev. H. D Porter on the Shansi Massacres，*Despatches from U. S. Ministers to China*，March 1 – September 30，1900，M92，R108，National Archives of the United States. Shansi massacre of foreign missionaries，December 10，1900，56th Congress 2nd Session，*Senate Document*，No. 30，Washington：Archives of the Congress of the U. S. A.

❷ List of Americans killed in China during "Boxer" Troubles，1900，*Despatches from U. S. Ministers to China*，December 16，1900 – January 31，1901，M92，R110，National Archives of the United States.

当时在山西的新教差会，除了美国公理会外，其他主要为英国差会，包括自立会、内地会、浸礼会等。李提摩太（Timothy Richard）曾就山西教案向周馥透露说："英、美案易了，美只索四万余两。"❶ 在周馥的协助下，这几个新教差会派出代表，由山西巡抚岑春煊派员到北京将他们护送前往山西，美国公理会派出传教士文阿德（I. J. Atwood）。1901 年 7 月 9 日到达太原后，传教士代表团受到了当地官员的殷勤招待，外加此前山西官府响应传教士之号召，对事变后流离失所的教民拨款实施了赈济❷，这些英、美传教士遂表现出对山西现状的极大同情，主动削减甚至免去了许多赔款要求，不仅自立会和内地会的教士、教堂损失免去索赔❸，而且各教民的索偿之数，均以七五折议赔。❶

在此情形下，文阿德也很大程度上削减了索赔数额。美国公理会在山西的损失主要集中在太谷、汾州两地，包括对被杀的 79 名教徒的补偿以及教会、教民各项财产的损失，起先提出的总索偿数额为 42 382 两，经过当地官员与文阿德的反复商议，最终商减至 22 833 两，只相当于原数的一半。山西省洋务局记述有双方论辩交涉的全过程，可见文阿德在各方面并不强硬，颇容易协商：

> 内惟太谷之郭丰章、刘凤池赔款为最巨，其余逐户核计自千两至数十两不等。当经邀请文牧师来局，议与逐条磨减，如郭丰章名下原开赔银一万七千三百八十三两，减去六千两。刘凤池名下原开赔银四千零七十九两，现减去一千两。其余各户应赔之零星小款均照七五折议赔。其田禾庄稼一条，原开赔银九百三十八两，经本司道与之反复辩论，已将此项赔银九百三十八两全数删去。教士此次来晋，感宪台接待之优，深愿将各案和平了结，本司等所设应减应删之数一概允准，通共由原额四万二千三百八十二两减至二万五千八百三十三两，立有洋文字据存卷。并议将朱郁文前借四万两内，划出公理会教民所借三千两扣抵，计尚须筹付银二万二千八百三十三两。查筹款办法现尚未经议定，该美国公理会文牧师于太谷、汾阳两案赔款应删应减各项悉数允准，系为从速结案起见，所有应给银二万二千八百三十三两，似宜先

❶ 《致太原岑抚台电》，四月十六日发，载于郝庆元辑注：《周馥辛丑办理教案电稿》，《近代史资料》总 59 号，第 18 页。

❷ Prince Ching and Li Hung Chang to Mr. Conger, January 20, 1901, *Despatches from U. S. Ministers to China*, December 16, 1900 – January 31, 1901, M92, R110, National Archives of the United States.

❸ 中国内地会（China Inland Mission）有一名美国籍传教士 MissHuston 在山西遇害，由于该差会放弃对传教士生命、财产损失的索赔，其母亲也宣布放弃索偿。Hay to Conger, August 19, 1901, No. 362, *Diplomatic Instructions of the Department of State*, June 24, 1899 – August 14, 1906, M77, R43, National Archives of the United States.

❹ 《山西巡抚岑春煊为查明上年各教士被害情形及抄送清折等事咨呈全权大臣文》，光绪二十八年正月二十五，《清末教案》第 3 册，第 191–192 页。

行筹付，以资应用而示推诚。❶

这部分赔款包含教会的财产损失和对教民的抚恤。而对死亡传教士的抚恤则效仿京城之例，归入大赔款统一汇算。因此，本处美国公理会被害传教士的抚恤补偿由其继承人（必须是美国人）向美国政府提交申请，算入大赔款的索偿之中。1902 年美国索偿委员会审核时，参考死者对申请人可能提供的金钱利益，并估计申请人的生存岁月，不计算精神损失或任何惩罚性的赔偿，给予一项合理的补偿，金额从三四千万两到一万两不等。❷ 8 月 9 日，文阿德还为这些遇难教士举行了葬礼与追悼仪式。太谷县的一位参加过义和团运动的富人的花园被没收转交给美国公理会，因为当地官绅希望将其作为对传教士在赔款上做出大量削减的补偿，文阿德遂将太谷和汾州两地的受害者合并埋葬在了那里。❸ 将一切教案善后议结之后，文阿德随即离开回国。

除了美国公理会，包括所有新教教会在内的其他传教士代表原本共估计须赔银 814 284 两，经过各传教士代表同意削减了 464 558 两，又归入大赔款 116 000 两，最终只让山西省赔付了 233 725 两。而天主教方面，则比新教教会需索更多，也更难商减，经过山西省地方官员的反复磋磨，最终确定金额共计京平银 240 万两，折合库平银 226 万两。事后，护理山西巡抚赵尔巽心满意足地向清廷报告称："所议赔款，合天主、耶稣两教不过二百五十余万，较之京畿、直隶各属省款甚巨，实属心力交尽，有裨于国事、晋事实匪浅鲜。"❹

（3）山东教案

作为义和团运动的发源地，山东省的教案不仅发生得早，而且数量不少。袁世凯自 1899 年年底接任山东巡抚并逐步控制住当地局势后，就开始跟各国传教士商量议结各类教案。在山东的教会涉及英、美、法、德四国。早于 1900 年 7 月袁世凯即向美国驻烟台领事法勒发送电报，表达了想要赔偿美国教会全部损失的意愿。1901 年 1 月 29 日，多位传教士联名致函法勒，代表在山东之美国人，请求美国领事直接同山东巡抚袁世凯接触，以最有效迅速的方法解决美国侨民在山东的索偿问题。他们提出三点理由：（1）基于法勒同袁世凯以往的友好关系；（2）袁世凯更倾向于直接解决，从他已经同德国议结了铁路赔款可以看出；（3）美国国务院可以免去审阅诸多细节的麻烦。尽管各地的损失还没有计算完全，传教士们估计美国人的索偿在 10 万美元左右，其中潍县的教会财产损失需

---

❶ 《山西洋务局议结教案详文》，乔志强编：《义和团在山西地区史料》，太原：山西人民出版社，1980 年，第 109 页。

❷ Claim to Indemnity from the Chinese Empire on Account of the Loss of Life of Mrs. Mary Jane Rowland Clapp, *Records of Diplomatic Post*: China, vol. 0751, RG84, National Archives of the United States.

❸ ［英］E·H·爱德华兹：《义和团运动时期的山西传教士》，李喜所、郭亚平等译，天津：南开大学出版社，1986 年，第 191－193 页。

❹ 《赵尔巽折》，光绪二十八年十一月二十八日，乔志强编：《义和团在山西地区史料》，第 93－96 页。

要 5 万美金，剩余的 5 万美金则在同样遭受了损失的平度、沂州、济南、泰安、烟台等地分配。❶ 收到信件后，美国领事法勒向美国国务院请示，是否接受传教士们的请求，就美国人的损失直接同山东当局交涉。❷ 与此同时，受损最大的美国长老会传教士也联名向在纽约的长老会总部申请同意他们通过领事办理索偿，并建议总部敦促美国国务院通过法勒的请求。❸

在山东本省，法勒也积极从各方面了解情况。袁世凯不仅主动赔付了德国铁路的损失 30 万马克，而且据秘密情报，在烟台的英国领事已经收到英国外交部的训令，同意就所有的损失由英国人通过领事直接与山东当局谈判，法国似乎也不甘落后。这些都给了法勒很大的激励，他援引 1896 年由美国驻重庆领事处理的四川教案，认为这次在山东的美国人应该也可以效仿。❹ 权衡利弊，在尚未接到国务院指示的情况下，法勒就已着手筹备推进此事。由于义和团运动期间，袁世凯曾组织山东官兵将省内的传教士护送至沿海地区，此时在烟台的美国传教士们在法勒的建议下，召开了多次会议商讨对策，最后决定首先回到济南，再与山东省当局商讨教案赔补和财产接收问题。通过同烟台当地道台的沟通，法勒也确认了其他国家亦无谈判在当地进行，故必须直接同省政府当局交涉。1901 年 3 月 13 日，法勒致函山东巡抚袁世凯，提出有 10 位美国人将在当月返回济南，请袁世凯派兵护送。袁世凯回复说将尽力保护他们，并协助处理好赔款事宜。❺

这批美国传教士在 3 月 19 日离开烟台，途中遇到袁世凯派来的军队，由军队护送 27 日抵达济南。在省会，他们受到了省洋务局与济南当地官员的友好接待，并同袁世凯有过会谈。清朝官员表现出来的善意让传教士们很满意，而且很快地方当局就归还了在事变期间由政府接管的教会产业，3 月 31 日济南郊区的美国教堂也在关闭了 9 个月之后率先重新开放。因此 4 月初开始议结赔款事宜后，美国传教士们原本列出清单索赔将近 10 万两，最后削减到 5500 两。❻

❶ American Citizens in Shandong to Fowler, January 29, 1901, *Despatches from U. S. Consuls in Chefoo*, *China*, January 2, 1901 – December 26, 1903, M102, R7, National Archives of the United States.

❷ Fowler to Hill, February 2, 1901, No. 383, *Despatches from U. S. Consuls in Chefoo*, *China*, January 2, 1901 – December 26, 1903, M102, R7, National Archives of the United States.

❸ Missionaries to the Secretaries of Presb. Board Foreign Missions, January 29, 1901, *Despatches from U. S. Consuls in Chefoo, China*, January 2, 1901 – December 26, 1903, M102, R7, National Archives of the United States.

❹ Fowler to Hill, February 4, 1901, No. 384; Fowler to Hill, March 21, 1901, No. 394, *Despatches from U. S. Consuls in Chefoo, China*, January 2, 1901 – December 26, 1903, M102, R7, National Archives of the United States.

❺ Fowler to H. E. Yuan, March 13, 1901; Translation of a telegram to Mr. Fowler from H. E. Yuan – shi – kai, March 14, 1901, *Despatches from U. S. Consuls in Chefoo, China*, January 2, 1901 – December 26, 1903, M102, R7, National Archives of the United States.

❻ Report of Chinanfu Missionaries, April 13, 1901, *Despatches from U. S. Consuls in Chefoo, China*, January 2, 1901 – December 26, 1903, M102, R7, National Archives of the United States.

其中，美国在山东的教堂以潍县的一处最大，有房屋数百间，1900 年夏被付之一炬。传教士查尔方特（F. H. Chalfant）估计约值银三万六七千两，另有衣物等一时未能查清，难定确数。❶ 经袁世凯和唐绍仪的反复磋磨，查尔方特以未来和平起见，一再允许减让。袁世凯同意将此以告示形式公告当地百姓，而且承诺马上赔付二万两，若到年底才能付清，则总数为二万五千两。❷ 在泰安府的赔偿交涉则由传教士跟当地官员自主进行，最终在泰安的美国教堂遭受的损失共获得 2900. 81 两泰安库平银的赔偿，当地政府同意当日就赔付 586. 16 两，截至光绪二十七年八月前还清。❸ 对于州县政府没有解决的克劳福德（T. P. Craw-ford）、哈德逊（T. J. Hudson）两人的索偿，山东巡抚袁世凯也同意由省政府层面支付。❶

传教士们希望尽快回收全部被山东地方当局控制的产业，并获得现金赔偿，以迅速重新开始传教事业，遂发电报请求美国领事的允许。法勒此时已了解到美国国务院对传教士单独解决教案的态度，虽然他告知传教士们最好还是通过美国公使馆提交索偿申请，但他也向国务院解释说，如果中国地方政府自愿提供损害赔偿，且传教士们认为这样的赔偿不错，他看不到任何拒绝接受的理由。❺ 对于这样的既成事实，美国国务院也只能再次重申了它的立场，即已经命令领事们一致不鼓励就个人损失与当地官员的单独谈判，也嘱咐领事不要参与这样单独的谈判，因为美国政府认为这些结算都正在北京的总谈判中解决。只是如果这样的结算是受害者可以接受的，国务院不会反对。❻ 由于美国在山东的索偿要求几乎都在当地得到了满足，美国政府不得不将其从大赔款申请中撤出，不仅有美国公民的，也有中国雇员的。

事后，袁世凯在总结山东教案议结情况时，对给美国赔偿的结果相当满意，认为英、美教士"均尚不难商结""其教民被戕被掠各案，分饬各地方官查明妥

---

❶ 《计山东潍县等处教堂被匪焚毁五案》，光绪廿六年五月至六月，《山东教案文件数件》之二，北京大学历史学系图书馆藏，第 B89 函。

❷ 《山东巡抚袁世凯折》，光绪二十七年四月十日，廉立之、王守中编：《山东教案史料》，济南：齐鲁书社，1980 年，第 378 页。F. H. Chalfant to Fowler, May 19, 1901, *Despatches from U. S. Consuls in Chefoo*, *China*, January 2, 1901 – December 26, 1903, M102, R7, National Archives of the United States.

❸ Taian - fu, April 22, 1901, *Despatches from U. S. Consuls in Chefoo*, *China*, January 2, 1901 – December 26, 1903, M102, R7, National Archives of the United States.

❶ Mr. Squiers to Mr. Hay, May 28, 1901, No. 640, *Despatches from U. S. Ministers to China*, April 1 – May 30, 1901, M92, R112, National Archives of the United States.

❺ Fowler to Squiers, May 2, 1901, *Despatches from U. S. Consuls in Chefoo*, *China*, January 2, 1901 – December 26, 1903, M102, R7, National Archives of the United States.

❻ Mr. Hay to Mr. Squiers, July 17, 1901, No. 355, *Papers relating to the foreign relations of the United States*, 1901, p. 99.

办，亦尚易于措手"，反之，"惟法教士性近喜事，较难理喻"❶。

（4）江西教案

1901 年 6 月 20 日，美国驻华公使馆也收到了江西教案在当地议结的报告。该报告来自在南昌的美国美以美会传教士尼克尔斯（Don W. Nichols）。据他报称，各国差会的代表同江西巡抚签署了接受赔偿的协议。其中，美国差会受到骚扰的教堂有 5 处，获得对教堂损害和当地教徒的赔偿共 19 028 美元。此外，英国差会同样有 5 处教堂遭受损害，获得赔偿 18 930 美元。德国差会 2 处受损，获赔 10 080 美元。美、英、德三国差会同属新教，共获赔 37 988 美元。而天主教方面，主要是法国差会，受损的教堂达 46 处，共获赔 915 257. 14 美元。❷ 可见在江西，对教会的赔偿同样由巡抚主持，全省统一进行。

四、余论

按照以往惯例，教案本属地方事务，一般由当地道台、洋务局委员乃至督抚出面，直接同传教士或外国领事商议。庚子事变期间，各地教案频发，虽然明知事后在中央层面会有对各国的大赔款，许多地方政府仍愿意在当地自行解决，主要基于两点考虑：一是为了将事态控制在地方层面，尽快解决冲突，维持地区稳定，尤以东南督抚对湖南衡州教案和浙江衢州教案的反应为代表，张之洞、刘坤一等人为了阻止英、法借机派兵东南，主张尽速在地方认赔；二是因为地方政府了解教案实情，为了防止外国在北京任意勒索，而且通过在当地同传教士的直接协商，更可能获得对赔款数目的削减，这以在山东、山西等地的教案交涉为代表。事实上，通过地方赔款，中国地方官吏的这两点考虑均在一定程度上得到了实现。

从传教士的角度看，不论通过公使馆申请索偿被纳入大赔款，还是直接跟中国地方政府协商，在数额上都面临被削减的可能。但显然同地方官吏直接交涉更有利于教会与传教士的根本利益，因为这样既能够尽快获得现金，迅速恢复当地的传教事业，而且在索偿的过程中，传教士们仰仗外国军队的威胁向地方政府施压，或者借助地方政府为他们提供的武装保卫向当地绅民强行征收赔款，在许多

---

❶ 《山东巡抚袁世凯折》，光绪二十七年四月十日，廉立之、王守中编：《山东教案史料》，第 378 页。法国原先在英、美、德三国同山东地方当局议结教案之时，由公使来函称要将法国教会的损失统归大赔款议结，但待到北京谈判确定了大赔款数目之后，法国公使再照会中国全权大臣，声称山东教案并未列在大赔款单中，再度向山东省另索赔偿，遭到山东地方当局的反对，山东巡抚袁世凯与主持洋务的唐绍仪等人对此十分不满。参见《为教民被害请给恤金移令唐道（绍仪）洋务局事》，光绪二十七年六月二十七日，《义和团时期山东地方档案》，北京大学历史学系图书馆藏，第 A15 函。

❷ M. Nichols to Mr. Conger, June 20, 1901, *Despatches from U. S. Ministers to China*, August 1 – October 9, 1901, M92, R114, National Archives of the United States.

时候其实际获赔数额并不少。❶ 此外，传教士们还能够就赔款之外的其他事务跟当地官员直接沟通，有利于传教事业的长远发展。比如，英国传教士李提摩太在讨论削减山西教案的赔款时，单独提出从赔款中另外划拨 50 万两，以十年为期，每年 5 万两，"不归西人，亦不归教民，专为开导晋省知识，设立学堂，教导有用之学"，1902 年李提摩太同山西巡抚岑春煊签订了合同，成立山西大学堂。❷

同法国天主教会相比，以英、美两国为首的新教教会在地方赔款的索赔数额上低很多，也更愿意在与地方政府的商议中削减赔款。其中，美国同英国相比，由于地区差异在不同地方的索赔额各有不同，但基本与其在当地的教会财产与损失相符，在削减赔款上也都一致配合。其实，传教士削减赔款，不仅能够赢得当地政府、百姓的好感，裨益未来的传教工作，而且事后许多传教士只撤销了他在大赔款中的部分索偿，就是说，他在地方上削减的部分，仍旧很有可能从大赔款中获得补偿。何况还有一些传教士并不会主动撤销他在大赔款中的索偿。

不论是大赔款，还是地方赔款，都是为了补偿外国人的损失，各国政府对二者本无偏见。由教士利益与传教事业出发，外国政府更有可能支持传教士同中国地方当局直接交涉，就像英、法等国实际上都有这样的倾向。而美国政府正致力于在北京促成各国向中国提出一个赔款总额，因此担心地方的教案交涉会影响它在北京的总谈判与最终的索偿总数，而且重复索偿也会增加中国的负担，并不鼓励美国公民单独同清朝地方官员交涉，也不允许其驻华外交人员参与这样的谈判。❸ 但不论是美国代理驻华公使司快尔，还是各地领事，多数认为地方赔款对传教士较有好处，他们既默许了这样的行为，也协助清朝地方官员联系各差会代表前往内地议结教案。❹

地方赔款交涉地点分散，交涉时间跨度大，从大赔款谈判开始前，持续到北京谈判期间，甚至到《辛丑条约》签订之后，都在陆续、零散地进行。从美国公使馆、领事馆和国务院留存的档案看来，为了避免重复索偿，获得地方赔款的

❶ K. S. Latouratte, *A History of Christian Missions in China*, New York: Macmillan, 1929, p. 524.

❷ ［英］李提摩太：《亲历晚清四十五年：李提摩太在华回忆录》，李宪堂、侯林莉译，天津：天津人民出版社，2005 年，第 282 - 286 页。

❸ Mr. Hay to Mr. Squiers, July 17, 1901, No355, *Papers relating to the foreign relations of the United States*, 1901, p. 99.

❹ 如直到 1901 年间山西教案即将议结时，美国宣道会仍无代表出现，清政府外务部请柔克义、康格帮助联系，最终通过纽约宣道会总部派出在上海的伍姓牧师前往山西交涉。参见外务部致美国公使柔克义函：《晋抚称口外七厅无倡导会牧师在境教案无从商办》，光绪二十七年六月初九日（1901 年 7 月 24 日），《总理各国事务衙门档案》，台湾"中央研究院"近代史研究所藏，档案号：01 - 12 - 073 - 02 - 007；美国公使康格致外务部：《宣导会已改派上海伍牧师赴晋商办教案请电知晋抚》，光绪二十七年十月初八日（1901 年 11 月 18 日），《总理各国事务衙门档案》，台湾"中央研究院"近代史研究所藏，档案号：01 - 12 - 073 - 06 - 008。Conger to Hay, October 1, 1901, No. 755, *Despatches from U. S. Ministers to China*, August 1 - October 9, 1901, M92, R114, National Archives of the United States.

索偿申请，若还未被纳入大赔款的就不再纳入，已经纳入者在事后应被撤回。但这些申请的撤回几乎全由申请人主动提出，由于美国公使、领事被禁止参与地方谈判，协定均由传教士与中国官绅自行签订，若无传教士主动报告，他们无从知晓谈判的具体细节。事实上，美政府既无明文规定寓华侨民在获得地方赔偿后，必须撤回他在大赔偿中的申请，也缺乏相应的监督机制，避免重复索偿就只能基本仰仗索偿人的自觉。而且，美国政府对于各地单独交涉之赔款案件及其数额的信息掌握相当不完整，根本无法全面了解共有多少美国人在哪些地方从当地官绅处获得了多少赔款。如今参照中方史料，我们可以肯定的是，有不少案件在美国领事、公使馆与国务院的各级档案中均没有显示，表明这部分赔款被美国政府遗漏了，就以著名的衢州教案来说，经地方议结按盛宣怀报告"共议偿恤洋六万余两"，其中美国传教士既有遇难者，也有教堂受损，所得赔款数额应该不少，却并未被纳入美国政府之统计。❶ 重复索偿的情况势必存在，甚至到 1902 年美国索偿委员会在进行赔款核实时，也只是根据各申请人提供的材料进行判断，重复索偿同样很难在这个环节被查出。虽然限于史料对于重复的数额我们今日仍旧很难确定，但由地方议结教案的数量以及赔偿金额看来，这个数值不容忽视。地方赔款多由本地摊捐，大赔款仍是取之于民，重复索偿无形中给百姓造成的是双重压力。

除了周馥、岑春煊等少数人，多数地方官吏并不知晓他们同意支付给各国传教士的赔款，跟在北京讨论的大赔款有何关系，是否会有重复的情况，因而也很难从这个角度对各国的索偿形成监督。这既是清末外交权力分散、信息难以整合统一的弊端，也体现了多数清朝地方官员在中外交涉中缺乏维护正当权利的意识以及争取恰当利益的能力。

赔款核实主要是削减了申请人浮报的以及不是由庚子事变直接造成的损失之索偿。美国公民原本的索偿总额有美金 3 308 036.18，被美国索偿委员会撤销或不允许的达 1 804 385.69 美金，占到总数的 54.5%。最终，美国人的索偿中被允许的总数，包括利息，是 1 514 292.88 美金，中国雇员的索偿被允许的有 17 669.60 美金，二者相加，被委员会批准允许的总数额还不及原索偿数额的一半。

被索赔委员会全部或部分驳回请求后，许多索偿人开始请求美国国务院修改委员会的结果，允许更多的金额。国务院重新予以考虑，增加批准了一部分补偿。即便如此，美国的实际损失仍远远低于中国允许付给的数额。1908 年 5 月，美国国会通过一项法案，授权总统修改中国应给美国赔偿的数额从 24 440 778.81 美金变成 13 655 492.29 美金，而且决定将清政府已经支付的部分返还给中国。由

---

❶ 《致江宁刘制台，上海盛京堂，杭州刘抚台、恽藩台》，光绪二十六年九月二十六日子刻发，苑书义等主编：《张之洞全集》第 10 册，第 8404 页；《署理浙江巡抚余联沅奏报议结浙江新旧教案情形折》，光绪二十七年正月二十八日，《清末教案》第 3 册，第 13 页。

于此时仍不断有索偿人继续向美国政府提交重审申请，国会众议院在收集了一些证据后，决定建议修正决议，允许索偿人将他们的案件提交到美国的申诉法庭（the Court of Claims）。为此，美国政府又额外保留 200 万美金，留待一年之内付给重新审理获得增加的私人索偿诉讼，若有剩余也将再返还给清政府。❶

重新申请核赔者共有 26 件，此前索赔委员和美国国务院严格根据北京谈判原则驳回的许多赔款，在美国众议院委员会（the committeeof the House）这里得到了核准，它对那些原则进行了宽大的解释。举丰裕洋行（China and Japan Trading Company）为例，该行的索赔额为美金 559 285.48，1902 年 10 月 15 日美国索赔委员会允准火灾保险和一部分的存储费，共 45 695.00 美金，此后国务院又增加批准了一部分存储费，计 17 917.74 美金。索赔委员会和国务院没有允许该公司对美国棉制品的贬值以及由于货物滞留支付银行的贷款利差的索赔，依据是这两部分并非义和团直接造成的损失。美国国会却支持了丰裕洋行的请求，众议院委员会认为，美国棉制品价格下跌源于整个北部中国市场的破坏，可作损失来自义和团运动之解释，利息也是因为庚子事变爆发突然，该公司来不及准备，导致大量货物滞销华北。最终美国政府又重新核准了将近 40 万美金。❷

经过美国索偿委员会的削减以及美国国务院、国会的两轮增加，最终批准美国私人索偿的数额占原来要求的大约 64%。后期又再增加的索赔数额，充分说明了虽然有一些标准，外国政府在评判时仍有较强的主观性与任意性，只是看它在法理框架内愿意向中国勒索得多还是少了。美国如此，他国情况亦同。

第四节　其他问题谈判

除了惩凶、赔款两项中外交涉最集中的议题，谈判期间各国代表还围绕着禁运军火、使馆界址、卫队、驻军、修改觐见礼仪等诸多问题讨价还价，美国对各事件的重视程度及其在各议题中的主张，也能一定程度反映它的立场以及对中国的态度。

一、禁运军火

1900 年义和团运动爆发后，由于北京使馆被围、八国联军入侵，中外实际处于对抗状态，许多国家开始禁止对华运输武器。从国际市场获得军火日益困

---

❶ Mr. Rockhill to Prince Ch'ing, July 11, 1908, Remission of a portion of the Chinese indemnity, 60th Congress 2nd Session, *House of Representatives Document*, No. 1275, Washington：Archives of the Congress of the U. S. A.

❷ Mr. Denby, from the Committee on Foreign Affairs, submitted the following report, 60th Congress 1st Session, *House of Representatives Report*, No. 1107, Washington：Archives of the Congress of the U. S. A.

难，张之洞等地方督抚一筹莫展。❶ 在法国的倡议下，各国在对华军火禁运上又很快走向了一致。

1900 年 7 月 17 日，法国外长致函各列强，建议禁止向中国运售武器，以阻止其增加反抗的力量。随即获得多数国家支持。英国外相索尔兹伯里当天就表示要将此事提交议会，以形成一项正式的法案。7 月 20 日，英国议会通过了这项禁止武器出口的修正案（An Act to amend the Law relating to the Exportation of Arms, Ammunition, and Military and Naval Stores/ Exportation of Arms Act 1900）。❷ 德国因为驻华公使克林德被杀，主张对中国采取一切惩罚措施，禁运武器必然在列。7 月 22 日，德国外交大臣布洛夫向德皇威廉二世报告说："在这个时期内，我不断地努力执行陛下绝对重要的禁止运输军火到中国的命令。德国船主已得到警告，陛下的巡洋舰司令及驻华领事均奉命监视一切军火运送。德国正准备禁止军火出口。由于我们的压力，美国政府已答应同样的禁运措施。沙立斯百理勋爵，因我方屡次外交行动的结果，已保证一切合作，并刚才宣布他在这方面已经在英国议会提出一个法案。"❸ 可见德国不仅自己禁止，而且积极联络其他国家一同对中国施行武器禁运。俄国同德国立场相近，7 月 27 日俄国政府向各国递送照会，宣称："俄国以深切的同情欢迎正在计划中的禁止武器、炮及军火输出到中国的法案。在我们看来，似乎宜使伦敦、美国及其他各国政府参加这一个措施，——这不仅是一项合时的而也是必要的措施。"❹ 美国政府一向主张自由贸易，迫于国际形势与列强一致行动，也同意采取同样的禁运措施。7 月 28 日，法国政府正式对外宣布，援引国际通例，禁止其国内各地方将军火运往中国。❺ 至此，列强就对华军火禁运形成统一战线。

在实践中，各国驻上海的总领事们最是激进。7 月 19 日，他们在报纸上刊登布告，除非获得领事批准，禁止各洋商向中国销售武器弹药。❻ 列强在联合军事行动的基础上，约定不向中国输送武器，一般认为这项约定会至少持续到战争结束。待到中外议和时，各方又围绕将该禁令写入条约争执不休。10 月 4 日，

---

❶ "鄂省奉旨接济京师，内防会匪滋事，连日添兵筹械，罗掘一空，各国又禁军火进口，湘营入卫索械尚不能应，窘迫可想。"《致云南丁署制台》，光绪二十六年六月初八日申刻发，苑书义等主编：《张之洞全集》第 10 册，第 8085 页。

❷ 《禁止军火》，《申报》1900 年 7 月 21 日，第 9792 号。

❸ 《外交大臣布洛夫伯爵上威廉皇帝二世》，1900 年 7 月 22 日，《德国外交文件有关中国交涉史料选译》第二卷，第 60 页。

❹ 《外交副大臣德林达尔公爵致外交大臣布洛夫伯爵电》，1900 年 7 月 27 日，《德国外交文件有关中国交涉史料选译》第二卷，第 68 页。

❺ 8 月 1 日，意大利政府也公开禁止军火接济中国。参见《禁运军火》，《申报》1900 年 7 月 31 日，第 9802 号；《禁济军火》，《申报》1900 年 8 月 2 日，第 9804 号。

❻ Goodnow to the Secretary of State, July 19, 1901, *Despatches from U. S. Consuls in Shanghai*, *China*, July 5, 1899 – July 31, 1900, M112, R46, National Archives of the United States.

在法国提出的六点谈判基础中，第二点倡议继续对华禁止输入武器。美国政府在基本同意法国六点原则时，国务卿海约翰对这一条提出了保留意见，即这项禁令不能理解为永久性的，禁令的持续时间及规定还有待适当地讨论。❶ 美国公使康格接到训令后也提示北京公使团注意，11 月 1 日各国代表同意将"按照各国的意见禁止输入武器"❷，表明各国支持法国的意见，战后继续对华禁运军火，但在美国的坚持下，仍须对禁运细节加以讨论，尤其美国已明确不愿永禁。

各国拟将武器禁运写入条约的风声传出，引起清政府方面的极大警惕。湖广总督张之洞认为这项若成，中国"永无自强之望，且不成自主之国矣""其撤沿海炮台、禁军火进口、京沽沿途驻兵最为狠毒。果确，是有自主之名，而无自主之实"。10 月 24 日，他向日本政府秘密探询，接获各国尚未取得一致意见的消息，遂决定向各国力争。❸ 他首先试图说服两江总督刘坤一，指出必须在禁运军火的问题上设法争取，万不得已的情况下也必须控制禁止年限，尤其担心李鸿章不愿向各国争论，待到外国公使将全约送来，逼迫画押，则依违两难，因此主张在各国商议条款之时就竭力磋磨阻止。❹ 其次，张之洞向来与日本交往最密切，禁运之前已经托请日本工厂每周日代中国造新枪，商议即将成功而突遭禁令，张氏遂对日本调停删改这一条款抱有很大的期望。然而，驻日公使传回的消息则称"日廷极力斡旋，各国意见太深，恐难劝阻"，日本政府非但无法劝阻各国，反而劝中方"此款事宜速了"，张之洞再次对日失望。❺

此时却有传闻说美国对禁运有异议，"或定期限，或议定管理章程"，驻美公使伍廷芳也说他请求美国调停，获得允准。这又让张之洞重燃希望，他向中国全权代表庆亲王、李鸿章和两江总督刘坤一建议，除了美国外，还可托德、日、英三国阻止，因为德、日出售军械，英国出售船只，"如必不允，或有一法，彼并未禁我自造，或议明可募外国人在华内地设厂制造，专售于中国则亦无妨"❻。

12 月 24 日在各国公使给中国全权代表的联合照会中，禁运武器一条规定："按照各国商定的条件，继续禁止输入武器以及专为制造武器弹药的各种材料。"驻美公使伍廷芳向张之洞转达美国国务院意见为："停购军火虽无'暂'字，亦

---

❶ 《国务卿致法国驻美代办的备忘录》，1900 年 10 月 10 日，《1901 年美国对华外交档案》，第29 页。

❷ 《康格致海电》，1900 年 11 月 1 日，《1901 年美国对华外交档案》，第 413 页。

❸ 《致东京李钦差》，光绪二十六年九月初二日亥刻发；《李钦差来电》，光绪二十六年九月初六日亥刻到，苑书义等主编：《张之洞全集》第 10 册，第 8363、8407 页。

❹ 《致江宁刘制台》，光绪二十六年九月二十八日酉刻发，苑书义等主编：《张之洞全集》第 10 册，第 8407 页。

❺ 《李钦差来电》，光绪二十六年十月初十日丑刻到，苑书义等主编：《张之洞全集》第 10 册，第 8420 页。

❻ 《华盛顿伍使来电》，光绪二十六年闰八月十八日到，《李鸿章全集》第 27 册，第 334 页。《致上海盛京堂转庆亲王、李中堂》，光绪二十六年十月初四日寅刻发，苑书义等主编：《张之洞全集》第 10 册，第 8419 页。

无'永远'字，且有'专'字，凡可作别用者，当不在内。"❶ 说明禁运的细节仍可由中外各代表深入磋磨。25 日，张之洞在给伍廷芳的回复中，再次强调了删改禁运军火一条的重要性，恳请美国出面向各国商议：

> 尊电系言军火暂停购，此所抄无"暂"字，若不酌量删改，都城永受洋兵挟制，中国无从自防。无论最小之国，随时随事任便恫喝，无论何事中国永不能自主矣。且此次因联军公议曲从太过，以后各国意指未必能永远相和。中国与诸国各有交涉，或从或违亦必互有参差。设一国有独自要挟之事，于华有损于诸国亦有碍，中国亦只可曲从，恐各国亦未为得计也。闻各国均已照允，惟美使奉其国电尚有增减。尊电既云"并无不容商改"之说，务祈再恳美廷电商各国，将使馆卫队、沿途卡兵人数均减至极少，年限须近，务将"永远"二字删去。战务材料只可指明枪炮弹药，勿将机器铜钢等类包括在内，并声明暂时停购，年限须少。❷

张之洞渴望通过外交努力，将军火禁运的年限尽量缩短，并且将禁运的"战务材料"范围尽量减少，不包括机器、钢、铜等重要的生产材料。他将调停的希望寄托在美国身上。此时英国使馆参赞递交的照会汉文中，这一条款被译作"专为制造军火各种器料"，让张之洞很是诧异，他认为"器"字是指造军火机器，用意更深，"器"字或是翻译错误，因此为保险起见，他进而主张将这句话也一同删去。❸

对列强联合照会中的十二款，张之洞自陈他只注重军火材料、京津驻兵两事，因为赔款、教案等李、庆自会与各国着重商议，而"军火材料断绝，则天下束手待毙，并小朝廷亦不能久矣""必须竭力补救"。张之洞的主张获得了清廷中央以及王之春等其他一些地方大员的支持。清廷起初在指示全权大臣磋磨的意见中，就禁运军火指出需指定货物名目；接获张之洞上奏后，又专门命令庆、李二人"与各使婉切相商，将专为制造军火之材料一句删去，并议以暂禁年分"❶。刘坤一虽然认为禁运军火各国自有主权，有此明约，是各国互相猜疑的结果，因此磋磨不易，必不得已，但在面对英国总领事霍必澜，仍极力向其陈说："中国

---

❶ 《美京伍大臣廷芳寄鄂督张香帅电》，光绪二十六年十一月初六日，《愚斋存稿》卷九十五，补遗七十二，第 1995 页。

❷ 《致华盛顿伍钦差、俄京杨钦差》，光绪二十六年十一月初四日子刻发，苑书义等主编：《张之洞全集》第 10 册，第 8459–8460 页。

❸ 《致上海盛京堂转庆亲王、李中堂，江宁刘制台，济南袁抚台，安庆王抚台》，光绪二十六年十一月初六日申刻发，苑书义等主编：《张之洞全集》第 10 册，第 8464 页。

❶ 《致江宁刘制台、济南袁抚台、安庆王抚台、上海盛京堂》，光绪二十六年十一月初十日丑刻发，苑书义等主编：《张之洞全集》第 10 册，第 8471 页。《军机处为复行遵拟磋磨各条款事致全权大臣奕劻等电》，光绪二十六年十一月初五日；《奕劻李鸿章奉电旨着与各使商将专为制造军火之材料一句删去并议以暂禁年分较为妥协》，光绪二十六年十一月初九日，《庚子事变清宫档案汇编》第 9 册，第 168、184 页。

既任保护商教之责，不能不购制军械，严防土匪，将此条删除最妥，否则不禁器料，仍严禁私售济匪。"❶ 可见在张之洞的强烈推动下，清廷中央、刘坤一等人均认同更改禁运条款，最好能让各国放弃禁令，否则也应缩减年限，不禁制造军火之器料。

张之洞坚信"禁器料必可商改"，然而待到北京谈判时，庆亲王、李鸿章却并不在这一点上着力，只是向各国代表提出"至制造军火之各种器料甚多，其有国家必需应用者，应由总署随时知照，准其购买"。❷ 这一提议比删除禁器料一句明显削弱许多，各国似乎完全没有注意到这点。虽然美国对于禁止器料也有异议，1900 年年底麦金莱还质疑了规定禁止输入用于制造军火的原料是否得当，1901 年 3 月美国特使柔克义也关心过制造军火的器料有哪些，国务卿海约翰认为"除非指定制造武器弹药的工厂，否则要禁运上述几类材料是办不到的"❸，但由于中方代表始终没有明确把这个问题提上议程，中外讨论的重点几乎全部集中在禁运年限上。

1901 年 2 月 27 日，北京公使团组成禁止输入武器弹药委员会，由美、英、俄三国代表组成。该委员会于 3 月 20 日向外交团提交报告，其中规定应禁止的包括有四类：武器；供武器使用的弹药；专为制造武器的材料；专为制造弹药的材料。该委员会还认为，"至少应确定在五年内禁止输入武器等，倘若各国同意，还可以将期限延长"❹报告结果主要反映了俄使的意见，因为既没有缩减禁运的范围，也提出五年这样一个较长的年限。外交团讨论时，柔克义和日本、比利时公使都主张将禁期定为两年，理由是"在禁令实行的两年内，中国的形势很有可能会变得无须再禁止运入武器"❺。

俄国坚持延长年限的原因跟它试图占领满洲有关，它不愿中国获得能与其相匹敌的军事实力。各国在年限长短上的分歧，使该议题的讨论陷入了纠葛和拖延。柔克义极不赞成严厉长久的禁运，他甚至对于 1900 年美国总领事参加上海领事团禁止向中国运输和销售武器弹药的行动很是不满。1901 年 4 月在各国公使仍就对华武器禁运年限相持不下的时候，柔克义特意致函古纳，声明"美国政府没有给我们的总领事特别授权可以同意上海领事团这项决定的权利"，从根本上

---

❶ 《刘制台来电》，光绪二十六年十一月初八日酉刻到，苑书义等主编：《张之洞全集》第 10 册，第 8471 页。《江督刘来电》，光绪二十六年十一月十二日到，《李鸿章全集》第 27 册，第 489 页。

❷ 《中国全权大臣致各国驻京钦使和款说帖全分》，吉田良太郎编：《西巡回銮始末记》，台北：台湾学生书局，1973 年，第 197 页。

❸ 《海致康格电》，1900 年 11 月 27 日，《1901 年美国对华外交档案》，第 421 页。Rockhill to the Secretary of State（telegram received in cipher），March 12, 1901, *Despatches from U. S. Ministers to China*, February 5 - March 29, 1901, M92, R111, National Archives of the United States.

❹ 《禁止输入武器弹药委员会报告》，1901 年 3 月 20 日，《1901 年美国对华外交档案》，第 162 - 163 页。

❺ 《柔克义致海函》，1901 年 3 月 20 日，《1901 年美国对华外交档案》，第 127 页。

否定了古纳此前禁止对华运输武器的行为。虽然古纳宣称禁运武器是紧急时候采取的必要措施，已获国务院的默许与多数美国公司的合作，柔克义则认为在列强同意执行联合照会的第五条款之前，任何轻举妄动都是不合时宜的。❶

各国代表对禁运年限的争论，一直延续到 1901 年 7 月才得出结果。美、英、日三国坚持禁运以两年为限，但柔克义感到，由于俄国政府"一意坚持"实行禁令的期限至少为五年，便不得不予以注意。俄使曾私下密探柔克义美国的真实想法，得知美国始终赞成两年期限。国务卿海约翰十分怀疑禁止输入军火是否有利，但他也已经开始担忧谈判会因此遭到拖延，在 7 月 20 日指示柔克义，如果各国都支持一个合理延期的可行方案，柔克义也可以表示同意。❷ 7 月底，随着俄国逐渐不再坚持，赞同两年期限的国家越来越多，最终北京外交团达成一致，由团长葛洛干致中国全权代表照会，请皇帝颁布谕旨，规定在两年内禁止输入武器弹药以及专为制造武器弹药的材料。❸ 李鸿章看来，禁运年限缩短至两年已达到他的既定目标，遂接连奏请清廷早日下旨允准。8 月 25 日，清廷正式降旨，在中外最后签订的条约第五款中切实标明禁止将军火暨专为制造军火各种器料运入中国境内两年。禁运期限得到了确认和缩减，军火原料却仍旧遭到禁止。由于在期限上始终分歧不断，各国代表实际上到最后也没能就禁令内容制订出可行的方案，柔克义依据其他代表的态度推测各国在禁止武器弹药输入上应该不会遵循十分严格的规则和条例❹，因此他最后对于这些规则的制定也不太上心。

二、占领据点、拆毁炮台、使馆防御等与军事相关的各项问题

除禁运武器外，八国联军占领北京后，考虑了多项对中国的惩罚措施以及防止中国未来反抗的举措。其中多项政策均源于法国 1900 年 10 月的提议，包括在北京组成一支常驻公使馆的卫队、拆除大沽炮台、对京津之间的二三处地点实行军事占领等。各国虽都原则上同意法国的六点要求作为谈判基础，但同惩凶、赔款、禁运军火一样，围绕这几个问题的细节规定，也曾有过不小的争论。

当这几项提议传出后，清政府内部高度关注。张之洞看来，京津驻扎洋兵与禁运军火是最关键的两个问题，他建议中国全权大臣、驻外公使务必向各国酌

---

❶　Letter. From John Goodnow. To W. P. Wilson Esq. Shanghai, *Despatches from U. S. Consuls in Shanghai, China*, June 3, 1901 – September 30, 1902, M112, R48, National Archives of the United States. Rockhill to Hay, April 15, 1901, No. 65; Goodnow to Rockhill, April 9, 1901, No. 321, *Despatches from U. S. Ministers to China*, April 1 – May 30, 1901, M92, R112, National Archives of the United States.

❷　《柔克义致海电》，1901 年 7 月 19 日；《海致柔克义电》，1901 年 7 月 20 日，《1901 年美国对华外交档案》，第 460、461 页。

❸　《柔克义致海函》，1901 年 8 月 8 日，《1901 年美国对华外交档案》，第 392 – 393 页。

❹　Rockhill to Hay, March 23, 1901, No. 49, *Despatches from U. S. Ministers to China*, February 5 – March 29, 1901, M92, R111, National Archives of the United States.

商，将使馆卫兵、京津沿途驻兵人数减到最少，而且应删除"永远"字样；对于拆毁直隶沿海炮台一条，他认为这跟列强联合与中国开衅有关，"假如以后有强大而最近之国与中国寻衅，亦几全无防守，于中国固损，于他国亦未见有益"，似乎可以凭这两个原因与各国商议，阻止这一提议。❶ 驻美公使伍廷芳同张之洞观点一致，亦努力恳请美国阻止拆毁大沽炮台。❷

与此同时，各国的分歧逐渐由其驻京谈判代表和军队指挥官表现出来。军官参与讨论，是其他谈判论题所未见的。1901 年 1 月，北京公使团要求各国在华军队的指挥官提供一个有关驻军地点、使馆卫队人数、要拆毁的炮台、使馆区的大小等问题的报告。

为此，美军统帅沙飞跟美使康格、国务院等紧密联络、共筹对策。1901 年 1 月 19 日，康格向沙飞密探各国指挥官对军事占领北京至沿海铁路沿线据点的看法。25 日沙飞回复说，他暂时还无法获得指挥官们的整体意见，但他个人的观点是，联合照会第九条有两点内容：一是列强将接管守卫北京到沿海的铁路沿线；二是将占领其中的一些据点，其中第二点是必须采纳的。至于占领什么地方，沙飞以为天津乃首都与大沽之间的重要据点，位置关键，如果占领天津，或许不需要占领沿线的其他地方；他对由大沽至山海关沿线的地形亦不大了解，只能说如果允许的话，他想占领芦台和北戴河，或者更好的话是唐山和北戴河。至于联合照会第八条夷平炮台，沙飞认为联军是为了维持京城到海上的通讯畅通，必会完全遵守。❸ 根据沙飞提供的信息，康格注意到以德军主帅瓦德西为首的军事委员会计划留下大约 11 000 名士兵来实施这项军事占领计划，随即建议美国政府要提供的比例应该是一个团或至少 1 000 人。因为若美国要维持在列强内部或在中国的威望，就必须承担应有的责任，康格认为由于美国宣称不会占领或瓜分中国，导致美国在谈判中处于一个不利的位置，因此美国更需要在中国留下这批军队以维持美国应得的利益。❹ 康格这个判断是以列强在试图瓜分中国为前提的，若是那样，美国着实处于十分不利的位置，迫切需要充足的军力维护它的份额。

然而，美国总统和国务院根本不打算参与对中国的军事占领，因为随着中外谈判的深入，麦金莱与海约翰均不愿在议和渐有成效之时采取任何可能引起中方

---

❶ 《致上海盛京堂转庆亲王、李中堂》，光绪二十六年十月初四日寅刻发；《致华盛顿伍钦差、俄京杨钦差》，光绪二十六年十一月初四日子刻发，苑书义等主编：《张之洞全集》第 10 册，第 8419、8459 页。

❷ 《华盛顿伍使来电》，光绪二十六年闰八月十八日到，《李鸿章全集》第 27 册，第 334 页。

❸ Mr. Conger to General Chaffee, January 19, 1901; General Chaffee to Mr. Conger, January 25, 1901, *Despatches from U. S. Ministers to China*, December 16, 1900 – January 31, 1901, M92, R110, National Archives of the United States.

❹ Conger to Hay, January 31, 1901, No. 519, *Despatches from U. S. Ministers to China*, December 16, 1900 – January 31, 1901, M92, R110, National Archives of the United States.

敌视的行动，他们着眼于迅速修复同清政府的友好关系，以便未来更快恢复和发展中美贸易。再说，美国总统虽有紧急派兵之权，但若要在海外长期驻兵，在国内必须首先通过立法的确认，不论是美国传统还是操作程序都不倾向于采取这一行动。美国政府还得面对国内的反帝言论以及菲律宾的叛乱，势必会焦头烂额。❶ 它索性在 1901 年 3 月决定将 1900 年留在中国过冬的剩余不到两千人的远征军全部撤出。

这个率先在中国结束驻军的决定，遭到了接替康格代表美国参与议和谈判的柔克义的强烈反对，因为根据目前的谈判情况，此时撤军，势必会使美国在讨论通海交通线的占领、拆毁炮台、使馆防卫等各项与军事相关的议题时，相比其他在中国拥有大量军队的国家处于非常不利的地位，柔克义十分担忧"我们实际上将对这些问题毫无发言权"，因此他坚持希望继续在未来几个月保有一支有相当数量的美国军队，"即使在这里驻有少量的美军，我们也能对其他各国施以不断的和有益的压力"❷。同样要求继续在中国保持足够数量的军队，康格与柔克义的出发点有所不同，前者是为了万一"瓜分"的形势出现美国不至于落后，后者则更符合美国派兵的初衷，即为调停各国同中国的关系，柔克义不愿意因为撤军使美国失去在这方面制衡其他国家的影响力。

但无论是康格还是柔克义，都没能阻止美国政府的撤军决定，1901 年四五月间几乎所有的美军都被撤出了中国。因此，虽然沙飞将军曾有规划美军想要占领之据点，由于美国政府的撤军决策，导致在 1901 年 4 月各国部署占领任务时，没有足够的美军留驻中国，美国完全没有参加对这些地点的占领，而联军的其他七个国家都参与其中。❸ 正如柔克义担忧的，美国撤兵，丧失了对军事占领的发言权，也削弱了美国在摧毁炮台问题上的影响力。

1900 年 11 月康格报告说各国代表同意"摧毁妨碍首都到海上交通的大沽和其他炮台"，美国总统麦金莱和国务卿海约翰就指示他要力争拆除炮台的工事而不是把炮台摧毁。❹ 然而并没有国家认可美国的建议，列强在给清政府的联合照会中，甚至使用了"夷平"炮台的表述。待到 1901 年 4 月在北京的各国代表正式讨论该问题时，柔克义再详细解释了美国的观点，试图以"拆除"炮台取代"夷平"炮台。日本公使认为照会第八款仅规定了夷平炮台，反对军事委员会建议还要摧毁其他许多工事、兵营、武库等。这个观点也获得了柔克义的支持，为

❶ 《海致康格电》，1900 年 10 月 19 日，《1901 年美国对华外交档案》，第 411 页。
❷ 《柔克义致海函》，1901 年 3 月 19 日，《1901 年美国对华外交档案》，第 126 页。
❸ 各国军队的驻地分派如下：意大利占领黄村、德国占领廊坊和杨村、法国占领军粮城和塘沽、英国占领芦台和唐山、日本占领滦州和昌黎。此外，德、法、英、意和日本分担天津驻兵的兵额，俄、德、法、英和日本分担山海关驻军的兵额，奥匈帝国在山海关和天津留驻少量警卫部队。《陆军元帅瓦德西伯爵致葛洛于函》，1901 年 4 月 6 日，《1901 年美国对华外交档案》，第 167 - 168 页。
❹ 《海致康格电》，1900 年 12 月 31 日，《1901 年美国对华外交档案》，第 428 页。

了防止占领结束后中国丧失御敌的能力，沙飞在得知柔克义的意见后，也向联军统帅瓦德西重申了美国政府的立场。但其他国家并不理会美、日的倡议。日本公使很快做出妥协，柔克义孤立无援遂不再作声。列强最终坚持拆毁了军事委员会在4月6日建议的所有11处据点，甚至连委员会建议暂时保留的山海关炮台也在最后被夷平了。❶ 美国在这几项军事问题的谈判上可谓毫无作为，虽然撤兵让它避免参与对中国军事上的惩罚、侵略行动，但也直接削弱了它对其他国家的军事影响力。

美国不愿过分"报复"和"惩戒"中国，甚至担心中国在未来完全失去抵御外敌的能力，拒绝对华强硬的军事行动。但铁路驻兵、拆毁炮台均由联军统帅瓦德西主持与推行，瓦氏看来，二者都是为了确保北京到海上的自由通行，而且，"适当"的军事施压还能够敦促中外交涉尽快达成，尤其要在炎热与疾病多发的夏天到来之前。❷ 瓦德西斥责美国与其他列强"分道而驰"，其他列强也就在铁路驻防等问题上完全抛弃了美国。

由于庚子夏天北京使馆区直接遭受了攻击，如何增强使馆的防御能力也成为各国在解围使馆后重点考虑的问题。必须建立一个可设防的使馆区，成为各国的共识。为此，法国在六点谈判基础中率先提出组成一支常驻公使馆的卫队。美国政府原则上同意了这项建议，在各国正式讨论前，美国驻华公使和军事指挥官交换了意见。1900年12月7日，康格向海约翰报告说，沙飞将军认为卫队人数将是每个使馆从500人到1000人不等，而他认为100多人就足够了，这些人必须驻扎在使馆附近。由于美军的现驻地先农坛与使馆距离较远，故而不适宜被用来驻扎永久的使馆卫队。❸ 12月29日，康格继续报告称，各国公使已经一致赞同，建立永久的使馆卫队是绝对必要的，就各自的卫队人数也基本取得共识：有些公使认为每个使馆应有200人或300人；康格认为大约100人就足够了。为了有足够宽敞的地方驻扎卫队，并且修筑防御和守卫工事，外国公使们还决定要扩大使馆的面积，迫切需要购买或租借土地，并在那里建造营房。❹

由于不论是留下常驻卫队，还是要在使馆区设防，均离不开军队的意见，北京外交团就请各国驻华军队各派一名军官组成委员会拟订一个报告。联军之八国各派一人，美国派出的是工兵部队中尉福格森。该委员会于2月19日向公使团

---

❶ 这11处工事为：杨村南军营、天津西沽武库、天津黄炮台、天津黑炮台、天津东局子、军粮城的两座军营、新河的四座军营、大沽的所有工事、北塘的所有工事、芦台铁路周围二千米以内的所有军营、汤河到山海关之间铁路周围二千米以内的军营。参见《陆军元帅瓦德西伯爵致葛洛干函》，1901年4月6日；《葛洛干致中国全权大臣照会》，1901年7月28日，《1901年美国对华外交档案》，第167－168、386－387页。

❷ ［德］瓦德西：《瓦德西拳乱笔记》，王光祈译，第230、233－234页。

❸ Conger to Hay, December 7, 1900, No. 468, *Despatches from U. S. Ministers to China*, October 1 – December 15, 1900, M92, R109, National Archives of the United States.

❹ Conger to Hay, December 29, 1900, No. 488, *Despatches from U. S. Ministers to China*, December 16, 1900 – January 31, 1901, M92, R110, National Archives of the United States.

提交了关于北京使馆区设防的报告，其中附图标明了各国驻京公使筹备占有的使馆区域，建议设置缓冲地带或防御区，并且列出了各国军事代表为使馆区规划的卫队人数。❶

表 4 - 7　军事委员会报告拟订的北京使馆卫队人数及武器数

国名	人数	炮	榴弹炮	机关枪
奥匈	250	2 ~ 4	—	6 ~ 8
法国	250	2	—	2
德国	300	3 ~ 4	2	6
英国	200 ~ 250	4	2	4 ~ 6
意大利	150 ~ 200	2	—	2
日本	300 ~ 400	4 - 6		若干
俄国	350	2		4
美国	100	2		2 ~ 3

所有国家中，美国拟留驻的使馆卫队人数最少。基于对中美关系前景之乐观，沙飞与康格均不认为在未来几年会再次遭遇袭击，而且他们考虑到美国使馆面积本身不大，无法容纳过多的军队。美国国务院很快也批准了派驻使馆卫队的请求，允许留下两队骑兵，康格则建议使用步兵，因为守卫目的是驱逐对使馆区的进攻，马只会起到妨碍作用，而且要在使馆附近找一块足够大的地方给骑兵比较困难，给他们的储备和补给也将会昂贵很多。❷ 经过与沙飞的反复讨论，1901年3月美军最终同意留在美国使馆的卫队由一队步兵（大约150人）组成，并配有两座野炮、两座机关枪以及充足的弹药。3月18日，代理公使司快尔在向海约翰报告使馆卫队的最终人数时，还请求严格定义卫队与使馆的正式关系，建议使馆卫队必须完全听命于使馆的首脑（公使），否则就会造成混乱，并损害使馆同卫队之间的友好联系。此外，由于目前许多美国侨民、传教士申请由卫队护送回中国内地，司快尔也请求应该明确指明使馆卫队不能被使用于使馆区外，因为根据条约这支卫队只是为了保护使馆。❸

常驻北京使馆卫队的人数随即确定下来，最终留下美兵150人，德兵300人，法兵300人，英兵250人，日本兵300人，俄兵300人，意兵200人，奥兵200人，

---

❶ 《军事委员会关于计划中的北京使馆区设防的报告》，1901年2月19日，《1901年美国对华外交档案》，第89－94页。

❷ Conger to Hay, February 11, 1901, No. 528, *Despatches from U. S. Ministers to China*, February 5 - March 29, 1901, M92, R111, National Archives of the United States.

❸ Squiers to Hay, March 13, 1901, No. 568; Squiers to Hay, March 18, 1901, No. 579, *Despatches from U. S. Ministers to China*, February 5 - March 29, 1901, M92, R111, National Archives of the United States.

共计留护使馆兵2000人。❶ 对人数的商议并未有太多分歧，列强的争论主要集中在使馆区的面积与位置这样更关乎实际利益的问题。美国在最后时刻增加了50人的驻军，既为顾及其他国家的情绪，也为美国使馆获得了一定程度的扩大。

为了建设防御良好的使馆，并提供给使馆卫队足够大的空间，外国驻京公使自1900年下半年就开始着手规划扩大各自在北京的使馆区域。1900年11月3日，康格报告说，所有在北京的外国公使都在占有大量毗邻其使馆的土地，既有属于中国政府的，也有属于在围困期间被私人放弃了的。❷ 美国公使馆一直是租用美国人田贝（Colonel Denby）的房产，每年付给租金3500美金。美国公使康格认为这块土地要同时安置使馆和卫队空间略显不足，因此一方面开始向西边扩张土地，另一方面考量借此机会向田贝购买下那块土地的使用权。购买土地，加上重建、增建足够的建筑，康格盘算可能将花费9万美金。万一无法获得田贝的土地，康格觉得也可以购买并修建一个全新的地方，大约会花费10万美金，但那块地点也能更宽敞，更容易防御。❸

康格的这些设想在军事委员会1901年2月的报告里有充分的体现。

根据军事委员会报告的附图以及康格的陈述，可知康格渴望购买的田贝土地为图中标明的 U. S. A 地段，而其西边的 U. S. B 和 U. S. C 两块地段是美国公使馆试图另外占据的。由于 U. S. A 地段是否能买下，取决于跟田贝的商谈，康格策划了两套方案：若能买下，他建议将 U. S. A 整个地段用于建造使馆，把卫队安置在 U. S. B 地段上；若不购买 U. S. A，则可以将使馆设于 U. S. B 地段上，把 U. S. C 上的住屋及营房交给卫队使用。后一种情况下，康格认为还可以劝说荷兰使馆向东迁移，与华俄道胜银行毗邻，以让 U. S. B 与 U. S. C 两段能连在一起。

康格为美国使馆的增大设计了周密的计划，基础在于直接向外扩张的 U. S. B 和 U. S. C 两块地段，这两块地大约相当于美国公使馆原有面积的两倍。但相比于其他国家，美国的扩张显然还是最少的，英、俄、日、法、德等国都分别占据了大片相连的土地。康格认为北京使馆区的全部面积比它现实需要的或恰当的范围要大得多，但因为涉及它国切身利益，他不愿意在此事上跟其他公使有什么冲突，遂保持缄默。❹ 相比于其他国家都趁机尽可能地扩张占领面积，美国公使的想法更加实际一些，他认为使馆无须太大，应以经济地管理和轻松地防御为主要标准。因此，虽然同样向外侵占了相当的土地，美国拟订的使馆区域总归比其他

---

❶ 《联军议退》，《新民丛报》1902年第9号，第6页。

❷ Conger to Hay, November 3, 1900, No. 438, *Despatches from U. S. Ministers to China*, October 1 – December 15, 1900, M92, R109, National Archives of the United States.

❸ Conger to Hay, December 29, 1900, No. 488, *Despatches from U. S. Ministers to China*, December 16, 1900 – January 31, 1901, M92, R110, National Archives of the United States.

❹ Conger to Hay, February 16, 1901, No. 536, *Despatches from U. S. Ministers to China*, February 5 – March 29, 1901, M92, R111, National Archives of the United States.

列强小许多。

1901 年 3 月 5 日，康格在回国前请求国务院赋予柔克义和司快尔选择、购买土地的权利。鉴于各国争夺土地竞争的白热化，康格还建议马上购买一块土地跟荷兰公使馆交换，以保证 U. S. B 和 U. S. C 两块土地的连续性。❶ 司快尔首先花了 2 万两白银，买下 U. S. B 这块地，又得到美国政府的批准，接管了荷兰使馆以西的土地，他估计对 U. S. C 地段的花费将不超过 3 万两，留待清廷回銮后再彻底同清政府商议，还剩余有 3 万两左右他准备用来建楼和在土地四周筑墙。❷ 在华府的授权下，美国驻华公使馆获得了计划中的扩充土地。

对于被占用了土地的外国人，美国政府还注意保护他们的权益。以美国人柯特曼（Robert Coltman）为例，司快尔不仅补偿了他在美国使馆区东南角拥有的寺庙，而且为他被德国、比利时使馆占据的土地争取赔偿。❸ 但就哪些外国人的权益需要保障，柔克义与美国国务院产生了一些分歧。康格在 1901 年 3 月 4 日曾报告说，使馆解围后，许多外国人趁机占据和购买了大量被焚毁和遗弃的房产，为了制止私人的投机抢占，各国公使于 1900 年 11 月 6 日通过一决议："自包围开始后，在各使馆占领的地区以内，从中国人手中购买的任何土地，未经外国代表同意，一律无效。"康格也通知所有在京美国侨民，只有于 1900 年 6 月 20 日以前取得产权的业主，方能认为具有合法的所有权。❹ 柔克义却认为，这一决议的性质不同寻常，连同其所根据的原则，是他很难赞同的。为此，他拒绝同意法国公使提出的为公使馆开辟一个缓冲区的建议，因为那部分地域内有美国公民的地产。❺ 面对柔克义不愿承认北京公使团 11 月 6 日决议的请示，代理国务卿希尔回复说，国务院已批准了康格的行动，这一决议是恰当的，因为它阻止了外国人对土地的投机买卖活动，以此驳斥了柔克义的诉求。❻ 以 1900 年 6 月 20 日作为区分产权的时间节点，围攻使馆、清廷宣战均始于斯，恰说明美国政府从根本上并不承认利用战争手段获得的土地，即便受益者是美国人，也不愿盲目保护他们的"投机"行径。

除了外国人的产业，各国大幅度扩大的使馆区还占据了许多清政府的办事机

---

❶　Conger to the Secretary of State（telegram received in cipher），March 5，1901，*Despatches from U. S. Ministers to China*，February 5 – March 29，1901，M92，R111，National Archives of the United States.

❷　Squiers to Hay，March 18，1901，No. 578，*Despatches from U. S. Ministers to China*，February 5 – March 29，1901，M92，R111，National Archives of the United States.

❸　Squiers to Hay，March 16，1901，No. 577，*Despatches from U. S. Ministers to China*，February 5 – March 29，1901，M92，R111，National Archives of the United States.

❹　《康格致海函》，1901 年 3 月 4 日，《1901 年美国对华外交档案》，第 107 页。

❺　《柔克义致海函》，1901 年 3 月 7 日；《柔克义致海函》，1901 年 5 月 13 日，《1901 年美国对华外交档案》，第 110、212 – 213 页。

❻　Hill to Rockhill，May 3，1901，No. 23，*Diplomatic Instructions of the Department of State*，China，June 24，1899 – August 14，1906，M77，R43，National Archives of the United States.

构以及中国人的地产，中外之间就此展开了激烈的争论。在各自扩张占据使馆周围土地的同时，许多公使设想可以强迫清政府在城市中划出一块土地单独给外国人占领，这样的话不需要支付什么费用。● 在清廷全盘接受了联合照会后，公使们看来，清政府已原则上默许给公使馆一块土地，此后美国代理公使司快尔观察到，许多公使馆只是插上旗帜、赶走中国人，就完成了扩张使馆的目标。美国公使康格率先注意到有大片中国人的私有财产被占，对此充满质疑和批评，1901年 2 月 16 日他在给国务院的报告中指出，应该要有人付款赔偿。柔克义进一步阐述和支持了康格的批判："使馆区内的土地，不论是私人的或属于中国政府的，均系使馆被围后由此地的各国代表立即夺占的，他们不顾实际的或最终的需要，只打算以后把这些土地转让给他们认为合适的本国公民。美国代表没有随着这样做，我们只能沿着内城城墙扩展少数几块地段。"● 司快尔还认为，应该给予被征用土地的所有者补偿，不管是中国人还是外国人，因为"美国历来不为本国公民或为其他目的没收财产"。美国政府开始酝酿补偿美占地之华人，或将款项计入赔款数额。●

3 月 1 日，北京公使团团长葛洛干照会中国全权大臣，将各国公使议订的使馆区四至界限通知清政府，并且要求清政府将界内的所有政府机构搬走，而界内被迫移出的中国人，如何设法补偿，由公使团商议后再告知。被各国公使列入界内的机构，包括有宗人府、吏部、户部、礼部、兵部、工部、理藩院、翰林院、詹事府、太仆寺、鸿胪寺、钦天监、銮仪库、四译馆、庶常馆等，涉及的机构之多，规格之高，甚至包括有皇帝的祭祀重地——堂子●，中国全权大臣随即指出"在使馆无此数处并无损于使馆，若京城无此数处将不得为京城"，试图博取外国公使的同情。然而 3 月 15 日，葛洛干再次照会时，并不让步，而且进一步宣称迁徙失产之华民，应由中国国家出资补偿。这一决定再次引起庆、李二人的辩驳，中方援引"地为何人所用，地价即应由何人付给，房屋由何人令其迁移，迁费即应由何人补偿，此乃一定不易之理"，坚持要此款由"诸国全权大臣自行设法也"●。北京外交团则抬出去年"滋乱各情"，使馆两月之久被攻被围，"在诸国意见，以为以上各情，责在中国国家""自行施为所致之祸，岂能不自行担

● Conger to Hay, December 29, 1900, No. 488, *Despatches from U. S. Ministers to China*, December 16, 1900 - January 31, 1901, M92, R110, National Archives of the United States.

● 《柔克义致海函》，1901 年 2 月 26 日，《1901 年美国对华外交档案》，第 102 - 103 页。

● 《康格致海函》，1901 年 2 月 16 日，《1901 年美国对华外交档案》，第 87 页。

● 堂子为清朝举行萨满祭祀活动的场所。努尔哈赤时始见记载，女真各部落均有设，皇太极称帝后明文规定："凡官员庶民等，设立堂子致祭者，永行停止。"此后，全国仅有爱新觉罗皇家一个堂子，成为清朝国家祭祀场所。参见鄂尔泰等编：《八旗通志》，长春：东北师范大学出版社，1985 年，第 1045 页。

● 《照录日使葛洛干照会》，正月十一日；《照录致各使说帖》；《照录日使葛洛干照会》，正月二十五日；《照录复日国葛洛干照会》，《义和团档案史料》下册，第 1103 - 1104 页。

承"❶。对此，中国全权大臣再援引万国公法，"交战系两国政府，与国民无干，战胜之国有夺官产之权，无夺私产之权。然战胜国可以占用私产，惟所占者理应付价与原地主"，但在照会最后中方提出了一个妥协方案，即若各国公使能早日让还堂子及各紧要衙门，中国愿意赔偿被占华人的损失。可见清廷是想通过"私产"上的妥协，换取外方对"公产"的退让。葛洛干的回复虽然解释称并非各国恃交战得胜之势，而是因中国国家之责任，坚持由中国补偿，却也默许了中方的交换提议。❷ 李、庆二人不再坚持，应各公使要求，立即派出总理衙门总办瑞良、候选道联芳，随同各国公使委派的办理使馆区事务的委员会一起订出土地被征用的华人应获的补偿数额，该委员会已出示布告要求使馆区内的中国业主 20 天内出示他们的产权契据。❸

经过多轮讨价还价，中方本在补偿华人问题上占有法理优势，但为了换取各国放弃已圈占之政府机构，尤其是涉及清廷脸面的堂子，率先在"私产"上服软。其实，据美国特使柔克义观察，3 月初各国代表已经有在"公产"方面主动让步的倾向，中国全权代表毫不知情而于此时率先在"私产"上退让。外交团乐得顺水推舟，不必再就"私产"补偿花费口舌，而集中商讨"公产"归还。经过使馆区委员会与庆、李二人反复磋商，最终北京公使团象征性地归还了几处衙门，并在使馆区界限上做了一些调整，但清政府放弃了更多，包括堂子以及大多数的衙门原址。❶ 这些地方后来都被各个使馆瓜分了：兵部、工部、鸿胪寺、钦天监、太医院变为俄国使馆兵营；詹事府、肃王府变为日本使馆、日本正金银行及兵营；淳王府、怡贤亲王府、庶常馆、四译馆、昭忠祠分别被英国、美国、荷兰、奥地利等国占用；太仆寺成为六国饭店和比利时使馆区。中方的主动妥协，事实上并没有换取外方的多大退让，无奈中国代表没能在"私产"补偿问题上据理力争。

美国政府原本已答应付给中国业主补偿，或将此款计入清政府的赔款总数以内，柔克义在 6 月 13 日的报告中仍建议美国政府，可以将使馆区内属于美国的那一部分应付给中国业主的款额，计入中国的赔款项内。但国务院决定，既然清政府已同意赔偿"私产"，美国政府的此种义务便已免除，没有必要再从议定的赔款数额中将此款项扣除。❺ 可见美国先是出于对被占地华人的同情，由义理出发呼吁"各国负有义不容辞的责任补偿中国付给其臣民损失地产的款项"，并乐

---

❶ 《照录日使葛洛干照会》，正月二十九日，《义和团档案史料》下册，第 1105 – 1106 页。

❷ 《照录复日国葛使照会》；《照录日使葛洛干照会》，二月二十一日；《照录复日国葛使照会》，《义和团档案史料》下册，第 1106 – 1107 页。

❸ 《柔克义致海函》，1901 年 3 月 12 日，《1901 年美国对华外交档案》，第 114 页。

❶ 《使馆区委员会致葛洛干函》，1901 年 4 月 25 日，《1901 年美国对华外交档案》，第 316 – 318 页。

❺ 《柔克义致海函》，1901 年 6 月 13 日；《艾地致柔克义函》，1901 年 8 月 3 日，《1901 年美国对华外交档案》，第 314、323 页。

意将这部分补偿纳入大赔款之中，但前提是所有列强同意联合承担。一旦其他国家从中国掠得可不赔偿之"好处"，美国也不会单独例外。

中外谈判期间，许多国家已经开始在划定的区域上筹备重建或驻扎卫队的工作，康格还率先提出反对在目前就采纳或开始实施任何防御体系，而希望等到清廷回銮后再详细讨论这一问题。柔克义支持了他的这个观点，而且毫不留情地批判了其他公使："特别是某些国家可能会利用这种情况来扩充他们已经很庞大的卫队，并要求让他们的军队无限期地占据许多公共建筑物、寺庙等，这些地方本应尽早归还给中国。"❶ 总之，不可否认美国在使馆区问题上始终保持的对中国较为温和的态度，即使中方处于战败后的劣势，美国仍不愿如其他列强一样过分侵占中国，遇事多讲求一分事理。

三、改革总理衙门、觐见礼节

改组总理衙门之议本不在法国的六点倡议中，1900 年 10 月 16 日美国公使康格在报告中国全权大臣递交的条约草案时，提出条约应包含的另外八点建议，其中首次向美国政府建议设置外务大臣以代替总理衙门。❷ 反映了北京公使团的普遍意见。11 月 16 日，美国国务卿海约翰指示康格，应试着在谈判结束之前添入，必须要求处理外国事务的中国大臣能说某种外国语言。❸ 康格回复说，一旦涉及总理衙门改组问题，他将会提出美国政府的这项要求，但他担心这样会使人选只限于少数年轻人，而妨碍选用那些更有才干和受过更好教育的中国人。❹ 选用懂得外文的官吏负责外交事务，固然因为他们更了解外国，有利于维持中外间的友好关系，但清朝目前的情况是受过最高教育的人往往还不具备说外文的能力。

1901 年 2 月底，针对联合照会第十二款，北京外交团委任美国特使柔克义和日本公使小村寿太郎组成改革总理衙门和修改朝廷礼仪的委员会，此后又增加了德国公使馆参赞葛尔士。该委员会于 3 月 29 日向各国代表提交了报告，获得一致通过，未做任何重大修改，只是将总理衙门改为外务部。委员会建议，总理衙门首脑应当是一位亲王，并具有总理各国事务衙门大臣的头衔；他的属下应有两名大臣，他们应当是军机处的成员，只有这三名高级官员能与各国使节直接联系，并为此目的的接待外国公使；还要有两名侍郎，他们当中至少要有一人懂得一种外语。❺ 作为委员会的成员，柔克义特别向海约翰解释了他为何没有执行国务

---

❶ 《柔克义致海函》，1901 年 3 月 8 日，《1901 年美国对华外交档案》，第 112 页。

❷ 《康格致国务卿电》，1900 年 10 月 16 日，《1901 年美国对华外交档案》，第 410 页。

❸ Hay to Conger（telegram received in cipher），November 16, 1900, *Despatches from U. S. Ministers to China*, October 1 – December 15, 1900, M92, R109, National Archives of the United States.

❹ 《康格致海函》，1900 年 11 月 20 日，《1901 年美国对华外交档案》，第 55 页。

❺ 《改革总理各国事务衙门和修改礼仪委员会的报告》，1901 年 3 月 29 日，《1901 年美国对华外交档案》，第 146 页。

卿之前给康格的指示，即外务大臣应懂得外语。因为充任总理衙门首脑的亲王必须在国家中拥有很高的职位，掌握大权并具有公认的影响力，而在目前的中国，具有这种资格的人没有一个会讲外语，柔克义感到若坚持要以讲外语为标准，"势必会把没有地位或权力的人安放到非常重要和负有重大责任的职位上"❶。因此，委员会最终建议在各国请求任命的两名侍郎中，至少有一名要懂得外语，体现了对美国意见的采纳。对于这一补充，柔克义评价说，中国的一些驻外使节可能非常有利于担任侍郎的职务，以后也许能成为外务部的大臣。美国的建议在客观上为各驻外使节的回归朝廷与未来晋升铺设了道路。

北京外交团完全按照委员会的意见拟定了致中国全权大臣的照会，李鸿章和庆亲王认为外务部设立四堂官，"虽各使欲以自重，而交涉事务，出好兴戎，所关甚巨，以亲信重臣当之，与国家休戚相关，自不致轻心误事"，外务部冠六部之首，"系仿西洋各国成式"，对各使所提改革总理衙门各项均不辩论，而是建议清廷早日接受，并详细议定原衙门差缺改为外务部司员将如何考充升转。❷ 7月24日，光绪皇帝颁布上谕，准允改革总理衙门各项，命庆亲王奕劻担任外务部总理大臣，王文韶、瞿鸿禨担任会办大臣以及徐寿朋、联芳为两名侍郎。柔克义对于这些任命均表满意，"它促使我们与中国的关系发生新的和极重大的改变，并将使帝国的外交事务比其他各行政部门的工作都做得更为出色"❸。

趁着中外讨论改组总理衙门的机会，庆、李二人还请柔克义向北京外交团商议，将总理衙门档案归还，在柔克义的协调下，获得各国公使的同意。随后，柔克义还继续帮助清政府争取让德军退还占据的总理衙门地址。❹

觐见礼节方面，随着4月17日葛洛干照会中国全权大臣，中外就此争论不休。因为"中西体制不同，各国使臣动援西例相衡，以为相形见绌，三十年来为此事彼此辩驳，迄未能定"，此次各国乘联军大胜之后，再行要求更改礼节，李鸿章看来，"上年启衅之端莫甚于攻围使馆，是以此次各使必欲将觐见礼节乘机更改，使积年所不能请者一旦邀准"，虽系"有挟而求"，然"各国既有成规，则所言亦非尽无理"，他应对的方针是"就其能行者酌予通融，择其不能行者力加驳阻"❺。中国全权大臣一面照复，一面与美、日公使直接辩驳，指明希望更

---

❶ 《柔克义致海函》，1901年3月29日，《1901年美国对华外交档案》，第144页。

❷ 《庆亲王奕劻等奏陈议改总理衙门为外务部各情节折》，光绪二十七年三月二十六日；《庆亲王奕劻等为抄录葛使照会请烦查照事致行在军机处咨文》，光绪二十七年三月二十六日，《庚子事变清宫档案汇编》第10册，第533－536页。

❸ 《上谕》，光绪二十七年六月初九日，《义和团档案史料》下册，第1256页。《柔克义致海函》，1901年7月31日，《1901年美国对华外交档案》，第385页。

❹ 《柔克义致海函》，1901年4月16日；《柔克义致海函》，1901年4月23日，《1901年美国对华外交档案》，第164、181页。

❺ 《商定使臣觐见礼节折》，光绪二十七年六月十一日，《李鸿章全集》第16册，第313页。

改四端：（1）使臣会同觐见必在太和殿；（2）使臣呈递国书须派御舆迎迓；（3）使臣觐见在宫殿阶前降舆升舆；（4）设宴必在乾清宫，皇帝躬亲入座。❶ 历经几月反复磋商，刘坤一、张之洞等人也参与其中、多方联络调和❷，柔克义一度担忧此事无法获得完满解决，最终颇为不易地商议出多项折衷办法，会同觐见由太和殿改在乾清宫，黄轿改以绿轿加用黄襻，在宫殿阶前降舆升舆改为至景运门外换坐椅轿，至乾清门外阶前降舆。❸ 此事才算了结。

四、美国曾努力提出却失败了的提议

庚辛中外谈判期间，除了代表们围绕讨论的几项重要问题外，美国还曾主动提议变更谈判地点与开放北京为商埠，由于最后均以失败告终，以往论者鲜有提及。但从中反映出美国的另外关心、努力所在亦值得注意。

（一）变更谈判地点

1900 年下半年，美国曾经极力主张不在北京进行谈判。这源于联军攻入北京、清廷西幸后，李鸿章和庆亲王被任命为中方全权大臣，却迟迟无法开启谈判，俄使格尔思又要撤往天津，美国公使康格就在 9 月 10 日的电报中秘密询问美国政府，谈判是否在上海举行更好，或者在某些电报更便利准确的地方？由于议题内容庞杂、头绪繁多，与其利害相关国家之众，务必要在所有国家之间建立经常、迅捷的通信联系，而北京的电报线路在动乱期间被破坏严重，无法担负如此重任。外加庆亲王在拜访康格时也向他表示，他乐意去列强认为最方便的地方。这极大地鼓舞了康格，他建议将谈判地点迁移到上海，甚至是美国首都华盛顿。❹ 9 月 10 日，康格致电国务院重申了他的建议。9 月 13 日，他甚至报告说他确信中国全权大臣无法提供出任何可行的方案，列强得被迫拟出这个计划，再由中方接受，因此各国之间的谈判是必要的，而他看来这些谈判在哪里进行，都要比在北京有利。❺ 先不说有可能是刚刚结束围困的康格想要逃避谈判工作，提出更改谈判地点的倡议，从他的具体论述中也能感受到，美国公使对中国全权代表的失望，因此并不看好北京谈判的前景。但在各国意见并不明朗的时候，美国政

❶ 总署致日国公使葛、美国公使、日本国公使：《辩驳觐见礼节由》，光绪二十七年三月初一日（1901 年 4 月 9 日），《总理各国事务衙门档案》，台湾"中央研究院"近代史研究所藏，档案号：01－14－032－05－002。

❷ 《刘制台来电》，光绪二十七年五月十六日申刻到，苑书义等主编：《张之洞全集》第 10 册，第 8601 页。

❸ 《柔克义致海函》，1901 年 7 月 25 日，《1901 年美国对华外交档案》，第 365 页。

❹ Conger to the Secretary of State, September 6, 1900（Confidential Telegram），*Despatches from U. S. Ministers to China*, March 1 – September 30, 1900, M92, R108, National Archives of the United States. 《康格致海函》，1900 年 9 月 10 日，《1901 年美国对华外交档案》，第 34 页。

❺ Conger to Hay, September 13, 1900, No. 411, *Despatches from U. S. Ministers to China*, March 1 – September 30, 1900, M92, R108, National Archives of the United States.

府暂未听取康格的建议，而是静观其变。

直到 12 月 15 日，美国驻华特使柔克义也向海约翰做了同样的倡议。在各国代表基本拟就给清政府的联合照会条款后，柔克义认为这些谈判无法在中国迅速地、令人满意地进行，而如果通过在欧洲或美国的会议讨论，列强和中国的利益都将会得到更好的保障。他说明了两点理由：（1）如果在中国谈判，小的欧洲国家或在中国几乎没有利益的国家代表，将跟其他国家有同等的发言权，可能会被有较大利益的国家利用。如果在国外谈判，就有可能只邀请在中国有较大利益的国家参加。其他的国家将只能接受会议的结果；（2）所有的问题，尤其是军事问题，若在华盛顿或欧洲的会议上能更好地讨论，协议也能对世界起到更长久的价值。同时，柔克义还报告说他的这个提议获得了英国公使的支持，英国公使也已经发电报向英国政府提议将谈判改在欧洲或华盛顿举行。而近期在北京举行的各国代表会议，一些在中国没什么利益的国家能够发挥太明显的作用，进一步巩固了柔克义的看法。因此，他建议由美国向各国倡议，以华盛顿作为会议的举办地点，"将会得到他们迅速和热忱的接受"❶。因为这样考虑的根本是为了更好地保障包括美国在内的在中国拥有更大利益的国家获得更好的谈判结果，甚至由于防止了某些小国被利用，也能间接保障某些中国的利益。柔克义的解释深深打动了美国总统和国务院。12 月 20 日柔克义发电报再次强调了改变谈判地点的必要性，美国政府遂真正考虑在这个问题上采取主动。❷

1901 年 1 月 3 日，海约翰通知康格，美国总统已经致电其他各国，建议将谈判改在欧洲或美国进行。然而柔克义显然错误估计了其他国家的意见，虽然有俄国的支持，但这个建议遭到了日本、德国和英国的反对。1 月 9 日，日本驻美公使通知美国国务院，奉其外务部命令，反对变更谈判地点。❸ 英国与德国私下里交换意见，英国反对把任何交涉移到华盛顿，可能赞成罗马，但英国也提出，在美总统邀请到华盛顿开会后，如果移到别的京城，则美国人必会觉得有损体面。德国人认同此点，补充理由说，若会议移到他处，须在北京留下一个特别委员会作分支机关，也势必会拖延交涉的结束。英、德两国达成默契，联合坚持在北京进行谈判。❹ 美国政府眼见无法继续坚持，遂改为要求其他国家的政府指示本国

❶ Rockhill to Hay, December 15, 1900, No. 25, *Despatches from U. S. Ministers to China*, October 1 - December 15, 1900, M92, R109, National Archives of the United States.

❷ Rockhill to the Secretary of State (telegram received in cipher), December 20, 1900, *Despatches from U. S. Ministers to China*, December 16, 1900 - January 31, 1901, M92, R110, National Archives of the United States.

❸ 《加藤外务大臣ヨリ米国驻高平公使宛（电报）·谈判地变更不同意ノ意向米政府ヘ通牒方训令ノ件》，1901 年 1 月 8 日，《日本外交文书·第三十三卷，别册北清事变下》，第 447 - 450 页。

❹ 《外交大臣李福芬男爵致驻北京公使穆默电》，1901 年 1 月 8 日，《德国外交文件有关中国交涉史料选译》第二卷，第 339 - 340 页。

代表尽最大努力在北京结束谈判，也不再提更改谈判地点之事。❶

变更谈判地点，完全由在北京的康格和柔克义二人首倡，而且受到柔克义的误导，美国政府才"大胆"向各国倡议，不料却被直接拒绝，虽然德国和英国在反对时考虑了美国的体面，但对美国来说仍旧不太光彩。清政府方面，除了张之洞外，几乎对此毫不知情；即便是张之洞，他也仅得到谈判地点可能会改在巴黎举行的风声，消息很不准确。❷ 由于此事最后草草而过，中外均不再议论，仅柔克义仍念念不忘，直到 1901 年 5 月底还在向海约翰倾诉说，因为北京谈判的不断拖延，美国向各国建议在欧洲或美国举行一次会议来解决这些问题，其明智之处已日益显现出来，其他国家的拒绝使他时常感到遗憾。❸

（二）开放北京为商埠

将北京辟为商埠，也是美国公使康格的建议。1900 年 10 月 16 日，康格就在对清政府条约草案的补充意见中，提出应该开放中国首都为商埠。这完全是康格个人的主张，他在 10 月 25 日向美国国务院进一步解释了这个建议的意思是，把北京或其他可能作为帝国首都的地方辟为通商口岸，获得允准。❶ 选取北京辟为口岸开放通商，与美国近来对直隶省的关注有很大关系，然而由于清朝首都的特殊地位，美国政府对清政府以及其他列强的反应明显预估不足。

11 月 16 日，美国国务卿指示康格在谈判结束前试图加入两条，除了外务大臣须会某种外语外，另一条就是将北京改为通商口岸。接奉训令后，康格即刻将倡议提交北京外交团讨论，然而因为收到了太多的反对意见，康格在 20 日不得不向海约翰报告说："为了对初步要求达成协议，我担心这个问题将不得不搁到谈判的下一阶段解决。"❺ 美国公使已经充分意识到要实现这个目标的重重困难。直到柔克义接管谈判后又重新做了一番努力。

1901 年年初开始讨论北京使馆区的防御与扩大问题，柔克义一方面抗议外国人以私人名义在北京购买、占有土地，因为北京并非通商口岸；另一方面则借此机会，向其他公使重提将北京开辟为商埠的建议。柔克义甚至表示，美国之所以同意各国关于扩大使馆区的方案，仅仅是出于一项考虑，即希望各国政府同意

---

❶ 《海致康格电》，1901 年 1 月 3 日；《海致康格电》，1901 年 1 月 10 日，《1901 年美国对华外交档案》，第 428、430 页。

❷ 《致巴黎裕钦差》，光绪二十六年九月二十八日酉刻发，苑书义等主编：《张之洞全集》第 10 册，第 8408 页。

❸ 《柔克义致海函》，1901 年 5 月 20 日，《1901 年美国对华外交档案》，第 222 – 223 页。

❶ 《康格致国务卿电》，1900 年 10 月 16 日；《康格致海函》，1900 年 10 月 25 日，《1901 年美国对华外交档案》，第 410、47 页。

❺ Hay to Conger（telegram received in cipher），November 16，1900，*Despatches from U. S. Ministers to China*，October 1 – December 15，1900，M92，R109，National Archives of the United States. 《康格致海函》，1900 年 11 月 20 日，《1901 年美国对华外交档案》，第 55 页。

考虑美国的提议，在北京设立国际租界并将该城辟为通商口岸。● 若是成为通商口岸，将更有利于外国人在北京居住和经商，这是美国初衷之所在。然而由于作为首都，北京一旦变成口岸，也必将招致各国之间竞争的白热化和复杂化，引发一系列不可控的后续烦恼。许多国家对此有所顾虑，清政府更是难以接受。

遭各国拒绝后，美国仍没有完全放弃这个提议。中外和议结束，康格回归公使任上后，又曾试图说服清政府自开北京为商埠。1901 年 9 月 24 日，庆亲王照会各国公使，以和议已成，要求此前联军驻军时在北京开设店铺的洋商都应迁移至通商口岸。10 月 10 日，康格回复称，听说有数国商人由其公使允许在京城开设店铺，若有此事，美国商人也应同享此利权；同时，康格还顺势建议庆亲王似可乘机首先自认京城为通商口岸，能够使京城附近的广大百姓享得世界各地商品的好处，还能够极大地增加税收，表现出对中外刚议定和约的极大支持。● 虽然康格试图以诸多好处游说清政府，但通商口岸一贯只在沿海开辟，清廷再无能，也不会允许外国人进入自己的心腹地带自由往来并做生意，这件事始终只是美国的一厢情愿。

美国一贯以对华"和善"的面貌示人，却提出将清朝首都开辟为通商口岸这样清廷看来骇人听闻之倡议，而且千方百计单边推进，体现出较为罕见的侵略性，充分说明了该倡议同美国的根本利益密切相关。由于美国的对华贸易高度集中在中国北方，还尤以华北、东北为最重，康格早有将直隶划入美国势力范围的想法，将北京辟为通商口岸既是试探，也是关键步骤。若能实现，不仅美国在华北的商业利益必能得到长足的促进，甚至对贯彻"门户开放"政策也是极大助益，首都都能开放通商，则全中国又有何处不可？是以美国政府极力支持。虽在议和期间没能实现，待到中美商约谈判之际，美国又再试图将其添入条约之中。

小　结

辛丑议和无疑是一场近代外交的饕餮盛宴，参与各国纵横捭阖、各显神通，本章限于篇幅，无法就所有国家面面俱到，这也并非本研究重点。故仅围绕美国对华政策以及中国的因应为主线，美国参与或中美互动的地方多着笔墨，中、美均未涉及的几乎不论，就连其他国家的论述比重亦多取决于他们同中美两方的密切程度。

中外虽已开议，豆剖瓜分的危机有所缓和，但仍不可掉以轻心，美国于议和阶段的整体目标仍是继续贯彻"门户开放"政策，为此就须得尽快推动和谈，

● 《柔克义致海函》，1901 年 2 月 26 日，《1901 年美国对华外交档案》，第 102 页。

● 美国公使康格致外务部：《如有数国商人准在京设铺美商应为一律否则必饬搬移又言似可乘机自认京师为通商之地由》，光绪二十七年八月二十八日（1901 年 10 月 10 日），《总理各国事务衙门档案》，台湾"中央研究院"近代史研究所藏，档案号：02 - 07 - 023 - 01 - 003。

并充分确保谈判的成功，最后中外得能达成共识，这样才能保持中国的完整性，尽快恢复战后秩序，乃至停滞受损的中外贸易。因此，美国作为列强阵营的一员，分享胜利果实虽不松劲，但相比攫取眼前利益，它更担心谈判破裂、中国一蹶不振有损市场前景及其长远收益，故而主张不提或降低中国可能接受不了的条件，甚至不愿过分削弱中国，同其他趁胜勒索的国家形成一定的对抗，表现出以往研究者强调的"温和"面相，甚至呈现出一定程度客观上"助华"的特点。此特征贯彻整个谈判过程始终：反对德国以惩办祸首为议和前提，反对将"死刑处罚"写入联合照会，反对英国坚决要对载漪、载澜、董福祥处以死刑；反对领土赔偿，倡议金钱赔款以所有列强要求一个总额的形式，且不应超过中国的支付能力；主张对华军火禁运限制年限；反对并不参与占领据点、拆毁炮台等过分的军事惩罚行动，使馆驻防人数最少，反对过分扩张使馆面积、暴力侵占私人土地等。

在列强普遍以战胜者姿态准备巧取豪夺的情况下，美国的这些"温和"举措往往成为与强硬派对抗的少数力量，亦成为中国方面可以求助的重要力量。❶惩凶谈判中，在英、德的高压下，俄国退出，日本嗫不敢言，中国全权代表、地方督抚都曾多次向美方发出降低处罚的请求。❷赔款谈判中，虽然清政府曾设想通过以夷制夷的老办法在赔款的分别谈判中取得较为有利的条件，但无疑一笔总额更能有效地控制各国的索赔，尤其是在清政府可以支付的范围之内。为此，柔克义曾试图跟中国谈判代表"里应外合"，以中国的困难说服其他公使，让刘坤一等人颇为歆动。虽然最终没能成功，柔克义仍旧相信"我们坚持的克制方针无疑有助于促使他们限制自己的要求，倘若没有我们的努力，中国无疑将会被迫接受比那些可能将要提出的远为苛重的条件"❸。这个观点并未夸大，尽管最后在德、英等国的坚持与影响下，赔款总额远超美国预期，但数额谈判始终围绕着美国提出的原则——必须考虑中国可支付的能力，压制了某些国家漫天要价的欲望，结果也基本在此框架下实现。禁运军火为张之洞视作最狠毒之条，为此他曾多次寻求美国调停，先是去除永禁规定，后是缩短禁运年限，终于限制在两年为期。

但并非所有美国的政策均有利于中国，根本上，美国在制定政策时同其他列

---

❶ 清政府内部流传美国于议和阶段最重四事："一力保在华美商；二须保护通达公法谙练外情之官员；三此次所失人命财产应令赔偿，并保嗣后不得再有纵匪滋事；四请各国退兵，力抗他国瓜分华土。"《张曾敭任广西布政使时抄存庚子事变东南各省督抚及山陕等处电报共二十七张》，北京大学历史学系图书馆藏，第 A3 函。

❷ Cablegram from Prince Ching and Earl Li Hung - chang, November 6, 1900, *Notes from the Chinese Legation in the United States to the Department of State*, Jan. 1, 1898 - Dec. 31, 1901, M98, R4, National Archives of the United States. 中方也有情报得知各国讨论的进展情况，如对德国的倡议"美廷甚不以为然"，《盛京堂转日本李使来电》，光绪二十六年闰八月初二日已刻到，《李鸿章全集》第 27 册，第 317 页。

❸ 《柔克义致海函》，1901 年 5 月 25 日，《1901 年美国对华外交档案》，第 232 页。

强一样仍是为其自身利益考量，被多数研究者赞扬的对华"温和"只是恰好与中国的客观需要相吻合罢了，不可否认美国的政策中仍有相当于中国利益不相符的成分。当"助华"措施同美国的核心利益相冲突时，美国始终首选后者，牺牲前者。归纳起来大致有三种情况：

其一，为了尽快结束谈判，美国也愿意向其他列强的某些强硬态度妥协。由于担心中方无法接受导致谈判破裂或拖延，美国敦促在联合照会中删去"死刑"字样，代以"最严厉的处罚"，但这仅是字面改动，待到讨论具体罪行时，"死刑"仍被列强祭出，英、德等国不肯松口，美国为了不拖延谈判，迅速支持了对多位清朝中央、地方官员的死刑处罚。

其二，同敦促限制列强的整体要求相比，美国在主动削弱自身利益方面有所退缩。它一方面极力想要减轻中国的总负担；另一方面却为保证共同削减后仍能获得足额赔款，提出了一个比其实际损失大得多的索赔数字，此后它虽向中方表示愿将索偿减少一半，但在各国未减的情况下，亦始终不愿率先减少。❶ 这对其他国家来说算是一个不好的榜样，也必然不利于美国自己提倡的一个较低的赔款总额。民间索偿方面，不仅美国侨民的申报掺杂较大水分，美国政府在后期的核实中亦对索偿人有颇多倾斜。经证实，美国多索了一倍还多，作为当事人的海约翰、柔克义等人过意不去，才开始考虑将超额部分退还中国。

其三，美国尤其看重商业利益，在有关通商贸易的问题上不肯轻易退让，甚至表现出罕见的侵略性。偿付方式上，对中国来说，应是国际担保借款最简便，且关税增加到值百抽十或十五最有利。但美国不仅反对联合担保，而且限制关税增长。尤其对于关税增长，美国政府始终担忧会有损对华贸易，很不情愿，后迫于其他列强的压力以及在华美商的意见转移，才稍为同意，而谈判代表柔克义同时提出应获得通商补偿条件，在他的坚持和推动下，通商补偿终得通过，其中以将从价税改为从量税一条尤为准狠，对中国之利权损害不小❷。坚持将北京开埠亦是为其在中国华北的商贸考量。美国许多此时未能得逞或已开始酝酿的要求，

---

❶ Rockhill to Hay, June 8, 1901, No. 111; Hay to Rockhill (telegram), June 6, 1901; Hay to Rockhill (telegram), June 7, 1901, *Despatches from U. S. Ministers to China*, June 1 – July 31, 1901, M92, R113, National Archives of the United States.

❷ 从量税，是以征税对象的重量、件数、容积或面积等为标准，按一定单位计征的税，在每单位从量税确定的情况下，从量税额与商品数量成正比，而与商品的价格无关；从价税，是以课税对象的价格为标准，在从价税率确定的情况下，从价税额与商品总值成正比。因此，物价上涨时，从量税实际等于相对降低税率，而从价税税额相应增加；物价下跌时，从量税实际等于相对提高税率，而从价税税额随之减少。因社会程度日高，物价均有增无减，美国即瞅准此点，将从价改为从量，即便此时规定切实值百抽五，此后随物价上涨，税率实际又会再次跌落不足抽五之数。美国定此通商补偿条件，无疑是为往后实际削弱中国关税而铺垫，用心之深且恶。参见周志初：《晚清财政经济研究》，济南：齐鲁书社，2002年，第110页；马寅初：《中国关税问题》，《马寅初全集》第二卷，杭州：浙江人民出版社，1999年，第139 – 141页。

至次年商约谈判时以一种更成熟完备的形式再被提出。

此外，美国在北京的谈判代表与华盛顿方面的差距也值得关注。议和期间，美国总统、国务院通常只给出一政策目标或原则，具体事务多由谈判代表决定，至谈判尾声，还往往直接授予北京代表自行处置之权。在北京与华盛顿之间遂存在有较大的可操作空间。有时即便华府有意"宽大"，还得视北京谈判代表的执行效果。惩凶问题上，正如伍廷芳担忧的，"被困各使议和，势难持平"❶，美国公使康格在"从严"上走得比华府预期的要远，而且有意隐瞒了一些内容。美国在赔款问题上表现得对中国更加缓和，同美国更换谈判代表有很大的关系。惩凶谈判多由康格公使主持，康格在被围后难免为了"泄愤"，投入个人情感倾向严办祸首，显得比美国国务院强硬得多。赔款谈判起初，康格对于美国的独立政策也缺乏信心，倾向于追随其他公使的意见，直到1901年3月康格回国，柔克义接管谈判事宜，恰逢赔款谈判全面展开，作为"门户开放"政策的策划人，柔克义果断地推行美国的政策，才成功促使各国代表达成一个赔款总付数额。

因此，当时的清朝官员对美国既依赖又警惕，依赖它相对"温和"的政策抵抗虎视眈眈的列强，美国作为调停者的角色仍有一定的施展空间，但由于列强要求均是在其内部讨论后以一最后结果形式通知中方，美国调解的效果受到极大限制。列强内部分歧严重。以惩凶为例，除了美、俄、日三国外，几乎所有列强都倾向于最严厉的处罚，其中领导的国家，前期是德国，后期是英国。在德国看来，惩凶是面子问题，是比赔款更重要的首要问题。相比之下，美国并不认为这个问题多么重要，减轻处罚或支持死刑都是为了尽快解决。俄国想要单独示好中国，退出联合行动，事实上反而在此后的惩凶讨论中失去影响。美国为了谈判"从速"，仍参与维持一致行动，但多数时候身不由己。赔款谈判亦是，美、英本就五千万英镑（约合银三亿三千四百万两）的赔款总额私下达成默契，但英国为了换取德国在偿付方式上的支持，最后时刻抛弃了美国。美国既无法脱离列强单独行动，难免清朝一方对其决心、能力缺乏足够信任。

中美双方还缺乏互通生气的有效渠道和途径，柔克义与庆、李二人私下联络不多、不够深入，尽管都曾努力在削减赔款数额、禁运军火等事项上有所"配合"，最终却收效甚微。美国偶尔流露的侵略面孔，也影响到了清政府对它的观感和印象，针对美国索取巨款，不仅当时各国议论纷纷，而且在华洋人的议论被刘坤一、李鸿章等人得知❷，增添了对美国是否实力相助的怀疑。

议和阶段，列强分赃火热，清政府则始终处于被动挨打的局面，鲜有的几次主动提案（议和大纲、赔款索偿方案等）均遭列强断然拒绝。清朝一方对议题缺少发言权，也并非全无努力，其内部清廷中央、北京全权、地方督抚等多方势

---

❶ 《华盛顿伍使来电》，光绪二十六年九月二十七日到，《李鸿章全集》第27册，第411页。

❷ 《盛宗丞转江督刘来电》，光绪二十七年三月初四日到，《李鸿章全集》第28册，第154页。

力互动频繁，但却因难以弥合的意见分歧，导致原本应该形成的对外合力滑向内部消耗，削弱了对外抗争的效果。李鸿章希望和约早定，俾能早卸议和全权重任，并盼中国大局早日重归安定，在议事态度上较为妥协软弱。张之洞、刘坤一等人则由于不当其事，遇事锱铢必较，盼能多争一分利权是一分。联美态度上，张、刘二人亦较李鸿章来得积极进取得多。慈禧、军机处遂常以督抚意见施压全权，双方渐成意气、权力之争，于议和大局多有损害。

结　论

一、关键转折：世纪之交中美关系的特点

19 世纪末、20 世纪初，美国一跃成为世界首屈一指的经济强国，与此相对，一反建国后逐步形成的本土地缘递进性扩张战略，开始跨越洲际跨越大洋的跳跃性扩张战略，1898 年，夏威夷并入美国版图，还是在这年，获取关岛和菲律宾，美国人越来越将目光投注在太平洋彼岸，远东战略雏形显露，此乃美国国策的某种变迁。翌年，中国爆发空前规模的反帝拒外的义和团运动，两两博弈，交相激促，亦成近代中美关系的重要转折期。

（一）美国对华政策的特点

美国在 1900 年以前已成为世界第一的工业与农业强国，并随着美西战争的胜利，向海外扩张。经贸立国仍是其基本点，中国庞大的市场吸引了美国的目光，1899 年美国政府提出"门户开放"政策，标志着它摆脱英国的影响、开始奉行独立的对华政策，也在各项对华外交中呈现出较强的主动性。中国在美国眼中的重要性在迅速提升，但尚未成为分量最重的国家，美国关注的焦点仍然是美洲和欧洲，美国在华势力也尚未超过英、俄等老牌大国，这既决定了美国本身在对华问题上影响的有限，也决定了其在中国的政策与行动势必受到他国的掣肘。义和团骤起，美国措手不及，但很快稳住阵脚，试图以门户开放政策弥除当下危机，也留手伏线于未来。各国军事力量介入后，美国虽然参加八国联军的武力侵华，却更属意于"调停者"的角色扮演，积极与清政府联络，发布第二次"门户开放"照会，支持"东南互保"，调和中外战事。与此同时，美国并不公开申明放弃占领中国领土，在调停时也姿态彷徨，左支右绌，力度有限。反映出美国对其在华影响实力的自我评判，对"门户开放"能否贯彻缺乏信心，对其倡议的"维护中国的领土与行政实体"能否实现有所疑虑，担心在瓜分中国真正来临之际，自我设限而不能抢到一杯羹。故此，美国此间的对华政策显示出较大的摇摆性和不稳定性，这是政策转型过渡时期所具有的特征。一方面，美国同俄国一道率先撤兵，率先承认中方派出的全权代表，努力寻求尽速开启和谈；另一方面，在"惩凶"等问题上，美国一度同意"从严"原则。一方面，在赔款问题上，美国主动倡议并极力促成列强共同提出一个赔款总额，且不能超过中国的实

际支付能力，虽最后总数仍超预期，但已比俄国、德国的方案大为减少，最终的辛丑赔款谈判基本是在美国拟定的框架下进行；美国还在地方赔款、禁运军火以及铁路驻军、拆毁炮台、使馆防御等军事问题上，表现出不愿过分削弱中国、较为调和的态度；另一方面，却在提高关税、通商补偿、开放北京为商埠等商业问题上极为坚持，态度强硬，反映出它的关切点所在——主要是在华的经贸利益。❶

"门户开放"政策是美国政府提出的第一项独立的对华政策，与中国的时政密切关联。❷虽然美国从酝酿到提出"门户开放"政策，既未征询过清政府的意见，亦未提前知会它，这项政策并非脱离中国实际的空中楼阁。1900年年初海约翰宣布他从列强那里收到了关于第一次"门户开放"照会的保证时，恰值义和团运动爆发。这场突如其来的变故对"门户开放"政策来说，是巨大的冲击，因为门户开放原则精心构造的在华利益格局是建立在列强之间微妙的共识基础上的，实际十分脆弱，中国北方的动乱以及八国联军的大量入侵完全有可能将其摧毁；但同时也是一个机遇，因为义和团对外国使馆的围攻以及对外国传教士、中国教徒的迫害，给海约翰提供了一个吸引国际社会关注和获得公众支持的机会。因此，美国政府不愿过度卷入中国的军事冒险，调停列强与中国之间的矛盾本身就超越了军事的目标，而且海约翰积极地参与到避免动乱蔓延到长江流域的谈判，支持东南督抚达成中外协议以避免瓜分中国，第二次"门户开放"照会的目的之一也在于此，它是根据中国所处的"无政府"状态界定的政策，客观上给了中国维护完整及地方治安以支持，力图中外各方势力达成和解。经过几个月的努力，1900年下半年海约翰写道："看起来门户开放终于有一些机会了。"❸这表明美国政府对"门户开放"的信心得到了加强，既跟美国国内公众对这项外交政策的普遍认可有关，也因为其他在华列强的利益分配格局在历经庚子事变后仍旧得以维持。在此后的辛丑议和中，可以看出美国更加坚定地奉行门户开放原则，不愿过分削弱中国，希望维持一个相对稳定和有效率的政府，乃至中国的繁荣发展，并且极力争取更大的贸易利益，促使清廷做有利于中外贸易的改革。美国通过义和团运动期间的活动，逐步加强了对"门户开放"的确认和调整，政策的转向愈益显明。也说明此策受中国的现实环境影响，又反转过来持续地影响着中国。

---

❶　清末新政时期的中美关系研究，可参见崔志海：《美国政府与晚清朝政（1901—1912）》，复旦大学博士学位论文，2008年。

❷　学界以往有关"门户开放"政策的研究汗牛充栋，本文不求面面俱到，既以中美关系立论，重在揭示该政策同中国政局的密切联系，通过论述显示清政府对两次"门户开放"照会的态度转变、美国根据现实需要调整维护中国完整性的表述文字等关键问题，评价亦试图摆脱过去一味夸大作用或谴责侵略的两种倾向（梳理分析学界论战），力求更加客观公允。

❸　Thomas J. McCormick, *China Market*: *America's Quest for Informal Empire*, 1893—1901, Chicago: Quadrangle Books, 1967, p. 175.

　　美国的"门户开放"政策有两个基本精神：一是对商业利益的坚持，19 世纪末对海外市场的追求，商业利益愈发成为美国对华利益的核心，各项具体政策几乎都从此而来围绕于此。提出门户开放政策，是为了获得平等的贸易机会；不愿调停英、俄出兵，是为了保留未来派兵保护商民的权利；辛丑议和期间始终坚持"从速"原则，放弃对载漪、董福祥执行死刑，放弃过高的赔款要求，都是为了防止谈判拖延、中国负担太重造成对未来中美贸易的负面影响。美国视商业利益远超其他，也是美国的对华政策与其他列强有显著差别的根本所在；二是对中国行政实体的维护。戊戌之后，清朝政局围绕"废立"纷争不断，庚子事变清廷对外宣战后，东南督抚们不奉"矫诏"，京城陷落后，清廷出逃，首都成为"无主之城"。世纪之交清朝的政权似乎风雨飘摇，列强也时常发出要求中国更换"新主"的言论。美国则始终对中国的既存政权予以维护，不论是独立议约的地方当局，宣战落败的中央政府，还是逃亡中的两宫，美国都将其视为清朝的行政实体加以维护。因为这更有利于维持中国的稳定，尽快恢复和平的中外关系，特别是商贸往来。在各种因素中，战争对商贸的摧残最大，本为对立的交战国，何谈正常的商贸往来，和平环境是国际商贸的最基本条件。

　　美国在坚持政策原则主基调的同时，也进行相应调整，以应对形势的变化。其一，倡导"门户开放"，但不宣称放弃中国领土。美国政府内部早就有在中国攫取土地的呼声，门户开放政策提出之后，美国政府在宣扬"维护中国的领土与行政实体"的同时，仍秘密命令在华外交官设法为美国寻求在华租界或海军基地，甚至为了维护其在满洲的既得利益默认俄国侵占中国领土的行径，体现了美国在要追随其他列强实行领土扩张、还是要奉行以贸易为主的海外扩张道路上的矛盾性。随着门户开放在中国的推行，所宣扬的"机会均等""保全中国"的理念极大肯定并支持了美国以贸易扩张为主的海外扩张道路，并由此确定了美国与欧洲老牌殖民帝国不同的"帝国"形态。但美国仍一直保留有在中国获取土地的法理"自由"；其二，追求"独立行动"，20 世纪初，随着国势的强大，美国外交在国际社会中循走了从"附和者""追随者"向"独行者""领导者"的易势变迁，力图构建新的国际秩序。地理上的隔绝造成美国长期以来对外关系上的"不结盟"传统，门户开放政策的提出又极大增强了"自我发声"，美国不愿意掺和列强之间的纠葛，所以它一方面向中国派出军队参加八国联军；另一方面又命令驻华公使和美军指挥官要保持"独立行动"，因此美国拒绝在给中国守军的最后通牒上签字，也没有参与对大沽炮台的炮击。但"行动自由"不仅容易遭致其他国家的猜忌，而且会使美国减弱对其他列强的影响力，"不结盟"不等于"不合作"，为了避免被他国排除出利益分配之局，也得适当地参与"联合行动"。由此美国视实际情况灵活处理，时而"独立行动"，时而"统一战线"。而从时序上讲，大体起初奉行"独立行动"，到大沽登陆后逐渐加入"统一战线"，再到议和阶段一边寻求英、日的支持，一边保有自主。不过，"联合行动"是一把双面刃，既能够对列强形成某种程度上的制约，却也限制了美国单独意愿的作用范围，既须征得其他国家的同意，也会被迫按照多数国家的意愿行事，从而影响了美国调停的效果，美军在联军中的行动以及某些议和条件。

　　该时期美国对华政策的形成与改订，由多方力量多种因素促成。韩德说，美国政府是以一种"机会主义的谨慎心理"同中国打交道，戴海斌亦认为，美国是"患得患失、自相矛盾的心态"，其实并不尽然。美国政府内部，总统、国务院、陆海军部、驻华外交官等❶，并非铁板一块，每每政出多门，各项政策的最终出台和实施都是各方势力博弈的结果。以其试图在天津、厦门、三沙湾等地获得租界或海军基地为例，最积极推进的是海军部，总统麦金莱和司法部长在一定程度上给予支持，国务卿海约翰则更倾向于坚持"门户开放"政策，对占有领土并不热心。美国驻华公使和领事在领土问题上也比较积极，他们往往成为倡议人和直接操作者，却又因延误和谈而有所顾忌。再以"联合行动"论，美国在华外交官、军事指挥官等迫于形势，更愿意在向清政府施压、进军北京等问题上同其他国家合作，也倾向于更早采取"联合行动"；而美国总统与国务院方面相对谨慎。在议和谈判中，驻华公使康格表现得比美国政府更愿意同其他国家妥协，而特使柔克义不愿过多受他国影响，更加独立。这也说明政策在制定与施行过程中，仍存在较大的操作空间，因"将在外，君命有所不受"，在华外交官和军人拥有较强的自主权，在遵循政府大政方针的前提下，往往能在一些具体方面影响中美关系的进向和程度。

　　政府外部，美国在华商人与传教士在政策的制定与执行中发挥了一定的作用。美国的政治体制决定了政府的决策要考虑民众，尤其是各大社会团体的意见，在华美国人主要是商人与传教士，档案史料展现出他们同美国总统、国务院乃至驻华公使、领事等政府官员的联系之密切，超乎想象，不论是提出"门户开放"努力寻求贸易机会，还是义和团爆发后敦促军事力量的尽早介入，乃至善后交涉等，都离不开他们的出谋划策。其中，商人们又比传教士来得重要，他们的意见甚至可以左右美国政府在某些议题上的根本立场。1900 年还恰逢美国选举，麦金莱总统谋求连任，也不得不考虑美国国内媒体、舆论，甚至反对党派（民主党）等的意见，服从于国内民众早日救出公使的呼声，敦促美军尽速前进，第二次"门户开放"照会则罕见地获得了共和党与民主党内部的一致好评。

（二）中国对美外交的特点

　　中国对美国的重视程度随着美国对华影响的加深而发生变化。义和团运动

------

❶　义和团运动期间，美国国会的参与度较少，不仅派兵、增兵均为总统直接下令，就连赴华特使柔克义的任命以及条约谈判等均没有征求国会参、众两院的意见。为了免受国会立法之阻挠，美国避免对华宣战，直到《辛丑条约》议订签署后，才需要就中外达成的条约文本提交国会批准。

前，多数清朝官员视美国为只重商务的"远国"，虽无恶感，也不重视。美国自行发布第一次"门户开放"照会，中国从官方到民间，都多有不解或存有怀疑，驻美公使伍廷芳经过美国国务院反复确认后才稍微接受美国的"善意"。直到大沽开战，美军未开炮的信息传来，消息灵通的东南督抚们率先对美国另眼相看。在北京与外界通讯中断的情况下，刘坤一、张之洞、袁世凯等地方疆吏成为联美论的重要推手，不仅利用美国第二次"门户开放"宣言加固了"东南互保"，而且发出"排难解纷，由美入手"的呼声，美国被寄予阻止联军进攻的厚望，在伍廷芳的鼎力协助下，清廷中央和全权代表李鸿章也一度渴望借美国之力结束战事，转圜和局。虽因京城迅速沦陷，调停未能成功，且美国在此后的英军登陆长江与东三省交涉事件中并未给予中方实际支持，让清朝官员略感失望，但总体而言，美国的在华形象于庚子事变期间被大幅提升，随后在促成和谈，"惩凶"赔款以及军事占领等问题上姿态较为"温和"，使得中国朝野对美国有了较为"友好"的印象，为此后美国力量介入清末新政改革奠定了基础。

近代独立国家的重要标志，便是享有自主的外交权。近代政体的中央政府，首重外交权的掌控，外交系国家间的交往，只能由一国的中央政府独享，不能失诸地方当局之手。而清朝外交体制与此有很大不同，就是外交的二元化乃至多元化，即地方外交与中央外交的并存，这在对美交往中亦有所体现。此一时期，清朝外重内轻的局面有了决定性发展。戊戌政变后，朝政逆转，对内废弃维新措施，对外盲目排外情绪陡长。但这种逆转，又主要表现在清朝中央政府和某些北方省区，而在外国势力比较深化的东南沿海则没有出现，使得清中央和东南省区在施政上有反方向运动的情况，东南诸省的一众大吏动辄抗命中央，称皇皇朝命乃载漪等辈与义和团挟持庙堂下的乱命矫诏；由而出现封疆大吏对废帝建储的公然反对，出现中央宣战地方自保的裂缝。美国第二次"门户开放"照会对地方当局权力的承认，从法理上给了这种奇特现象以支持。东南督抚对美国的看重与期望，也极大影响了清政府在中外调停中对美国的倚重。从传统意义上来说，东南互保不仅仅是忤逆朝廷，简直还是资敌叛国，但在时人的眼中反是"老成谋国"之道，朝堂的"御外"倒成了祸国殃民之举，黑白颠倒失却边际，于此，后来的朝廷上谕也遮掩讳饰不得不加以追论，不奉诏旨的人被诏旨追认为功在社稷。直到庚子事变结束，中央和地方又重归一致。不过，这是通过朝廷向督抚的全面妥协实现的。东南外交为清朝地方外交的高潮，又与前期的地方外交有所不同，先前的地方外交多为个别督抚，如广州外交时期的两广总督和天津外交时期的北洋大臣，但东南外交却卷入了多个省份的众多督抚，他们串通一气，聚成"法不责众"的群体效应；再是此前地方外交多获中央授权，而此次却是东南督抚抗命中央，左右朝政，调教帝后；中央和地方关系某种程度上颠倒，与列强交往较密切的东南督抚在庚辛年间成为中国外交的主导人，远在千里之外的督抚成了朝议的建言者乃至廷议的决策人，甚至借此外交便利，在中外谈判中不惜牺牲某些中央利权，换取地方权益之巩固。❶ 联美论调由东南督抚首倡，为清廷全盘接受；和约交涉，既有全权代表，清廷仍旧倚恃督抚"遥制"谈判，刘、张、袁等人锱铢必较虽有助于挽回一定损失，却也使对外合力遭到分散与消耗。

地方外交是传统向近代过渡的产物，中国地域辽阔，边陲腹心相距遥远，信息沟通技术落后，中央只能授权地方对外交涉的临机处置权，地方外交的存在有其必然性。入近代后，伴随近代国家外交理念的萌生，民族主义的高扬，外交对象的频密，对外事务的趋重，外国公使的驻京，加上交通通讯的进步（诸如铁路、电报、电话的兴建）已经能够实现"天涯若比邻"，中央外交不单有了国际法理和中央威势的必要性，也有了技术保障的可行性，辛丑后，外交日益成为中央政府的独控领域，清代的地方外交式微。中美交往亦多向北京靠拢，渐趋规范。

庚子事变前后，美国在华形象的大为改进，肇因于美国对华外交独立性的显现和中方对美寄望的增强。美使经常自外于列强，以中间人和调停者的角色出现。这种特殊地位让清政府愿意靠拢美国，以处理同其他国家的冲突。1895 年甲午战后美国对中日的调停即是如此，庚子事变时美国的调停角色更有大的发挥。美国总统与国务院赋予美国军队除了保护使馆外，还有一项重要任务，就是调停中国与列强以及列强之间的矛盾。因此美国反对单纯用武力解救使馆，更愿意在清政府的配合下实现这一目标。议和阶段，为了防止谈判破裂，美国又极力调和清政府与列强之间的意见分歧，删除中方无法接受的条款，向清朝代表提前透露列强商讨的内容。地方督抚原本都有各自属意者，李鸿章亲俄，刘坤一亲英，张之洞亲日，美国渐受青睐并被督抚们共同仰仗，则源于美国所持的与其他列强的相对独立性以及较为和缓、友善的立场。危机之中，张之洞声称"何国有隙可乘，即由何国入手，总以纾国难、保京城、间敌谋为主，于事有裨益"❷，道出了清朝官员们的普遍心理。

中美交往中，驻美公使伍廷芳的作用值得提出。伍氏是中美两国政府间的重要联系人。尤其在中外消息断绝、互相猜疑的时候，伍廷芳不仅主动为美国政府获得北京公使的密码电报，而且很好地替军机处、东南督抚们传递文书、获取美国的调停支持等，在探询与把握美国政府意图方面亦十分积极，且比较准确。因有长期的海外经历，伍廷芳比较了解美国政治，擅长利用媒体舆论，维持与增进

---

❶ 庚子事变前地方外交的走势是距离京城愈来愈近，从广州到江南再到天津；庚子外交重心又回江南，但此乃特例，是在列强力量强大的区域内中国的地方势力与外部势力的矛盾妥协，其中，有一些不得不的因素。却也成为地方外交的回光返照。

❷ 《张之洞致山东袁抚台四川奎制台绰将军等电》，光绪二十六年六月二十六日，《近代史所藏清代名人稿本抄本》第二辑第十六册，第 289 页。

中美关系。同第一代清朝驻外使臣郭嵩焘等人相比，伍廷芳还通晓驻在国的语言——英语，他经常出席美国政府内外的各类活动、宴会，发表英文演讲，也经常接受美国媒体采访，在报纸杂志上发表文章，宣扬维持中美友好的益处，鼓励美国人到中国合法经商，甚至并不讳言清政府对美国调停的期待，敦促美国运用"门户开放"解救中国的危机，促进了战时中美关系的延续。难能可贵的是，伍廷芳虽对美国较为推崇，却也能时刻对美国的侵华意图保有警惕。尤其是在第一次"门户开放"照会内容尚不明朗时，他大胆抗议美国政府与其他列强的"分赃"。伍廷芳的外交才干与魄力，让他在沟通中美之间发挥了积极作用。

自 1900 年年初北京公使团递送联合照会起，八国联军侵华及至辛丑议和，列强均力图以整体面貌联合向清廷施压。美国虽参与其中，但处处尽力彰显独立，亦希望中方将其区别对待。上至华府高级官员，下到普通的美国士兵，都认为中国人应该体会到这层"善意"。在向北京行进的过程中，有普通中国百姓冒险来看路过的联军，美国人将此视为因为他们中的一些人认识美国国旗，"发现美军是他们的朋友"❶。事实上，美国与其他列强的不同之处，除信息灵通的少数清朝官绅外，绝大多数中国人（即便能阅报）往往无法辨别。❷ 在他们看来，美国也只是侵华的列强之一罢了。

（三）中美关系的特点与评价

（1）延续与转折

就纵向的中美关系历史发展进程而论，庚子事变前后这一关键时期，既延续了以往中美关系的一般特点，又酝酿了改变，从而开启了未来几十年中美交往的新模式。

中美关系开始于 1784 年美国商船"中国皇后"（Empress of China）号首航广州。鸦片战争前，中美两国存在平等的贸易和文化交往，但还没有正式的外交关系。❸ 经济的互利、贸易的发展是早期中美关系的主流。自英国以坚船利炮打开中国大门、并在 1842 年签订《南京条约》，美国紧随其后，于 1844 年签订中美《望厦条约》，使两国间的正式外交关系从一开始就建立在不平等的基础上。

---

❶ A. S. Daggett, *American in the China Relief Expedition*, p.73.

❷ 以对美军的认识为例，普通中国人从报纸上阅读到的都是大量的美国增兵信息，对美军的印象，多仅限于其士兵身量高大、纪律松懈和作战勇敢等体貌特征。参见《美国添兵》，《申报》1900 年 6 月 24 日，第 9765 号；《美兵待发》，《申报》1900 年 7 月 11 日，第 9782 号；《美兵迭遣》，《申报》1900 年 7 月 12 日，第 9783 号；《美兵北上》，1900 年 7 月 30 日，第 9801 号。子宽：《庚子各国联军之回顾》，《国闻周报》1924 年第 1 卷第 6 期。

❸ 美国虽然早在 1786 年就委派了驻广州领事，但根据清政府的规定，领事没有与所在国政府进行交涉的权力。清政府也不承认各国领事具有外交官身份，而只把他们当作各国商人的首领，让他们与行商而不是官府打交道。1840 年美国驻广州领事先后换过 6 人，均是商人兼任，无薪金，国务院（1790 年前为外交部）从未向他们下达训令，他们也很少向国务院汇报情况。参见陶文钊：《中美关系史：1911—1949》上册，上海：上海人民出版社，2004 年，第 4 - 5 页。

美国获取利益的根源正是主张利益均沾的"最惠国待遇"，不仅将其写入《望厦条约》，并在此后几十年间不费一兵一卒，而能享有所有对华特权。19、20 世纪之交美国提出"门户开放"政策，并非是对以往的否定，相反地，它继续坚持了过去中美关系着重贸易发展的一面，而且以开放市场、各国平等的主张继续坚持了"最惠国待遇"。

此时最大的不同在于，以往美国引用利益均沾原则，均是被动地追随他国的，"门户开放"政策则是主动的和试图引领他国的，并且增加了以往没有的对中国领土与主权完整维护的内容。庚子事变前后，时值"门户开放"政策从提出到初步推行，美国在对华交往中坚定了走贸易为主的海外扩张道路，为未来几十年的中美关系奠定了基调，此后不论中国的还是国际的形势发生怎样的改变，美国始终奉行对华门户开放原则。随着美国在事变期间调停作用的发挥，中、美两国相互重视程度迅速增强。此外，危机中的清廷对美国的重视多来自地方督抚的推力，事变后随着李鸿章、刘坤一相继离世，张之洞独木难支，外交权力收归中央，此后中美官方上层往来频繁，地方联系相应削弱。

（2）不对称的互动

就庚子事变前后中美关系本身而言，两国由外交政策到交往互动，均是不对称的。以"门户开放"为主轴，美国拥有明确清晰的对华政策。反观中国，却没有相对固定的对美政策，与美互动绝大部分均以美国政策为转移，以对美因应为表现。因而在两国交往中，美常居主动，中多处被动地位，清政府的对美观感、反应时刻受到美国对华态度、行动的左右。由于美国的外交措施往往还受其国内国际多方因素的牵制，能够为中国利用的部分就相应受到制约。

细究美国提出和倡导的"门户开放"政策、送使出京、尽速开议、减轻对慈禧的惩办、由列强共同达成一个中国有能力支付的赔款总额等，政策的出发点都是为了美国的自身利益，但若干内容在客观上也利于中国，故而在中外调停与谈判中，双方时常能有"合作"。

（3）共性与特性

将该时期的中美关系与其他国家进行横向比较。首先必须指出的是，美国作为八国联军、辛丑议和、商约谈判中的列强一员，对华侵略性不容忽视。虽然相较于英、德、俄、日等国，美国对中国领土与财富的直接攫取欲望要小得多，但并非没有，它既曾试图趁机在华占领租界或海军基地，也曾提出比美方损失大得多的索赔数额，不放松分享胜利果实。而且，美国对华利权的侵占更多地以商业利益的形式，议和阶段美国极力通过条款获得未来在华商贸的更大好处，它反对提高进口关税、寻求通商补偿等，均是为促进美国未来的对华贸易、赚取更多的财富考虑，事实上也侵犯了中国的相关主权，是另一种形式的侵略。

其次，列强之间的差异性明显，互相颉颃、各怀二心。英国虽重商务，但也同样看重军事、政治等普遍利益；俄国重军事、政治影响，尤其对中国有领土野心；日本号称对华有"同洲之谊"，但处处不愿出头，生怕惹怒欧美强国，而且暗中有侵占领土的想法；德国公使被戕，态度最为强硬，最积极使用武力；法国既在出兵问题上强硬，又竭力维护列强的联合，也受盟友俄国的一定影响。在所有列强中，美国最重商务，因此最不愿与中国武力相抗，阻碍中美贸易，虽是侵略者，却尽力减弱"侵略者"的色彩。而且美国在此间发挥的调停作用亦是其他列强所不具备。

二、熟悉的陌生人：中国与美国的彼此印象

彼此印象是一种文化象征和相互感受，难以捉摸和把握，却在国与国的关系中有着超乎寻常的作用，彼此印象和外交政策之间的紧密联系、相互作用，超越了传统政治外交史的研究模式，对于透彻了解两国关系有着重要助益。一个多世纪之前，中、美两国民众之间的彼此印象是不完全与不准确的，直接影响了两国政府与人民之间的交往，甚至深刻塑造了此后几十年两国的历史叙述。

19世纪末，美国虽然提出"门户开放"这一针对中国的别开生面的政策，但届时的美国政府中，对中国情况了解的人实在不多。虽然国务卿海约翰因为提出"门户开放"闻名于世，甚至有人将此称为"海约翰政策"，他本人却对中国的情况知之甚少，也从未去过中国，他对中国形势的判断大多来自远东事务顾问柔克义。柔克义曾在19世纪80年代以美国驻华公使秘书的身份短暂逗留北京，并且在90年代初到西藏，但当海约翰召他回华盛顿时，距离他离开中国已经将近十年了，柔克义对"门户开放"的设想又很大程度来自他的好友、时任中国税务司的英国人贺璧理。柔克义作为华府内比较了解中国事务的官员，曾幻想过会出任驻华公使，却没能如愿，柔克义渴望在对华事务上有所作为，他回到华盛顿的首要贡献就是敦促海约翰提出"门户开放"政策。1898年，美国政府召回使华十三年之久的田贝公使，出于政党考量，麦金莱总统任命康格接任。康格此前担任的是驻巴西公使，从未到过、也不了解中国。他作为离清廷距离最近的美国官员，却对清廷内部的运作、那拉氏"废立"的意图等毫无察觉，以为中国人最容易屈服于武力的震慑，在美国国务院极不情愿的情况下，仍极力敦促派兵。在北京使馆区两个月的被围经历，才极大加深了康格对中国的认识，虽然跟柔克义相比，他仍强硬，但可以感受到他也不愿在赔款问题上过分削弱中国，甚至反对"瓜分"中国或在华占领土地。康格的转变说明，美国政府内部本身缺乏熟悉中国国情的官员，但随着外交官驻华时间的延长，他们对中国的了解在不断深化。美国驻华公使与领事们还会通过各种调查以及同当地美国商人、传教士等的密切联系，全方位地收集有关中国的情报。在商约谈判中，由驻华公使、领事提议的开放东三省口岸、修改商标、版权等条款，都被美国政府采纳，说明

驻华外交官是美国政府决策的重要建言者。战后，"门户开放"取得国际、国内的巨大反响让柔克义很是得意。以致 1902 年当罗斯福总统希望他担任驻华公使时，柔氏放弃了先前急于出任此职的愿望，声称更愿意留在华盛顿，认为那样能够更容易和有效地提出他的观点。❶

虽然美国政府官员对中国尚处于不甚了解或正在努力了解的过程中，1900年爆发的义和团运动则极大增加了中国在美国民众当中的曝光度，使得美国人对"中国印象"的熟悉度陡然增强，美国大大小小的报刊媒体在那几个月连篇累牍地报道了太平洋彼岸发生的动乱、美国公民受困的情况、美国使节的急切呼吁、美军的组织与行踪、美国政府的决策乃至中国政府的反应等，美国人的目光被吸引到了东方。他们自然也由此注意到了海约翰提出的两次"门户开放"照会，《纽约先驱报》便认为两次照会向欧洲强国宣示了美国立场，尤其是第二次门户开放照会更是"将所有列强结合在一个联盟之中"，并夸大其辞地认为是举体现出美国"在华事务上的领导地位"❷，美国公众很容易将此视为一个大的外交胜利。多数美国人相信，这两次照会确实保证了美国的在华商业利益和中国市场的"开放"，甚至是中国的领土完整。执政党、在野党、商界、外交界、"帝国主义派""反帝国主义派"罕见地同时表示支持，海约翰因此被塑造为一个伟大的政治家，1900 年年底麦金莱在总统选举中的成功连任也从某个侧面说明了政府外交政策的受欢迎程度。公众的想象力一旦被燃起，就一发不可收拾，此后长久被津津乐道的中美之间的"特殊关系"由此萌芽。美国学者韩德曾浓墨重彩地描述中国人对美国"善意"的期望❸，但不可忽视的是，这种"特殊关系"或"神话"的构建，同样离不开美国人，尤其是美国民众的热情想象与美好愿望。美国迅速地对中国"熟悉"起来。

同美国对中国的逐渐熟悉、甚至大胆想象相比，清末中国对美国的认知与感情却要谨慎与含蓄得多。19 世纪下半叶，中国人就显现出了对美国看法的分歧。洋务运动期间，洋务派政治家们往往看到美国的强大和美国人的友好，曾国藩、李鸿章等人认为，美国人"性质醇厚，其于中国素称慕顺"❹，"美廷向敦睦谊"❺。但也有官员看到美国的另面——同其他列强一样的侵略政策，谭廷襄认

---

❶ Typescript of W. W. Rockhill to Alfred Edward Hippisley, August 16, 1902, *Rockhill Papers*, Houghton Library, Harvard University.

❷ Thomas J. McCormick, *China Market*: *America's Quest for Informal Empire*, 1893—1901, p. 160.

❸ ［美］韩德：《中美特殊关系的形成：1914 年前的美国和中国》，项立岭、林勇军译，第 1 - 2、198 - 199 页。

❹ 《遵旨复奏借俄兵助剿发逆并代运南漕折》，咸丰十年十一月初八日，曾国藩：《曾国藩全集》第二册，长沙：岳麓书社，2011 年，第 618 页。

❺ 《寄华盛顿崔使》，光绪十七年三月十六日酉刻，《李鸿章全集》第 23 册，第 171 页。

为，美国与英、法、俄等国虽然强弱不同，"其为贪得无厌，则均归一辙"❶，盛宣怀在 1899 年亦对慈禧太后说，美"虽无占我土地之心"，但亦"断不帮我"❷。总体而言，多数中国人虽认同美国较为和善，但亦将其归为侵华列强之一，对美国仍抱有戒心。以致 1899 年在面对第一次"门户开放"照会时，中国朝野都对美国政府的动机和意图普遍产生怀疑。而此后义和团运动在中国北方造成巨大骚乱，八国联军侵华，刘坤一、张之洞等东南督抚们环顾世界，发现只有美国有为中国调停的意愿与能力，遂热切希望美国能够坚持"门户开放"精神，不"瓜分"中国，并且促成各国的对华和解。美国政府适时重申门户开放原则，并特别强调保存中国的领土与行政实体，当即获得了中国各界的赞赏。相对于第一次门户开放照会而言，中国人对第二次门户开放照会的反应要积极得多，国人对美国的熟悉程度也大大增强，中国国内舆论对美国甚表"亲近"。

总体而言，中国人去过美国、了解美国的毕竟少数（前此赴美主要是知识程度较低作为"失语"群体的华工），多数对美国本身的国体政体与社情民意知之甚少，官绅们对美国的认知主要来自国内的报纸杂志，较为局限在中国域内发生的一切，他们感情的判断标准就是美国对中国的利与害的关系。在深重的民族危机前，不论在朝在野，对美国亲与疏，都视美国的行动与自身的现实要求而转移。庚子事变期间，清政府较为正面评价"门户开放"政策，并试图寻求自己的"门户开放"方式（自开口岸），是为了保卫主权与领土完整这一根本利益。而事变之后，不论是立宪派还是革命派，在 20 世纪最初十年都曾批评"门户开放"政策，也是为了其现实目的考量，即因应国内民族主义高潮的兴起，不能分散对帝国主义的批判力度。因此，将中美关系视为保护者与被保护者的关系，再有上升为"特殊关系"的论断，并非当时中国国内的呼声，而是来自美国政治家的宣传、民众的拥护，乃至后世史家的叙述。就连美国政府自身也很清楚"华盛顿政府并不认为维护中国的领土完整是无论如何应实行的不可更改的政治原则，而是为了保障美国对这个几乎完美无缺的有利市场的全部出口贸易"❸。直到 1909 年美国开始退还部分多索的庚子赔款，用于资助留美学生教育❹，中国各界舆论对美国另眼相待，一时出现"我朝廷感之，我社会感之，我学界、商界中

---

❶ 贾桢等编：《筹办夷务始末》咸丰朝，北京：中华书局，1978 年，第 22 卷，第 7 页。
❷ 北京大学历史系近代史教研室整理：《盛宣怀未刊信稿》，北京：中华书局，1960 年，第 276 页。
❸ ［苏］戈列里克：《1898—1903 年美国对满洲的政策与"门户开放"主义》，高鸿志译，第 76 页。
❹ 根据民国年间（1928 年）的统计，美国庚子赔款部分，本金利息相加且按每关平银 1 两折合美金 0.742 元算，共计 53 348 145.166 美元。美国退还庚款共有两次，第一次系 1908 年美国国会通过决议，将美国庚款本金数由 24 440 778.81 减至 13 655 492.69 美元，美国将 1904 年起的"溢款"部分，包括本利，退还中国，共计 28 922 519.312 美元；第二次系 1924 年美国国会再次通过法案，批准将 1917 年 10 月起的庚款余款本利全部退还中国，计 12 545 438.626 美元。参见财政整理会编：《财政部经管有确实担保外债说明书》，台北：台湾学生书局，1970 年，第 23 - 24 页。

人且舍近年工约之意见而感之"的情状❶，如果说清政府自门户开放政策开始对美稍加青睐，退款兴学则是大大加热了中国民间的对美感情。

三、开启新秩序：世界格局下的中美关系

在国际关系中，多数国家都希望建立一个和平与稳定的地区与世界秩序，同时却又都想最大限度地扩大自身利益，这是一对永恒的矛盾。19 世纪末 20 世纪初的远东格局正深刻反映了这一点。是要"瓜分"还是"保全"中国，列强之间各怀鬼胎，蠢蠢欲动，不论选择为何，都将重建远东新秩序，只是前者意味着重新洗牌，野心勃勃的某些国家就可趁机极大扩张利益；后者虽更接近维持现状，却也意味着未来的在华竞争会更多地向贸易竞争倾斜。美国提出门户开放政策，大体可归入"保全"一派，后来的历史验证是此种意见占了上风，也架构了 20 世纪远东国际的新秩序。

虽然与其他列强相比，美国的政策客观上对中国较为和缓，但在同清朝官员的联系密切程度上，美国却远比不上英、日、俄等国。不论是跟清朝中央政府的直接联系，跟中国全权代表李鸿章、庆亲王，还是跟刘坤一、张之洞、袁世凯等地方官员，美国驻华公使、特使或领事跟他们的关系都不算亲密，不仅缺乏固定长久的私人联系，更别说同这些官员们的下属乃至地方士绅建立起有效的关系网络。以至于清政府官员们在重大外交事件时，首要考虑与依赖的往往是英、日、俄等国，只有在得知美国的某些政策"有利于"中国的时候，才会寻求美国的帮助，而在这个过程中，他们也往往对美国的作用甚至"善意"缺乏信心，使得结果时常无法完全如愿。

再者，中美外交并非孤立，而是身处复杂多变的国际格局中，受到多国势力的牵制与影响。庚子战败后，清政府失去了同列强讨价还价的资本，它最有可能成功的希望就是借助某些国家的力量，但"以夷制夷"也只是将中国的命运寄托在列强之间不可预测的对抗上。中美交往中，清政府还必须承受来自其他在华列强的压力，或是有必须遵循的外交先例，或是有必须顾及的其他列强的在华利益，在这种缺乏完全自主权的情况下，清政府的对美外交实际上处处受限。

美国方面，此时也尚无法对其他列强施以特别强有力的影响。入江昭曾将一战前的东亚外交称作"帝国主义外交"（Diplomacy of Imperialism），即列强试图通过结盟、协商和签定条约的方式相互确保各自的势力范围和协调各自的利益以维持远东的均势。❷ 地理与政策上的孤处，让美国很大程度上自外于（或者他外于）这种国际交往方式。以辛丑议和为例，虽然交涉地点在北京，但最主要的交

---

❶ 《记美国退款兴学始末》，汪康年：《汪穰卿笔记》，北京：中华书局，2007 年，第 20 页。

❷ Akira Iriye, *After Imperialism*: *The Search for a New Order in the Far East*, 1921—1931, Cambridge: Harvard University Press, 1965.

涉是存在于各国政府之间，各国外交相互就主要问题时常交换意见，许多私下或秘密的共识都是这样达成的。美国政府在这方面的着力很少，也没有证据表明它曾通过跟其他国家交换利益以换取对自己主张的支持。

中国既无选择权，美国亦不擅长帝国主义的外交游戏，门户开放政策为何能在列强狼奔豕突的恶劣环境中脱颖而出，成为抵制"瓜分"的重要利器？根本来说，列强没有"瓜分"中国，既慑于中国人民的强力反抗和难以统驭偌大中国，也由于各国之间的矛盾牵制太过复杂，被迫采取一种相对妥协维持现状的做法。换句话说，门户开放政策正顺应了当时均势的远东国际格局。

义和团起于列强掀起"瓜分"狂潮，结束于和约缔结、秩序恢复，因此庚子事变前后几年正是中国濒临土崩瓦解到瓜分危机缓解的关键时期。事实上，列强并未召开会议或秘密讨论"瓜分"还是"保全"中国，而是在不断的对华实践、相互牵制中逐渐走向"保全"之路。美国垂涎中国广阔的市场，限于军事实力尚不足以对抗欧洲列强的既得利益，遂公开倡导对华商业平等，维护中国的完整性。美国推行门户开放政策，仍多停留在外交、口头层面，缺乏强有力的军事力量保驾护航，本是难以成功，但却"意外"获得相当的国际支持。英日是最主要的支持力量。英国最初酝酿对华"门户开放"，即已包含中国完整性的内容，这项政策始终符合英国的根本利益，日本因与英国共同感受俄德法三国同盟的压迫，亦步亦趋，全力支持英国。它们还与美国共同看重对华商业，均赞成美国的门户开放政策，以维护中国的完整性为准则。德国由于公使被戕，积极扩军备战，也基于山东犹待经营等现实因素，仍宣称尊重中国的独立与完整，两面示好，待价而沽。俄国本漠视义和团，后见有机可乘，出兵东北，于华北则稍有收敛，以同情中国、示好列强的姿态，来掩饰其窃据东北的野心。法国虽与俄国结盟，却在促成列强联合行动上积极主动，既牵制英国，又意存观望。因此，自联军组建开始，列强随时有混战之可能，但各国互相钳制、莫敢先发，遂退而求其次，暂且尊重中国的完整性，互相监视，互相合作，再伺机而动。门户开放政策就是在这种情况下为列强所接受，并随着中国局势不断明朗，而得到巩固与发展，从而最终使豆剖瓜分的中国局面稍得缓和。

均势既是一种客观的国际形势，也有学者将其视为清政府可资利用的外交思想。❶ 其实，美国对华"门户开放"的成功，既有赖于均势，更比均势有长足发展。均势仅是维持列强之间的力量均衡，而"门户开放"更强调了各国的商业平等以及中国的领土与行政完整。虽然这仍是一种模糊不清的门户开放主义，此后每届美国政府都有不同的方式与理解，导致"门户开放"在具体操作上呈现

---

❶ 台湾地区学者李国祁将"均势"同"以夷制夷"的外交思想区分开来，认为"以夷制夷"是积极地争取外交上的主动，"均势"则是消极地谋求中国苟延残喘的自保。参见李国祁：《张之洞的外交政策》，台北："中央研究院"近代史研究所，1984年，第126页。

出"与时俱进"的变动，但基本精神是首尾贯通始终坚持的，即中国大门向美国的开放，列强在华商贸平等、利益最惠，寻求保持中国的完整性等。结果是，20世纪初的几十年间，中国始终得以维持一个较为稳定的政权，并对外开放通商，虽曰独立但丧失更多利权，列强以商业为主的各项在华竞争亦愈演愈烈，20世纪远东国际新秩序由此开始。因此，"门户开放"政策的重要性在于它引进了一种模式，其后，这种模式支配性地影响了20世纪上半期的中美关系乃至整个中外关系，追根溯源，这是转折的源头，政策的起点，变化的开端。

中国虽无从选择，却也并非全无努力。庚子事变前后，李鸿章、张之洞、刘坤一等清朝官员尽管对美国的门户开放政策了解不深，但已本能支持与利用，张之洞甚至借此概念倡导将全东三省自行开门通商，说明中国方面开始主动契合"门户开放"。并在此后的几十年间，支持门户开放政策成为中国外交的重要原则与手段，自巴黎和会、华盛顿会议至对抗日本"大东亚共荣圈"，均能有所体现。

国与国之间的关系，既要考虑地缘政治的影响，更要考虑本国利益的维护和民族心声的表达，同时也是民族国家疆域内或跨越民族国家之间的思想共享和传输的过程。中美关系史，长期以来被当作中国或美国的外交政策史，然而这段历史的本来面目不仅仅是这样的。以庚子事变前后这一关键节点为例，在更广阔的视野下，我们既看到了中美两国政府、团体、个人等各个层面的具体来往，有迹可循的利益与关系网络；看到了文化、宣传、想象等对两国关系的作用；也看到了在更大的国际格局下、受到其他列强影响、并也努力影响世界秩序重构的中国与美国。

参考资料

一、未刊档案

（一）中文

中国第一历史档案馆：

[1] 军机处全宗 – 电寄谕旨档

[2] 军机处全宗 – 录副奏折

国家图书馆古籍馆：

[3] 宋廷模. 京师日记录要 [M]. 铅印本. 1900

[4] 周馥. 办理商约文牍 [M]. 清光绪朱格抄本. 1904—1908

北京大学历史学系图书馆：

[5] 张曾敭任广西布政使时抄存庚子事变东南各省督抚及山陕等处电报共二十七张（A3）

[6] 义和团时期山东地方档案（A15）

[7] 山东教案文件数件（B89）

台湾"中央研究院"近代史研究所：

[8] 总理各国事务衙门档案

[9] 外务部档案

台北故宫博物院：

[10] 宫中档奏折

[11] 夷务始末记·光绪朝（草写本）

[12] 近代中国条约及附图

（二）外文

美国国家档案馆：

[13] Diplomatic Instructions of the Department of State, China（美国国务院给美国驻华公使的训令），1843—1906，M77

[14] Despatches from U. S. Ministers to China（美国驻华公使给美国国务院的报告），1843—1906，M92

[15] Notes from the Chinese Legation in the United States to the Department of State（中国驻美国大使馆给美国国务院的照会），1868—1906，M98

[16] Notes to the Chinese Legation in the US from the Department of State（美国国务院给中国

驻美国大使馆的照会），1868—1906，M99

[17] Despatches from U. S. Consuls in Amoy, China（美国驻厦门领事报告），1844—1906，M100

[18] Despatches from U. S. Consuls in Chefoo, China（美国驻芝罘领事报告），1863—1906，M102

[19] Despatches from U. S. Consuls in Chinkiang, China（美国驻镇江领事报告），1864—1902，M103

[20] Despatches from U. S. Consuls in Foochow, China（美国驻福州领事报告），1849—1906，1901，M105

[21] Despatches from U. S. Consuls in Hankow, China（美国驻汉口领事报告），1861—1906，M107

[22] Despatches from U. S. Consuls in Shanghai, China（美国驻上海总领事报告），1847—1906，M112

[23] Despatches from U. S. Consuls in Tientsin, China（美国驻天津领事报告），1868—1906，M114

[24] Despatches from U. S. Consuls in Newchwang, Manchuria, China（美国驻牛庄领事报告），1865—1906，M115

[25] Records of Diplomatic Posts：0217Legation Archives（外交职务记录：公使馆档案），RG84

[26] Records of Consular Post：Tientsin（外交职务记录：天津领事馆档案），RG84

[27] Records of Consular Post：Canton（外交职务记录：广州领事馆档案），RG84

[28] Records of Consular Post：Amoy（外交职务记录：厦门领事馆档案），RG84

[29] Records of Consular Post：Shanghai（外交职务记录：上海领事馆档案），RG84

[30] Diplomatic Despatches：France（外交报告：法国档案），RG59

[31] Navy Area 10, Area File 1775—1910（第10海军战区档案），RG45

[32] Letterbook 1（海军书信档案），RG45

[33] International Relations and Politics, China, 1894—1910（国际关系与政治：中国 1894—1910），RG45

[34] Office of the Secretary of the Navy（海军部长办公室档案），RG80

[35] General Correspondence of the Adjutant General's Office of the United States Army, 1890—1917（美国陆军长官办公室档案），RG94

[36] China Relief Expedition（中国远征军档案），RG395

美国国会图书馆：

[37] McKinley Papers（麦金莱档案）

[38] John Hay Papers（海约翰档案）

[39] Root Papers（鲁特档案）

[40] Moore Papers（摩尔档案）

[41] Reid Family Papers（里德家族档案）

哈佛大学霍顿图书馆：

［42］ Rockhill Papers（柔克义档案）

英国国家档案馆：

［43］ F. O. 17

［44］ F. O. 881

［45］ W. O. 32

二、报纸杂志

（一）中文

［1］ 申报

［2］ 知新报

［3］ 万国公报

［4］ 清议报

［5］ 国闻周报

［6］ 新民丛报

［7］ 湖北商务报

［8］ 济南报

（二）外文

［9］ New York Times

［10］ Forum

［11］ Annals of the American Academy of Political and Social Science

［12］ The Chinese Recorder and Missionary Journal

［13］ North American Review

［14］ Columbus Daily Enquirer

［15］ Fort Worth Morning Register

［16］ Kansas City Star

［17］ Evening News

［18］ Philadelphia Inquirer

［19］ Dallas Morning News

［20］ Idaho Statesman

［21］ Grand Forks Daily Herald

［22］ Macon Telegraph

［23］ San Antonio Express

［24］ Charlotte Observer

［25］ The Times

［26］ Time

参考文献

一、已刊档案、史料集

（一）中文

[1] 上海通商海关造册处. 光绪二十一年通商各关华洋贸易总册 ［M］. 铅印本. 1896（清光绪二十二年）.

[2] 上海通商海关造册处. 光绪二十二年通商各关华洋贸易总册 ［M］. 铅印本. 1897（清光绪二十三年）.

[3] 上海通商海关造册处. 光绪二十三年通商各关华洋贸易总册 ［M］. 铅印本. 1898（清光绪二十四年）.

[4] 上海通商海关造册处. 光绪二十四年通商各关华洋贸易总册 ［M］. 铅印本. 1899（清光绪二十五年）.

[5] 上海通商海关造册处. 光绪二十五年通商各关华洋贸易总册 ［M］. 铅印本. 1900（清光绪二十六年）.

[6] 故宫博物院文献馆. 清光绪朝中日交涉史料 ［M］. 铅印本. 北京：故宫印刷所，1932（民国二十一年）.

[7] 许同莘. 庚辛史料 ［J］. 河北月刊，1935，3（2）.

[8] 翦伯赞，等. 戊戌变法 ［M］. 上海：神州国光社，1953.

[9] 严中平，等. 中国近代经济史统计资料选辑 ［M］. 北京：科学出版社，1955.

[10] 王铁崖. 中外旧约章汇编 ［M］. 北京：生活·读书·新知三联书店，1957.

[11] 红档杂志有关中国交涉史料选译 ［M］. 张蓉初译. 北京：生活·读书·新知三联书店，1957.

[12] 外交学院. 中国外交史资料选辑 ［M］. 北京：外交学院，1957.

[13] 朱寿朋. 光绪朝东华录 ［M］. 北京：中华书局，1958.

[14] 国家档案局明清档案馆. 义和团档案史料 ［M］. 北京：中华书局，1959.

[15] 德国外交文件有关中国交涉史料选译 ［M］. 孙瑞琴译. 北京：商务印书馆，1960.

[16] 世界经济研究室. 主要资本主义国家经济统计集 ［M］. 北京：世界知识出版社，1962.

[17] 中国人民政治协商会议福建省厦门市委员会文史资料研究委员会. 厦门文史资料 ［M］. 厦门：中国人民政治协商会议福建省厦门市委员会文史资料研究委员会，1963.

[18] 北京大学历史系中国近现代史教研室. 义和团运动史料丛编 ［M］. 北京：中华书

局，1964.

[19] 华阳县志［M］.台北：台湾学生书局，1967.

[20] 吕海寰.庚子海外纪事：近代中国史料丛刊第五辑46［M］.台北：文海出版社，1967.

[21] 中央研究院近代史研究所.中美关系史料［M］.台北：台湾"中央研究院"近代史研究所，1968.

[22] 文庆，等.筹办夷务始末：道光朝［M］.北京：中华书局，1964.

[23] 财政整理会.财政部经管有确实担保外债说明书［M］.台北：台湾学生书局，1970.

[24] 赵尔巽.清史稿［M］.北京：中华书局，1977.

[25] 贾桢，等.筹办夷务始末：咸丰朝［M］.北京：中华书局，1978.

[26] 英国蓝皮书有关义和团运动资料选译［M］.胡滨译，丁名楠，余绳武校.北京：中华书局，1980.

[27] 天津社会科学院历史研究所.八国联军在天津［M］.许逸凡，等译.济南：齐鲁书社，1980.

[28] 乔志强.义和团在山西地区史料［M］.太原：山西人民出版社，1980.

[29] 廉立之，王守中.山东教案史料［M］.济南：齐鲁书社，1980.

[30] 中国社会科学院近代研究所近代史资料编辑室.山东义和团案卷［M］.济南：齐鲁书社，1980.

[31] 中国社会科学院近代史研究所，近代史资料编辑组.义和团史料［M］.北京：中国社会科学出版社，1982.

[32] 吉林省社会科学院历史研究所.1900－1901年俄国在华军事行动资料［M］.董果良译.济南：齐鲁书社，1982.

[33] 中国近代经济史资料丛刊编辑委员会.中国海关与义和团运动［M］.北京：中华书局，1983.

[34] 天津社会科学院历史研究所.1901年美国对华外交档案——有关义和团运动暨辛丑条约谈判的文件［M］.刘心显，刘海岩译.济南：齐鲁书社，1984.

[35] 鄂尔泰，等.八旗通志［M］.长春：东北师范大学出版社，1985.

[36] 清实录［M］.影印本.北京：中华书局，1987.

[37] 王彦威，王亮.清季外交史料［M］.北京：书目文献出版社，1987.

[38] 美国对华政策文件选编：从鸦片战争到第一次世界大战［M］.阎广耀，方生选译.北京：人民出版社，1990.

[39] 中国第一历史档案馆编辑部.义和团档案史料续编［M］.北京：中华书局，1990.

[40] 北京市政协文史资料研究委员会，天津市政协文史资料研究委员会.京津蒙难记：八国联军侵华纪实［M］.北京：中国文史出版社，1990.

[41] 天津档案馆，南开大学分校档案系.天津租界档案选编［M］.天津：天津人民出版社，1992.

[42] 吴伦霓霞，王尔敏.清季外交因应函电资料［M］.香港：香港中文大学中国文化研究所，台北：台湾"中央研究院"近代史研究所，1993.

［43］王尔敏，陈善伟．清末议订中外商约交涉［M］．香港：中文大学出版社，1993．

［44］中国近代经济史资料丛刊编辑委员会．辛丑和约订立以后的商约谈判［M］．中华人民共和国海关总署研究室编译．北京：中华书局，1994．

［45］中国第一历史档案馆．光绪宣统两朝上谕档［M］．桂林：广西师范大学出版社，1996．

［46］秦国经．中国第一历史档案馆藏清代官员履历档案全编［M］．上海：华东师范大学出版社，1997．

［47］中国第一历史档案馆，福建师范大学历史系．清末教案［M］．北京：中华书局，1998．

［48］翦伯赞，等．义和团［M］．上海：上海人民出版社，2000．

［49］章开沅．清通鉴［M］．长沙：岳麓书社，2000．

［50］中国第一历史档案馆．庚子事变清宫档案汇编［M］．北京：中国人民大学出版社，2003．

［51］孙学雷．国家图书馆藏清代孤本外交档案［M］．北京：全国图书馆文献缩微复制中心，2003．

［52］福建省地方志编纂委员会．福建省志［M］．北京：方志出版社，2004．

［53］八国联军占领实录：天津临时政府会议纪要［M］．倪瑞英，等译．天津：天津社会科学院出版社，2004．

［54］中国第一历史档案馆．清代军机处电报档汇编［M］．北京：中国人民大学出版社，2005．

［55］中国社会科学院近代史研究所近代史资料编辑部．近代史资料（112）［M］．北京：中国社会科学出版社，2006．

［56］广西师范大学出版社．中美往来照会集（1846－1931）［M］．桂林：广西师范大学出版社，2006．

［57］汪文超．江苏省志［M］．南京：凤凰出版社，2008．

［58］路遥．义和团运动文献资料汇编［M］．济南：山东大学出版社，2012．

［59］天津市档案馆．天津英租界工部局史料选编［M］．天津：天津古籍出版社，2012．

［60］中国社会科学院近代史研究所《近代史资料》编译室．庚子记事［M］．北京：知识产权出版社，2013．

［61］虞和平．近代史所藏清代名人稿本抄本（第二辑）［M］．郑州：大象出版社，2014．

［62］洪卜仁．厦门抗战纪事［M］．厦门：厦门大学出版社，2014．

（二）外文

［63］Papers relating to the foreign relations of the United States, 1899 ［M］. Washington：U. S. Government Printing Office, 1899.

［64］Papers Relating to the Foreign Relations of the United States, 1900 ［M］. Washington：U. S. Government Printing Office, 1900.

［65］Papers relating to the foreign relations of the United States, 1901 ［M］. Washington：U. S. Government Printing Office, 1901.

[66] Papers relating to the foreign relations of the United States, 1901, Appendix, Affairs in China [M]. Washington: U. S. Government Printing Office, 1901.

[67] United States War Dept. Annual Reports of the War Department, 1900 [M]. Washington: U. S. Government Printing Office, 1900.

[68] United States War Dept. Annual Reports of the War Department, 1901 [M]. Washington: U. S. Government Printing Office, 1901.

[69] 29th Congress 1st Session, Senate Document [M]. Washington: Archives of the Congress of the U. S. A

[70] 29th Congress 2nd Session, Senate Document [M]. Washington: Archives of the Congress of the U. S. A

[71] 56th Congress 2nd Session, Senate Document [M]. Washington: Archives of the Congress of the U. S. A

[72] 60th Congress 1st Session, House of Representatives Report [M]. Washington: Archives of the Congress of the U. S. A

[73] 60th Congress 2nd Session, House of Representatives Document [M]. Washington: Archives of the Congress of the U. S. A

[74] James D. Richardson. A Compilation of the Messages and Papers of the Presidents [M]. New York: Bureau of National Literature, 1901.

[75] James D. Richardson. A Supplement to A Compilation of the Messages and Papers of the Presidents [M]. New York: Bureau of National Literature, 1904.

[76] William Roscoe Thayer. The Life and Letters of John Hay [M]. New York: Houghton Mifflin Company, 1915.

[77] William Rockhill. Affairs in China: Report of William W. Rockhill, Late Commissioner to China, with Accompanying Documents [M]. China: s. n. , 1941.

[78] Theodore Roosevelt. The Letters of Theodore Roosevelt [M]. Cambridge, Mass. : Harvard University Press, 1954.

[79] Ben J. Wattenberg. The Statistical History of the United States, from Colonial Times to the Present [M]. New York: Basic Books, 1976.

[80] Jules Davids. American Diplomatic and Public Papers: the United States and China, series Ⅲ, the Sino – Japanese War to the Russo – Japanese War, 1894 – 1905 [M]. Washington, Del. : Scholarly Resources, 1981.

[81] Correspondence relating to the war with Spain: Including the Insurrection in the Philippine Islands and the China Relief Expedition, April 15, 1898 to July 30, 1902 [M]. Washington: Center of Military History, 1993.

[82] China No. 3 (1900): Correspondence Respecting the Insurrectionary Movement in China [M]. London: H. M. Stationery Office, 1900.

[83] China No. 4 (1900): Reports from Her Majesty's Minister in China Respecting Events at Peking [M]. London: H. M. Stationery Office, 1900.

[84] China No. 1 (1901): Correspondence respecting the Disturbances in China , in continua-

tion of China No. 3，1900 ［M］. London：H. M. Stationery Office，1901.

［85］China No. 6（1901）：Further correspondence respecting the disturbances in China ［M］. London：H. M. Stationery Office，1901.

［86］G. P. Gooch and Harold Temperley. British Documents on the Origins of the War，1898 – 1914 ［M］. London：Majesty's Stationery Office，1927.

［87］Ian Nish. British documents on foreign affairs：reports and papers from the Foreign Office Confidential Print，Part I，From the mid – nineteenth century to the First World War，Series E，Asia，1860 – 1914 ［M］. Bethesda，Md. ：University Publications of America，1989 – .

［88］George Earle Buckle. The Letters of Queen Victoria ［M］. Cambridge，Eng. ：Cambridge University Press，2014.

［89］日本外务省. 日本外交文书 ［M］. 東京：日本国際連合协会，1936 – .

［90］Documents Diplomatiques Fran ais ［M］. Paris：Imprinerie nationale，1929 – 1959.

二、个人全集、日记、笔记

［1］罗惇曧. 庚子国变记 ［M］. 上海：神州国光社，1947.

［2］中国科学院历史研究所第三所. 刘坤一遗集 ［M］. 北京：中华书局，1959.

［3］北京大学历史系近代史教研室. 盛宣怀未刊信稿 ［M］. 北京：中华书局，1960.

［4］叶昌炽. 缘督庐日记 ［M］. 台北：台湾学生书局，1964.

［5］陈璧. 望岩堂奏稿：近代中国史料丛刊第十辑93 ［M］. 台北：文海出版社，1967.

［6］陈夔龙. 庸庵尚书奏议：近代中国史料丛刊第五十一辑507 ［M］. 台北：文海出版社，1970.

［7］佐原笃介，浙西沤隐. 拳匪纪事·各省防卫志：近代中国史料丛刊第八十三辑822 ［M］. 台北：文海出版社，1972.

［8］吉田良太郎. 西巡回銮始末记 ［M］. 台北：台湾学生书局，1973.

［9］盛宣怀. 愚斋存稿：近代中国史料丛刊续编第十三辑122 – 125 ［M］. 台北：文海出版社，1975.

［10］吴汝纶. 李文忠公全集 ［M］. 台北：文海出版社，1980.

［11］中国社会科学院近代史资料编辑组. 杨儒庚辛存稿 ［M］. 北京：中国社会科学出版社，1980.

［12］中国社会科学院近代史研究所近代史资料编辑组. 近代史资料：总59号 ［M］. 北京：中国社会科学出版社，1985.

［13］胡寄尘. 清季野史 ［M］. 长沙：岳麓书社，1985.

［14］杜春和. 荣禄存札 ［M］. 济南：齐鲁书社，1986.

［15］天津图书馆，天津社会科学院历史研究所. 袁世凯奏议 ［M］. 天津：天津古籍出版社，1987.

［16］吕海寰. 吕海寰奏稿：近代中国史料丛刊三编第五十八辑571 – 572 ［M］. 台北：文海出版社，1990.

[17] 陈夔龙，白文贵．梦蕉亭杂记·蕉窗话扇 [M]．太原：山西古籍出版社，1996．

[18] 夏仁虎．枝巢四述·旧京琐记 [M]．沈阳：辽宁教育出版社，1998．

[19] 陈旭麓，顾廷龙，汪熙．义和团运动：盛宣怀档案资料选辑之七 [M]．上海：上海人民出版社，2001．

[20] 恽毓鼎．恽毓鼎澄斋日记 [M]．杭州：浙江古籍出版社，2004．

[21] 北京市档案馆．那桐日记 [M]．北京：新华出版社，2006．

[22] 陈灜一．睇向斋秘录：附二种 [M]．北京：中华书局，2007．

[23] 汪康年．汪穰卿笔记 [M]．北京：中华书局，2007 年．

[24] 顾廷龙，戴逸．李鸿章全集 [M]．合肥：安徽教育出版社，2008．

[25] 赵德馨．张之洞全集 [M]．武汉：武汉出版社，2008．

[26] 吴永．庚子西狩丛谈 [M]．桂林：广西师范大学出版社，2008．

[27] 曾国藩．曾国藩全集 [M]．长沙：岳麓书社，2011．

[28] 梁小进．郭嵩焘全集 [M]．长沙：岳麓书社，2012．

[29] 黄濬．花随人圣庵摭忆 [M]．北京：中华书局，2013．

[30] 骆宝善，刘路生．袁世凯全集 [M]．开封：河南大学出版社，2013．

[31] William Alexander Parsons Martin. The Siege in Peking, China against the World：By an Eye Witness [M]．New York ：F. H. Revell, 1900.

[32] A. S. Daggett. American in the China Relief Expedition [M]．Kansas City：Hudson – Kimberly Publishing Company, 1903.

[33] James Harrison Wilson. Under the Old Flag：Recollections of Military Operations in the War for the Union, the Spanish War, the Boxer Rebellion [M]．New York：D. Appleton and Company, 1912.

[34] 服部宇之吉．北京篭城日記 [M]．东京：自刊，1939．

[35] Mark Twain, Mark Twain's Speeches [M]．Oxford：Oxford University Press, 1997.

[36] 德米特里·扬契维茨基．八国联军目击记 [M]．许崇信，等译．福州：福建人民出版社，1983．

[37] 普特南·威尔．庚子使馆被围记 [M]．冷汰，陈贻先，译．上海：上海书店出版社，2000．

[38] 瓦德西．瓦德西拳乱笔记 [M]．王光祈，译．上海：上海书店出版社，2000．

[39] 绿蒂．北京的陷落 [M]．刘和平，安蔚，姚国伟，译．济南：山东友谊出版社，2005．

[40] 李提摩太．亲历晚清四十五年：李提摩太在华回忆录 [M]．李宪堂，侯林莉，译．天津：天津人民出版社，2005．

[41] 萨拉·康格．北京信札：特别是关于慈禧太后和中国妇女 [M]．沈春蕾，等译．南京：南京出版社，2006．

[42] 乔治·林奇．文明的交锋：一个"洋鬼子"的八国联军侵华实录 [M]．王铮，李国庆，译．北京：国家图书馆出版社，2011．

[43] 阿诺德·亨利·萨维奇·兰道尔．中国和八国联军 [M]．李国庆，邱葵，周珞，译．北京：国家图书馆出版社，2014．

三、中文研究论著

[1] 陈体强. 中国外交行政 [M]. 上海：商务印书馆，1943.

[2] 许同莘. 张文襄公年谱 [M]. 上海：商务印书馆，1946.

[3] 刘大年. 美国侵华史 [M]. 北京：人民出版社，1951.

[4] 齐洪，等. 世界主要资本主义国家工业化过程简述 [M]. 北京：统计出版社，1955.

[5] 中国科学院山东分院历史研究所. 义和团运动六十周年纪念论文集 [M]. 北京：中华书局，1961.

[6] 丁名楠，等. 帝国主义侵华史：第二卷 [M]. 北京：人民出版社，1973.

[7] 王树槐. 庚子赔款. 中央研究院近代史研究所专刊31 [M] 台北："中央研究院"近代史研究所，1974.

[8] 王树槐. 外人与戊戌变法 [M] 台北："中央研究院"近代史研究所，1980.

[9] 廖一中，等. 义和团运动史 [M]. 北京：人民出版社，1981.

[10] 张友伦，等. 美国工业革命 [M]. 天津：天津人民出版社，1981.

[11] 李国祁. 张之洞的外交政策 [M]. 台北："中央研究院"近代史研究所，1984.

[12] 汪熙. 中美关系史论丛 [M]. 上海：复旦大学出版社，1985.

[13] 中华文化复兴运动推行委员会. 中国近代现代史论集13·庚子拳乱 [M]. 台北：台湾商务印书馆，1986.

[14] 中华文化复兴运动推行委员会. 中国近代现代史论集14·清季对外交涉（一）英美法德 [M]. 台北：台湾商务印书馆，1986.

[15] 中华文化复兴运动推行委员会. 中国近代现代史论集15·清季对外交涉（二）俄日 [M]. 台北：台湾商务印书馆，1986.

[16] 天津市政协文史资料研究委员会. 天津租界 [M]. 天津：天津人民出版社，1986.

[17] 张云樵. 伍廷芳与清末政治改革 [M]. 台北：联经出版事业公司，1987.

[18] 李元明. 世界近代国际关系史 [M]. 北京：中共中央党校出版社，1988.

[19] 李德征，苏位智，刘天路. 八国联军侵华史 [M]. 济南：山东大学出版社，1990.

[20] 中国社会科学院近代史研究所. 沙俄侵华史 [M]. 北京：人民出版社，1990.

[21] 杨生茂. 美国外交政策史（1775-1989）[M]. 北京：人民出版社，1991.

[22] 李剑鸣. 大转折的年代：美国进步主义运动研究 [M]. 天津：天津教育出版社，1992.

[23] 贾逸君. 民国名人传 [M]. 长沙：岳麓书社，1993.

[24] 茅海建. 天朝的崩溃：鸦片战争再研究 [M]. 北京：生活·读书·新知三联书店，1995.

[25] 杨玉圣. 中国人的美国观：一个历史的考察 [M]. 上海：复旦大学出版社，1996.

[26] 黎仁凯，等. 义和团运动·华北社会·直隶总督 [M]. 保定：河北大学出版社，1997.

[27] 王晓秋，尚小明. 戊戌维新与清末新政：晚清改革史研究 [M]. 北京：北京大学出版社，1998.

［28］路遥，程歗．义和团运动史研究［M］．济南：齐鲁书社，1988.

［29］王尔敏．晚清商约外交［M］．香港：中文大学出版社，1998.

［30］马寅初．马寅初全集［M］．杭州：浙江人民出版社，1999.

［31］朝延龙，苏亦工．中国近代警察史［M］．北京：社会科学文献出版社，2000.

［32］项立岭．中美关系史全编［M］．上海：华东师范大学出版社，2002.

［33］周志初．晚清财政经济研究［M］．济南：齐鲁书社，2002.

［34］相蓝欣．义和团战争的起源：跨国研究［M］．上海：华东师范大学出版社，2003.

［35］刘伟．晚清督抚政治：中央与地方关系研究［M］．武汉：湖北教育出版社，2003.

［36］陶文钊．中美关系史：1911-1949［M］．上海：上海人民出版社，2004.

［37］汪熙，田尻利．150年中美关系史论著目录：1823-1990［M］．上海：复旦大学出版社，2005.

［38］丁贤俊，喻作凤．伍廷芳评传［M］．北京：人民出版社，2005.

［39］李永胜．清末修订商约交涉研究［M］．天津：南开大学出版社，2005.

［40］顾长声．从马礼逊到司徒雷登［M］．上海：上海书店出版社，2005.

［41］陶文钊，何兴强．中美关系史［M］．北京：中国社会科学出版社，2009.

［42］关贵海、栾景河．中俄关系的历史与现实：第二辑［M］．北京：社会科学文献出版社，2009.

［43］罗玉东．中国厘金史［M］．北京：商务印书馆，2010.

［44］黄锡培．回首百年殉道血：一九〇〇年义和团事件殉道宣教士的生命故事［M］．香港：美国中国信徒布道会，2010.

［45］陶文钊．中美关系史话［M］．北京：社会科学文献出版社，2011.

［46］茅海建．戊戌变法的另面："张之洞档案"阅读笔记［M］．上海：上海古籍出版社，2014.

［47］杨原．诗书继世长：叶赫颜札氏家庭口述历史［M］．北京：北京出版社，2014.

［48］福森科．瓜分中国的斗争和美国的门户开放政策［M］．杨诗浩，译．北京：生活·读书·新知三联书店，1958.

［49］泰勒·丹涅特．美国人在东亚：十九世纪美国对中国、日本和朝鲜政策的批判的研究［M］．姚曾廙，译．北京：商务印书馆，1959.

［50］费正清．美国与中国［M］．孙瑞芹，陈泽宪，译．北京：商务印书馆，1973.

［51］科罗斯托维茨．俄国在远东［M］．李金秋，等译．北京：商务印书馆，1975.

［52］安德鲁·马洛泽莫夫．俄国的远东政策（1881-1904年）［M］．商务印书馆翻译组，译．北京：商务印书馆，1977.

［53］E. H. 爱德华兹．义和团运动时期的山西传教士［M］．李喜所，郭亚平，等译．天津：南开大学出版社，1986.

［54］米利特，马斯洛斯基．美国军事史［M］．军事科学院外国军事研究部，译．北京：军事科学出版社，1989.

［55］欧内斯特·梅，小詹姆斯·汤姆逊．美中关系史论［M］．齐文颖，等译．中国社会科学出版社，1991.

［56］戈列里克．1898-1903年美国对满洲的政策与"门户开放"主义［M］．高鸿志，

译．哈尔滨：黑龙江教育出版社，1991.

［57］杨国伦．英国对华政策（1895－1902）［M］．刘存宽，张俊义，译．北京：中国社会科学出版社，1991.

［58］韩德．中美特殊关系的形成：1914年前的美国与中国［M］．项立岭，林勇军，译．上海：复旦大学出版社，1993.

［59］孔华润．美国对中国的反应：中美关系的历史剖析［M］．张静尔，译．上海：复旦大学出版社，1997.

［60］麦迪森．世界经济二百年回顾［M］．李德伟，盖建玲，译．北京：改革出版社，1997.

［61］周锡瑞．义和团运动的起源［M］．张俊义，王栋，译．南京：江苏人民出版社，1998.

［62］柯文．历史三调：作为事件、经历和神话的义和团［M］．杜继东，译．南京：江苏人民出版社，2000.

［63］孔华润．剑桥美国对外关系史［M］．王琛，等译．北京：新华出版社，2004.

［64］马士．中华帝国对外关系史［M］．张汇文，等译．上海：上海书店出版社，2006.

［65］塞缪尔·杭廷顿．军人与国家：文武关系的理论与政治［M］．洪陆训，等译．台北：时英出版社，2006.

［66］何伟亚．英国的课业：19世纪中国的帝国主义教程［M］．刘天路，邓红风，译．北京：社会科学文献出版社，2007.

［67］川岛真．中国近代外交的形成［M］．田建华，译．北京：北京大学出版社，2012.

［68］宋昇．义和团运动时期帝国主义列强在中国的侵略争夺［J］．历史教学问题，1958（11）：16－19.

［69］童恩正．帝国主义在镇压义和团运动中的矛盾与合作［J］．四川大学学报：社会科学版，966（2）：73－88.

［70］王树槐．庚子地方赔款［J］．中央研究院中国近代史研究所集刊，1972（3）.

［71］梁华璜．台湾总督府与厦门事件［J］．国立成功大学历史学报，1976（3）.

［72］汪熙．略论中美关系史的几个问题［J］．世界历史，1979（3）：12－19.

［73］丁名楠，张振鹍．中美关系史研究：向前推进，还是向后倒退？——评《略论中美关系史的几个问题》［J］．近代史研究，1979（2）：89－113.

［74］向荣．论"门户开放"政策［J］．世界历史，1980（5）：77－80.

［75］罗荣渠．关于中美关系史和美国史研究中的一些问题［J］．历史研究，1980（3）：4－17.

［76］胡滨．义和团运动期间帝国主义列强在华的矛盾和斗争［J］．山东师范大学学报（人文社会科学版），1980（5）：1－8.

［77］崔树菊．中俄谈判中的杨儒和李鸿章［J］．历史教学，1982（8）：28－31.

［78］张玉芬．论义和团运动时期帝国主义的对华政策［J］．辽宁师院学报，1983（4）：54－58.

［79］（美）周锡瑞．传教士、教民与义和团运动：宗教伪装下的帝国主义［J］．义和团研究会会刊，1983（2）：21－30.

[80] 崔丕. 义和团运动前后帝国主义列强侵华政策的再认识 [J]. 东北师大学报, 1985 (6)：46 – 53.

[81] 李节传. 俄国对义和团运动的政策与英俄关系 [J]. 史学月刊, 1986 (3)：90 – 96.

[82] 王魁喜. 义和团运动时期日本的侵华政策 [J]. 东北师大学报, 1987 (2)：51 – 58.

[83] 金希教. 义和团运动与美国对华政策 [J]. 近代史研究, 1998 (4)：183 – 198 + 1.

[84] 李节传. 俄国对义和团的初期政策 [J]. 河北师范大学学报 (社会科学版), 1988 (4)：66 – 71.

[85] 牛大勇. 英国与对华门户开放政策的缘起 [J]. 历史研究, 1990 (4)：22 – 36.

[86] 郭卫东. 戊戌政变后废帝与反废帝的斗争 [J]. 史学月刊, 1990 (6)：64 – 72.

[87] 丁名楠. 德国与义和团运动 [J]. 近代史研究, 1990 (6)：75 – 86.

[88] 李宏生. 义和团运动与国际公正舆论 [J]. 山东师大学报 (社会科学版), 1992 (1)：26 – 32.

[89] 夏保成. 义和团与美国对华政策 [J]. 吉林大学社会科学学报, 1992 (3)：59 – 64.

[90] 郭卫东. 晚清时期列强对清帝位的干预 [J]. 历史教学, 1992 (4)：13 – 17.

[91] 周志初. 庚子赔款本息的计算方法及应付数额 [J]. 历史档案, 1992 (4)：122.

[92] 王晓青. 义和团运动时期美国对华政策新探 [J]. 历史教学, 1993 (2)：11 – 15.

[93] 刘志义. 论义和团时期英国的对华政策 [J]. 东岳论丛, 1994 (3)：103 – 106.

[94] 薛鹏志. 中国海关与庚子赔款谈判 [J]. 近代史研究, 1998 (1)：173 – 190.

[95] 肖立辉, 李宝军. 美国在辛丑条约谈判过程中的活动 [J]. 渭南师范学院学报, 2000 (6)：48 – 52 + 94.

[96] 傅德华, 傅骏. 百年来"门户开放"政策研究概述 [J]. 安徽大学学报, 2001 (1)：51 – 54.

[97] 崔志海. 试论 1903 年中美《通商行船续订条约》 [J]. 近代史研究, 2001 (5)：144 – 176.

[98] 葛夫平. 论义和团运动时期的法国对华外交 [J]. 近代史研究, 2000 (2)：136 – 149.

[99] 胡成. 殖民暴力与顺民旗下的灰色生存 [J]. 读书, 2004 (3)：159 – 165.

[100] 刘怡君. 论义和团运动前后英国在华外交政策的转变 [D]. 长春：东北师范大学, 2006.

[101] 陈景彦. 义和团运动时日俄两国对中国的侵略 [J]. 东北亚论坛, 2006 (4)：113 – 116.

[102] 邵兴国. 法国与义和团运动 [D]. 成都：西南交通大学, 2007.

[103] 方勇. 美国与《辛丑条约》谈判 [J]. 文史精华, 2008 (4)：13 – 16.

[104] 戴海斌. 东南督抚与庚子事变 [D]. 北京：北京大学, 2009.

[105] 刘青. "教导中国"：美国对义和团运动的反应与帝国文化 [D]. 北京：北京大学, 2010.

[106] 郭道平. 庚子事变的书写与记忆 [D]. 北京：北京大学, 2011.

[107] 戴海斌. "东南互保"之另面——1900 年英军登陆上海事件考释 [J]. 史林,

2010（4）：122 – 134 + 193.

[108] 戴海斌. 庚子事变时期张之洞的对日交涉 [J]. 历史研究, 2010（4）：119 – 132 + 192.

[109] 孔祥吉. 奕劻在义和团运动中的庐山真面目 [J]. 近代史研究, 2011（5）：23 – 38 + 160.

[110] 戴海斌. 外国驻沪领事与"东南互保"——侧重英、日、美三国 [J]. 史林, 2011（4）：105 – 114.

[111] 戴海斌. 庚子事变时期中美关系若干问题补正 [J]. 史学月刊, 2011（9）：80 – 87.

[112] 戴海斌.《辛丑条约》议定过程中的一个关节问题——从"惩董"交涉看清政府内部多种力量的互动 [J]. 北方民族大学学报（哲学社会科学版）, 2012（1）：5 – 18.

[113] 戴海斌. 庚子年李鸿章北上史实补正——兼及李鸿章与日本的关系 [J]. 福建论坛, 2012（3）.

[114] 肖平. 萨道义与1900—1906 年的英国对华政策 [D]. 石家庄：河北师范大学, 2012.

[115] 边文锋. 英国驻华公使萨道义与《辛丑条约》谈判 [D]. 北京：北京大学, 2012.

[116] 鲍庆干. 中俄东三省交收谈判（1900—1901）[D]. 上海：华东师范大学, 2012.

[117] 戴海斌. 义和团事变中的日本在华外交官——以驻上海代理总领事小田切万寿之助为例 [J]. 抗日战争研究, 2012（3）：49 – 63.

[118] 李炜. 论义和团运动时期日本态度的变迁——以日本报刊舆论为中心 [J]. 东岳论丛, 2013（7）：98 – 101.

[119] 田肖红. 美国档案中的早期天津美租界 [J]. 历史教学（下半月刊）, 2013（4）：59 – 63.

[120] 张茜茜.1899—1901 年英国对华政策 [D]. 合肥：安徽大学, 2014.

[121] 侯中军. 庚子赔款筹议方式比较研究 [J]. 清史研究, 2014（2）：102 – 110.

[122] 郭道平. 庚子之变中的联军统治与国人心态 [J]. 北京社会科学, 2014（4）：87 – 98.

[123] 张丽. 维特与库罗帕特金对华政策之争——以义和团运动时期为中心 [J]. 社会科学, 2014（6）：146 – 153.

[124] 刘芳.1900 年日军登陆厦门事件再研究 [G] //张海鹏, 李细珠. 台湾历史研究：第二辑. 北京：社会科学文献出版社, 2014：347 – 363.

[125] 张丽. 论义和团运动时期维特的满洲政策 [J]. 文史哲, 2015（2）：110 – 117 + 167.

[126] 戴海斌. "无主之国"：庚子北京城陷后的失序与重建——以京官动向为中心 [J]. 清史研究, 2016（2）：105 – 125.

[127] 刘芳. 核心与外围："东南互保"的范围探析 [J]. 江苏社会科学, 2016（4）：242 – 253.

四、外文研究成果

[1] William H. Carter. The Life of Lieutenant General Chaffee ［M］. Chicago：The University of Chicago Press，1917.

[2] Tyler Dennett. John Hay：From Poetry to Politics ［M］. New York：Dodd，Mead & Company，1933.

[3] A. Whitney Griswold. The Far Eastern Policy of the United States ［M］. New Haven：Yale University Press，1938.

[4] Edward Henry Zabriskie. American – Russian Rivalry in the Far East：A Study in Diplomacy and Power Politics，1895 – 1914 ［M］. Philadelphia：University of Pennsylvania Press，1946.

[5] George Kennan. American Diplomacy，1900 – 1950 ［M］. New York：New American Library，1951.

[6] Charles S. Campbell. Special Business Interests and the Open Door Policy ［M］. New Haven：Yale University Press，1951.

[7] Paul A. Varg. Open Door Diplomat：The Life of W. W. Rockhill ［M］. Urbana：The University of Illinois Press，1952.

[8] William Reynolds Braisted. The United States Navy in the Pacific，1897 – 1909 ［M］. Austin：University of Texas Press，1958.

[9] William Appleman Williams. The Tragedy of American Diplomacy ［M］. Cleveland：World Pub.，1959.

[10] Margaret Leech. In the Days of McKinley ［M］. New York：Harper，1959.

[11] John S. Kelly. A Forgotten Conference：the Negotiations at Peking，1900 – 1901 ［M］. Genève：Librairie E. Droz，1963.

[12] David Healy. The United States in Cuba，1898—1902：Generals，Politicians，and the Search for Policy，1898—1902 ［M］. Madison：University of Wisconsin Press，1963.

[13] Akira Iriye. Across the Pacific：An Inner History of American – East Asian Relations ［M］. New York：Harcourt，Brace & World，1967.

[14] Thomas J. McCormick. China Market：America's Quest for Informal Empire，1893 – 1901 ［M］. Chicago：Quadrangle Books，1967.

[15] Paul A. Varg. The Making of a Myth：The United States and China，1887 – 1912 ［M］. East Lansing：Michigan State University Press，1968.

[16] Marilyn Young. The Rhetoric of Empire：American China Policy，1895 – 1901 ［M］. Cambridge：Harvard University Press，1968.

[17] Bradford Perkins. The Great Rapprochement：England and the United States，1895 – 1914 ［M］. New York：Atheneum，1968.

[18] Michael H. Hunt. Frontier Defense and the Open Door：Manchuria in Chinese-American Relations，1895 – 1911 ［M］. New Haven：Yale University Press，1973.

［19］ Kenton J. Clymer. John Hay: The Gentlemen as Diplomat ［M］. Michigan: University of Michigan Press, 1975.

［20］ Akira Iriye. From Nationalism to Internationalism: US Foreign Policy to 1914 ［M］. London: Routledge & K. Paul, 1977.

［21］ A. Gregory Moore. The Dilemma of Stereotypes: Theodore Roosevelt and China, 1901—1901 ［M］. Michigan: University of Michigan Press, 1979.

［22］ Arnold Xiangze Jiang. The United States and China ［M］. Chicago: The University of Chicago Press, 1988.

［23］ Lydia R. Nussbaum. From Paternalism to Imperialism: The U. S. and the Boxer Rebellion ［M］. Discoveries (Fall 2002): Cornell.

［24］ 小林一美. 義和団戦争と明治国家 ［M］. 東京: 汲古書院, 2008.

［25］ Paul A. Varg. William Rockhill's Influence on the Boxer Negotiations ［J］. Pacific Historical Review, 1949, 18 (1): 369 – 380.

［26］ Paul A. Varg. William Rockhill and the Open Door Notes ［J］. The Journal of Modern History, 1952, 24 (4): 375 – 380.

［27］ Raymond A. Esthus. The Changing Concept of the Open Door, 1899 – 1910 ［J］. Mississippi Valley Historical Review, 1959, 46 (3): 435 – 454.

［28］ Paul A. Varg. The Myth of the China Market, 1890 – 1914 ［J］. The American Historical Review, 1968, 73 (3): 742 – 758.

［29］ Andrew Thomas. The Diplomacy of the Boxer Uprising ［D］. Madison: the University of Wisconsin, 1971.

［30］ Michael H. Hunt. The Forgotten Occupation: Peking, 1900 – 1901 ［J］. Pacific Historical Review, 1979, 48 (4): 501 – 529.